安徽省社会救助发展报告

（2014-2017）

安徽省民政厅编

安建增　孔卫拿　主编

本书系“安徽省民政厅购买课题研究服务项目（2017FLJN-4355）最终研究成果”

科学出版社
北　京

内 容 简 介

本书以安徽省社会救助工作及其成效为主线，展开论述：一是全面总结与阐释 2014~2017 年安徽省社会救助实践的发展、变迁与现状，包括体系建设、制度建设、机制建设、信息系统建设、理念建设等。二是系统梳理与分析 4 年间安徽省社会救助各制度（“8+1”）的具体实施情况。三是呈现 23 个社会救助实践方面的经典案例，涉及“互联网+”“金融+”“社会组织+”“制度+”“内涵+”5 个层面。四是对社会救助工作机制、管理体制、项目设计等方面存在的问题及其原因进行探究，并提出对策建议。

本书具备实证性、资料性、咨政性和学理性，适合政府社会救助管理部门和经办部门、从事社会救助工作的社会组织、公共管理类研究人员和学生阅读。

图书在版编目（CIP）数据

安徽省社会救助发展报告. 2014-2017 / 安建增，孔卫拿主编；安徽省民政厅编. —北京：科学出版社，2019.5

ISBN 978-7-03-057988-1

Ⅰ. ①安… Ⅱ. ①安… ②孔… ③安… Ⅲ. ①社会救济-研究报告-安徽-2014-2017 Ⅳ. ①D632.1

中国版本图书馆 CIP 数据核字（2018）第 130403 号

责任编辑：马 跃 李 嘉 / 责任校对：王丹妮
责任印制：张 伟 / 封面设计：无极书装

科学出版社 出版
北京东黄城根北街 16 号
邮政编码：100717
http://www.sciencep.com

北京建宏印刷有限公司 印刷

科学出版社发行 各地新华书店经销

*

2019 年 5 月第 一 版 开本：787×1092 1/16
2019 年 5 月第一次印刷 印张：21 1/2
字数：507 000

定价：182.00 元

作 者 简 介

安建增，安徽师范大学历史与社会学院副教授，硕士生导师，法学（政治学）博士。主要研究方向：政治哲学、社会组织与社会治理。主持完成教育部人文社会科学研究项目、民政部政策理论研究项目等近20项科研项目。在《青年研究》《南京社会科学》《城市问题》等专业学术刊物上发表学术论文30余篇，出版专著3部。

孔卫拿，安徽师范大学历史与社会学院讲师，法学（政治学）博士。主要研究方向：政治哲学、社会组织与社会治理、公共财政。主持完成安徽省哲学社会科学规划项目等10余项科研项目。在《公共行政评论》《人文杂志》等专业学术刊物上发表学术论文20余篇，出版专著2部。

序

习近平同志高度重视民生保障工作，强调“要从解决群众最关心最直接最现实的利益问题入手，做好普惠性、基础性、兜底性民生建设，全面提高公共服务共建能力和共享水平，满足老百姓多样化的民生需求，织就密实的民生保障网”[①]。党的十九大报告要求，“按照兜底线、织密网、建机制的要求，全面建成覆盖全民、城乡统筹、权责清晰、保障适度、可持续的多层次社会保障体系”[②]。这既是新时代社会救助工作的基本遵循，也是社会救助工作的努力方向。

2014 年，国务院颁布《社会救助暂行办法》，这是第一部统筹构建我国社会救助制度体系的行政法规，规范了8项社会救助制度的具体内容，明确了社会力量在社会救助制度中的作用，标志着我国社会救助制度的框架基本建立，实现了制度范围从窄到宽、救助标准从低到高、覆盖对象从少到多的重大转变。安徽省以贯彻落实《社会救助暂行办法》为契机，把握机遇、主动作为、勇于创新，就完善社会救助制度、优化社会救助服务等方面，进行了持续、规范且富有成效的探索与实践，基本形成了体系完善、机制健全、标准科学、高效快捷、城乡统筹、衔接互补、区域均衡的社会救助新格局，取得了显著成果，连续3年在民政部、财政部组织开展的社会救助工作绩效评价中名列前茅。无疑，对这一阶段社会救助建设情况进行一次相对全面和系统的总结，必将会对下一步的全省工作有所启发、有所推动。

回顾既往，能够激发人们继续前进的力量；总结经验，能够提供人们研究和解决问题的智慧。《安徽省社会救助发展报告（2014-2017）》（简称《报告》）按照“8+1”的社会救助格局，剖析了安徽省社会救助的政策框架与实际成就，引用最权威、精确的数据，搜集和整理了20余个典型案例，为我们展示了一幅省内各地社会救助领域“争奇斗艳”的现实场景；《报告》从各层面，为进一步完善社会救助事业提供了若干政策建议，具有较强的可操作性和可复制性，对安徽省乃至全国社会救助的发展，均具有一定的启示和借鉴意义。

党的十九大确立了新时代“两个一百年”的伟大目标，描绘了决胜全面建成小康社会，夺取新时代中国特色社会主义伟大胜利的宏伟蓝图。在新的时代，社会救助事业的

---

① 习近平在重庆调研时强调新发展理念就是指挥棒[N]. 人民日报（海外版），2016-01-07（01）.

② 习近平. 决胜全面建成小康社会　夺取新时代中国特色社会主义伟大胜利——在中国共产党第十九次全国代表大会上的报告[N]. 人民日报，2017-10-28（01）.

务实管用、兜底有力的社会救助体系，为实现中华民族伟大复兴的“中国梦”和加快建设现代化五大发展美好安徽的目标，奋力谱写新的篇章。

是为序。

2018 年 5 月

目　　录

案 例 篇

绪　论

社会救助一直是治国理政的主要手段。中国历史上的很多仁人志士都对社会救助工作表达了热切关注。《礼记·礼运》中记载了孔子的弱有所扶思想："故人不独亲其亲，不独子其子，使老有所终，壮有所用，幼有所长，矜、寡、孤、独、废疾者皆有所养。"荀子提出："收孤寡、补贫穷"是政治有序、社会和谐的基本举措。唐代杜甫在《茅屋为秋风所破歌》中更是疾呼："安得广厦千万间，大庇天下寒士俱欢颜。"清代郑燮也曾有诗云："衙斋卧听萧萧竹，疑是民间疾苦声"，表达了关心民生疾苦的切切之心。

习近平同志曾强调，"人民对美好生活的向往，就是我们的奋斗目标"①。这一论断对社会救助在新时代的历史使命做了明确指导。作为我国社会保障体系的重要组成部分，社会救助在确保城乡困难群众生存权益、助力脱贫攻坚工程、全面建成小康社会及实现社会公平正义等方面，具有至关重要的基础性地位，是编密织牢城乡社会保障之网的兜底性工程。进入21世纪以来，我国加快推进以改善民生为重点的社会建设工作，推动了社会救助事业的迅猛发展。2014年国务院颁布《社会救助暂行办法》以来，我国政府建构了包括最低生活保障、特困人员供养、受灾人员救助、医疗救助、教育救助、住房救助、就业救助、临时救助等八项救助制度和社会力量参与在内的综合性社会救助体系，这是我国迄今为止最为全面的社会救助政策框架，困难群众的基本生活得到了制度性保障。《社会救助暂行办法》颁行以来，在党中央的坚强领导和国务院的科学指导下，安徽省主动作为、积极创新，就完善社会救助制度、优化社会救助服务等工作进行了持续、规范且富有成效的探索与实践。因此，对2014年以来社会救助建设情况进行一次相对全面和系统的总结，无疑有助于为下一步工作提供启发。正是基于这样的思考，安徽省民政厅以公开招标的方式购买《安徽省社会救助发展报告（2014-2017）》的编制工作，安徽师范大学历史与社会学院整合社会保障研究方向的专任教师组成了课题组，承接了该项目。

这里对本书的研究方法、框架和特色作一说明。

第一，关于研究方法。解决问题的可能性常常与"神奇而宏伟的方案"无关，而是取决于解决问题的思路及其技术和方法[1]。科学研究也是一样，研究方法是推动研究进程顺利展开的"法宝"，同时，合适的研究方法也是保证研究结果可信赖的基础性条件[2]。依

① http://theory.people.com.cn/n1/2018/0122/c40531-29779412.html.

据本书的任务要求，课题组主要采用了三种研究方法。

一是文献分析法。“发展报告”需要翔实、可靠的统计数据和实践资料，而获取数据和资料是文献分析法的“强项”。在研究过程中，课题组梳理、分析和使用的文献主要有：2014 年以来安徽省出台的“涉救”政策文件，有关部门的工作计划和工作总结，关于安徽省社会救助体系建设和社会救助工作实践的新闻报道，安徽省有关部门的统计公报、工作报表、工作简报和内部刊物，社会组织印制的参与社会救助工作的宣传单页、活动简报和工作总结，相关年度的《安徽统计年鉴》，与安徽省社会救助有关的研究文献，等等。

二是案例研究法。虽然案例研究法存在“关注特殊的个性问题而难以得出通则性概括”的缺憾，在归纳和推论逻辑方面也常常面临一些质疑[3]，但是，案例研究有助于研究者嵌入研究对象及其运行的情境之中，从而获得真实的实践信息；通过个案的分析和梳理，“解剖麻雀”，可以对一般情形进行预测和分析。另外，典型案例作为一种经验，可以被复制和学习，因此作为发展报告，更应该整理和呈现具有代表性、可鉴性的案例，以推动社会救助部门之间相互学习。在研究过程中，课题组奔赴安徽省各地，在听取经验介绍和工作概况之后，梳理整理了30多个案例，最后选取了其中23个最有代表性的案例，分类别置于本书的第九章到第十三章。

三是访谈法。在研究工作过程中，课题组访问了安徽省民政厅社会救助处及13个地市和25个县（市、区）的民政部门与50多个社会组织、特困供养机构等。通过访谈，课题组掌握了安徽全省及各地关于社会救助体系建设、制度建设、取得成效、创新举措、存在问题等方面的深度资料。访谈过程一般包括三个环节：第一个环节是被访者概括介绍 2014~2017 年本地的社会救助实践；第二个环节是课题组根据被访者的概括介绍，继续追问和详细了解一些具有典型性、独特性、创新性的信息；第三个环节是就当地的典型工作案例进行深度访谈，为案例整理和分析奠定材料基础。

第二，关于研究框架。根据项目委托方——安徽省民政厅的要求，本书要达到如下目的：全面总结与阐释 2014~2017 年安徽省社会救助实践的发展、变迁与现状，包括体系建设、制度建设、机制建设、信息系统建设、理念建设等；系统梳理与分析四年间安徽省社会救助各制度（“8+1”）的具体实施情况；对社会救助工作机制、管理体制、项目设计等方面存在的问题及其原因进行探究，提出完善社会救助体系、推动安徽省社会救助现代化发展的对策建议。围绕项目目标，课题组设计了一个体系完整、内容全面的研究框架。该框架由以下三大部分构成。

一是总论，即第一章“安徽省社会救助发展概述（2014~2017 年）”，在整体上总结与阐述安徽省社会救助工作实践。包含四部分：①安徽省社会救助体系及其制度框架。分别梳理了安徽省四年间出台的综合性社会救助政策法规和专项社会救助政策法规，并对其所蕴含的发展变迁属性进行了归纳和总结，即由“点状”救助升级为“网状”救助，由“单一”救助升级为“复合”救助，由“常态”救助升级为“弹性”救助，由“被动”救助升级为“主动”救助，由“政府”救助升级为“社会”救助。②安徽省社会救助工作机制及其建设。对安徽省社会救助的十大工作机制及其建设举措进行了解析，如社会救助协调工作机制，社会救助“一门受理、协同办理”机制，申请救助家庭经济状况核对机制，“救急难”工作发现机制，社会救助信息共享机制，社会力量参与机制，社会救助资金统筹保障机制，分级负责、五级联动工作机制，社会救助和保障标准价格补贴联动机制，监督检查长效机制。③安徽省社会救助工作成效及其水平。用具体的数据来说明四年间安徽省最低生活保障制度、特困人员供养、医疗救助和临时救助等的工作成效和水平。④安徽省社会救助工作的展望与发展。对安徽省社会救助体系建设面临形势、存在问题及优化对策进行了分析和讨论。

二是分论，包含第二章到第八章，分别介绍2014~2017年安徽省最低生活保障、特困人员供养、受灾人员救助、医疗救助、教育救助、住房救助、就业救助、临时救助等八项救助制度和社会力量参与（即“8+1”）的实施举措、制度建设和取得成效等。需要强调说明：在医疗救助实践（第五章）中，专设一节介绍安徽省的创新性举措——健康脱贫兜底“351”工程；在临时救助实践（第六章）中，专设一节介绍生活无着流浪救助工作；将教育救助、住房救助和就业救助工作合并为一章予以论述（第七章）。

三是案例，包含第九章到第十三章。将课题组搜集到的典型案例归纳为五大类分别予以介绍和分析，即“互联网+”与社会救助体系构建（包含4个案例）、“金融+”与社会救助体系创新（包含4个案例）、“社会组织+”与社会救助体系发展（包含5个案例）、“制度+”与社会救助体系建设（包含4个案例）和“内涵+”与社会救助体系拓展（包含6个案例）。每一类案例都代表着某一层面的探索与创新。

第三，关于研究特色。本书除了具备发展报告应有的实证性、资料性、原创性和咨政性之外，还有两个特色：一是注重学理概括。按照“8+1”的社会救助体系格局，剖析了安徽省社会救助的政策框架与实践成就，引用的数据资料均为安徽省民政厅等政府部门提供的最权威、最精确的数据，使读者能够快速全面地了解安徽省自2014年以来社会救助制度的发展情况。但本书并未止步于此，而是在对原始资料和数据进行梳理、筛选和分析之后，依据事实和数据，对安徽省社会救助工作所呈现的理论特性进行归纳和提升。不仅描述了安徽省社会救助实践的“事实”与“现状”，而且着眼于解释其原因、讨论其意蕴、发现其规律、预测其趋势。例如，在对2014~2017年安徽省社会救助体系及其制度框架进行梳理后，提出安徽省社会救助事业实现了五个层面的“升级”（第一章）；用“形态—属性”分析框架、“对象—层级”分析框架和“执行—决策”分析框架对社会力量参与社会救助的实践进行了归纳概括（第八章）；在介绍每一个案例时，都专设一部分进行理论分析与讨论（第九章至第十三章）。二是注重案例展示。课题组奔赴安徽省各市县进行实地观察和访谈，获取了23个典型案例，基本涵盖了安徽省社会救助实践探索与创新的各个层面，案例介绍和评述具体翔实，展示了一幅社会救助工作“争奇斗艳”的现实场景。同时，为了推动社会救助管理部门间的相互学习，在介绍每个案例时都注重挖掘其背景和缘由，用以阐述和说明实施该案例的原因和相关举措的适用范围。

参 考 文 献

[1] 萨拉蒙 L M. 政府工具：新治理指南[M]. 肖娜，等译. 北京：北京大学出版社，2016：1.
[2] 张建民. 公共管理研究方法[M]. 北京：中国人民大学出版社，2012：1.
[3] 殷 R K. 案例研究方法的应用[M]. 周海涛，夏欢欢译. 重庆：重庆大学出版社，2014：20-22.

总论篇

第一章　安徽省社会救助发展概述（2014~2017 年）

社会救助是国家社会保障体系的重要构成部分，是保障公民的基本生活、促进社会公平、维护社会和谐稳定的基本举措。社会救助事业的建设与发展水平、社会救助工作的规范与有效程度、社会救助举措的力度与精准程度都对保障和改善民生有着重要影响。因此可以说，"广覆盖、多层次、全方位"的社会救助体系是满足人民群众对美好生活需求、提升困难群众生活幸福指数的兜底性举措，也是满足和提升人民群众获得感、安全感和幸福感不可或缺的社会行动。

国务院 2014 年颁发《社会救助暂行办法》（国务院令第 649 号），旨在加快构建与经济社会发展水平相适应、与其他保障制度无缝衔接的社会救助体系，整合"碎片化""零散化"的社会救助政策，助推社会救助工作的科学化、规范化、法制化和系统化发展。在国务院颁发《社会救助暂行办法》后，安徽省政府出台了《安徽省人民政府关于贯彻落实〈社会救助暂行办法〉的实施意见》（皖政〔2014〕83 号），对安徽省社会救助体系的框架建设、基本措施、责任单位、工作机制、保障条件等进行了周密部署。2014~2017 年，在安徽省委省政府的领导下，安徽省各社会救助管理部门坚持"托底线、救急难、可持续"的原则，全力推动社会救助事业的跨越式发展，取得了显著成绩：一是社会救助体系和制度框架得以确立，为困难群众基本生活权益的有效保障奠定了制度基础；二是社会救助工作机制不断创新、运行机制日趋规范，使困难群众"求助有门、受助及时"，推动了社会救助体系的良性运行和社会救助事业的快速发展；三是社会救助水平不断提高、成效逐步显现，应保尽保、应助尽助，受益覆盖面有效扩展，困难群众的获得感、幸福感和安全感明显增强。上述三方面成就的实现，意味着在安徽全省已基本形成了体系完善、机制健全、标准科学、高效快捷、动态适应、城乡统筹、衔接互补的社会救助新格局。

第一节　安徽省社会救助体系及其制度框架

一直以来，我们党和国家都将保障民生、维护人民群众的基本权益作为重点工作，也取得了举世瞩目的成就。2014 年国务院颁布的《社会救助暂行办法》，既将已有零散的、碎片的救助制度整合成城乡衔接、内容系统、涵盖广泛的社会救助体系，又创新性地将“临时救助”和“社会力量参与”等作为社会救助体系的基本构成，丰富和拓展了社会救助的内涵。以国务院《社会救助暂行办法》为依循，安徽省政府及有关部门结合省情和社会救助工作的具体实践，出台《安徽省人民政府关于贯彻落实〈社会救助暂行办法〉的实施意见》（皖政〔2014〕83 号）、《安徽省人民政府办公厅关于建立申请救助家庭经济状况核对机制的通知》（皖政办秘〔2014〕96 号）等一系列综合性的法规文件，同时就最低生活保障、特困人员救助供养、受灾人员救助、医疗救助、就业救助、教育救助、住房救助、临时救助、社会力量参与等专项制度出台了相应的政策规定，逐步确立、建构起内容系统、要素全面的社会救助体系及其制度框架，为保障困难群众的基本生活权益、维护社会和谐与秩序、促进共享发展奠定了基础。

一、健全综合性的社会救助政策法规

2014~2017 年，安徽省政府及有关部门共出台有代表性的综合性社会救助政策法规 20 余部（表 1-1）。

表 1-1 安徽省有代表性的综合性社会救助政策法规一览表（2014~2017 年）

序号	政策法规名称	文号
1	《安徽省人民政府关于贯彻落实〈社会救助暂行办法〉的实施意见》	皖政〔2014〕83 号
2	《安徽省人民政府办公厅关于进一步做好社会救助工作的紧急通知》	皖政办明电〔2014〕18 号
3	《关于建立安徽省社会救助部门联席会议的通知》	民办函〔2014〕182 号
4	《安徽省民政厅关于建立健全社会救助监督检查长效机制的通知》	民社救字〔2014〕166 号
5	《安徽省人民政府办公厅关于建立申请救助家庭经济状况核对机制的通知》	皖政办秘〔2014〕96 号
6	《开展社会救助专项整治　提高为民服务水平活动方案》	民社救函〔2014〕254 号
7	《关于加快推进全省申请救助家庭经济状况核对体系建设的通知》	皖民社救函〔2014〕452 号
8	《安徽省物价局　民政厅　财政厅　人力资源社会保障厅　国家统计局安徽调查总队转发国家发展改革委等五部门关于完善社会救助和保障标准与物价上涨挂钩联动机制的通知》	皖价控〔2014〕59 号
9	《安徽省困难群众基本生活救助补助资金使用管理实施办法》	财社〔2015〕622 号
10	《安徽省民政厅关于印发〈“一门受理、协同办理”社会救助实施方案〉（试行）的通知》	皖民社救字〔2015〕65 号
11	《转发民政部关于指导村（居）民委员会协助做好社会救助工作的意见》	皖民社救字〔2015〕94 号
12	《关于加快推进社会救助领域社会工作发展的实施意见》	皖民办字〔2015〕115 号
13	《中共安徽省委安徽省人民政府关于坚决打赢脱贫攻坚战的决定》	皖发〔2015〕26 号
14	《关于进一步规范救助管理工作的通知》	民福字〔2015〕43 号
15	《安徽省社会救助家庭经济状况核对办法（试行）》	皖政办秘〔2016〕117 号
16	《安徽省“十三五”社会救助体系建设规划》	皖民社救字〔2016〕168 号

续表

序号	政策法规名称	文号
17	《关于做好农村最低生活保障制度与扶贫开发政策有效衔接的实施方案》	皖政办〔2016〕74号
18	《安徽省省级民政事业资金管理办法》	皖民办发〔2016〕14号
19	《安徽省民政事业资金分配暂行规定》	—
20	《关于社保兜底脱贫工程的实施意见》	—
21	《安徽省省级福利彩票公益金使用管理暂行办法》	财社〔2016〕1654号
22	《安徽省人民政府关于加强农村留守儿童关爱保护工作的实施意见》	皖政〔2016〕69号
23	《安徽省农村留守儿童"合力监护、相伴成长"关爱保护专项行动实施方案》	皖民务字〔2016〕214号
24	《关于贯彻落实〈国务院关于加强困境儿童保障工作的意见〉的实施办法》	皖民福字〔2016〕160号
25	《安徽省人民政府关于扎实推进民生工作的意见》	皖政〔2017〕58号
26	《关于建立困难群众主动发现综合施策托底救助机制的通知》	皖民社救字〔2017〕104号
27	《安徽省社会救助资金统筹使用管理暂行办法》	财社〔2017〕960号
28	《安徽省儿童福利机构工作规程》	皖民务字〔2017〕169号

资料来源：安徽省民政厅

（一）框定与设计社会救助体系的架构和内容

为确立和建构社会救助体系，安徽省政府及其有关部门制定出台了包含社会救助的体系构成、运行原则、工作标准、责任分工、管理格局、保障条件、功能定位、服务对象、工作网络、发展规划等内容的《安徽省人民政府关于贯彻落实〈社会救助暂行办法〉的实施意见》（皖政〔2014〕83号）、《安徽省人民政府办公厅关于进一步做好社会救助工作的紧急通知》（皖政办明电〔2014〕18号）、《关于进一步规范救助管理工作的通知》（民福字〔2015〕43号）、《安徽省"十三五"社会救助体系建设规划》（皖民社救字〔2016〕168号）和《安徽省人民政府关于扎实推进民生工作的意见》（皖政〔2017〕58号）等，明确了以"8+1"为核心内容的社会救助体系框架，实现了救助体系格局的新突破、新跨越。其中，"8"代表社会救助的8项基本制度，即最低生活保障、特困人员供养、受灾人员救助、医疗救助、教育救助、住房救助、就业救助和临时救助；"1"代表社会力量参与：充分动员社会组织（社会服务机构/民办非企业单位、社会团体和基金会）、企事业单位、志愿者参与救助，作为政府救助的重要和有益补充，建构政府与社会共同发力、协同联动的社会救助网络。安徽省还比较重视并加强基层社会救助经办能力建设，实现社会救助管理部门和经办机构的良性合作、有机衔接。

有必要强调，2014年国务院《社会救助暂行办法》首次在行政法规中明确了社会救助管理部门和经办机构。对于社会救助管理部门，该暂行办法第三条明确指出："国务院民政部门统筹全国社会救助体系建设。国务院民政、卫生计生、教育、住房城乡建设、人力资源社会保障等部门，按照各自职责负责相应的社会救助管理工作。县级以上地方人民政府民政、卫生计生、教育、住房城乡建设、人力资源社会保障等部门，按照各自职责负责本行政区域内相应的社会救助管理工作。前两款所列行政部门统称社会救助管理部门。”对于社会救助经办机构，该暂行办法第四条指出：“乡镇人民政府、街道办事处负责有关社会救助的申请受理、调查审核，具体工作由社会救助经办机构或者经办人员承担。村民委员会、居民委员会协助做好有关社会救助工作。”显然，这里明确了乡镇（街道）层面的社会救助主体为“经办机构”，同时村（居）委会负有协助配合的职责。

在救助对象方面，这些综合性的社会救助政策文件涵盖了当前所有困难群体，既包含传统意义上的最低生活保障对象、特困供养人员（“五保对象”与“三无人员”）、受灾人员，又包含因医疗和教育支出而导致的医疗救助对象、教育救助对象，还包含因突发意外导致的生活无着、流浪乞讨等临时救助对象，也包括农村建档立卡贫困群体、困难残疾人群体、贫困老年人群体、困境儿童群体以及其他社会弱势群体等。这些综合性文件的有关规定表明社会救助应保尽保、应助尽助——只要符合条件即可依法依程序获得救助，同时也表明社会救助是民生托底保障的最基础的安全网。

安徽省出台的综合性社会救助政策文件发挥着“顶层设计”的作用，统筹考虑了社会救助的各个层面，从全局的角度统揽社会救助体系的构建，对社会救助的各层次、各要素、各制度进行了顶层设计与规划安排，为安徽社会救助事业的发展奠定了坚实的制度基础。

（二）健全与完善社会救助的工作机制和规程

系统谋划的顶层设计需要具体、规范的工作机制来实施。社会救助体系的良性运行和有序开展自然也需要多层次、规范化的工作机制来支撑。安徽省十分重视社会救助工作机制的健全与完善，探索形成了一系列操作性政策文件。

第一，制定出台了关于社会救助协调工作机制建设、多部门协同联动综合发力、救助信息共享互联的《关于建立安徽省社会救助部门联席会议的通知》（民办函〔2014〕182 号）和《安徽省民政厅关于印发〈“一门受理、协同办理”社会救助实施方案〉试行的通知》（皖民社救字〔2015〕65 号）等。

第二，制定出台了关于建设社会救助监督检查长效机制，推动社会救助管理部门和经办机构廉洁高效的《安徽省民政厅关于建立健全社会救助监督检查长效机制的通知》（民社救字〔2014〕166 号）和《开展社会救助专项整治　提高为民服务水平活动方案》（民社救函〔2014〕254 号）等。

第三，制定出台了关于申请救助家庭经济状况核对机制建设，实现精准救助，防止“人情保”“关系保”“错保漏保”等现象出现的《安徽省人民政府办公厅关于建立申请救助家庭经济状况核对机制的通知》（皖政办秘〔2014〕96 号）、《关于加快推进全省申请救助家庭经济状况核对体系建设的通知》（皖民社救函〔2014〕452 号）和《安徽省社会救助家庭经济状况核对办法（试行）》（皖政办秘〔2016〕117 号）等。

第四，制定出台了关于社会救助工作高效操作、多层发展、快速递送的《“一门受理、协同办理”社会救助实施方案（试行）》（皖民社救字〔2015〕65 号）、《关于加快推进社会救助领域社会工作发展的实施意见》（皖民办字〔2015〕115号）和《关于进一步规范救助管理工作的通知》（民福字〔2015〕43 号）等。

第五，制定出台了关于社会救助资金筹措与管理，实现价格与救助补贴联动的《安徽省困难群众基本生活救助补助资金使用管理实施办法》（财社〔2015〕622 号）、《安徽省省级民政事业资金管理办法》（皖民办发〔2016〕14 号）和《安徽省民政事业资金分配暂行规定》、《安徽省省级福利彩票公益金使用管理暂行办法》（财社〔2016〕1654 号）等。

第六，制定出台了有关困难群众主动发现、综合施策托底救助的《关于建立困难群众主动发现综合施策托底救助机制的通知》（皖民社救字〔2017〕104 号）。该文件以建立多级联动救助网络、有序协调救助机制为目标，既对主动发现机制、综合救助机制等进行了明确规定，又对精准识别救助需求、因人因户综合施策、畅通救助渠道、快速综合响应、落实财政预算、建立救助基金、加强资金监管等进行了细致规定。

（三）拓展与丰富社会救助体系的内容和功能

拓展与丰富社会救助体系的内容和功能是社会救助事业发展的必然要求，也是提高社会救助实效、满足人们对美好生活需求的基础性条件。2014~2017 年，为了助推社会救助体系的“转型升级”，安徽省委省政府及有关部门出台了多项社会救助与脱贫攻坚、与社会福利等有机衔接、共同发力的政策文件。

首先，将社会救助作为民生建设的重点任务。社会救助是民生建设的关键内容和重要构成。因此，安徽省政府及有关部门将社会救助工作纳入全省民生建设体系予以整体推进，这为社会救助事业的建设与发展奠定了宏观基础，营造了积极环境。为此，安徽省政府制定出台了《安徽省人民政府关于扎实推进民生工作的意见》（皖政〔2017〕58 号）。在该意见中，社会救助作为民生建设的重要任务之一多次被提及，如“完善社会救助体系，强化社会救助政策之间、社会救助与其他社会保障制度之间的衔接”；“推进社会救助资金资源统筹，健全‘一门受理、协同办理’机制”；“推进农村低保制度与扶贫开发政策衔接，实现农村低保标准和扶贫标准‘两线合一’”；等等。

其次，将社会救助与脱贫攻坚有机衔接。在这一方面，安徽省委省政府制定印发了《中共安徽省委安徽省人民政府关于坚决打赢脱贫攻坚战的决定》（皖发〔2015〕26 号）、《关于社保兜底脱贫工程的实施意见》和《关于做好农村最低生活保障制度与扶贫开发政策有效衔接的实施方案》等文件，对社会救助与脱贫攻坚的衔接领域与内容、衔接方式与机制、衔接要求与任务、衔接条件与保障、激励举措与奖惩方法等进行了部署和安排，使社会救助有效地融入国家全面建成小康社会的发展战略，服务于中国特色社会主义的伟大斗争、伟大工程、伟大事业和伟大梦想。例如，《关于社保兜底脱贫工程的实施意见》提出了社会救助兜底扶贫的四项基本任务：一是完善最低生活保障制度，确保低保对象基本生活水平与全面小康相适应；二是健全特困人员供养制度，确保供养人员共享全面小康成果；三是强化医疗救助制度，进一步提高重特大疾病保障水平；四是规范临时救助制度，防止因突发性困难致贫返贫。具体举措与保障内容如表 1-2 所示。

表 1-2　社会救助与脱贫攻坚衔接的基本任务与具体举措

序号	所属范畴	脱贫攻坚基本任务	脱贫攻坚具体举措
1	最低生活保障	关于低保对象的保底保障	（1）建立低保标准量化调整机制，实现“两线合一” （2）建立动态管理机制，实现应保尽保 （3）建立信息共享机制，实现精准救助
2	特困人员供养	关于特困人员的兜底保障	（1）提高特困供养人员供养水平 （2）加强特困供养设施建设和管理 （3）加强困境儿童基本生活保障 （4）实施困难残疾人生活补贴和重度残疾人护理补贴民生工程
3	医疗救助	防止因病致贫返贫现象	（1）加大财政投入力度 （2）扩大医疗救助对象范围 （3）资助参加农村合作医疗 （4）完善住院救助
4	临时救助	防止因突发性困难致贫返贫	（1）加大临时救助在贫困地区落实力度 （2）健全完善“救急难”工作机制 （3）拓展临时救助方式

资料来源：安徽省人民政府办公厅：《关于社保兜底脱贫工程的实施意见》

再次，融合社会救助与社会服务。将社会救助从给予物质救济的单一模式转向物质救助与社会服务并重的综合模式，推动专业社会工作服务机构和专业社工为救助对象提供社会融入、能力提升、心理疏导等专业服务。将社会服务引入社会救助，实现两者的充分融合，不仅可以满足困难群众的多层次需求，还能提升社会救助的“温情”水平。在这一方面，安徽省出台了《开展社会救助专项整治　提高为民服务水平活动方案》（民社救函〔2014〕254 号）、《关于加快推进社会救助领域社会工作发展的实施意见》（皖民办字〔2015〕115 号）。《关于加快推进社会救助领域社会工作发展的实施意见》指出“社会救助领域是专业社会工作服务的重要领域，推进社会救助领域社会工作发展是构建现代社会救助体系的必然要求”，因此提出“建立健全社会救助领域社会工作服务体系，有效满足困难群体服务需求，实现社会工作与社会救助的融合发展”。为实现这一目标，该实施意见提出了三项基本任务：一是明确社会救助领域社会工作服务内容；二是完善社会救助领域社会工作服务机制；三是强化社会救助领域社会工作服务成效。该实施意见的基本任务与具体内容如表 1-3 所示。

表 1-3　社会救助与社会工作衔接的基本任务与具体举措

序号	所属范畴	基本任务	具体举措
1	衔接领域	明确社会救助领域社会工作服务内容	（1）开展社会融入服务 （2）开展能力提升服务 （3）开展心理疏导服务 （4）开展资源链接服务 （5）开展宣传倡导服务

续表

序号	所属范畴	基本任务	具体举措
2	衔接机制	完善社会救助领域社会工作服务机制	（1）建立健全社会工作服务发现报告机制 （2）建立健全社会工作服务承接机制 （3）建立健全社会工作服务转介机制
3	衔接条件	强化社会救助领域社会工作服务成效	（1）开展绩效评估 （2）推进教育培训 （3）打造服务品牌

资料来源：安徽省民政厅：《关于加快推进社会救助领域社会工作发展的实施意见》（皖民办字〔2015〕115 号）

最后，社会救助与社会福利相互促进。社会救助和社会福利都是社会保障体系的基本构成要素，无论是在理论上还是从实践中的部门分工看，社会救助与社会福利都存在明显差异。但关于社会救助与社会福利的关系，有两点基本共识[1~3]：一是社会救助的目标层次相对较低，以保证救助对象的基本生活为目标，具有“生存型”特征；而社会福利的目标层次相对较高，不仅要满足人们的基本生存需求，还要满足人们健全的心理和社会需要，兼有“维持生存”、“改善生活”和“促进发展”三重目标，具有“发展型”特征。二是社会救助更多是“事后补救”层面的，在群众发生困难后予以实施；而社会福利则是“事前预防”层面的，针对全社会成员实施积极的促进性的帮扶行为，以防止其陷入无助状态。因此可以说，社会福利属于一种社会保护。

在理清社会救助与社会福利之间的边界和部分职责的前提下，安徽省还将社会救助与社会福利有机地融合起来，在困境老人、困境儿童、残疾人等群体的关爱救助领域实现了两者的相互促进。以儿童福利救助领域为例，安徽省政府及有关部门出台的政策文件有：《安徽省人民政府关于加强农村留守儿童关爱保护工作的实施意见》（皖政〔2016〕69 号）、《安徽省农村留守儿童“合力监护、相伴成长”关爱保护专项行动实施方案》（皖民务字〔2016〕214 号）、《关于贯彻落实〈国务院关于加强困境儿童保障工作的意见〉的实施办法》（皖民福字〔2016〕160 号）和《安徽省儿童福利机构工作规程》（皖民务字〔2017〕169 号）等。在这些文件中，融合了社会救助和社会福利，实现了社会救助的多层次发展：一是基本生活层面的“生存型”救助，针对特殊困难群体提供最低生活保障、特困人员供养、医疗救助、临时救助等，目的在于筑牢健全全社会的“最后一道防线”，这也是最基础、最基本的社会救助层次。二是特殊层面的“福利型”社会救助，面向困境老人、困境儿童、残疾人、建档立卡贫困户等特殊群体提供特殊的帮扶救助。特殊层面的特点有：针对特殊群体的特殊需求，采取特别的标准，提供特别的救助服务。在救助对象、标准、内容和方法等方面不同于一般意义上的社会救助，具有较强的社会福利属性。三是服务层面的“发展型”社会救助，向弱势群体①提供能力帮扶、心理疏导、关系构建、资源链接等“非物质救助”，“促进社会弱势者自我发展所需的个体增权、人际关系增权和社会参与增权等层面，以达到能力提升和资源网络建设的目的”[2]。这是较高级的社会救助形态，拓展了社会救助的内涵，提升了社会救助的层次。概言之，在社会救助与社会福利相互融合、相互促进下，社会救助呈现出“兜底”、“扩面”和“增效”多层

① 弱势群体的外延要大于困难群体。或者说，弱势群体的覆盖面更广。

次的属性，如图 1-1 所示。

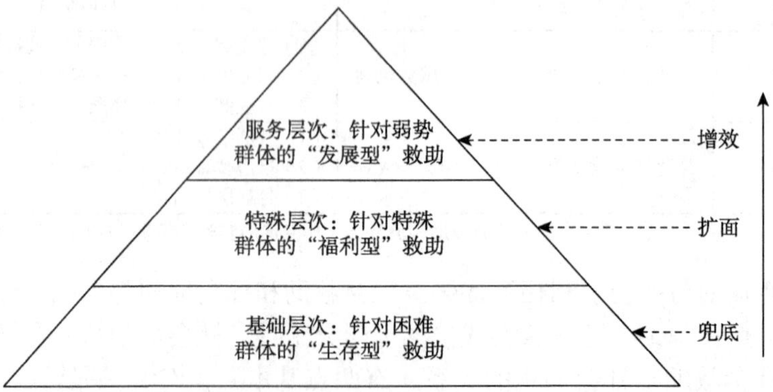

图 1-1　安徽省多层次社会救助体系示意图

二、做实各专项社会救助政策法规

除了上述综合性的社会救助政策文件外，安徽省有关部门还制定出台了多个专项社会救助政策，分别细化了最低生活保障、特困人员供养、受灾人员救助、医疗救助、临时救助、教育救助、住房救助、就业救助及社会力量参与等专项制度，既为各项社会救助工作实践提供了制度依据，也使安徽省社会救助体系的框架更为健全。

（一）最低生活保障

最低生活保障制度是对贫困群众实施的政策性常态化兜底保障，是实现改革发展成果公平共享的基础性举措，也是社会救助体系当中最重要的构成要素。2014 年以来，安徽省在多个层面上加强了最低生活保障制度的建设，形成了包含综合性、操作性、保障性和拓展性等在内的较为齐全的最低生活保障制度体系（表 1-4）。

表 1-4　安徽省最低生活保障相关政策一览表（2014~2017 年）

序号	文件名称	文号	地位
1	《最低生活保障工作绩效评价办法》	民社救字〔2014〕115 号	保障性
2	《关于开展最低生活保障城乡统筹试点工作的通知》	皖民社救函〔2014〕557 号	综合性
3	《关于进一步强化城乡最低生活保障资金预算执行管理的通知》	皖财社〔2015〕529 号	保障性
4	《转发民政部 国家统计局关于进一步加强农村最低生活保障申请家庭经济状况核查工作的意见的通知》	皖民社救函〔2015〕236 号	操作性
5	《关于进一步做好最低生活保障信息系统推广应用工作的通知》	皖民社救函〔2015〕343 号	操作性
6	《安徽省省级困难地区低保工作经费管理暂行办法》	财社〔2015〕1520 号	保障性
7	《2015 年度最低生活保障工作绩效评价指标和评价标准》	皖民社救函〔2015〕433 号	保障性
8	《关于做好农村最低生活保障制度与扶贫开发政策有效衔接的实施方案》	—	拓展性
9	《安徽省最低生活保障工作操作规程》	皖民社救字〔2016〕185 号	操作性

续表

序号	文件名称	文号	地位
10	《安徽省最低生活保障办法》	安徽省人民政府令第268号	综合性
11	《安徽省民政厅关于做好因病支出型贫困居民最低生活保障工作的指导意见》	皖民社救字〔2017〕41号	拓展性
12	《安徽省民政厅　安徽省扶贫办关于进一步加强农村低保制度与扶贫开发政策有效衔接的通知》	皖民社救字〔2017〕179号	拓展性

注："综合性"是指该政策文件作为专项社会救助的整体性安排，对专项社会救助的不同要素、各个部分进行全面、系统的安排。"操作性"是指该政策文件旨在实现专项社会救助的落地，涉及专项社会救助的具体实施方式、责任落实、确定标准、操作规程等。"保障性"是指该政策文件以推动、维持、保证专项社会救助的实施为目标，旨在为救助实践提供外部条件，主要涉及救助资金筹集与分配、救助能力建设与提升、救助技术及其人才基础、绩效评价与检查督导等。"拓展性"是指该政策文件目的在于丰富专项救助的内涵，推动社会救助与社会服务、脱贫攻坚、社会福利等的衔接

资料来源：安徽省民政厅

在综合性的政策方面，安徽省出台《安徽省最低生活保障办法》（安徽省人民政府令第268号）、《关于开展最低生活保障城乡统筹试点工作的通知》（皖民社救函〔2014〕557号）等文件。《安徽省最低生活保障办法》对最低生活保障制度在经济社会及政府工作中的地位、最低生活保障制度的对象、申请和审核、动态管理、法律责任等进行了规定，是全省最低生活保障工作的基础性法规，使最低生活保障工作有规可依、有章可循。《关于开展最低生活保障城乡统筹试点工作的通知》中明确指出：通过四个阶段，逐渐实现"统筹推进城乡社会保障体系建设"的目标，构建形成社会救助水平与经济社会发展水平相适应的、城乡统筹的最低生活保障格局。各阶段划分及其阶段性工作目标如表1-5所示。

表1-5　安徽省最低生活保障城乡统筹工作阶段一览表

阶段	时间期限	阶段性工作目标
第一阶段	2015年	试点地区（明光市、宁国市、桐城市）初步建立城乡统筹的低保管理体制和运行机制；农村低保标准不低于城市80%，农村低保补差水平不低于城市60%
第二阶段	2016年	试点地区建立更加完善、城乡统筹的低保管理体制和运行机制，形成低保政策、程序、管理一致的新格局。农村低保标准不低于城市90%，农村低保补差水平不低于城市65%
第三阶段	2017年	试点地区城乡低保标准一致，农村低保补差水平不低于城市70%
第四阶段	2020年	在全省基本实现与其他社会保障制度相衔接的、救助水平与经济社会发展水平相适应的低保城乡统筹发展格局

资料来源：安徽省民政厅：《关于开展最低生活保障城乡统筹试点工作的通知》（皖民社救函〔2014〕557号）

在操作性的政策方面，在全国率先出台了《安徽省最低生活保障工作操作规程》（皖民社救字〔2016〕185号），对最低生活保障工作的基本原则、保障对象认定的基本条件与细则、保障标准的确定与调整、申请对象家庭经济情况与收入的计算方法与细则、申请最低生活保障的负面清单、最低生活保障的申请与审核程序及其具体内容与操作、最低生活保障对象的管理及其细则、最低生活保障的资金管理及其细则等进行了全面且细致的规定，成为最低生活保障工作的操作和实施"手册"。同时，安徽省还制定了其他专门的操作性文件，就最低生活保障申请家庭经济状况核查工作、信息系统推广应用工作等进行了部署。

在保障性的政策方面，安徽省分别就最低生活保障工作的绩效评价与管理、资金预算

执行管理、工作经费管理等方面制定了专门文件，如《最低生活保障工作绩效评价办法》（民社救字〔2014〕115 号）、《关于进一步强化城乡最低生活保障资金预算执行管理的通知》（皖财社〔2015〕529 号）和《安徽省省级困难地区低保工作经费管理暂行办法》（财社〔2015〕1520 号）等。这些文件在管理部门和经办人员的动力激发、程序的规范性建设、所需的资金基础与经费保障等方面推动了最低生活保障工作的展开。

在拓展性的政策方面，出台了《关于做好农村最低生活保障制度与扶贫开发政策有效衔接实施方案》、《安徽省民政厅关于做好因病支出型贫困居民最低生活保障工作的指导意见》（皖民社救字〔2017〕41 号）和《安徽省民政厅　安徽省扶贫办关于进一步加强农村低保制度与扶贫开发政策有效衔接的通知》（皖民社救字〔2017〕179 号）等。这些拓展性的政策将最低生活保障工作与国家战略有机衔接起来，通过政策衔接、对象衔接、标准衔接、管理衔接等措施，统筹各类救助、扶贫资源，整合政府兜底保障与扶贫开发政策，既发挥最低生活保障在扶贫开发基本方略中的功能，又利用扶贫开发政策对社会救助带来的推动作用，实现多元协同、多元合力。

（二）特困人员供养

特困人员供养针对的是“特殊困难”群体，这类群体主要包括“城乡无劳动能力、无经济来源、无法定赡养抚养扶养义务人或者其法定义务人无履行义务能力的老年人、残疾人以及未满 16 周岁的未成年人”。虽然特困人员救助供养对象的覆盖面要小于最低生活保障对象，但因其面临的特殊困境而对救助有着更为“急切”的需求。从这个角度讲，特困人员供养对社会的和谐稳定有着不可替代的重要作用。

在特困人员供养方面，安徽省政府出台了综合性的《安徽省人民政府关于进一步健全特困人员救助供养制度的实施意见》（皖政〔2016〕102 号），对特困人员救助供养的基本原则、职责划分、对象范围、办理程序、救助供养内容、救助供养标准、救助供养形式、供养服务机构管理以及特困人员救助供养工作考核评价机制、资金保障机制、社会力量参与机制、组织领导与制度衔接机制等进行了规定，为安徽全省特困人员救助供养工作绘制了体系完整、内容齐备的蓝图，成为指导和规范安徽省特困人员救助供养实践的基本制度。同时，为推进特困人员救助供养工作的操作和实施，安徽省还出台了《安徽省特困人员认定办法》（皖民社救字〔2017〕129 号），就认定职责权限及其分工、认定条件及其细则、申请与审核程序及其细则、生活自理能力评估及其具体标准与方法、终止救助供养标准及其细则等内容进行了规定。可以说，该认定办法既是特困人员救助供养实践的具体指导和操作手册，也是规范特困人员救助供养工作的具体标准和操作规程。

在特困人员救助供养方面，安徽省尤其重视保障性举措的建设，就特困人员救助供养机构的建设、管理与发展出台了一系列文件（表 1-6），如《全省社会福利机构消防安全专项治理方案》（皖民电〔2015〕75 号）、《安徽省农村五保供养服务机构等级评定工作实施办法》（皖民福函〔2015〕471 号）、《安徽省农村五保供养服务机构综合定额标准管理暂行办法》（财社〔2015〕2064 号）、《关于推进特困人员供养机构改革发展的指导意见》（皖民社救字〔2017〕158 号）和《关于印发〈安徽省特困人员供养机构管理工作细则〉和〈安徽省特困人员供养机构安全工作规范〉的通知》（皖民办字〔2017〕189 号）等。这些文件围绕救助供养机构而展开，既全面又具体。之所以强调救助供养机构的建设，主要与特困人员救助供养工作本身的特性有关。对于特困人员，除了要提供基本生活补贴外，更要对有需求的供养对象提供护理服务。因此，搭建救助供养的组织载体、加强救助供养服务的主体建设就显得尤为重要。可见，安徽省对供养服务机构的重视是契合特困人员救助供养工作属性的，也为特困人员救助供养绩效的提升奠定了载体基础、提供了组织保障。

表 1-6　安徽省特困人员救助供养相关政策一览表（2014~2017 年）

序号	文件名称	文号	地位
1	《全省社会福利机构消防安全专项治理方案》	皖民电〔2015〕75 号	保障性
2	《安徽省农村五保供养服务机构等级评定工作实施办法》	皖民福函〔2015〕471 号	保障性
3	《安徽省农村五保供养服务机构综合定额标准管理暂行办法》	财社〔2015〕2064 号	保障性
4	《关于进一步健全特困人员救助供养制度的实施意见》	皖政〔2016〕104 号	综合性
5	《安徽省特困人员认定办法》	皖民社救字〔2017〕129 号	操作性
6	《关于推进特困人员供养机构改革发展的指导意见》	皖民社救字〔2017〕158 号	保障性
7	《关于印发〈安徽省特困人员供养机构管理工作细则〉和〈安徽省特困人员供养机构安全工作规范〉的通知》	皖民办字〔2017〕189 号	保障性

资料来源：安徽省民政厅

（三）受灾人员救助

受自然灾害突发性的影响，受灾人员救助工作的具体实施具有较强的“或然性”。但是，防灾减灾救灾体系的建设应该具有制度性和常态性，只有这样，才能在突如其来的自然灾害爆发时及时、有力地展开救助行动。为此，安徽省出台了既包含综合规划与引导，又包含具体操作与实施，还包括有效保障与激励的政策体系，如表 1-7 所示。

表 1-7　安徽省受灾人员救助相关政策一览表（2014~2017 年）

序号	文件名称	文号	地位
1	《安徽省山区库区农村住房保险经营服务规范（试行）》	皖民救字〔2015〕148 号	保障性
2	《安徽省自然灾害救助办法》	安徽省人民政府令第 260 号（2015 年）	综合性、操作性
3	《2016 年水毁群众住房重建总体方案》	皖民救字〔2016〕156 号	操作性
4	《关于进一步加强灾害信息员队伍建设的通知》	皖民救函〔2016〕120 号	保障性
5	《关于扎实做好 2017 年山区库区农村住房保险试点工作的通知》	皖民救字〔2017〕45 号	保障性、操作性
6	《2017 年因灾倒损群众住房重建方案》	皖民救字〔2017〕150 号	操作性
7	《安徽省综合防灾减灾规划（2016-2020 年）》	皖政办秘〔2016〕242 号	综合性
8	《关于支持引导社会力量参与防灾减灾救灾工作的实施意见》	皖民救字〔2017〕85 号	保障性、操作性

资料来源：安徽省民政厅

在综合性文件方面，安徽省在 2015 年以省人民政府令的方式颁发《安徽省自然灾害救助办法》（安徽省人民政府令第 260 号），对受灾人员救助工作进行了系统安排和全面部署，内容包括受灾人员救助的工作原则、主体体系及其责任分工、救助资源的募集、储备与管理、灾害救助工作的响应与实施等。同时，还制定印发了《安徽省综合防灾减灾规划（2016-2020 年）》（皖政办秘〔2016〕242 号），对未来一定时期的灾害救助工作进行了规划和安排，为安徽省灾害救助工作打造了“导向轮”。

在操作性文件方面，安徽省出台了《2016 年水毁群众住房重建总体方案》（皖民救字〔2016〕156 号）、《2017 年因灾倒损群众住房重建方案》（皖民救字〔2017〕150 号）和《关于支持引导社会力量参与防灾减灾救灾工作的实施意见》（皖民救字〔2017〕85 号）等，为安徽省灾时、灾后救助工作打造了“执行轮”。

在保障性文件方面，安徽省出台了关于信息员队伍建设、专业社会力量参与、灾害频发区域住房保险等方面的政策，为灾害救助工作提供了信息基础、专业基础和资金基础，提升了灾害救助的保障能力。有代表性的政策文件是《关于进一步加强灾害信息员队伍建设的通知》（皖民救函〔2016〕120 号）、《关于支持引导社会力量参与防灾减灾救灾工作的实施意见》（皖民救字〔2017〕85 号）和《安徽省山区库区农村住房保险经营服务规范（试行）》（皖民救字〔2015〕148 号）等。这些保障性的政策文件为安徽省灾害救助工作打造了“动力轮”。

（四）医疗救助

支出性贫困是当前主要的贫困类型之一，而导致支出性贫困的主因是医疗支出。健全医疗救助制度是防止因病致贫和因病返贫的关键举措，也是保障民生的关键举措。安徽省将健全医疗救助体系、加强医疗救助与其他社会保障措施衔接作为重点工作，有针对性地制定和出台了多个层面的政策文件（表 1-8 列举了其中有代表性的部分政策），救助制度不断完善，救助程序不断优化，救助对象不断扩大，救助力度不断增强，救助工作不断规范。

表 1-8　安徽省医疗救助部分相关政策一览表（2014~2017 年）

序号	文件名称	文号	地位
1	《安徽省城乡医疗救助实施办法》	2014~2017 年每年皆有更新	综合性、操作性
2	《安徽省人民政府办公厅关于建立疾病应急救助制度的实施意见》	皖政办〔2014〕31 号	操作性
3	《转发民政部关于加强医疗救助与慈善事业衔接的指导意见》	民社救函〔2014〕17 号	保障性、拓展性
4	《安徽省城乡医疗救助基金管理办法》	财社〔2014〕150 号	保障性
5	《关于全面实施医疗“一站式”异地即时结算工作的通知》	民办函〔2014〕418 号	保障性
6	《关于全面开展重特大疾病医疗救助工作的通知》	皖民社救函〔2015〕99 号	综合性
7	《安徽省人民政府办公厅转发省民政厅等部门关于进一步完善医疗救助制度全面开展重特大疾病医疗救助工作实施意见》	皖政办〔2015〕65 号	操作性

续表

序号	文件名称	文号	地位
8	《安徽省健康脱贫工作考核方案》	皖卫财〔2016〕26 号	保障性、拓展性
9	《安徽省人民政府关于健康脱贫工程的实施意见》	皖政〔2016〕68 号	拓展性、操作性
10	《关于印发〈安徽省农村贫困人口综合医疗保障制度实施方案〉等三个健康脱贫配套文件的通知》 三个配套文件分别是《安徽省农村贫困人口综合医疗保障制度实施方案》、《安徽省农村贫困人口综合医疗保障“一站式”结算信息系统建设方案》和《安徽省农村贫困人口慢性病及重大疾病保障指导目录》	皖卫财〔2016〕22 号	拓展性、操作性
11	《安徽省医疗救助与城乡居民大病保险有效衔接实施方案》	皖民社救字〔2017〕112 号	拓展性、操作性
12	《安徽省人民政府关于2017年实施33项民生工程的通知》，包含《安徽省健康脱贫兜底“351”工程实施办法》和《贫困患者慢性病费用补充医疗保障“180”工程实施办法》	皖政〔2017〕10 号	拓展性
13	《健康脱贫综合医疗保障实施细则》	皖政办秘〔2017〕56 号	操作性

资料来源：安徽省民政厅

同时，为了更便捷、更规范地实施医疗救助工作，安徽省着力建构更具操作性的医疗救助体系，出台了《安徽省城乡医疗救助实施办法》（2014~2017 年每年皆有更新）、《安徽省人民政府办公厅转发省民政厅等部门关于进一步完善医疗救助制度全面开展重特大疾病医疗救助工作实施意见》（皖政办〔2015〕65 号）、《安徽省人民政府办公厅关于建立疾病应急救助制度的实施意见》（皖政办〔2014〕31 号）和《健康脱贫综合医疗保障实施细则》（皖政办秘〔2017〕56 号）等，使医疗救助工作的具体操作有规可依、有章可循，也为有效落实医疗救助政策、提升医疗救助水平奠定了制度基础。

为了保障医疗救助工作的顺利展开，发挥医疗救助工作的实效，安徽省印发了《安徽省城乡医疗救助基金管理办法》（财社〔2014〕150 号）、《关于全面实施医疗“一站式”异地即时结算工作的通知》（民办函〔2014〕418 号）、《安徽省健康脱贫工作考核方案》（皖卫财〔2016〕26 号）和《转发民政部关于加强医疗救助与慈善事业衔接的指导意见》（民社救函〔2014〕17 号）等，在救助资金、结算程序和督导考核等方面为医疗救助工作提供保障。

值得强调的是，安徽省独树一帜地拓展了医疗救助的内涵，将医疗救助与健康脱贫有机衔接，出台了《安徽省人民政府关于健康脱贫工程的实施意见》（皖政〔2016〕68 号）、《安徽省健康脱贫兜底“351”工程实施办法》和《贫困患者慢性病费用补充医疗保障“180”工程实施办法》、《安徽省农村贫困人口综合医疗保障制度实施方案》、《安徽省医疗救助与城乡居民大病保险有效衔接实施方案》（皖民社救字〔2017〕112 号）等，构建了一套基本医保、大病保险、医疗救助、政府兜底保障有机衔接、相互推动的贫困人口综合医疗保障体系，创新了相关工作制度与运行机制，在控制“因病致贫、因病返贫”方面取得了较好的成效。

（五）临时救助

唐代诗人杜甫在窘迫之境时给朋友高适寄送一诗：“百年已过半，秋至转饥寒。为问彭州牧，何时救急难。”诗人用一句“何时救急难”将自身的无助和窘迫表达得淋漓尽致。不过，受时代背景所限，诗人仅向好友表示求助，并没有将“救急难”上升到国家制度体系中，而当下的临时救助则是国家救急解难的制度性保障举措。

最低生活保障作为日常性的基础性的救助制度，为一般的困难型家庭提供了保障，但人民群众可能会因为遭遇突发事件、意外伤害、重大疾病或其他特殊原因而导致基本生活陷入困境，需要及时获得应急性、过渡性的临时救助。可以说，以临时救助为主体的救急难机制是健全社会救助工作体系、织密织牢民生兜底网络不可或缺的要素。

在临时救助方面，安徽省人民政府出台《安徽省人民政府关于全面建立临时救助制度的通知》（皖政秘〔2015〕23 号），综合系统地对临时救助的对象、标准、程序、方式、保障条件与举措等做了规定，为临时救助工作搭建了一个全面、权威和规范的制度框架。

临时救助具有救急解难特性，要求快速、精准实施，需尽可能地简化程序、依法适度扩大基层的自由裁量空间。因此，需要制定出台有效的操作性文件，既提升临时救助工作的简易性、速递性，又保障临时救助工作的规范性、有序性。为此，安徽省民政厅印发了《安徽省临时救助工作操作规程》（皖民社救字〔2017〕117号），形成了一套规范、严密、细致、简便的操作系统。

临时救助还具有“开放性”。按照国务院《社会救助暂行办法》规定：“国家对因火灾、交通事故等意外事件，家庭成员突发重大疾病等原因，导致基本生活暂时出现严重困难的家庭，或者因生活必需支出突然增加超出家庭承受能力，导致基本生活暂时出现严重困难的最低生活保障家庭，以及遭遇其他特殊困难的家庭，给予临时救助。”不难发现，这是一个开放性的条款，除了特定的对象之外，还将“遭遇其他特殊困难的家庭”作为保障对象。临时救助制度的开放性提升了社会救助工作的覆盖面，体现了社会救助“有救无类”的特性，也体现了社会救助工作全面兜底、救急解难的特性。正是基于这种特性，安徽省积极拓展了临时救助的范围，使社会救助能够涵盖所有类别的急难群体。一方面，将生活无着人员和流浪乞讨人员纳入临时救助范围，出台了《安徽省生活无着的流浪乞讨人员救助办法》（安徽省人民政府令第 269 号）和《生活无着人员社会救助实施办法》（皖民生办〔2017〕1 号）。另一方面，全面推行“救急难”工作，印发了《安徽省民政厅关于开展“救急难”试点的通知》（皖民社救函〔2014〕187号）、《关于建立“救急难”工作发现机制的通知》（皖民电〔2014〕28 号）和《关于确定“救急难”工作试点单位的通知》（皖民社救函〔2014〕440 号）。这些拓展性政策的实施，彰显了以人民为中心的社会救助工作理念，对提升人民群众的幸福感、安全感和满足感至关重要。有关这一阶段的临时救助政策请参见表 1-9。

表 1-9　安徽省临时救助相关政策一览表（2014~2017 年）

序号	文件名称	文号	地位
1	《安徽省民政厅关于开展“救急难”试点的通知》	皖民社救函〔2014〕187 号	拓展性
2	《关于建立“救急难”工作发现机制的通知》	皖民电〔2014〕28 号	拓展性
3	《安徽省临时救助资金管理暂行办法》	财社〔2014〕1422 号	保障性
4	《关于确定“救急难”工作试点单位的通知》	皖民社救函〔2014〕440 号	拓展性
5	《安徽省人民政府关于全面建立临时救助制度的通知》	皖政秘〔2015〕23 号	综合性
6	《关于进一步加强临时救助资金预算执行管理工作的通知》	财社〔2015〕1564 号	保障性
7	《安徽省临时救助工作操作规程》	皖民社救字〔2017〕117 号	操作性
8	《安徽省生活无着的流浪乞讨人员救助办法》	安徽省人民政府令第 269 号	拓展性
9	《生活无着人员社会救助实施办法》	皖民生办〔2017〕1 号	拓展性
10	《关于建立困难群众主动发现综合施策托底救助机制的通知》	皖民社救字〔2017〕104 号	拓展性

资料来源：安徽省民政厅

（六）教育救助、住房救助和就业救助

教育、住房和就业也是民生建设的基本维度。安徽省在教育、住房和就业等专项社会救助方面，也积极出台相应政策、完善制度机制、细化救助流程，为在教育、住房和就业等方面存在困难的群众提供了及时、有力的救助和支持。如表 1-10 所示，在教育救助方面，印发了《安徽省研究生国家助学金管理暂行办法》（皖财教〔2014〕287 号）、《安徽省学生资助管理中心关于进一步规范普通高中资助对象认定和校内资助管理工作的通知》（皖教助函〔2014〕29 号）和《安徽省家庭经济困难学生资助工作绩效评价办法（暂行）》（皖教助〔2016〕3 号）等，资助政策体系不断完善，资助工作监管不断加强，资助覆盖面和保障力度不断提升。

表 1-10　安徽省教育救助、住房救助和就业救助相关政策一览表（2014~2017 年）

范畴	文件名称	文号	地位
教育救助	《安徽省研究生学业奖学金管理暂行办法》	财教〔2014〕286 号	综合性
	《安徽省研究生国家助学金管理暂行办法》	皖财教〔2014〕287 号	综合性
	《安徽省学生资助管理中心关于进一步规范普通高中资助对象认定和校内资助管理工作的通知》	皖教助函〔2014〕29 号	操作性
	《安徽省家庭经济困难学生资助工作绩效评价办法（暂行）》	皖教助〔2016〕3 号	操作性
	《2017 年安徽省国家开发银行生源地信用助学贷款办理指南》	皖教秘〔2017〕270 号	保障性
住房救助	《转发住房城乡建设部　民政部　财政部关于做好住房救助有关工作的通知》	皖建保〔2014〕266 号	综合性
	《安徽省农村危房改造实施导则（试行）》	皖建村〔2014〕66 号）	操作性
	《关于加强公共租赁住房分配和运营管理的通知》	建保〔2016〕126 号	操作性
	《关于进一步规范农村危房改造工作程序的通知》	皖建村函〔2016〕1477 号	操作性
	《2016 年农村危房改造信息公开实施方案》	皖建村函〔2016〕1550 号	保障性

续表

范畴	文件名称	文号	地位
住房救助	《关于进一步加强住房保障审核管理工作的通知》	皖民社救函〔2016〕102 号	综合性
	《关于进一步规范农村危房改造工作程序的通知》	皖建村函〔2016〕1477 号	操作性
	《安徽省农村危房改造“十三五”规划》	皖建村〔2016〕246 号	综合性
	《关于进一步加强农村危房改造工作的指导意见》	建村〔2017〕29 号	综合性
	《安徽省农村危房改造信息公开实施方案》	皖建村〔2017〕84 号	保障性
就业救助	《关于落实进一步做好新形势下就业创业工作有关政策的通知》	皖人社秘〔2016〕79 号	综合性
	《安徽省技能脱贫资金使用管理暂行办法》	财农〔2016〕1734 号	保障性
	《安徽省就业补助资金管理暂行办法》	财社〔2016〕1754 号	保障性
	《安徽省人民政府关于进一步促进当前和今后一段时期就业创业工作的通知》	皖政〔2017〕111 号	综合性

资料来源：根据有关资料整理

在住房救助方面，安徽省印发了《安徽省农村危房改造实施导则（试行）》（皖建村〔2014〕66 号）、《关于加强公共租赁住房分配和运营管理的通知》（建保〔2016〕126 号）和《关于进一步加强住房保障审核管理工作的通知》（皖民社救函〔2016〕102 号）等政策文件，为住房救助工作提供了制度框架和指导准则：①通过配租公共租赁住房、发放住房租赁补贴，实施住房救助；②依申请应保尽保，做到公开公平公正；③优先保障城镇住房救助对象的住房需求，推进公租房保障顺利实施；④将农村危房改造和精准扶贫相结合，统筹、分类开展农房抗震改造，优先保障建档立卡贫困户危房改造工作；⑤对特困户危房改造实施兜底解决，确保住房救助落到实处；⑥完善住房救助管理机制，加强信息系统建设，实行按户录入、动态管理，优化申请审核程序、健全公示制度、加强资金使用监管、夯实责任落实机制等。

在就业救助方面，安徽省印发了《关于落实进一步做好新形势下就业创业工作有关政策的通知》（皖人社秘〔2016〕79 号）、《安徽省技能脱贫资金使用管理暂行办法》（财农〔2016〕1734号）、《安徽省就业补助资金管理暂行办法》（财社〔2016〕1754号）等政策文件。通过这些政策文件，健全完善了就业救助工作体系：①完善了就业救助工作制度，明确零就业家庭成员、大龄就业困难人员、长期失业人员等就业困难人员的具体认定条件、帮扶举措和保障条件等，增强了就业救助工作的可操作性、实效性和保障性。②实施就业脱贫工程，通过采取居家就业、定向技能培训、促进转移就业、创业带动就业等多种帮扶举措，助推困难群体通过就业提升自助能力和自我发展能力，进而实现脱贫目标。③支持创业创新，以创业带动困难人员就业，拓展就业救助内涵。

（七）社会力量参与

共享发展是社会救助体系建设的基本目标，通过健全社会救助体系、提升社会救助水平，才能更好地保障与改善民生，才能实现共享发展。党的十九大报告指出，“打造共建共治共享的社会治理格局”[4]社会治理体系和治理能力的现代化需要实现共建共治共享。其中，共享是目标，共建共治是手段、是途径、是保证。因此，以共建共治为特征的制度安排是构建现代化社会救助格局的基础。近年来，安徽省也将共建共治共享作为社会救助体系建构的指导思想，充分调动社会力量参与社会救助的积极性。为此，安徽省出台了多种政策文件，如《安徽省民政厅 安徽省财政厅关于政府购买社会工作服务的实施意见》（民办字〔2014〕129 号）、《安徽省人民政府办公厅关于进一步动员社会各方面力量参与扶贫开发的实施意见》（皖政办〔2015〕3 号）、《安徽省财政厅 安徽省民政厅关于加快推进社会救助领域社会工作发展的实施意见》（皖民办字〔2015〕115 号）、《关于进一步动员社会组织参与扶贫开发的意见》（皖民管字〔2016〕66 号）、《安徽省财政厅 安徽省民政厅关于通过政府购买服务支持社会组织培育发展的实施意见》（皖财综〔2017〕980 号）和《关于支持引导社会力量参与防灾减灾救灾工作的实施意见》（皖民救字〔2017〕85 号）等，参见表 1-11。在上述文件中，既包含有社会力量参与社会救助的操作性制度措施，也包含有助推社会力量参与社会救助的保障性政策安排，为社会力量提供社会救助服务创设了良好的政策环境和参与渠道。从文号也可以看出，相关政策文件的制定者包括民政、财政等多个部门，涉及社会工作、社会组织管理、社会救助、法规财税等多个领域，这说明在促进社会力量参与社会救助方面，安徽省已形成多部门协同、全部门支持的局面[5]。

表 1-11 安徽省推动社会力量参与救助体系的相关政策一览表（2014~2017 年）

序号	文件名称	文号
1	《安徽省民政厅 安徽省财政厅关于政府购买社会工作服务的实施意见》	民办字〔2014〕129 号
2	《安徽省人民政府办公厅关于进一步动员社会各方面力量参与扶贫开发的实施意见》	皖政办〔2015〕3 号
3	《关于加快推进社会救助领域社会工作发展的实施意见》	皖民办字〔2015〕115 号
4	《安徽省人民政府关于促进慈善事业健康发展的实施意见》	皖政〔2015〕39 号
5	《安徽省政府向社会力量购买服务指导目录》	财综〔2015〕691 号
6	《关于进一步动员社会组织参与扶贫开发的意见》	皖民管字〔2016〕66 号
7	《安徽省财政厅 安徽省民政厅关于通过政府购买服务支持社会组织培育发展的实施意见》	财综〔2017〕980 号
8	《关于支持引导社会力量参与防灾减灾救灾工作的实施意见》	皖民救字〔2017〕85 号

资料来源：安徽省民政厅

三、推动社会救助体系转型升级

综上所述，2014 年以来，安徽省不断优化健全社会救助体系和制度空间，实现了社会救助体系的转型升级，这也是安徽省社会救助事业蓬勃发展而形成的重要“成果”。可以将这一“成果”概括为五方面：由“点状”救助升级为“网状”救助，由“单一”救助升级为“复合”救助，由“常态”救助升级为“弹性”救助，由“被动”救助升级为“主动”救助，由“政府”救助升级为“社会”救助。

（一）由“点状”救助升级为“网状”救助

依据国务院《社会救助暂行办法》的有关规定，2014 年以来安徽省在健全社会救助制度框架的过程中，秉持统筹城乡、系统安排的指导思想和工作理念，形成了要素齐全、有机整合的“网状”社会救助体系。具体表现在如下六方面。

第一，搭建衔接统一的社会救助框架。以“8+1”制度安排为主要内容，将原有碎片化的社会救助举措整合进衔接统一的社会救助框架。明确了 8 项基本救助制度的认定条件、对象范围、申请和审批程序；形成了边界清晰、覆盖广泛、衔接互补的社会救助体系。既解决了制度碎片化、多头实施带来的重复救助和救助资源无效溢出等问题，又防止了体系不全、缺乏统筹带来的救助遗漏、覆盖盲区等问题。

第二，整合了原有的单项散碎的救助工作。例如，将流浪乞讨人员救助纳入临时救助范畴，将疾病应急救助纳入医疗救助，推动了医疗救助、流浪乞讨人员救助和疾病应急救助的衔接；在农村“三无人员”（五保户）的基础上建立了城乡统一的特困人员救助供养制度；等等。

第三，推动社会救助的城乡统筹。例如，不再区分城市低保和农村低保，而是以构建形成社会救助水平与经济社会发展水平相适应的、城乡统筹的最低生活保障格局为目标；不再区分城市“三无人员”和农村五保户，而是以城乡统一的特困人员供养制度来实施。

第四，明确社会救助主体体系及其职责关联。在明确 8 项基本救助制度边界的基础上，明确了社会救助体系建设的协调机构、统筹部门、管理主体和经办机构，并且对各主体的责任进行了明确划分，形成了各级联动、部门协同的主体体系。

第五，建构协同办理、信息互联的社会救助工作机制。为适应社会救助构成要素和内容体系的整合，安徽省着重推动建立“一门受理、协同办理”机制，健全完善申请救助家庭经济状况核对机制，搭建信息共享平台和信息共享工作体系等。

第六，统筹使用社会救助资金。针对救助资金条块分割、使用分散的问题，依据资金的保障目标、投入方向、资金管理方式等方面的相似度，将各级财政安排的城乡低保、城乡医疗救助、特困人员救助供养、临时救助、流浪乞讨救助、困难残疾人生活救助、重度残疾人护理补贴、孤儿基本生活保障等 8 项资金全部纳入统筹范围，整合为一项“社会救助资金”，不仅加大了统筹整合力度，还提升了资源使用效率。

通过上述六方面的具体措施，改变了过去“千条线”式的社会救助管理格局，将“散点状”的多种社会救助工作升级为“网络状”的基本民生安全网。

（二）由“单一”救助升级为“复合”救助

致贫致困原因具有多样性，这要求救助内容和方式具有多样性；困难群众的需求具有多元性，这要求救助内容和方式也实现多元化。基于社会救助的这种现实需求，2014 年以来，安徽省不断拓展社会救助的内涵，深化社会救助的功能，将多层次社会救助体系的建设作为追求目标，实现了“单一”救助向“复合”救助的升级。具体表现在如下几方面。

第一，在内容方面，改变纯粹的物质救济方式，融合了物质救助和“非物质救助”。通过《关于加快推进社会救助领域社会工作发展的实施意见》（皖民办字〔2015〕115 号）和《关于支持引导社会力量参与防灾减灾救灾工作的实施意见》（皖民救字〔2017〕85 号）等政策举措，将“非物质救助”作为社会救助的重要内容，为救助对象提供专业的社会工作服务，诸如抚慰消极情绪、缓解心理压力、矫正不良行为、转变负面心态、链接社会资源、培育发展技能等。“非物质救助”的提供丰富了社会救助的内容，意味着将社会服务引入了社会救助，实现了救助内容的复合化。

第二，在方法方面，改变单一的传统帮扶方式，采用了个案工作、小组工作、社区工作和志愿者参与等专业救助方式，实现了救助方法的复合化，使救助效果更加明显。将社会工作嵌入机制、转介机制等纳入社会救助办理程序当中，一旦出现专业救助需要，即可快速响应、及时介入。

第三，在范畴方面，改变“就救助而救助”的思路，从如下三方面推动社会救助的复合化发展：一是将社会救助与社会福利相融合，不仅要满足困难群众的基本生存需求，还将其心理和社会需要、发展需要作为目标，变“维持生存”的单一目标为“维持生存”、“改善生活”和“促进发展”三重目标的有机“复合”，为困境老人、困境儿童、残疾人、建档立卡贫困户等特殊群体提供特殊的帮扶救助。二是将社会救助作为民生建设的重点任务，纳入全省民生建设体系和民生过程中予以整体推进，实现政策的有机衔接和有序叠加，《安徽省人民政府关于扎实推进民生工作的意见》（皖政〔2017〕58 号）等政策文件遵循的便是此种思路。三是将社会救助有效融入国家健康脱贫的战略中，在《关于社保兜底脱贫工程的实施意见》和《安徽省人民政府办公厅转发省民政厅等部门关于做好农村最低生活保障制度与扶贫开发政策有效衔接实施方案的通知》（皖政办〔2016〕74 号）等政策中，都明确了社会救助在兜底扶贫方面的地位和具体举措。总之，将社会救助与社会福利、民生建设、扶贫攻坚相融合，提升了社会救助的“格局”，为其制度建设、内涵拓展和资源整合提供了复合化的动力和空间。

（三）由“常态”救助升级为“弹性”救助

社会救助需要制度化、规范化，以保证救助工作作为常态性的存在，随时响应、及时施助。但同时不能否认，人民群众的急难需求常常以“非常态”的方式出现，如火灾、车祸等意外事件和突发重大疾病等都是“不可预见”的、“非常态”的，这些救助需求紧急而迫切。社会救助体系因此而必须具有“弹性”，能够适应人民群众的“急难”需求。换言之，“弹性”救助是现代社会救助体系的必备特征，是社会救助体系的基础性指标。

除了受灾人员救助之外，传统的社会救助更多以“常态贫困”为关切点，如最低生活保障、特困人员供养、残疾人救助、流浪乞讨人员救助等。2014 年以来，安徽省不但加强了“常态贫困”的救助，而且更加关注突发性的“急难贫困”，并将之纳入制度化的救助范畴。

第一，全面建立临时救助制度。为贯彻落实国务院《社会救助暂行办法》和《国务院关于全面建立临时救助制度的通知》（国发〔2014〕47 号），安徽省人民政府印发了《安徽省人民政府关于全面建立临时救助制度的通知》（皖政秘〔2015〕23 号）。该通知对临时救助的对象认定、标准制定、实施程序与操作、救助方式、责任主体、资金保障等进行了明确规定。通过几年的探索与坚持，安徽省临时救助制度基本确立，成为社会救助体系的基本构成要素，并得以扎实推进，有效地缓解了急难群众的困境，保障了急难群众的基本生活。可以说，临时救助已经成为维护社会和谐稳定、助推困难群众渡过难关的基础性保障。

第二，推动医疗救助制度提质增效。在救助对象、救助程序、救助方式、目录范围、制度衔接、救助标准、结算程序、资金筹措与管理等方面积极探索、创新实践，切实发挥医疗救助制度的托底保障功能。同时，安徽省在全国率先实施健康脱贫兜底“351”工程和贫困患者慢性病费用补充医疗保障“180”工程，构建了一套包含基本医保、大病保险、医疗救助和政府兜底保障在内的综合医疗保障体系，通过各项保障制度相互衔接、发挥制度合力，控制了因病致贫、因病返贫的风险，为“贫中之贫、困中之困”问题的解决进行了有益且有效的探索。

第三，建立健全“救急难”工作体系。通过扎实开展“救急难”工作试点、系统确立“救急难”工作发现机制等措施，推动了“救急难”工作体系的建立。“救急难”工作体系以临时救助为主体，充分发挥各项社会救助制度作用，统筹各类救助资源，使突遇不测、因病因灾而陷入生存困境的居民（含非户籍常住人口）得到及时、综合、有效的救助。同时，通过“一门受理、协同办理”机制，社会力量参与机制（尤其是社会工作服务机构介入发现机制），政府救助与慈善救助衔接机制，信息共享机制等的建立与完善，实现急难对象的早发现、早救助，防止急难情况持续恶化。

综上所述，在新的社会救助体系中，既包含有“常态”救助，又突出“弹性”救助，使社会救助体系的覆盖面更广、更具针对性。毋庸置疑，这种兼有“常态”救助和“弹性”救助的转型升级，提高了社会救助体系的适应性。

（四）由“被动”救助升级为“主动”救助

提早发现、及时施助是社会救助的题中应有之意，也是社会救助发挥救急解难功能的内在要求。2014 年来，安徽省采取多种举措推动“主动”救助工作格局和快速响应救助机制的建立，实现了由“被动”救助向“主动”救助的升级。

第一，建立“三级联动”信息报送机制。落实基层社会救助管理部门和经办机构的岗位职责，提高基层社会救助信息搜集与管理能力，建立县（市、区）、乡镇（街道办事处）、村（社区）“三级联动”的主动发现救助管理网络，健全急难信息、救助对象信息的统计周报和逐级报送机制，使急难信息及时传递，使救助行动及时启动。建立困难群众走访联系制度，落实相关部门的信息搜集、报送职责，形成基础信息搜集传递的常态化、常规性工作机制。

第二，建立“急难清单”动态管理机制。依据《安徽省人民政府办公厅关于进一步做好社会救助工作的紧急通知》（皖政办明电〔2014〕18 号）、《关于建立“救急难”工作发现机制的通知》（皖民电〔2014〕28 号）和《关于建立困难群众主动发现综合施策托底救助机制的通知》（皖民社救字〔2017〕104 号）等，主动全面排查社会救助工作中的各类隐患信息，对各项社会救助制度的实施情况、困难群众可能存在的救助需求、可能遇到的各类困难等逐一摸底，坚持做到“四个不遗漏”（即“镇不漏村、村不漏户、户不漏人、人不漏项”），形成“社会救助大数据”。同时，根据实际变化适时更新数据和信息，实现“急难清单”的动态管理。“急难清单”动态管理机制的建立和“社会救助大数据”的形成，为基层装上了灵敏的“急难情形预警器”和“救急难触发装置”，为主动救助的及时到位奠定了信息基础。

第三，建立“联席会议”信息共享机制。利用社会救助部门联席会议制度，整合各个涉救部门的信息资源，在涉救部门之间实现信息的互联互通，使主动、快速响应成为可能；利用互联网思维，建立综合性的社会救助信息平台，将所有涉救信息、涉救工作纳入平台，实现联席会议成员单位信息的实时联通，将“社会救助大数据”以结构化的方式推送至管理部门，为主动快速响应、科学合理决策提供技术支撑。

第四，建立“政社协同”主动发现机制。夯实流浪乞讨人员救助管理机构、未成年人保护中心、社会福利机构等事业单位在急难对象发现、快速响应等方面的责任，健全主动发现、及时施助和规范转介工作机制；提高城乡社区党组织、群众性自治组织、社区社会组织、社会工作服务机构及群众工作站、农村老年协会等志愿组织的责任意识和履责能力，主动发现急难情形，并根据情况实施救助或转介。同时，通过政府购买服务、公益创投等方式，建立起社会力量与政府社会救助管理部门常态化的交互机制，使社会力量的主动发现与政府部门的及时响应无缝衔接、实时联动。

第五，建立“一门受理”办理转介机制。根据有关要求，重点落实好乡镇（街道）社会救助工作人员的配备，夯实基层社会救助工作的人力资源基础，提高基层主动发现、及时施助的能力；在乡镇一级建立统一的社会救助服务窗口，并严格实施急难求助“首问负责制”和“转介”工作制度，或者依法及时办结救助事宜，或者根据具体情况向责任部门转介求助信息，在救助管理部门内部实现主动救助；推动社区一级建立专门的社会救助服务窗口，将社会救助办理“阵地”下移，提高救助服务递送的便捷水平。

主动救助机制的健全与完善，使社会救助行动更为及时、快速、精准地展开，也扩大了社会救助的覆盖面，将社会救助网络编织得更严密更结实。由“被动”救助向“主动”救助的转型升级，符合以人民为中心的理念，是“建设人民满意的服务型政府”的具体体现。党的十九大报告就曾明确指出，要“建设人民满意的服务型政府”[4]。同时，“建设人民满意的服务型政府”本身也是社会救助体系建设与发展的基本遵循。

（五）由“政府”救助升级为“社会”救助

关心、回应困难群众的利益、需求和愿望，是“人民满意的服务型政府”的本质要求。为了满足困难群众的利益、需求和愿望，需要社会救助管理部门优化工作机制、创新服务方式、落实管理责任。但这并不意味着社会救助管理部门要包揽一切救助责任，相反，共建共治共享的现代社会治理要求社会救助体系具备开放性和多元性，由单纯的政府救助升级为包括政府部门、社会力量共同行动的“社会”救助，即全社会的力量都关心困难群体，都在救急解难方面发挥各自的优势。

安徽省注重整合多种资源，实施“社会”救助。制定出台《安徽省民政厅 安徽省财政厅关于政府购买社会工作服务的实施意见》（民办字〔2014〕129 号）、《关于加快推进社会救助领域社会工作发展的实施意见》（皖民办字〔2015〕115 号）和《安徽省财政厅 安徽省民政厅关于通过政府购买服务支持社会组织培育发展的实施意见》（财综〔2017〕980 号）等文件，明确了社会救助大格局构建的必要性和具体举措：社会救助管理部门提供政策资源和财政支持，主导社会救助工作的全面展开；社会工作服务机构在嵌入式机制、政府购买服务机制等的保障下，组织专业服务人才和志愿服务力量，为救助对象提供专业服务；包括救急难基金会等在内的各类慈善组织，通过募集社会救助资金的方式为政府救助资金提供有益补充；各类社会组织（尤其是社会服务机构）开展的助老、助残、济贫等福利服务和“非物质救助”，有效地拓展了社会救助的内涵；等等。

无疑，由单纯的“政府”救助升级为多元力量共同发力的“社会”救助，优化了社会救助体系的结构，解决了“全能政府”所固有的结构性难题，有助于发挥多重优势的叠加效应，增强社会救助的整体合力和持续动力。

第二节 安徽省社会救助工作机制及其建设

社会救助体系及其制度框架需要具体的工作机制来启动和运行。安徽省在加强社会救助体系框架建设的同时，还系统推进社会救助十大工作机制的建设，推动了社会救助事业的蓬勃发展。

一、社会救助协调工作机制

“大鹏之动，非一羽之轻也；骐骥之速，非一足之力也。”困难群众的致贫原因是多样的，救助需求也是多层次的，因此社会救助体系中注定要包含多种构成要素和多元的社会救助项目与政策，需要各个主管和业务部门切实担负起应有的执行和实施责任，也需要部门间的协作与配合。因此，需要通过统筹协调机制的建设，将“千条线”拧成“一股绳”。

按照《安徽省人民政府关于贯彻落实〈社会救助暂行办法〉的实施意见》（皖政〔2014〕83 号）的要求，在 2014 年底前，全省各级政府均建立了“社会救助部门联席会议制度”，形成了“政府领导、民政部门牵头、有关部门配合、社会力量参与的社会救助工作协调机制”。从结构上看，安徽省社会救助部门联席会议由安徽省民政厅、中共安徽省委宣传部、中共安徽省委机构编制委员会办公室、安徽省发展和改革委员会、安徽省教育厅、安徽省公安厅、安徽省财政厅、安徽省人力资源和社会保障厅、安徽省住房和城乡建设厅、安徽省农业委员会、安徽省林业厅、安徽省卫生厅、安徽省卫生和计划生育委员会、安徽省审计厅、安徽省地方税务局、安徽省工商行政管理局、安徽省省直机关事务管理局、安徽省人民政府法制办公室、安徽省人民政府金融工作办公室、国家统计局安徽调查总队、中国人民银行合肥中心支行、中国银行业监督管理委员会安徽监管局、中国证券监督管理委员会安徽监管局、中国保险监督管理委员会安徽监管局、安徽省信访局、安徽省扶贫开发领导小组办公室（简称安徽省扶贫办）、安徽省总工会等共27个部门和单位组成，省民政厅为牵头单位。各市、县协调统筹机构的构成与省联席会议大致协同。

从职能上看，联席会议通过议事、协商和决策，统筹推进社会救助体系建设。按照《关于建立安徽省社会救助部门联席会议的通知》（民办函〔2014〕182号）的有关精神，联席会议的具体职能包括：研究拟定涉及社会救助的重大政策，优化社会救助体系的结构和过程，推动社会救助体系的现代化发展；衔接各项社会救助制度，提高社会救助资源的配置效率；推动社会救助政策及其各专项制度的落实，繁荣全省的社会救助事业；促进社会救助信息共享及其平台建设；等等。

从运行机制上看，联席会议以协调议事、信息通报、工作研究为主。定期或根据需求临时召开会议，会议召开前，通过联络员会议的方式确定议题和需提交联席会议议定的事项。对于议定事项，以会议纪要形式明确，经与会单位同意后印发并抄报省政府；对于重大事项，经联席会议讨论明确后由牵头单位报省政府决定。

社会救助协调工作机制的建立，使社会救助整体框架得以统一、有序运行，整合了资源、提升了合力、协调了行动，也大大提升了社会救助工作在经济社会发展格局中的地位。

二、社会救助“一门受理、协同办理”机制

部门联动制度、各类救助政策等均需要有相应的执行机制；同时，为救助对象提供方便、快捷、高质量的服务也是建构服务型政府的内在要义。因此，有必要搭建形成以“一门受理、协同办理”为主要特征的社会救助工作机制。在《安徽省民政厅关于印发〈“一门受理、协同办理”社会救助实施方案〉（试行）的通知》（皖民社救字〔2015〕65号）的指导和各级各部门的共同努力下，安徽省社会救助“一门受理、协同办理”工作机制基本得以确立。

首先，加强经办机构建设。一是平台建设。以乡镇（街道）民政办（所）为基础，依托乡镇（街道）政务（办事）大厅，设立统一的社会救助经办机构“社会救助受理服务中心”，并实现“受理服务中心”全覆盖。二是能力建设。加强对经办人员的教育培训，提升经办人员对社会救助法律法规的熟悉程度，使之精通各项救助业务，具备高水平、高效率的服务能力。

其次，明确经办机构职责。乡镇（街道）的“社会救助受理服务中心”承担所有八项社会救助项目的申请、受理、转介和反馈等工作，以“集成化”的方式处理社会救助实务，大大方便了困难群众的求助，畅通了困难群众的求助通道。

最后，规范经办机构服务。具体包括四方面：一是制定统一规范的窗口服务标准，包括统一标识、服务内容、服务流程等。二是规范服务中心设置，增加服务透明度，做到“一明显、二摆放、三上墙”：窗口标识明显；摆放救助政策宣传单、摆放申请办理流程图；工作制度上墙、工作职责上墙、监督投诉电话上墙。三是明确受理工作要求，包括首问负责制、救助工作转介制（含不同社会救助管理部门间转介和向社会工作服务机构转介）、一次性告知制、登记报告制、温情服务制等，提供高效、热情的救助服务。四是做到“三公开”，即“政策公开、流程公开、结果公开”，接受全社会的监督，实现经办服务的阳光操作、透明运行。

社会救助“一门受理、协同办理”的工作机制，成为困难群众求助有门、办事有人、及时施助的“毛细血管”。同时，统一的经办机构——社会救助受理服务中心的建立及其规范运行，为基层提供了集成式的社会救助服务。这些都提高了社会救助的递送能力，使救助服务更加贴近民众、方便民众。

三、申请救助家庭经济状况核对机制①

对救助对象的精准识别、精准救助，是社会救助资源高效配置的关键。因此，加强申请救助家庭经济状况核对机制的建设，是至关重要的基础性工程。在总结铜陵、安庆、滁州、六安、池州等地市核对工作试点经验基础上，安徽省有关部门陆续出台了《安徽省人民政府办公厅关于建立申请救助家庭经济状况核对机制的通知》（皖政办秘〔2014〕96 号）、《关于加快推进全省申请救助家庭经济状况核对体系建设的通知》（皖民社救函〔2014〕452 号）、《安徽省社会救助家庭经济状况核对办法（试行）》（皖政办秘〔2016〕117号）等政策文件，明确了核对对象、核对内容、核对方式、核对标准和核对流程，也确定了各部门的职责分工和工作要求。

在机构建设方面，早在 2014 年底，安徽省本级、16 个市、105 个县（市、区）就成立了相应的核对机构。总的来看，核对机构的建设主要有两种模式：一是独立运行模式。成立具有独立法人资格的事业单位，新增人员编制，新建组织机构，专司核对业务。省本级以及铜陵、池州、马鞍山、淮北等 4 个市、8 个县（市、区）采取的便是这种模式。二是加挂牌模式。在社会救助管理部门加挂“核对中心”的牌子，承担核对职责。采取加挂牌模式的地方占大多数。同时，在建立核对机构的基础上，安徽省还注重通过人员落实、定期培训等，努力培育和造就一支业务精通的核对工作队伍。

在核对信息平台建设方面，也呈现出“多点开花”的局面，“互联网+”信息核对的情形越来越多。2016 年，依托国家电子政务网和民政 VPN 专网，安徽建成覆盖全省的跨部门、跨地域、跨业务的社会救助家庭经济状况核对平台，实现了“六化”—— 业务操

① 这一部分的典型案例可参见本书的第九章。

作协同化、基础数据整合化、业务办理自动化、统计分析科学化、监督管理智能化、信息传输实时化，确保了救助核对业务管理的精细化和高效率。在市级层面，一些地方已协同民政、公安、住建、人社等部门，实现信息共享查询、信息互联互通，如铜陵市的居民家庭经济状况核对系统整合了 7 个部门（民政、公安、工商、人社、住建、公积金、地税）10 大类信息的在线即时比对。通过构建跨部门、多层次、信息共享的救助申请家庭经济状况核对机制，确保了社会救助对象的准确、高效、公正认定。

申请救助家庭经济状况核对机制的建设，具有多方面的意义。具体表现在五方面：一是更为客观和准确地反映救助对象的真实经济状况，很大程度上解决了困扰社会救助家庭收入核查过程中的“信息不对称”问题，为规避“偷保”、“骗保”、“人情保”和“漏保”等现象筑牢了一道“防火墙”。二是核对机制的健全与完善，对救助申请对象形成了诚信约束，提升了全社会的诚信水平，也增强了社会救助的透明度和公信力，为社会救助工作认同度的提升奠定了基础。三是通过核对信息平台，及时、准确地了解救助对象的家庭情况变化，提高了申请对象的动态管理水平。四是“互联网+”信息核对的应用，推动核对方式由粗放式向信息化、精细化的转变，提高了结果的准确性，也提高了工作效率。五是将核对拓展到所有的专项救助领域，加强了不同救助管理部门、救助政策、救助项目的衔接，确保了救助资源的合理配置。

四、“救急难”工作发现机制

常态化的服务受理机制是贴近群众便利群众、提高社会救助递送水平的必不可少的基础工程；同时，还需要实现“救急难”的主动发现，使社会救助从“被动”救助向“主动”救助升级。这就需要建立健全群众生活急难情形的主动发现和响应机制。

安徽省通过印发《关于建立“救急难”工作发现机制的通知》（皖民电〔2014〕28号）和《安徽省民政厅关于建立困难群众主动发现综合施策托底救助机制的通知》（皖民社救字〔2017〕104 号）等一系列政策文件，有效推动了主动发现和响应机制的建设。

第一，困难群众走访联系制度。“知稼墙之艰难，察民生之疾苦”。安徽省民政厅于2017年3月21日印发了《安徽省民政厅关于指导乡镇（街道）、村（居）民委员会建立困难群众走访联系制度的通知》（皖民办字〔2017〕50 号）。该通知要求，确保每个困难群众（如分散供养的特困人员、孤儿、困境儿童、城乡低保 A 类人员中的原“三无”对象、重度残疾人）都有走访联系人，要求乡镇（街道）干部包村（居）、村（居）委干部包户。包保干部的具体职责有：一是定期走访。对联系走访的困难群众，包村干部要每月走访 1 次，包户的村（居）委干部每周至少查看或联系 1 次，了解其住房、水、气、电等安全工作和日常生活、身体状况、帮助解决遇到的困难和问题。在节日期间，要协调相关部门对服务对象开展走访慰问、送温暖活动。二是因户政策。包村干部要开展调查研究，在村（居）委干部的协助下，了解掌握困难群众的家庭情况及致贫原因，结合困难群众实际情况和发展需要，帮助制定具体帮扶计划，落实帮扶措施，并协助有关部门落实各类帮扶到户项目。三是提升质量。村（居）民委员会要充分发挥自身独特优势，以社区为平台，结合城乡社区建设，积极促进驻社区单位、社区社会组织、业主委员会、社区志愿者等主题参与帮扶困难群众，鼓励、引导社区居民开展帮扶困难群众志愿服务和互助服务。四是宣传政策。包村干部，村（居）委干部定期走访困难群众时，要重点宣传社会救助政策调整情况、资格条件和申请审批程序，帮助困难群众办理救助手续。同时，要教育和引导困难群众客服“等、靠、要”思想，自觉接受新技术、新理念，帮助解决发展生产、增加收入等方面的世纪问题和困难，使其尽快摆脱困境。

第二，“三级联动”工作机制。急难信息的搜集与传递是主动发现、及时救助的前提，安徽省建立了逐级分包责任制，形成县（市、区）、乡镇（街道）、村（社区）“三级联动”的救助信息管理、报送机制；要求各部门、各层级各司其职、各尽其责，横向协同、纵向联动，横向到边、纵向到底，形成急难信息搜集、传递、整合、分析和利用的“三级联动”工作网络。

第三，定期摸底排查与分类管理机制。“三级联动”工作机制的有序运行，需要基层信息的及时搜索与传递。安徽省为此建立了困难群众和急难信息定期摸底排查与分类管理机制。在定期摸底排查方面，要求做到不留死角，确保信息的及时、准确、全面，同时要做到适时更新、动态管理。在分类管理方面，要求做到分类建立台账，综合依据困难群众的致贫原因、身体状况、劳动能力、困难程度和自救能力等，将困难群众分为三个等次分别建档造册，为精准施助提供参考。摸底排查与分类管理机制不仅具有“主动性”，而且具有“精细化”的特性，使社会救助内容与方式更具针对性，可防患于未然，防止困难程度的加深和恶化。

第四，基层社区自助互助机制。村（社区）基层党组织、群众性自治组织、社区社会组织、志愿者组织等通过搭建“三社联动”平台，引导基层民众养成守望相助的社区文化，形成社区自助互助网络，发挥亲情救助和邻里互助的主动优势，能够在急难情形发生后及时介入、及早施助。例如，芜湖市鸠江区在 2018 年初制定出台了《关于构建“我们是一家人”社区治理新模式的实施方案》（鸠办〔2018〕4 号），在该方案中就明确指出要形成守望相助的社区互助氛围、搭建社区自助互助网络。

社会救助主动发现和响应机制的建立，为基层安装上了急难情形“预警器”，不仅使社会救助向“主动”救助转型升级成为可能，还提高了社会救助对于多元急难情形的适应性，将可能冲击社会道德和心理底线的事件消灭于萌芽状态。

五、社会救助信息共享机制

社会救助工作涉及多个部门，既包括民政、教育、人社、住建等社会救助管理部门，也包括公安、工商等与社会救助对象认定有关的业务管理部门，还包括基层的社会救助经办机构。因此，能否建立完备、畅通的社会救助信息共享机制，事关社会救助工作合力能否形成、社会救助资源能否科学配置。

上述社会救助协调工作机制（即联席会议制度）、申请救助家庭经济状况核对机制在本质上都与信息共享机制密切相关。具体而言，社会救助协调工作机制的良性运行，需要充分的信息沟通为基础；同时，协调工作机制的运行也为各部门之间的信息互联互通提供了通道。在核对机制方面，更是需要将公安、工商、住建等各部门之间所掌握的信息进行共享、整合。因此，上述这两个机制也都属于信息共享机制的范畴。

这里着重强调一下安徽省各地推进的社会救助工作综合信息平台建设。以合肥市庐阳区为例，其开发建设的“精准救助服务信息化平台”（详见本书第九章第二节），实现了如下三个层次的信息共享目标：一是该信息平台已经统筹了民政、人社、卫计、住建、教育、残联、工会、团委等8个单位43项社会救助资源（其中29项为民生工程救助项目），庐阳区所有涉及社会救助的工作（含申请、转介、审批、结果、主动发现等）全部通过该平台进行操作，所有涉救信息均集成于该平台之中。每一个管理者登录系统界面，都可以使用“查询分析”、“主题分析”、“数据监控”和“大数据展示”等功能板块，每一个功能板块下都将全区的社会救助项目、救助对象数据等进行了图表统计分析，可清晰地反映社会救助工作的全貌，为救助行动的科学决策提供依据，实现精准救助，提高社会救助资源的配置效率。二是实现了与安徽省最低生活保障信息系统、合肥市“一站式”城乡医疗救助平台、合肥市家庭经济状况核对信息平台间的贯通相连，有助于实现家庭信息的实时更新、救助对象的动态管理。三是连接了区、乡镇（街道）、社区（村）居委会三级社会救助网络，实现了社会救助的智慧化管理，提高了社会救助申请审批的效率。

蚌埠市综合救助服务信息化平台也是实现信息共享的典型。为建立“纵向贯通、横向衔接、部门联动、立体覆盖”的社会救助新格局，蚌埠市积极研发、搭建了综合社会救助服务信息化平台（详见本书第九章第三节）。该平台的优点可归纳为三方面：一是实施智慧管理，实现救助服务无盲区。通过信息平台，蚌埠市所辖村（社区）、乡镇（街道）社会救助服务窗口均可以利用信息平台实现“一门受理、协同办理”，确保社会救助服务无盲区。城市社区的服务信息平台与蚌埠市“智慧城市”社会服务管理信息化平台实现了无缝对接，困难群众可以直接在社区提交各类社会救助申请。农村基本覆盖了村级民政服务站，可帮助困难群众提交社会救助申请，村民政专职委员还可通过手机 APP 客户端帮助老弱病残、行动不便的困难群众“足不出户”地提交申请。二是发挥数据作用，实现救助决策科学化。利用信息平台收集和汇总全市的社会救助数据，运用大数据技术来监测全市的社会救助工作的开展情况，统计内容包括：城市和农村最低生活保障对象人数、最低生活保障总支出金额、最低生活保障人数变化情况、最低生活保障对象的致贫原因情况；各县（市、区）医疗救助人次、临时救助人次、特困人员供养情况；社会救助总人次、总金额统计；家庭经济状况核对业务开展情况；“一门受理”情况；社会救助工作未办事项统计；等等。信息平台对数据的加工处理，有助于相关部门寻找工作问题，修正工作偏差，规划工作方向。三是运用移动平台，提高社会救助参与度。信息平台所搭配的“蚌埠社会救助”微信公众号，实现了救助信息的“移动性”，提高了救助管理部门与社会公众的交流沟通水平。借助微信公众号覆盖面广、实时应用的优势，宣传救助政策，普及救助方法，引导普通民众和社会力量自觉参与社会救助。在微信公众号上设置“主动发现”功能，使更多普通民众能利用移动客户端自助申请救助，或帮助身边人申请救助，极大程度地增强了社会公众的参与度。

信息也是一种生产力。社会救助信息共享机制的建立，一方面促进了相关部门的有机协调，助推救助合力的形成；另一方面也助推了“社会救助大数据”的形成，实现了智慧化管理。

六、社会力量参与机制[①]

“术业有专攻”。以人民为中心的现代社会救助体系具有一个基本特征，那就是向困难群众提供多层次、多样性的救助内容，将社会服务引入社会救助。然而，社会救助服务需要专业的技术和方法来提供，这就要求专业社会力量的广泛参与。为有效激发社会力量的活力，促进社会力量参与社会救助，安徽省委省政府要求相关部门以“大社会救助格局”为指导理念，制定和落实社会力量参与社会救助的优惠政策，形成推动社会力量参与社会救助的便捷渠道和工作机制。

经过几年来的探索和实践，安徽省形成了包含服务购买机制、公益创投机制、社会工作嵌入机制、志愿服务机制和社会自组织机制在内的社会力量参与救助的体制框架，使社会力量可通过实施公益捐赠、设立帮扶项目、创办服务机构、提供专业服务、汇聚志愿资源等方式参与救助工作。

第一，服务购买机制。这是社会力量参与社会救助的最基本的路径。依据《安徽省人民政府办公厅关于政府向社会力量购买服务的实施意见》（皖政办〔2013〕46 号），2014 年安徽省财政厅发布了《安徽省政府向社会力量购买服务指导目录》（财综〔2014〕100 号），实施了全省政府购买服务试点工作；根据试点结果和经验，2015 年又对该指导目录进行了调整和完善。在调整完善后的《安徽省政府向社会力量购买服务指导目录》（财综〔2015〕691 号）中，与社会救助直接相关的内容涵盖 4 个一级目录（在一级目录内占比 66.67%）、14 个二级目录（在二级目录内占比 24.14%）、34 个三级目录（在三级目录内占比 12.37%）。结合本地区政府职能转变、财政预算安排、社会公众需求等情况，各地市也根据全省指导性目录制定了本级目录。这些详细具体的目录内容为有关部门向社会力量购买相关服务提供了政策保证和行动框架。2014 年安徽省民政厅依托省级福彩公益金，围绕社区居民、社会救助群体、独居老年人等重点人群，实施全省性社会工作服务项目——“江淮社工行动”，深入打造“共享阳光”社会救助社会工作服务、“成长相伴”儿童社会工作服务、“睦邻家园”社区服务等社会工作服务项目品牌，截至 2017 年底全省累计投入经费 2 715.28 万元。可以预见，随着政府职能转变的持续加深，社会力量（尤其是社会组织）通过政府购买服务参与社会救助的现象将更加普遍，机制也将更加健全。

第二，公益创投机制。公益创投作为社会组织培育和发展的举措而被各级民政部门广泛采用，其主要目的是为初创期和中小社会组织（以公益慈善类为主）提供资金支持，培养并训练社会组织的项目设计、财务管理、服务运营等能力。据了解，安徽省 16 个地市均已开展了公益创投活动。另外，合肥市包河区、芜湖市弋江区等十余个县

---

① 这一部分详见本书的第八章第二节；有关社会组织参与社会救助的典型案例详见本书的第十一章。

（市、区）也实施了公益创投活动。在具体实施公益创投的过程中，各地基本上都将公益创投与社会救助（尤其是“非物质救助”）、社会福利服务有机衔接起来，将资金投放到符合“扶老、助残、救孤、济困”宗旨的项目当中。在具体的公益创投操作过程中，或者专设社会救助与社会福利类项目，或者强调重点资助将困境儿童、困境老人、“三留守”人员、残疾人、最低生活保障群体等作为服务对象的项目。可以说，公益创投为社会组织参与社会救助设置了功能空间，提供了资源支持。虽然其直接目的是培育和发展社会组织，但社会救助和社会福利却成了实实在在的“副产品”。同时，由于公益创投项目是由社会组织自主设计的（政府购买服务项目主要是由政府部门设计的），这也有助于发挥社会力量的创造性，使社会服务更加多样、更具弹性，使公益事业和社会服务的效率更高、效能更好[6]。

第三，社会工作嵌入机制[7]。《关于加快推进社会救助领域社会工作发展的实施意见》（皖民办字〔2015〕115号）将社会工作嵌入社会救助过程，形成了具体有效的转介机制；将社会工作嵌入社区服务与治理过程，通过资源整合和业务统管健全社区、社会组织、社会工作“三社”联动工作机制，发挥“三社”服务合力，夯实基层社会救助能力。积极推进社会工作服务地方性标准研制工作（如《失独老人社会工作服务指南》），为社会工作嵌入社会救助和社会福利领域提供科学指导，提高社会工作参与社会救助的有效性。

第四，志愿服务机制。依据国务院《志愿服务条例》和《安徽省关于加强社会工作者与志愿者联动工作的实施意见》，安徽全省各地围绕推进志愿服务的法治化、组织化、规范化、信息化和实效化，不断完善相关政策制度、加强志愿服务组织建设，深化志愿服务实践。截至2017年底，安徽全省在民政部门依法登记的、名称中含有“志愿”或“义工”字样的志愿服务组织达202家；在单位和社区内部成立的志愿服务团队8 692个、志愿服务站点3 793个。2017年，安徽全省志愿服务工作投入资金量约2 461万元（财政资金1 945万元、福彩公益金265万元和社会资金251万元），其中用于购买志愿服务运营管理的资金超过383万元。志愿者队伍、志愿组织与志愿服务站点的建设以及志愿服务机制的健全，为社会力量参与社会救助和社会福利事务奠定了人力资源基础，也为急难人群提供了专业而友善的服务和帮扶。

第五，社会自组织机制。各种社会力量还主动利用自身优势、自主募集资源发挥社会救助功能，可将之称为“社会自组织机制”。例如，各类救急难基金会、慈善基金会等通过社会捐款、企业捐款、爱心义卖等方式募集救助资金，扩大社会救助的资金存量，为开展多样救助服务提供了补充性的资金支持。或者通过PPP（public-private partnership，政府和社会资本合作）模式设立社会救助基金，资助专业社会服务机构提供救急难服务。或者发起民间公益网络，依法通过众筹的方式解急救难。或者倡导建立社区自助互助平台，及时发起救助行动。

社会力量参与机制作为政府救助和民间救助的“联动装置”，使社会救助体系的共建共享共治特性和成效得以彰显。社会力量的参与，既推动了社会救助制度与社会福利制度（老年人福利、妇女儿童福利、残疾人福利等）的有机衔接，提高了社会救助的综合效能；又促进了传统单一物质救助模式的改革，向物质保障、生活照料、精神慰藉、心理疏导、能力提升和社会融入相结合的综合救助模式发展，拓展了社会救助服务的内涵；还改变了传统单一的物质救济方式，实现了救助方式向物质救济、专业服务、社会支持相结合的多样化、组合化、专业化和个性化方向发展。

七、社会救助资金统筹保障机制

社会救助体系的良性运行、社会救助实效的切实发挥，都需要充足的资金保障。安徽省在社会救助资金统筹保障机制建设方面，重点开展了三方面工作。

第一，加强经费保障工作。《安徽省人民政府关于贯彻落实〈社会救助暂行办法〉的实施意见》（皖政〔2014〕83 号）明确要求：“各地要优化财政支出结构，完善社会救助资金、物资保障机制，将政府安排的社会救助资金和社会救助工作经费纳入财政预算，确保各项社会救助制度有效落实。社会救助资金实行专项管理、分账核算、专款专用，任何单位或个人不得挤占挪用。社会救助资金的支付，按照财政国库管理的有关规定执行。”

第二，加强经费统筹工作。安徽省财政厅会同民政厅、审计厅出台《安徽省社会救助资金统筹使用管理暂行办法》（财社〔2017〕960 号），基于目标接近、投入方向类同、资金管理方式相近等标准，将原有的 8 个社会救助项目资金统一整合为“社会救助资金”。这 8 个资金为城乡低保、城乡医疗救助、特困人员救助供养、临时救助、流浪乞讨救助、困难残疾人生活补贴、重度残疾人护理补贴、孤儿基本生活保障救助等财政安排的社会救助资金。经费的统筹有助于改变原有的资金条块分割、配置不佳的问题，优化资金供给，提高资金使用效益；也可以推动各专项救助制度的衔接，防止重复救助、资源溢出等不良现象。另外，该暂行办法还要求各地建立社会救助“三大清单”，即项目清单、资金清单和绩效清单，通过“三大清单”来统筹使用省级下拨和本级安排的社会救助资金。在项目、资金、绩效三者有机统一的基础上，优化社会救助资金的管理和配置。

第三，加强经费监管工作。《安徽省社会救助资金统筹使用管理暂行办法》（财社〔2017〕960 号）还对救助资金的监督管理机制进行了明确。主要包括五方面：一是专款专用机制。按照预算和相关规定，明确社会救助资金的使用范围，不得挪用、挤占、截留或滞留。二是日常监管机制。建立逐级定期报告制度，实现社会救助资金的日常监管，及时纠错。三是信息披露机制。各部门要通过有效的方式，依法向全社会公开有关社会救助资金的使用情况，包括补助项目、标准、范围、对象、额度等重要信息，接受全社会的监督。四是绩效评价机制。利用第三方评估、专项审计等方式对社会救助资金的年度管理过程、使用效益、存在问题等进行评价。五是依法追责机制。对任何违法违规使用社会救助资金的行为予以严格追责，依法予以惩戒，以杜绝社会救助资金管理和使用过程中的滥用职权、玩忽职守、徇私舞弊等行为。

社会救助资金的统筹保障机制为社会救助工作的开展提供了“经济基础”，为社会救助事业的健康发展注入了“动力燃料”。

八、分级负责、五级联动工作机制

2014年以来，安徽省不仅形成了统筹衔接的社会救助制度框架，还形成了“省—市—县（市、区）—乡镇（街道）—村（社区）”分级负责、五级联动的工作机制，促使社会救助工作得以逐级落实、上下联动。

在省级层面，由民政、住建、教育等社会救助管理部门和财政等相关业务管理部门发挥制度设计、政策指导、资金支持和检查督促的功能；在市级层面，由民政、住建、教育等社会救助管理部门和财政等相关业务管理部门发挥业务指导、资金支持和检查促进等功能；在县（市、区）层面，民政等社会救助管理部门成立综合性的“社会救助受理服务中心”，负责登记、审核、审批、宣传等工作，财政、工商、公安等在财政预算、信息核对等方面给予合作与支持；在乡镇（街道）层面，设立“一门受理、协同办理”救助服务窗口，具体经办社会救助事务，开展社会救助制度宣传、咨询以及申请受理、登记、初审等工作，同时担负信息摸底、主动发现等职责；在村（社区）层面，为经办机构提供信息摸底、信息核查等方面的帮助，有条件的也可设置专门的社会救助服务窗口。分级负责、上下联动，共同展开社会救助工作，为社会救助事业的良性发展、绩效实现提供了顺畅的“执行链”。

九、社会救助和保障标准价格补贴联动机制

为切实提升困难群体的获得感，使其基本生活不受物价上涨的影响，安徽省除了适时调整各种社会救助标准之外，还实施了社会救助和保障标准价格补贴联动政策，印发了《关于完善社会救助和保障标准与物价上涨挂钩联动机制的通知》（皖发改价格〔2014〕182号），确定了如下几方面的内容。

首先，明确了价格补贴联动机制所针对的保障对象，即优抚对象、城乡最低生活保障对象、农村五保供养对象和领取失业保险金人员。

其次，明确了价格补贴联动机制的启动条件。这些条件具体包括三方面：一是居民消费价格指数（consumer price index，CPI）同比涨幅连续3个月超过3%~4%，具体上涨水平由各市结合实际自行确定；二是CPI中粮食价格同比涨幅连续3个月超过10%；三是水、电、燃煤（气）等居住类物品消费价格同比涨幅连续3个月超过5%。上述三个条件中的任何一个得到满足，即启动价格补贴联动机制，向保障对象发放价格临时补贴。当上述条件涨幅连续3个月回落至临界条件之下时，即中止联动机制，停止向保障对象发放价格临时补贴。

最后，明确了价格补贴联动机制的实施方式。联动机制实施的责任层级为“市”，具体临时补贴标准由市物价、财政、民政等部门按照既定测算方法确定并报市政府确定；联动机制的资金来源为市级财政，纳入年度财政预算，专款专用；联动机制的实施方式为“按月计算、按季发放”，在发放时要注明“价格临时补贴”。

社会救助和保障标准价格补贴联动的建立符合以人民为中心的救助思想，“价格临

时补贴”使困难群众的生活不受物价上涨等因素的影响，提升了困难群众的获得感。因此可以说，“价格临时补贴”为社会救助体系安装了主动调节装置，使社会救助体系更具弹性和适应性。

十、监督检查长效机制

社会救助体系的良性运行需要控制性、约束性的制度安排来予以保障；监督机制同时也是责任落实机制，能够激励和督促社会救助管理部门与经办机构及其经办人员积极履责、高效廉洁。在此意义上讲，监督检查机制是社会救助体系的“促动轮”和“防腐剂”。

安徽省为了切实提高社会救助工作的规范化管理水平，有效防止和遏制社会救助工作中的各种违纪违规行为，在监督检查机制方面进行了许多有益的探索。

首先，完善了监督检查政策体系。在《安徽省人民政府关于贯彻落实〈社会救助暂行办法〉的实施意见》（皖政〔2014〕83 号）中，就明确指出要加强社会救助的监督管理，要求各级、各部门加强监督检查，建立健全社会救助的政策措施、申请条件、资金利用、对象遴选、救助标准和补助额度等方面的公开公示制度，建立健全社会救助投诉和举报受理机制、日常监管和年度评估机制、资金审计和责任追究机制等。安徽省民政厅在 2014 年 11 月 24 日就曾专门印发《关于建立健全社会救助监督检查长效机制的通知》（皖民社救字〔2014〕166 号），从监督检查范围与要求、监督检查内容、监督检查方法、监督检查保障机制等四个方面做出了明确规定（详见表 1-12），成为全省社会救助监督检查机制建设和运行的基本遵循。

表 1-12　安徽省社会救助监督检查长效机制基本内容

序号	机制类型	具体内容
1	监督检查范围与要求	（1）各项社会救助制度；（2）从业人员的职务行为；（3）及时发现问题，及时纠正与惩处有关违法违规行为；（4）保证社会救助工作公平实施、高效实施；（5）发挥监督检查的规范、纠偏和督促功能
2	监督检查内容	（1）社会救助法规、政策、制度贯彻落实情况；（2）社会救助工作规范化运行情况；（3）社会救助资金的筹集和管理使用情况；（4）社会救助基层能力建设情况；（5）社会救助突发重大事件处置情况；（6）社会救助监督检查工作情况；（7）其他应纳入监督检查范围的事项
3	监督检查方法	（1）建立报告制度；（2）开展专项督查；（3）强化日常监管；（4）拓宽监督渠道；（5）完善绩效考核；（6）进行情况通报；（7）实施推进第三方评估，改进绩效考核与监督检查方法
4	监督检查保障机制	（1）加强组织协调；（2）加强社会救助监督检查能力建设；（3）推进社会救助信息化建设；（4）强化责任追究；（5）发挥社会监督的作用；（6）完善绩效考核指标体系

资料来源：安徽省民政厅：《关于建立健全社会救助监督检查长效机制的通知》（皖民社救字〔2014〕166 号）

其次，加强了监督检查部门联动。安徽省各涉救部门在监督检查方面，形成了政策共识，注重监督检查工作的相互配合、相互促进和协同联动。安徽省民政厅将国家《社会救助暂行办法》的实施增列为民政工作“一票否决”事项；省民政厅又会同省财政厅共同制定了城乡最低生活保障制度绩效考核办法和指标体系；省教育厅建立了学生资助工作月巡视制度，按照定期巡视、分级巡视、下查一级和点面结合的原则开展学生资助巡视工作；省住房和城乡建设厅通过处室对口巡查、每月定期通报、开展专项督查等方式，加大督促调度，确保年度目标任务顺利实施。

再次，加强了监督检查专项治理。有两项代表性的专项治理行动：一是建立城乡最低生活保障经办人员和村（居）民委员会干部近亲属享受低保备案制度。为了从源头上预防和治理“人情保”“关系保”及优亲厚友等基层群众比较关注的问题，出台《安徽省城乡低保经办人员和村（居）民委员会干部近亲属享受低保备案办法》（民社救字〔2013〕54 号），从备案对象、备案内容、备案方式、工作要求等四个方面，为各市、县（市、区）在该问题上提供了政策指导和标准要求，压实了工作责任。备案制度的出台，加大了对基层最低生活保障经办人员、村（居）民委员会干部的监督力度，为最低生活保障领域的不公正和腐败现象，竖起了一道严密而坚固的“防火墙”。二是最低生活保障政策执行中的多方整改与治理。为贯彻落实中央巡视组“回头看”反馈意见整改工作，安徽省民政厅高度重视，在 2016 年 6 月印发了《关于落实低保工作整改任务的紧急通知》（皖民社救字〔2016〕95 号），从专项整治“优亲厚友、寻租谋私”，落实“备案办法”，推进家庭经济状况核对机制，严格规范低保审核审批，加大责任追究力度等五个方面，提出了既具有系统性又具有针对性的整改措施。

最后，开展社会救助绩效评价。绩效评价的标准和内容具有导向作用，绩效评价的过程和结果具有督促作用，因此，社会救助绩效评价机制的建设具有综合性的监督检查和督导促进作用。在社会救助绩效评价机制建设方面，安徽省具体展开了五项工作：一是以科学原则为导向，制定评价指标体系，完善评价方法，为绩效评价本身的有效性、操作性、激励性奠定基础；二是以绩效评价结果运用为抓手，将评价结果作为“以奖代补”资金分配的依据，“奖勤罚懒”，正向激励；三是以绩效评价与预算编制有机结合为手段，在社会救助方面推行目标管理机制，增强社会救助预算的科学性，提高社会救助工作实效；四是以第三方评估为保障，逐步引入独立的第三方评估主体，完善第三方评估机制，为社会救助展开科学、客观的绩效评估；五是以项目绩效评估为推手，防范政府服务购买项目、公益创投项目的风险，提升项目资金的使用效率和效益，确保专业的社会救助服务有效递送给救助对象。

多层次、制度化的社会救助监督检查机制的建设具有多方面的积极效应。首先，有效地规范了社会救助工作的展开，约束了社会救助工作人员的职务行为，保障了社会救助服务的公平性。其次，有效地推动了社会救助工作责任的落实，以温情、高效的方式服务于困难群众，生产出与经济社会发展水平相适应的社会救助“产品”。最后，有效地防范了社会救助工作中可能存在的渎职、违法行为，降低“偷保”、“骗保”、“人情保”和“漏保”等现象发生的概率，提升社会救助资金的使用效益。

第三节　安徽省社会救助工作成效及其水平

2014~2017 年，安徽本级和各地市牢固树立底线思维，在社会救助体系建设、制度建设、机制建设等方面做了大量工作，各专项社会救助工作进展顺利，每一个专项社会救助制度均发挥了重要作用，取得了积极成效，都成为民生托底保障的重要支撑。受篇幅所限，本节仅对有系统性、连续性统计数据[①]的最低生活保障、特困人员供养、医疗救助和临时救助四个专项社会救助制度予以分析和呈现。

一、最低生活保障制度的工作成效与水平

在最低生活保障工作方面，安徽省采取了多项创新举措，提高最低生活保障的服务水平、管理水平和资金使用效益，切实保障和改善了困难人群的基本生活。例如，在全国率先对城乡最低生活保障对象实行分类建档（分成 A、B、C 三类）、分类管理、分类施保；将城市“三无人员”全部纳入 A 类最低生活保障对象，予以增发低保金。有效有序的最低生活保障工作，不断提升的保障水平，使安徽省在民政部、财政部组织实施的最低生活保障工作绩效评价中 2014 年度、2015 年度和 2016 年度连续三年全国第一。

（一）保障支出不断加大

在总量上看，2014~2017 年安徽省最低生活保障资金的总支出额为 2 713 547.06 万元。其中，农村最低生活保障资金支出 1 627 198.11 万元，占比 59.97%；城市最低生活保障资金支出 1 086 348.95 万元，占比 40.03%。

从变动趋势上看，2014~2017 年安徽省最低生活保障资金支出总量呈逐年递增趋势。城乡最低生活保障资金总支出从 2014 年到 2017 年分别为 659 239.50 万元、668 937.98 万元、671 347.81 万元和 714 021.77 万元，2015~2017 年增长率分别为 1.47%、0.36%和 6.36%，四年间的总增长率为 8.31%。

当然，城乡最低生活保障资金支出总量的增长趋势存在差异。农村最低生活保障资金自 2014 年至 2017 年呈逐年递增趋势，2015~2017 年增长率分别为 4.93%、5.84%和 11.75%，总增长率为 24.11%。城市最低生活保障资金支出总量则呈逐年递减趋势，2015~2017 年增长率分别为−2.95%、−7.20%和−2.14%，总增长率为−11.87%。城乡最低生活保障资金支出总量变动趋势的不同，说明城乡低保的差距在缩小，均衡性在提高，符合共享发展、协调发展的基本理念。

以上数据详见表 1-13。

表 1-13 安徽省最低生活保障资金支出总量统计表（2014~2017 年）

年份		2014 年	2015 年	2016 年	2017 年	合计
农村	保障总支出额度/万元	369 730.06	387 970.05	410 620.61	458 877.39	1 627 198.11
	与上一年相比增长率	—	4.93%	5.84%	11.75%	—
	与 2014 年相比增长率	—	4.93%	11.06%	24.11%	—

① 需要强调说明，由于统计口径的差异，统计年鉴、政府工作报告、部门统计公报、部门工作总结、新闻报道等数据存在略微差异。这一节所采用数据主要有两个来源：一是安徽省民政厅及其社会救助处所提供的年度工作报表；二是有关年度的《安徽统计年鉴》。

续表

年份		2014 年	2015 年	2016 年	2017 年	合计
城市	保障总支出额度/万元	289 509.44	280 967.93	260 727.20	255 144.38	1 086 348.95
	与上一年相比增长率	—	−2.95%	−7.20%	−2.14%	—
	与 2014 年相比增长率	—	−2.95%	−9.94%	−11.87%	—
城乡综合	保障总支出额度/万元	659 239.50	668 937.98	671 347.81	714 021.77	2 713 547.06
	与上一年相比增长率	—	1.47%	0.36%	6.36%	—
	与 2014 年相比增长率	—	1.47%	1.84%	8.31%	—

资料来源：安徽省民政厅社会救助处

（二）保障水平不断提高

安徽省一直将提升困难群众的获得感作为最低生活保障工作的初衷，通过不断调整救助标准来实现保障水平与经济社会发展水平的适应，使困难群众共享经济社会发展成果。

从人均保障水平看，安徽省最低生活保障人均保障水平在 2014~2017 年呈逐年递增趋势。如表 1-14 所示，人均保障水平从 2014 年的 0.234 万元提高为 2017 年的 0.351 万元，2015~2017 年增长率分别为 9.40%、28.52%和 6.69%，总增长率为 50.00%。

表 1-14　安徽省最低生活保障人均保障情况统计表（2014~2017 年）

年份	2014	2015	2016	2017	合计
城乡低保总支出/万元	659 239.50	668 937.98	671 347.81	714 021.77	2 713 547.06
城乡低保保障人数/人	2 813 275	2 609 965	2 042 298	2 034 018	9 499 556
人均保障情况/万元	0.234	0.256	0.329	0.351	0.286
人均保障情况年增长率	—	9.40%	28.52%	6.69%	—
人均保障情况总增长率	—	9.40%	40.60%	50.00%	—

资料来源：2014~2016 年数据来源于 2015~2017 年《安徽统计年鉴》；2017 年数据来自安徽省民政厅 2017 年 12 月统计数据

表 1-15 中按月列举了 2014~2017 年安徽省最低生活保障人均补助水平，通过这些月度数据，可以发现无论是城镇还是农村，2014~2017 年安徽省的最低生活保障月平均补助水平在提高。这表明，安徽省在最低生活保障的财政投入上存在稳健的增长机制，为城乡贫困群体基本生活的保障和发展起到了坚实的“保底”作用。

表 1-15　安徽省最低生活保障人均补助水平统计表（2014~2017 年）（单位：元）

年份	地区	1 月	2 月	3 月	4 月	5 月	6 月	7 月	8 月	9 月	10 月	11 月	12 月
2014	城市	312	293	297	306	304	331	310	307	309	347	352	361
	农村	122	123	124	134	137	166	137	148	142	167	175	185
2015	城市	329	337	328	333	332	353	341	338	342	355	364	363
	农村	145	145	146	151	149	164	157	156	—	172	180	196
2016	城市	352	360	344	354	352	371	370	364	378	402	412	433
	农村	163	160	168	180	178	168	205	205	233	219	265	299
2017	城市	419	390	389	391	396	399	403	427	422	437	479	432
	农村	226	222	228	242	239	246	244	289	284	266	294	298

资料来源：安徽省民政厅社会救助处

表 1-16 呈现了 2014~2017 年安徽省最低生活保障补助水平的变化趋势。农村最低生活保障补助水平从 2014 年的 146.67 元/（月・人），增长到 2017 年的 256.50 元/（月・人）；2015~2017 年的年增长率分别为 9.15%、27.17%和 25.99%，总增长率为 74.88%。可见农村最低生活保障水平的增速非常快，保障水平的提升速度较为明显。城市最低生活保障补助水平的增速虽然慢于农村，但仍从 2014 年的 319.08 元/（月・人），增长到 2017 年的 415.33 元/（月・人）；2015~2017 年的年增长率分别为 7.47%、9.16%和 10.95%，总增长率为 30.16%。城乡补助水平增速的不同，缩小了城乡最低生活保障的差距，体现了统筹发展的理念。

表 1-16　安徽省最低生活保障补助水平变化统计表（2014~2017 年）

年份		2014	2015	2016	2017
农村	补助平均水平/［元/（月・人）］	146.67	160.09	203.58	256.50
	年增长率	—	9.15%	27.17%	25.99%
	总增长率	—	9.15%	38.80%	74.88%
城市	补助平均水平/［元/（月・人）］	319.08	342.92	374.33	415.33
	年增长率	—	7.47%	9.16%	10.95%
	总增长率	—	7.47%	17.32%	30.16%

注：年均补助水平计算方法为当年每月城乡最低生活保障补助水平加总除以 12

资料来源：安徽省民政厅社会救助处

从保障标准的变化中，也可以清晰地看出安徽省最低生活保障的救助水平在不断提升。当然，补助水平的提升本身也是保障标准提升的结果。如表 1-17 所示，安徽省城乡最低生活保障标准虽有波动，但总体呈增长趋势。农村最低生活保障标准从 2014 年 1 月的 216.7 元/（月・人）增长到 2017 年 12 月的 357.4 元/（月・人），增长 64.93%；城市最低生活保障标准从 2014 年 1 月的 397.5 元/（月・人）增长到 2017 年 12 月的 527.9 元/（月・人），增长 32.81%。

表 1-17　安徽省最低生活保障标准统计表（2014~2017 年）（单位：元/（月・人））

年份	地区	1 月	2 月	3 月	4 月	5 月	6 月	7 月	8 月	9 月	10 月	11 月	12 月
2014	城市	397.5	398.9	400.7	406.4	409.6	411.1	413.9	414.3	414.5	415.6	416.5	423.3
	农村	216.7	219.3	221.2	226.2	229.6	231.2	234.0	235.5	235.7	236.0	236.3	241.3
2015	城市	433.8	435.2	436.7	441.4	442.0	445.7	449.9	451.3	451.8	452.3	452.5	453.4
	农村	243.0	245.9	249.9	253.6	255.6	257.0	260.1	260.1	204.9	264.4	364.4	271.8
2016	城市	455.0	455.0	455.0	467.4	474.3	477.0	483.1	483.3	485.4	487.0	491.4	493.7
	农村	267.1	267.4	267.3	288.8	296.5	280.7	302.8	302.8	307.2	307.7	310.8	314.4
2017	城市	493.7	496.4	496.4	499.0	501.7	504.6	522.4	526.8	527.6	527.9	527.9	527.9
	农村	311.2	314.3	317.0	316.9	321.2	323.2	348.6	355.7	355.9	357.4	357.4	357.4

资料来源：安徽省民政厅社会救助处

如表 1-18 所示，农村最低生活保障标准平均水平从 2014 年的 230.25 元/（月・人），增长到 2017 年的 336.35 元/（月・人）；2015~2017 年的年增长率分别为 13.31%、12.23%和 14.88%，总增长率为 46.08%，增速明显。城市最低生活保障标准平均水平增速略慢，但仍在稳步增长，从 2014 年的 410.19 元/（月・人），增长到 2017

年的 512.69 元/（月·人）；2015~2017 年的年增长率分别为 8.61%、6.76%和 7.79%，总增长率为 24.99%。

表 1-18　安徽省最低生活保障标准平均水平统计表（2014~2017 年）

年份		2014	2015	2016	2017
农村	年度低保标准平均水平［元/（月·人）］	230.25	260.89	292.79	336.35
	年增长率	—	13.31%	12.23%	14.88%
	总增长率	—	13.31%	27.16%	46.08%
城市	年度低保标准平均水平［元/（月·人）］	410.19	445.50	475.63	512.69
	年增长率	—	8.61%	6.76%	7.79%
	总增长率	—	8.61%	15.95%	24.99%

注：年度标准平均水平的计算方法为当年每月城乡最低生活保障标准加总后除以 12

资料来源：安徽省民政厅社会救助处

（三）保障效果不断优化

最低生活保障的平均补助水平和平均保障标准水平是在个体获得感的角度呈现保障成效的，最低生活保障对象的数量及其变动情况可以从整体的角度来呈现其保障效果。

第一，在最低生活保障对象数量方面（表 1-19），2014~2017 年安徽全省城乡累计保障 9 499 556 人，年度保障人口分别为 2 813 275 人、2 609 965 人、2 042 298 人和 2 034 018 人，年均保障 2 374 889 人。安徽全省城乡最低生活保障对象的数量呈逐年递减趋势，2015~2017 年分别减少 7.23%、21.75%和 0.41%，共减少 27.70%。保障对象数量在减少，而保障资金支出总额在增加（表 1-13），无疑表明平均保障水平在快速提升。

表 1-19　安徽省最低生活保障对象数量统计表（2014~2017 年）

年份		2014	2015	2016	2017	合计
农村	保障总人口/人	2 089 224	1 963 293	1 498 194	1 554 721	7 105 432
	年增长率	—	−6.03%	−23.69%	3.77%	—
	总增长率	—	−6.03%	−28.29%	−25.58%	—
	在总保障人口中占比	74.26%	75.22%	73.36%	76.44%	74.80%
城市	保障总人口/人	724 051	646 672	544 104	479 297	2 394 124
	年增长率	—	−10.69%	−15.86%	−11.91%	—
	总增长率	—	−10.69%	−24.85%	−33.80%	—
	在总保障人口中占比	25.74%	24.78%	26.64%	23.56%	25.20%
城乡综合	保障总人口/人	2 813 275	2 609 965	2 042 298	2 034 018	9 499 556
	年增长率	—	−7.23%	−21.75%	−0.41%	—
	总增长率	—	−7.23%	−27.40%	−27.70%	—

资料来源：2014~2016 年数据来源于 2015~2017 年《安徽统计年鉴》；2017 年数据来自安徽省民政厅 2017 年 12 月统计数据

2014~2017 年，农村年度最低生活保障人口分别为 2 089 224 人、1 963 293 人、1 498 194 人和 1 554 721 人，累计总数为 7 105 432 人，年均 1 776 358 人。2015~2017 年农村最低生活保障对象年增长率为−6.03%、−23.69%和 3.77%，总增长率为−25.58%。城市年度最低生活保障人口分别为 724 051 人、646 672 人、544 104 人和 479 297 人，累计总数为 2 394 124 人，年均 598 531 人。2015~2017 年城市最低生活保障对象年增长率为−10.69%、−15.86%和−11.91%，总增长率为−33.80%。2014~2017 年，安徽省农村最低生活保障对象数量占比分别为 74.26%、75.22%、73.36%和 76.44%；城市最低生活保障对象数量占比分别为 25.74%、24.78%、26.64%和 23.56%。可见，城乡最低生活保障对象占比整体趋稳，各年间的变化幅度不大。

第二，在最低生活保障户数方面（详见表 1-20），2014~2017 年安徽省年度城乡最低生活保障户数分别为 1 617 726 户、1 565 093 户、1 215 886 户和 1 176 809 户，累计共 5 575 514 户，年均 1 393 878.50 户。2015~2017 年增长率分别为−3.25%、−22.31%和−3.21%，总增长率为−27.26%。可见，城乡最低生活保障户数在逐年递减，在最低生活保障资金总支出量增加的情况下，无疑表明户均保障水平在大幅度提高。其中，农村最低生活保障年度保障总户数为 1 183 116 户、1 166 728 户、871 336 户和 866 160 户，2014~2017 年累计共救助 4 087 340 户，年均 1 021 835 户；2015~2017 年增长率分别为−1.39%、−25.32%和−0.59%，总增长率为−26.79%。城市最低生活保障年度保障总户数为 434 610 户、398 365 户、344 550 户和 310 649 户，2014~2017 年累计共救助 1 488 174 户，年均 372 043.50 户；2015~2017 年增长率分别为−8.34%、−13.51%和−9.84%，总增长率为−28.52%。2014~2017 年，安徽省农村最低生活保障户数占比分别为 73.13%、74.55%、71.66%和 73.60%；城市最低生活保障户数占比分别为 26.87%、25.45%、28.34%和 26.40%。可见，这与城乡最低生活保障对象占比情况一致，变化幅度较小，整体趋稳。

表 1-20　安徽省最低生活保障户数统计表（2014~2017 年）

年份		2014	2015	2016	2017	合计
农村	保障总户数/户	1 183 116	1 166 728	871 336	866 160	4 087 340
	年增长率	—	−1.39%	−25.32%	−0.59%	—
	总增长率	—	−1.39%	−26.35%	−26.79%	—
	在总保障户中占比	73.13%	74.55%	71.66%	73.60%	73.31%
城市	保障总户数/户	434 610	398 365	344 550	310 649	1 488 174
	年增长率	—	−8.34%	−13.51%	−9.84%	—
	总增长率	—	−8.34%	−20.72%	−28.52%	—
	在总保障户中占比	26.87%	25.45%	28.34%	26.40%	26.69%
城乡综合	保障总户数/户	1 617 726	1 565 093	1 215 886	1 176 809	5 575 514
	年增长率	—	−3.25%	−22.31%	−3.21%	—
	总增长率	—	−3.25%	−24.84%	−27.26%	—

资料来源：安徽省民政厅社会救助处

第三，在最低生活保障对象覆盖面方面，以当年年底数据为例（详见表 1-21），2014~2017 年安徽省城乡最低生活保障对象在全部人口中的比重分别为 4.13%、3.81%、2.99%和3.05%。其中，农村最低生活保障对象在农业人口中占比分别为4.00%、3.76%、2.91%和 3.16%；城市最低生活保障对象在非农业人口中占比分别为 4.56%、3.94%、3.26%和 2.73%。从这三组数据都可以看出，最低生活保障对象在总人口中的占比比较稳定。一方面说明安徽省最低生活保障制度基本成型，较为规范有序，制度化程度较高。另一方面说明在现有标准和条件下，安徽省最低生活保障需求相对趋稳，最低生活保障人数、预算等不会呈现大幅度变化现象。

表 1-21　安徽省最低生活保障对象覆盖情况统计表（2014~2017 年）

年份		当年 12 月农业或城镇人口数/人	当年 12 月保障人数合计/人	当年 12 月保障人口占总人口的比重
农村	2014	5 196 4004	2 080 344	4.00%
	2015	52 151 857	1 962 746	3.76%
	2016	51 494 683	1 498 503	2.91%
	2017	49 179 051	1 554 721	3.16%
城市	2014	15 879 290	724 049	4.56%
	2015	16 418 243	646 648	3.94%
	2016	16 707 745	544 131	3.26%
	2017	17 566 441	479 297	2.73%
城乡综合	2014	67 843 294	2 804 393	4.13%
	2015	68 570 100	2 609 394	3.81%
	2016	68 202 428	2 042 634	2.99%
	2017	66 745 492	2 034 018	3.05%

资料来源：安徽省民政厅社会救助处

（四）城乡差距不断缩小

《安徽省“十三五”社会救助体系建设规划》（皖民社救字〔2016〕168 号）将“城乡统筹”作为社会救助体系发展的基本原则，提出要在政策标准、救助方式、资金筹集、经费使用和管理服务等方面缩小城乡差距，这是共享发展理念的切实体现。从最低生活保障数据的统计分析结果来看，其城乡统筹水平在不断提升，城乡差距在不断缩小。表 1-22 中列举了三个指标，均可说明这一问题。

表 1-22　安徽省最低生活保障城乡差异水平统计分析表（2014~2017 年）

年份		2014	2015	2016	2017
城乡最低生活保障资金支出总量比较	保障总支出水平比值	0.78	0.72	0.63	0.56
	年增长率	—	−7.69%	−12.50%	−11.11%
	总增长率	—	−7.69%	−19.23%	−28.21%

续表

年份		2014	2015	2016	2017
城乡最低生活保障人均补助水平比较	补助平均水平比值	2.18	2.14	1.84	1.62
	年增长率	—	−1.83%	−14.02%	−11.96%
	总增长率	—	−1.83%	−15.60%	−25.69%
城乡最低生活保障标准比较	保障标准平均水平比值	1.78	1.71	1.62	1.52
	年增长率	—	−3.93%	−5.26%	−6.17%
	总增长率	—	−3.93%	−8.99%	−14.61%

注：（1）保障总支出水平比值的计算方法：当年城市最低生活保障资金支出总量/当年农村最低生活保障资金支出总量。原始数据详见表 1-13

（2）补助平均水平比值的计算方法：当年城市最低生活保障人均补助水平/当年农村最低生活保障人均补助水平。原始数据详见表 1-15 和表 1-16

（3）保障标准平均水平比值的计算方法：当年城市最低生活保障标准平均值/当年农村最低生活保障标准平均值。原始数据详见表 1-17 和表 1-18

资料来源：安徽省民政厅社会救助处

第一，从城乡最低生活保障资金支出总量的变化速度来看，2014~2017 年城乡最低生活保障资金支出总量比值分别为 0.78、0.72、0.63 和 0.56，2015~2017 年增长率分别为−7.69%、−12.50%和−11.11%，总增长率为−28.21%。从这些数据不难看出，城乡比值呈逐年递减趋势，且递减趋势明显。说明农村最低生活保障资金的支出总量增速要快于城市最低生活保障资金的支出总量，在资金保障方面推动了城乡的统筹水平，缩小了城乡差距。

第二，从城乡最低生活保障人均补助水平的变化速度看，2014~2017 年城乡最低生活保障补助平均水平的比值逐年下降，从 2014 年的 2.18 降到 2017 年的 1.62，2015~2017 年增长率分别为−1.83%、−14.02%和−11.96%，总增长率为−25.69%。这也清晰地说明农村最低生活保障人均补助水平的增速要高于城市最低生活保障人均补助水平的增速，在城乡最低生活保障对象的实际获得方面差距越来越小。

第三，从城乡最低生活保障标准的变化速度看，2014~2017 年城乡最低生活保障标准的比值依次为 1.78、1.71、1.62 和 1.52，2015~2017 年增长率依次为−3.93%、−5.26%和−6.17%，总增长率为−14.61%。不难发现，在保障标准和保障政策方面，城乡之间的差异水平渐次缩小，这为城乡统筹奠定了基础，也是践行共享发展、协调发展的具体行动。

将表 1-22 转换成图 1-2，可以更为清晰直观地看出城乡最低生活保障城乡差距缩小的趋势。

（五）扶贫效果不断提升

兜住筑牢民生底线，提升精准扶贫成效，助力脱贫攻坚战略，都是社会救助体系的基本功能，也是最低生活保障制度的主要着眼点。从统计数据上可以清晰看出，安徽省最低生活保障工作的扶贫效果在不断提升，体现了社会救助体系的兜底保障能力，强化了社会救助事业的托底保障作用。

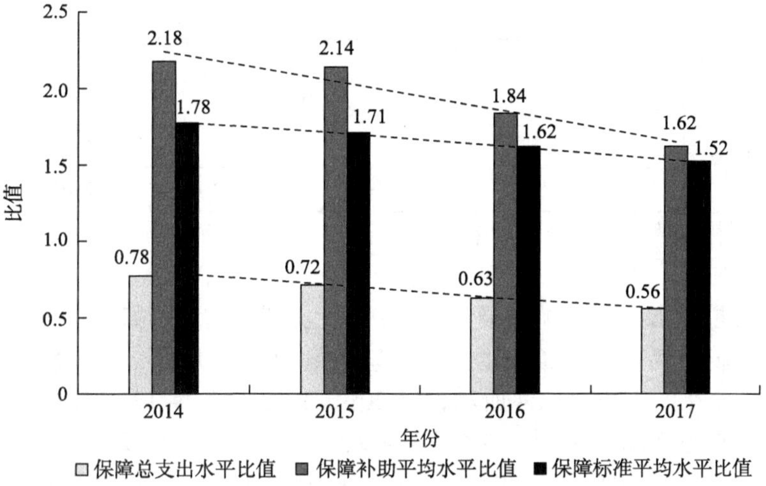

图 1-2　安徽省最低生活保障城乡差距趋势图

资料来源：安徽省民政厅社会救助处

第一，切实加强了最低生活保障制度与精准扶贫工作的衔接力度。《安徽省人民政府办公厅转发省民政厅等部门关于做好农村最低生活保障制度与扶贫开发政策有效衔接实施方案的通知》（皖政办〔2016〕74 号）明确要求，在符合相关规定和条件的基础上，实现最低生活保障制度与扶贫开发政策的衔接——对符合农村低保条件的建档立卡贫困户，按规定程序纳入低保范围。落实扶贫支持政策，对于符合扶贫条件的农村低保家庭，按规定程序纳入建档立卡范围。同时，该通知要求，确保 2017 年实现农村低保标准和扶贫标准“两线合一”，确保农村最低生活保障标准都能达到国家扶贫标准，提升保障力度；对纳入最低生活保障范围的 A 类、B 类建档立卡贫困户，分别按不低于其本人获得最低生活保障补助水平的 30%、20%增发保障金，提升保障水平。据统计，2015~2017 年①，当年 12 月被纳入最低生活保障的扶贫对象数量分别为 1 037 419 人、934 400 人和 920 673 人，建档立卡贫困户在最低生活保障对象中的占比分别为 52.86%、62.36%和 59.22%，合计平均占比 57.67%（表 1-23）。显然，农村最低生活保障对象与建档立卡扶贫对象的重叠率比较高。最低生活保障对象中的建档立卡贫困人数逐年递减，增长率为-9.93%和-1.47%，这与脱贫对象和最低生活保障对象的动态管理有关，也体现了低保通过“保底”而发挥了促进脱贫的作用。

表 1-23　安徽省农村最低生活保障对象中的扶贫对象统计表（2015~2017 年）

年份		2015	2016	2017	合计
年度 12 月的农村最低生活保障对象数量/人		1 962 746	1 498 503	1 554 721	5 015 970
最低生活保障对象中的扶贫对象数量及增长率	数量/人	1 037 419	934 400	920 673	2 892 492
	年增长率	—	−9.93%	−1.47%	—
	总增长率	—	−9.93%	−11.25%	—

① 2014 年未将扶贫对象人数纳入最低生活保障对象予以统计。

续表

年份		2015	2016	2017	合计
扶贫对象在最低生活保障对象中的占比及增长率	占比	52.86%	62.36%	59.22%	57.67%
	年增长率	—	17.97%	−5.04%	—
	总增长率	—	17.97%	12.03%	—

注：2014 年未统计扶贫对象数量，故本表中未列入

资料来源：安徽省民政厅社会救助处

第二，残疾是致贫、返贫的主要诱因之一，也是需要社会救助兜底保障的重点对象之一，因此，最低生活保障对象中的残疾人口数量和占比也能说明最低生活保障制度与扶贫开发的衔接水平①。如表 1-24 所示，以 2014~2017 年各年 12 月为例，安徽全省被保障的残疾人口分别为 2 804 393 人、2 609 394 人、2 042 634 人和 2 034 018 人，占比分别为 16.16%、17.84%、20.26%和 22.37%。虽然被保障的残疾人口数量增速有波动，但被保障残疾人口在全体最低生活保障对象中的占比持续增加。其中，农村最低生活保障对象中的残疾人口分别为 357 269 人、365 601 人、328 577 人和 365 024 人，占比分别为 17.17%、18.63%、21.93%和 23.48%；城市最低生活保障对象中的残疾人口分别为 95 872 人、99 914 人、85 168 人和 89 971 人，占比分别为 13.24%、15.45%、15.65%和 18.77%。城乡被保障残疾人口的变动趋势基本一致。

表 1-24 安徽省最低生活保障对象中的残疾人口统计表（2014~2017 年）

年份		2014	2015	2016	2017	合计
农村	被保障的残疾人口数量（12 月）/人	357 269	365 601	328 577	365 024	1 416 471
	被保障的残疾人口年增长率	—	2.33%	−10.13%	11.09%	—
	被保障的残疾人口总增长率	—	2.33%	−8.03%	2.17%	—
	当月最低生活保障对象总数/人	2 080 344	1 962 746	1 498 503	1 554 721	7 096 314
	在当月最低生活保障对象中占比	17.17%	18.63%	21.93%	23.48%	19.96%
城市	被保障的残疾人口数量（12 月）/人	95 872	99 914	85 168	89 971	370 925
	被保障的残疾人口年增长率	—	4.22%	−14.76%	5.64%	—
	被保障的残疾人口总增长率	—	4.22%	−11.16%	−6.16%	—
	当月最低生活保障对象总数/人	724 049	646 648	544 131	479 297	2 394 125
	在当月最低生活保障对象中占比	13.24%	15.45%	15.65%	18.77%	15.49%

① 课题组曾对芜湖市弋江区 2017 年底各部门困难群众大走访活动中搜集上来的调查表进行统计，统计结果显示：致困原因由多到少依次如下：因病致困（41.15%）、因残致困（36.21%）、因家人零就业致困（7.82%）、因学致困（6.73%）、因灾因意外致困（0.82%）、危房户（0.41%），其他各类原因致困（6.86%）。可见，虽然致贫、致困原因存在多种类别，但主要是因病致困和因残致困（两者合并占比高达 77.36%）。

续表

年份		2014	2015	2016	2017	合计
城乡综合	被保障的残疾人口数量（12 月）/人	453 141	465 515	413 745	454 995	1 787 396
	被保障的残疾人口年增长率	—	2.73%	−11.12%	9.97%	—
	被保障的残疾人口总增长率	—	2.73%	−8.69%	0.41%	—
	当月最低生活保障对象总数/人	2 804 393	2 609 394	2 042 634	2 034 018	9 490 439
	在当月最低生活保障对象中占比	16.16%	17.84%	20.26%	22.37%	18.83%

资料来源：安徽省民政厅社会救助处

从图 1-3 可以清晰看出，城乡最低生活保障对象中的残疾人口占比逐年递增，对残疾人的保障力度在不断加大。

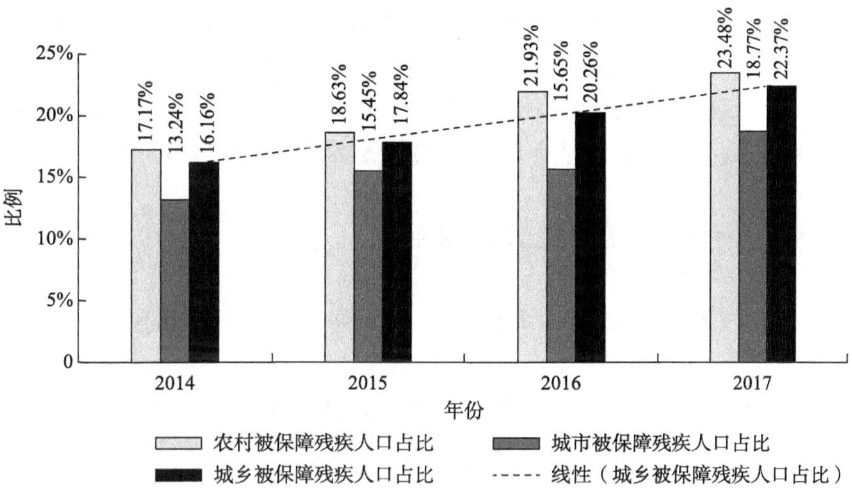

图 1-3　安徽省最低生活保障对象中的残疾人口占比趋势图
资料来源：安徽省民政厅社会救助处

第三，支出型贫困（尤其是因病支出型贫困）是当前救急难工作中的重点，最低生活保障制度的有效实施，有助于避免因病致贫、因病返贫问题。因此，最低生活保障对象中因病支出型贫困人口的数量也是反映最低生活保障制度与扶贫开发衔接的重要指标。以 2017 年 12 月的数据为例，当月城乡最低生活保障对象中因病支出型贫困人员有 228 827 人，在全体最低生活保障对象中所占比重为 11.25%，在总人口中所占比例为 0.34%。其中，农村最低生活保障对象中因病支出型贫困人员有 186 997 人，在全体农村最低生活保障对象和农业人口总量中所占比重分别为 12.03%和 0.38%；城市最低生活保障对象中因病支出型贫困人员有 41 830 人，在全体城市最低生活保障对象和非农业人口总量中所占比重分别为 8.73%和 0.24%（表 1-25）。

表 1-25　2017 年 12 月安徽省最低生活保障对象中因病支出型贫困人员统计表

地区	低保对象中因病支出型贫困人员数/人	当月低保对象人数/人	因病支出型贫困人员在全体低保对象中所占比例	农业或非农人口总数/人	因病支出型贫困人员在总人口中所占比例
农村	186 997	1 554 721	12.03%	49 179 051	0.38%
城市	41 830	479 297	8.73%	17 566 441	0.24%
合计	228 827	2 034 018	11.25%	66 745 492	0.34%

资料来源：安徽省民政厅社会救助处

（六）趋势预测

根据上述数据变化情况，以及最低生活保障制度的本身特点、经济社会发展水平的持续提高等因素，可以认为：未来几年的最低生活保障对象规模将呈稳定趋势，变动幅度较小。需要强调，随着将符合条件的成年无业重度残疾人、因病支出型贫困家庭纳入保障范围，最低生活保障的保障面会扩大，保障对象数量会有所增加。但同时，随着最低生活保障对象中的部分农村建档立卡贫困人口实现脱贫、部分保障对象因家庭经济状况改善，最低生活保障的规模将面临适时调整。因此，保障对象的新增数量与调减数量会形成一定程度的抵消，最低生活保障对象的数量不会产生较大变化。

二、特困人员供养的工作成效与水平

为贯彻国务院《社会救助暂行办法》和国务院《关于进一步健全特困人员救助供养制度的意见》（国发〔2016〕14 号），安徽省出台了《安徽省人民政府关于进一步健全特困人员救助供养制度的实施意见》（皖政〔2016〕102 号），将原有的“城市三无人员供养”和“农村五保供养”予以整合，实现了城乡统筹，推动了特困人员救助供养工作的稳步发展。

（一）特困人员供养补助资金支出增长明显

2014~2017 年，安徽省累计发放特困人员供养补助金 652 665.9 万元，年度发放补助金分别为 120 203.5 万元、136 667.9 万元、191 532.5 万元和 204 262.0 万元，2014~2017 年增长率分别为 13.70%、40.14%和 6.65%，总增长率为 69.93%（详见表 1-26 和图 1-4）。

表 1-26　安徽省特困人员供养补助资金一览表（2014~2017 年）

年份	2014	2015	2016	2017	合计
特困人员供养补助资金/万元	120 203.5	136 667.9	191 532.5	204 262.0	652 665.9
年增长率	—	13.70%	40.14%	6.65%	—
总增长率	—	13.70%	59.34%	69.93%	—

资料来源：安徽省民政厅社会救助处

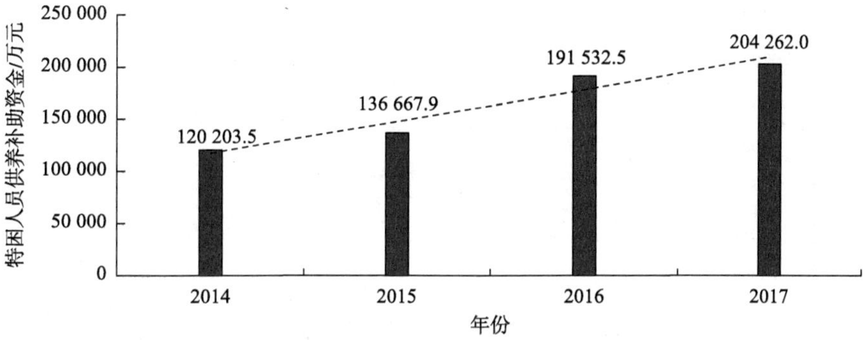

图 1-4　安徽省特困人员供养补助资金统计图（2014~2017 年）

资料来源：安徽省民政厅社会救助处

（二）特困人员供养标准持续增加

为了提高保障标准，《安徽省人民政府关于进一步健全特困人员救助供养制度的实施意见》（皖政〔2016〕102 号）明确规定，按照不低于上年度当地城乡居民人均消费性支出的 60%确定特困人员基本生活标准，按照不低于基本生活标准的 10%确定特困人员照料护理标准，建立起供养对象基本生活和照料护理两项标准动态调整机制。正是在这种有力的政策促动下，安徽省特困人员供养标准持续提高，且增速明显。如表 1-27 所示，安徽省特困人员分散供养标准 2014~2017 年分别为 180 元/（月・人）、217 元/（月・人）、434 元/（月・人）和 500 元/（月・人）；2015~2017 年增长率分别为 20.56%、100.00%和 15.21%；四年间增长了约 1.8 倍。安徽省特困人员集中供养标准 2014~2017 年分别为 315 元/（月・人）、387 元/（月・人）、585 元/（月・人）和 631 元/（月・人）；2015~2017 年增长率分别为 22.86%、51.16%和 7.86%；四年间增长了约 1 倍。

表 1-27　安徽省特困人员供养标准一览表（2014~2017 年）

年份		2014	2015	2016	2017
分散供养	供养标准/［元/（月・人）］	180	217	434	500
	年增长率	—	20.56%	100.00%	15.21%
	总增长率	—	20.56%	141.11%	177.78%
集中供养	供养标准/［元/（月・人）］	315	387	585	631
	年增长率	—	22.86%	51.16%	7.86%
	总增长率	—	22.86%	85.71%	100.32%

资料来源：安徽省民政厅社会救助处

将表 1-27 转换成图 1-5 后，可以清晰地看出安徽省特困人员供养标准呈持续增长趋势。

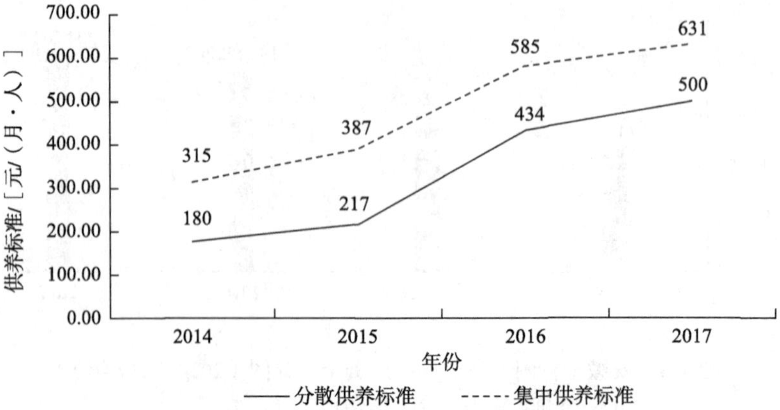

图 1-5　安徽省特困人员供养标准统计图（2014~2017 年）

资料来源：安徽省民政厅社会救助处

（三）特困人员供养规模相对稳定

如表 1-28 所示，2014~2017 年，安徽省特困人员供养人数累计为 1 666 650 人，各年度分别为 430 876 人、422 414 人、412 716 人和 400 644 人，2015~2017 年增长率分别为−1.96%、−2.30%和−2.93%，总增长率为−7.02%。显然，特困供养规模稳中有降，这与特困供养人员本身的属性相一致。

表 1-28　安徽省特困人员供养规模一览表（2014~2017 年）

年份	2014	2015	2016	2017	合计
特困人员供养人数/人	430 876	422 414	412 716	400 644	1 666 650
年增长率	—	−1.96%	−2.30%	−2.93%	—
总增长率	—	−1.96%	−4.21%	−7.02%	—

资料来源：安徽省民政厅社会救助处

特困人员供养年度累计资金呈逐年增加趋势（表 1-26），而表 1-28 供养人数在适度下降，这种反方向的变化趋势也表明安徽省特困人员供养的水平在持续提升，这与表 1-27 所呈现的结果一致。

从供养形式的角度看（表 1-29），2014~2017 年分散供养人数分别为 268 374 人、271 027 人、291 725 人和 311 303 人，在当年特困人员供养总体中占比分别为 62.29%、64.16%、70.68%和 77.70%；集中供养人数分别为 162 502 人、151 387 人、120 991 人和 89 341 人，在当年特困人员供养总体中占比分别为 37.71%、35.84%、29.32%和 22.30%。可见，分散供养人数逐年递增，而集中供养人数逐年递减，分散供养人数占比从 2014 年的 62.29%增长到 2017 年的 77.70%，集中供养人数占比从 2014 年的 37.71%下降到 2017 年的 22.30%，变化了 15.41 个百分点。供养方式由集中供养向分散供养的转变，一方面体现了特困人员自主生活意识的提升（因为供养方式的选择主要依据申请者的意愿来实施）；另一方面体现了供养资源的合理配置，使有限的供养机构和供养资金惠及更多的困难群众，也有助于提升集中供养机构的专业服务水平。

表 1-29　安徽省特困人员供养形式分类统计表（2014~2017 年）

年份	特困人员供养总数/人	分散供养		集中供养	
		人数/人	当年占比	人数/人	当年占比
2014	430 876	268 374	62.29%	162 502	37.71%
2015	422 414	271 027	64.16%	151 387	35.84%
2016	412 716	291 725	70.68%	120 991	29.32%
2017	400 644	311 303	77.70%	89 341	22.30%

资料来源：安徽省民政厅社会救助处

（四）趋势预测

随着安徽省社会经济发展水平的逐渐提高以及特困人员供养制度的逐步定型，未来几年内，在认定条件不变的情况下特困供养人员的规模将略有下降。同时，受供养对象自主性逐渐增强的影响，选择分散供养的占比将会逐渐扩大。因此，对于集中供养机构而言，应重点提升服务的专业能力，提供更多形式和更丰富的照护服务，而不是单纯地提升供养规模。

三、医疗救助的工作成效与水平

医疗救助是满足困难群众基本医疗服务需求、发挥救急解难作用、提升困难群众安全感的关键性制度。2014 年以来，安徽省医疗救助资金的募集力度不断加大、惠及面十分可观、医疗救助保障能力不断提高、保障力度和共享水平有效提升、医疗救助与扶贫开发工作的衔接程度不断加强。

（一）医疗救助资金募集力度不断加大

2014~2017 年，安徽省共筹集各类医疗救助资金 499 890.17 万元。各年度筹集额分别为 69 199.72 万元、75 686.42 万元、150 311.39 万元和 204 692.64 万元。从结构上看，四年间，上年度结转医疗救助基金分别为 1 960.40 万元、1 302.53 万元、553.20 万元和 2 419.62 万元，共计 6 235.75 万元；当年地方财政及彩票公益金分别安排 67 239.32 万元、74 383.89 万元、149 758.19 万元和 202 273.02 万元，共计 493 654.42 万元。在地方财政及彩票公益金安排的医疗救助资金中，各年度中央及省级分别安排 34 502.00 万元、35 230.00 万元、76 835.74 万元和 90 158.67 万元，共计 236 726.41 万元；地市级分别安排 8 587.80 万元、7 898.89 万元、13 508.13 万元和 13 609.84 万元，共计 43 604.66 万元；县（市、区）级分别安排 24 149.52 万元、31 255.00 万元、52 500.66 万元和 83 136.49 万元，共计 191 041.67 万元。另外，2016 年和 2017 年当地财政另行安排资助参合参保资金（非医疗救助资金）分别为 6 913.66 万元和 15 368.02 万元，共计 22 281.68 万元。用于医疗救助的资金募集情况反映了安徽省稳步增长的医疗救助能力，为医疗救助成效的提升奠定了基础，具体如表 1-30 所示。

表 1-30　安徽省医疗救助资金筹集情况统计表（2014~2017 年）（单位：万元）

年份	总额	上年度医疗救助基金结转	当年地方财政及彩票公益金安排情况				
			小计	中央及省级	地市级	县（市、区）级	当地财政另行安排资助参合参保资金（非医疗救助资金）
2014	69 199.72	1 960.40	67 239.32	34 502.00	8 587.80	24 149.52	—
2015	75 686.42	1 302.53	74 383.89	35 230.00	7 898.89	31 255.00	—
2016	150 311.39	553.20	149 758.19	76 835.74	13 508.13	52 500.66	6 913.66
2017	204 692.64	2 419.62	202 273.02	90 158.67	13 609.84	83 136.49	15 368.02
合计	499 890.17	6 235.75	493 654.42	236 726.41	43 604.66	191 041.67	22 281.68

资料来源：安徽省民政厅社会救助处

从动态的角度看，安徽省医疗救助资金筹集总额呈逐年增长态势。如表 1-31 所示，2015~2017 年，医疗救助资金筹集总额年增长率分别为 9.37%、98.60%和 36.18%，总增长率为 195.80%，2014~2017 年增长将近两倍。其中，地方财政及彩票公益金安排总额的年增长率分别为 10.63%、101.33%和 35.07%，总增长率为 200.83%，2014~2017 年增长超过两倍；中央及省级财政及彩票公益金安排总额的年增长率分别为 2.11%、118.10%和 17.34%，总增长率为 161.31%；地市级财政及彩票公益金安排总额的年增长率分别为 −8.02%、71.01%和 0.75%，总增长率为 58.48%；县（市、区）级财政及彩票公益金安排总额的年增长率分别为 29.42%、67.98%和 58.35%，总增长率为 244.26%，增幅最大。从上述数据可以得出如下结论：一是从趋势上看，安徽省医疗救助资金的募集力度总体呈逐年加大趋势；二是分年度看，2016 年的各级各类资金的增长速度最快；三是分层级看，县（市、区）级的募集力度提升速度最快，在医疗救助方面的自主程度和担负程度在提高。

表 1-31　安徽省医疗救助资金筹集年度变化情况统计表（2014~2017 年）

年份		2014	2015	2016	2017
医疗救助资金筹集总额	资金总额/万元	69 199.72	75 686.42	150 311.39	204 692.64
	年增长率	—	9.37%	98.60%	36.18%
	总增长率	—	9.37%	117.21%	195.80%
地方财政及彩票公益金安排总额	资金总额/万元	67 239.32	74 383.89	149 758.19	202 273.02
	年增长率	—	10.63%	101.33%	35.07%
	总增长率	—	10.63%	122.72%	200.83%
中央及省级财政及彩票公益金安排总额	资金总额/万元	34 502.00	35 230.00	76 835.74	90 158.67
	年增长率	—	2.11%	118.10%	17.34%
	总增长率	—	2.11%	122.70%	161.31%
地市级财政及彩票公益金安排总额	资金总额/万元	8 587.80	7 898.89	13 508.13	13 609.84
	年增长率	—	−8.02%	71.01%	0.75%
	总增长率	—	−8.02%	57.29%	58.48%
县（市、区）级财政及彩票公益金安排总额	资金总额/万元	24 149.52	31 255.00	52 500.66	83 136.49
	年增长率	—	29.42%	67.98%	58.35%
	总增长率	—	29.42%	117.40%	244.26%

资料来源：安徽省民政厅社会救助处

（二）医疗救助制度惠及面十分可观

如表 1-32 所示，2014~2017 年，安徽省医疗救助累计救助 19 819 450 人次。其中，直接资助 4 641 374 人次，资助参合参保 15 178 076 人次。在直接资助方面，住院救助 3 818 598 人次、门诊救助 822 776 人次。在资助参合参保方面，医疗救助资金资助 13 054 644 人次，非医疗救助资金资助 2 123 432 人次。在总体上看，医疗救助的惠及面相当可观，为防止因病致贫、因病返贫现象提供了保障，也为困难群体“获得感、幸福感和安全感”的提升奠定了制度基础。

表 1-32　安徽省医疗救助累计人次统计表（2014~2017 年）（单位：人次）

年份	总人次	直接资助人次	其中：住院救助人次	其中：门诊救助人次	资助参合参保总人数（含医疗救助资金资助人数和非医疗救助资金资助人数）	医疗救助资金资助参合参保人数	非医疗救助资金资助人数（当地财政另行安排资助参合参保）
2014	4 327 689	950 574	801 632	148 942	3 377 115	2 923 913	453 202
2015	3 873 994	882 462	742 764	139 698	2 991 532	2 631 211	360 321
2016	4 833 305	876 314	717 330	158 984	3 956 991	3 586 874	370 117
2017	6 784 462	1 932 024	1 556 872	375 152	4 852 438	3 912 646	939 792
合计	19 819 450	4 641 374	3 818 598	822 776	15 178 076	13 054 644	2 123 432

资料来源：安徽省民政厅社会救助处

从动态的角度看，2014~2017 年安徽省医疗救助各年度分别累计保障 4 327 689 人次、3 873 994 人次、4 833 305 人次和 6 784 462 人次，2015~2017 年增长率分别为−10.48%、24.76%和 40.37%，总增长率为 56.77%。

在直接资助方面，2014~2017 年各年度分别累计救助 950 574 人次、882 462 人次、876 314 人次和 1 932 024 人次，2015~2017 年增长率分别为−7.17%、−0.70%和 120.47%，总增长率为 103.25%。其中，住院救助各年度分别累计救助 801 632 人次、742 764 人次、717 330 人次和 1 556 872 人次，2015~2017 年增长率分别为−7.34%、−3.42%和 117.04%，总增长率为 94.21%；门诊救助各年度分别累计救助 148 942 人次、139 698 人次、158 984 人次和 375 152 人次，年增长率分别为−6.21%、13.81%和 135.97%，总增长率为 151.88%。

在资助参合参保方面，2014~2017 年各年度分别累计资助 3 377 115 人、2 991 532 人、3 956 991 人和 4 852 438 人，2015~2017 年增长率分别为−11.42%、32.27%和 22.63%，总增长率为 43.69%。其中，医疗救助资金资助参合参保人数分别为 2 923 913 人、2 631 211 人、3 586 874 人和 3 912 646 人，2015~2017 年增长率分别为−10.01%、36.32%和 9.08%，总增长率为 33.82%；非医疗救助资金资助参合参保人数分别为 453 202 人次、360 321 人次、370 117 人次和 939 792 人次，2015~2017 年增长率分别为−20.49%、2.72%和 153.92%，总增长率为 107.37%。

通过以上数据，可以得出三点结论：一是医疗救助对象规模存在波动，主要是由医疗救助对象产生的“或然性”所致，这与最低生活保障对象、特困人员供养对象相对稳定的特性不同。医疗救助对象规模的适度浮动，也说明了医疗救助工作具有较强的适应性。二是直接救助规模的变动幅度大于资助参合参保的变动幅度。这一结果由直接救助条件与参合参保资助条件的差异所致——直接救助（住院救助和门诊救助）依据医疗行为及其费用而实施，参合参保资助依据的是特定对象的种类，如最低生活保障对象、特困供养人员、建档立卡贫困人口和低收入医疗救助对象，除了低收入医疗救助对象因医疗行为及其费用额度而确定，或然性相对较高外，其他对象都相对稳定。所以，直接救助对象的变动幅度要大于参合参保资助对象。三是由于安徽全省大力推动最低生活保障对象、特困供养人员、建档立卡贫困人口和低收入医疗救助对象参合参保，不仅进一步缓解了困难群体的就诊压力和诊疗负担，也相对减少了医疗救助直接救助的支出额度和救助人次（见表 1-33）。单从数字上看，医疗救助直接资助人次的减少收窄了救助的惠及面，但并未减少救助对象的实际获得感和安全感；由于用于支付参合参保的费用要少于直接资助费用，在提高了医疗保障领域“互助”水平的同时，也有效提高了资金的使用效率。

表 1-33　安徽省医疗救助累计人次变化情况统计表（2014~2017 年）

年份		2014	2015	2016	2017
医疗救助总人数	资助人数	4 327 689	3 873 994	4 833 305	6 784 462
	年增长率	—	−10.48%	24.76%	40.37%
	总增长率	—	−10.48%	11.68%	56.77%
医疗救助直接资助人数	资助人数	950 574	882 462	876 314	1 932 024
	年增长率	—	−7.17%	−0.70%	120.47%
	总增长率	—	−7.17%	−7.81%	103.25%
其中：住院救助人数	资助人数	801 632	742 764	717 330	1 556 872
	年增长率	—	−7.34%	−3.42%	117.04%
	总增长率	—	−7.34%	−10.52%	94.21%
其中：门诊救助人数	资助人数	148 942	139 698	158 984	375 152
	年增长率	—	−6.21%	13.81%	135.97%
	总增长率	—	−6.21%	6.74%	151.88%
资助参合参保总人数	资助人数	3 377 115	2 991 532	3 956 991	4 852 438
	年增长率	—	−11.42%	32.27%	22.63%
	总增长率	—	−11.42%	17.17%	43.69%
医疗救助资金资助参合参保人数	资助人数	2 923 913	2 631 211	3 586 874	3 912 646
	年增长率	—	−10.01%	36.32%	9.08%
	总增长率	—	−10.01%	22.67%	33.82%
非医疗救助资金资助参合参保人数	资助人数	453 202	360 321	370 117	939 792
	年增长率	—	−20.49%	2.72%	153.92%
	总增长率	—	−20.49%	−18.33%	107.37%

资料来源：安徽省民政厅社会救助处

（三）医疗救助保障能力不断提高

历年修订出台的《安徽省城乡医疗救助实施办法》，都重点强调并逐步加大对重特大疾病的医疗救助力度；2016 年起，明确规定对最低生活保障对象和特困供养人员全额资助其参合参保费用。另外，安徽省政府在 2016 年出台《安徽省人民政府关于健康脱贫工程的实施意见》（皖政〔2016〕68 号），要求将农村建档立卡贫困人口全部纳入医疗救助范围，对其实施“三保障一兜底”的综合医疗保障政策（即健康脱贫兜底“351”工程），实现了医疗救助的重大突破（表 1-34 和表 1-35 均显示 2016 年医疗救助支出大幅增长）。这些举措共同推动了安徽省医疗救助保障水平的不断提高，使困难群众的健康获得感、安全感持续增强。

表 1-34　安徽省医疗救助累计支出统计表（2014~2017 年）（单位：万元）

年份	总金额	直接资助支出金额	其中：住院救助支出金额	其中：门诊救助支出金额	资助参合参保支出总额（含医疗救助资金资助支出和非医疗救助资金资助支出）	其中：医疗救助资金资助参合参保支出总额	其中：非医疗救助资金资助支出总额（当地财政另行安排资助参合参保的资金）
2014	107 006.62	88 299.18	81 633.81	6 665.37	18 707.44	15 804.32	2 903.12
2015	118 524.64	93 972.39	86 531.52	7 440.87	24 552.25	21 155.27	3 396.98
2016	155 423.47	99 604.36	90 725.26	8 879.10	55 819.11	50 640.46	5 178.65
2017	226 696.95	144 382.70	131 698.45	12 684.25	82 314.25	66 755.39	15 558.86
合计	607 651.68	426 258.63	390 589.04	35 669.59	181 393.05	154 355.44	27 037.61

资料来源：安徽省民政厅社会救助处

表 1-35　安徽省医疗救助累计支出变化情况统计表（2014~2017 年）

年份		2014	2015	2016	2017
医疗救助总支出	资助总额/万元	107 006.62	118 524.64	155 423.47	226 696.95
医疗救助总支出	年增长率	—	10.76%	31.13%	45.86%
医疗救助总支出	总增长率	—	10.76%	45.25%	111.85%
医疗救助直接资助支出	资助总额/万元	88 299.18	93 972.39	99 604.36	144 382.70
医疗救助直接资助支出	年增长率	—	6.42%	5.99%	44.96%
医疗救助直接资助支出	总增长率	—	6.42%	12.80%	63.52%
其中：住院救助支出	资助总额/万元	81 633.81	86 531.52	90 725.26	131 698.45
其中：住院救助支出	年增长率	—	6.00%	4.85%	45.16%
其中：住院救助支出	总增长率	—	6.00%	11.14%	61.33%
其中：门诊救助支出	资助总额/万元	6 665.37	7 440.87	8 879.10	12 684.25
其中：门诊救助支出	年增长率	—	11.63%	19.33%	42.86%
其中：门诊救助支出	总增长率	—	11.63%	33.21%	90.30%
资助参合参保总支出	资助总额/万元	18 707.44	24 552.25	55 819.11	82 314.25
资助参合参保总支出	年增长率	—	31.24%	127.35%	47.47%
资助参合参保总支出	总增长率	—	31.24%	198.38%	340.01%
其中：医疗救助资金资助参合参保支出	资助总额/万元	15 804.32	21 155.27	50 640.46	66 755.39
其中：医疗救助资金资助参合参保支出	年增长率	—	33.86%	139.38%	31.82%
其中：医疗救助资金资助参合参保支出	总增长率	—	33.86%	220.42%	322.39%
其中：非医疗救助资金资助参合参保支出	资助总额/万元	2 903.12	3 396.98	5 178.65	15 558.86
其中：非医疗救助资金资助参合参保支出	年增长率	—	17.01%	52.45%	200.44%
其中：非医疗救助资金资助参合参保支出	总增长率	—	17.01%	78.38%	435.94%

资料来源：安徽省民政厅社会救助处

如表 1-34 所示，2014~2017 年安徽省医疗救助总金额累计达 607 651.68 万元，各年度资助总额均超过 10 亿元，分别为 107 006.62 万元、118 524.64 万元、155 423.47 万元和 226 696.95 万元。

2014~2017 年，安徽省医疗救助直接资助支出总额为 426 258.63 万元，各年度分别支出 88 299.18 万元、93 972.39 万元、99 604.36 万元和 144 382.70 万元。其中，住院救助支出共计 390 589.04 万元，各年度分别支出 81 633.81 万元、86 531.52 万元、90 725.26 万元和 131 698.45 万元；门诊救助支出共计 35 669.59 万元，各年度分别支出 6 665.37 万元、7 440.87 万元、8 879.10 万元和 12 684.25 万元。

2014~2017 年资助参合参保支出总额共计 181 393.05 万元，各年度分别支出 18 707.44 万元、24 552.25 万元、55 819.11 万元和 82 314.25 万元。其中，医疗救助资金支出共计 154 355.44 万元，各年度分别支出 15 804.32 万元、21 155.27 万元、50 640.46 万元和 66 755.39 万元；非医疗救助资金资助支出总额 27 037.61 万元，各年度分别支出 2 903.12 万元、3 396.98 万元、5 178.65 万元和 15 558.86 万元。

从动态的角度看，安徽省医疗救助累计支出呈逐年增长趋势。如表 1-35 所示，2015~2017 年医疗救助总支出年增长率分别为 10.76%、31.13%和 45.86%，2014~2017 年总增长率为 111.85%，在四年间实现了翻番。2015~2017 年医疗救助直接资助支出年增长率分别为 6.42%、5.99%和 44.96%，2014~2017 年总增长率为 63.52%。其中，住院救助支出年增长率分别为 6.00%、4.85%和 45.16%，总增长率为 61.33%；门诊救助支出增长速度略快于住院救助支出，年增长率分别为 11.63%、19.33%和 42.86%，总增长率为 90.30%。2016 年起安徽省明确对最低生活保障对象和特困供养人员全额资助其参合参保费用，这导致资助参合参保总支出的增长速度要快于直接救助支出，2015~2017 年年增长率分别为 31.24%、127.35%和 47.47%，2014~2017 年总增长率为 340.01%，增长了 3 倍多。其中，医疗救助资金资助参合参保支出的年增长率分别为 33.86%、139.38%和 31.82%，总增长率为 322.39%；非医疗救助资金资助参合参保支出的年增长率为 17.01%、52.45%和 200.44%，总增长率为 435.94%。医疗救助累计支出的快速增长，表明了安徽省医疗救助的保障能力在不断提升；同时，也表明安徽省率先探索实施的健康脱贫兜底“351”工程效果显著。

（四）医疗救助的保障力度和共享水平有效提升

如表 1-36 和表 1-37 所示，在直接救助方面，2014~2017 年安徽全省平均救助水平为住院救助 1 022.86 元/人次，门诊救助 433.53 元/人次。其中，2014~2017 年住院救助平均水平分别为 1 018.35 元/人次、1 164.99 元/人次、1 264.76 元/人次和 845.92 元/人次，2015~2017 年增长率分别为 14.40%、8.56%和−33.12%。2014~2017 年门诊救助平均水平分别为 447.51 元/人次、532.64 元/人次、558.49 元/人次和 338.11 元/人次，年增长率分别为 19.02%、4.85%和−39.46%。平均资助水平既与医疗救助资金的资助总额和政策标准有关，也与受助人数（医疗概率）和医疗费用（涉及救助额度）有关，前者体现的是政策支持水平，后者则具有不确定性，因此平均资助水平的变化属正常状态，这本身也是医疗救助制度的特性所致。但总的来看，安徽省医疗救助水平具有相当的保障力度，有效缓解了困难群众看病难、看病贵问题，提升了全社会的共享发展水平。

表 1-36　安徽省医疗救助人均资助水平统计表（2014~2017 年）

年份	指标	直接资助	其中：住院救助	其中：门诊救助	资助参合参保	其中：医疗救助资金资助参合参保	其中：非医疗救助资金资助参合参保
2014	人数/人	950 574	801 632	148 942	3 377 115	2 923 913	453 202
	总额/万元	88 299.18	81 633.81	6 665.37	18 707.44	15 804.32	2 903.12
	人均/元	928.90	1 018.35	447.51	55.39	54.05	64.06
2015	人数/人	882 462	742 764	139 698	2 991 532	2 631 211	360 321
	总额/万元	93 972.39	86 531.52	7 440.87	24 552.25	21 155.27	3 396.98
	人均/元	1 064.89	1 164.99	532.64	82.07	80.40	94.28
2016	人数/人	876 314	717 330	158 984	3 956 991	3 586 874	370 117
	总额/万元	99 604.36	90 725.26	8 879.10	55 819.11	50 640.46	5 178.65
	人均/元	1 136.63	1 264.76	558.49	141.06	141.18	139.92
2017	人数/人	1 932 024	1 556 872	375 152	4 852 438	3 912 646	939 792
	总额/万元	144 382.70	131 698.45	12 684.25	82 314.25	66 755.39	15 558.86
	人均/元	747.31	845.92	338.11	169.63	170.61	165.56
合计	人数/人	4 641 374	3 818 598	822 776	15 178 076	13 054 644	2 123 432
	总额/万元	426 258.63	390 589.04	35 669.59	181 393.05	154 355.44	27 037.61
	人均/元	918.39	1 022.86	433.53	119.51	118.24	127.33

资料来源：安徽省民政厅社会救助处

表 1-37　安徽省医疗救助平均补助水平变化情况统计表（2014~2017 年）

年份		2014	2015	2016	2017
医疗救助直接资助	平均水平/（元/人次）	928.90	1 064.89	1 136.63	747.31
	年增长率	—	14.64%	6.74%	−34.25%
	总增长率	—	14.64%	22.36%	−19.55%
住院救助	平均水平/（元/人次）	1 018.35	1 164.99	1 264.76	845.92
	年增长率	—	14.40%	8.56%	−33.12%
	总增长率	—	14.40%	24.20%	−16.93%
门诊救助	平均水平/（元/人次）	447.51	532.64	558.49	338.11
	年增长率	—	19.02%	4.85%	−39.46%
	总增长率	——	19.02%	24.80%	−24.45%
资助参合参保	平均水平/（元/人次）	55.39	82.07	141.06	169.63
	年增长率	—	48.17%	71.88%	20.25%
	总增长率	—	48.17%	154.67%	206.25%
医疗救助资金资助参合参保	平均水平/（元/人次）	54.05	80.40	141.18	170.61
	年增长率	—	48.75%	75.60%	20.85%
	总增长率	—	48.75%	161.20%	215.65%
非医疗救助资金资助参合参保	平均水平/（元/人次）	64.06	94.28	139.92	165.56
	年增长率	—	47.17%	48.41%	18.32%
	总增长率	—	47.17%	118.42%	158.45%

资料来源：安徽省民政厅社会救助处

在资助参合参保方面，2014~2017 年安徽全省平均救助水平为 119.51 元/人次，医疗救助资金人均资助 118.24 元，非医疗救助资金人均资助 127.33 元。2014~2017 年，年人均资助分别为 55.39 元、82.07 元、141.06 元和 169.63 元，2015~2017 年增长率分别为 48.17%、71.88%和 20.25%，2014~2017 年总增长率为 206.25%；医疗救助资金人均资助分别为 54.05 元、80.40 元、141.18 元和 170.61 元，2015~2017 年增长率分别为 48.75%、75.60%和 20.85%，2014~2017 年总增长率为 215.65%；非医疗救助资金人均资助分别为 64.06 元、94.28 元、139.92 元和 165.56 元，2015~2017 年增长率分别为 47.17%、48.41%和 18.32%，2014~2017 年总增长率为 158.45%。由于影响资助参合参保的因素主要是政策取向和标准，制度化和确定性程度较高。资助参合参保人均水平的不断增长，表明安徽省在医疗救助保障方面的力度在持续增加，既减少了贫困人口直接的参合参保支出，更为贫困人口提供了可预期的医疗救助保障，有效地维护了困难群众的基本医疗权益，最大限度地减轻了困难群众医疗支出负担，大大减少了因病致贫、因病返贫现象。

（五）医疗救助与扶贫开发工作的衔接程度加强

2014~2017 年，安徽省医疗救助与扶贫开发的衔接程度不断加强，医疗救助已成为兜底扶贫和精准脱贫的基本举措。一方面，将农村建档立卡贫困人口全部纳入医疗救助范围，在实施救助时，对农村建档立卡贫困人口不设病种限制、不设医疗救助起付线；另一方面，为农村建档立卡贫困人口全额缴纳参合参保费用。如表 1-38 所示，安徽省城乡医疗救助重特大疾病对象在 2016 年达到 346 662 人次，2017 年增长到 505 012 人次。其中，住院大病救助人次和门诊大病救助人次均在两年间得到快速增长。从贫困人口得到的医疗救助来看，贫困人口救助人次规模庞大，从 2016 年的 2 715 709 人次增长到 2017 年的 4 686 640 人次。其中，扶贫人口住院救助人次、扶贫人口门诊救助人次、扶贫人口资助参合参保人次均在两年间快速增长。

表 1-38 安徽省城乡医疗救助重特大疾病对象、贫困人口对象情况统计（2016~2017 年）（单位：人次）

年份		2016	2017
大病救助	大病救助总人次	346 662	505 012
	其中：住院大病救助人次	292 458	399 081
	其中：门诊大病救助人次	54 204	105 931
贫困人口救助	贫困人口救助人次	2 715 709	4 686 640
	其中：扶贫人口住院救助人次	243 684	1 172 926
	其中：扶贫人口门诊救助人次	38 406	281 404
	其中：扶贫人口资助参合参保人次	2 433 619	3 232 310

注：2014 年和 2015 年统计数据缺失

资料来源：安徽省民政厅社会救助处

（六）趋势预测

综合分析直接救助对象、参合参保受资助对象的产生条件以及医疗救助政策、健康脱贫兜底“351”工程等因素，可以认为：第一，在现有认定条件不变的情况下，受助参合参保的人数将基本保持稳定。增长率不会再像2015年和2016年那样大幅度增减（这两年安徽省医疗救助政策中关于认定条件的规定发生变化，从而导致受助人数大幅提高）。第二，随着健康脱贫工程的深入推进和市县级层面的政策落实，重特大疾病对象、贫困人口对象的直接救助人数将会有一定程度的提升。但由于部分建档立卡贫困人口脱贫，会抵消一部分增长。因此，这一部分的直接救助人数将会稳中有升。第三，严格意义上讲，困难群众发病率受环境污染、个人习惯、医疗条件、年龄变化等多重因素的影响，因此直接救助对象的规模势必呈波动状态。但受人口老龄化程度的影响、健康脱贫兜底“351”工程等政策的逐渐落实，直接救助人数将呈稳中有增的态势变化，变动幅度在 10%左右。

四、临时救助的工作成效与水平

临时救助制度旨在解决城乡困难群众突发性、紧迫性、临时性生活困难问题，最具弹性化，是社会救助体系中最为开放也最有托底作用的制度设计。依据国务院 2014 年 10 月 24 日印发的《国务院关于全面建立临时救助制度的通知》，安徽省人民政府印发《安徽省人民政府关于全面建立临时救助制度的通知》（皖政秘〔2015〕23 号），各市也相继出台皖政秘〔2015〕23 号文件的配套实施意见，临时救助制度在安徽省基本得以确立，取得了明显进步和成效。

（一）资金基础坚实

《国务院关于全面建立临时救助制度的通知》（国发〔2014〕47 号）和《安徽省人民政府关于全面建立临时救助制度的通知》（皖政秘〔2015〕23 号），均要求地方各级人民政府要将临时救助资金列入财政预算。如表 1-39 所示，2015~2017 年，安徽省共募集临时救助资金 80 917 万元，每年皆超过 2.5 亿元。其中，2015~2017 年省级及以上财政预算分别为 17 319 万元、20 667 万元和 14 864 万元，合计 52 850 万元；市级财政预算分别为 2 350 万元、2 359 万元和 2 688 万元，合计 7 397 万元；县（市、区）级财政预算 4 475 万元、5 760 万元和 6 205 万元，合计 16 440 万元；最低生活保障结转资金 992 万元、1 822 万元和 1 416 万元，合计 4 230 万元。坚实的资金基础为临时救助制度的顺利展开和效果提升奠定了基础。

表 1-39　安徽省临时救助资金筹集情况统计表（2015~2017 年）

年份	指标	年度合计	省级及以上财政预算	市级财政预算	县（市、区）级财政预算	低保结转资金
2015 年	额度/万元	25 136	17 319	2 350	4 475	992
	占比	100.00%	68.90%	9.35%	17.80%	3.95%

续表

年份	指标	年度合计	省级及以上财政预算	市级财政预算	县（市、区）级财政预算	低保结转资金
2016 年	额度/万元	30 608	20 667	2 359	5 760	1 822
	占比	100.00%	67.52%	7.71%	18.82%	5.95%
2017 年	额度/万元	25 173	14 864	2 688	6 205	1 416
	占比	100.00%	59.05%	10.68%	24.65%	5.63%
合计	额度/万元	80 917	52 850	7 397	16 440	4 230
	占比	100.00%	65.31%	9.14%	20.32%	5.23%

注：2014 年未将临时救助资金筹集情况纳入统计

资料来源：安徽省民政厅社会救助处

从构成比例来看，省级及以上财政预算占比较大，2015~2017 年占比分别为 68.90%、67.52%和 59.05%，在临时救助资金总额中占比为 65.31%。这与安徽省人民政府优化财政支出结构，加大对临时救助资金的投入有关。占比排第二的为县（市、区）级财政预算，各年度占比分别为 17.80%、18.82%和 24.65%，在临时救助资金总额中占比为 20.32%。虽然县（市、区）级财政在临时救助方面的占比不及四分之一，但呈逐年递增趋势，这说明县（市、区）在临时救助制度实施方面的自主性逐渐提高。

从动态的角度看，安徽省临时救助资金募集总量、省级及以上财政预算、低保结转资金均有波动，而市级财政预算和县（市、区）级财政预算皆呈逐年递增趋势。详见表 1-40。

表 1-40　安徽省临时救助资金筹集变化情况统计表（2015~2017 年）

年份		2015	2016	2017
年度合计	资金总量/万元	25 136	30 608	25 173
	年增长率	—	21.77%	−17.76%
	总增长率	—	21.77%	0.15%
省级及以上财政预算	资金总量/万元	17 319	20 667	14 864
	年增长率	—	19.33%	−28.08%
	总增长率	—	19.33%	−14.18%
	当年占比	68.90%	67.52%	59.05%
市级财政预算	资金总量/万元	2 350	2 359	2 688
	年增长率	—	0.38%	13.95%
	总增长率	—	0.38%	14.38%
	当年占比	9.35%	7.71%	10.68%
县（市、区）级财政预算	资金总量/万元	4 475	5 760	6 205
	年增长率	—	28.72%	7.73%
	总增长率	—	28.72%	38.66%
	当年占比	17.80%	18.82%	24.65%

续表

年份		2015	2016	2017
低保结转资金	资金总量/万元	992	1 822	1 416
	年增长率	—	83.67%	−22.28%
	总增长率	—	83.67%	42.74%
	当年占比	3.95%	5.95%	5.63%

注：2014 年未将临时救助资金筹集情况纳入统计

资料来源：安徽省民政厅社会救助处

（二）对象规模较大

2014~2017 年安徽省临时救助共计 553 934 人次，各年度分别救助 94 982 人次、166 644 人次、168 236 人次和 124 072 人次，2015~2017 年增长率分别为 75.45%、0.96%和−26.25%。在临时救助对象中，本地户籍对象总占比为 99.21%，各年度占比分别为 98.91%、99.21%、99.47%和 99.08%；非本地户籍对象总占比为 0.79%，各年度占比分别为 1.09%、0.79%、0.53%和 0.92%（详见表 1-41）。虽然本地户籍对象占绝大多数，但非本地户籍对象仍占有一定比例，这充分说明了安徽省临时救助制度的开放性，突破了户籍限制，真正将“救急难”作为标准，体现了临时救助本应具备的“救急难”特性。

表 1-41　安徽省临时救助对象规模及属地分类统计表（2014~2017 年）

年份	救助对象规模/人次	年增长率	总增长率	本地户籍		非本地户籍	
				人次	占比	人次	占比
2014	94 982	—	—	93 949	98.91%	1 033	1.09%
2015	166 644	75.45%	75.45%	165 335	99.21%	1 309	0.79%
2016	168 236	0.96%	77.12%	167 348	99.47%	888	0.53%
2017	124 072	−26.25%	30.63%	122 932	99.08%	1 140	0.92%
合计	553 934	—	—	549 564	99.21%	4 370	0.79%

资料来源：安徽省民政厅社会救助处

（三）救助效果明显

2014~2017 年，安徽省临时救助总支出 85 771.92 万元，各年度支出额分别为 11 362.96 万元、22 877.17 万元、26 974.95 万元和 24 556.84 万元（表 1-42）。从救助方式上看，2015 年向社会组织转介 166 次，2016 年转介 258 次，2017 年转介 173.90 万元①。由于 2014 年未统计转介次数，到 2015 年和 2016 年将转介次数纳入统计范畴，再到 2017 年将转介金额（通过政府购买服务的方式转介）纳入统计范畴，这不仅说明了政府对社会组织参与社会救助工作的重视，还说明了社会组织参与的制度化程度、深度都在提升。2015~2017 年，向临时救助对象发放救助金总额分别为 22 698.17 万元、26 668.96 万元和

① 统计口径变化导致统计结果存在较大差异。

24 361.34 万元，占比分别为 99.22%、98.87%和 99.20%[①]。可见，发放救助金是临时救助的最主要方式。

表 1-42　安徽省临时救助支出规模及救助方式分类统计表（2014~2017 年）

年份	救助支出规模/万元	向社会组织转介次数或金额	发放救助金	
			金额/万元	占比
2014	11 362.96	—	—	—
2015	22 877.17	166 次	22 698.17	99.22%
2016	26 974.95	258 次	26 668.96	98.87%
2017	24 556.84	173.90 万元	24 361.34	99.20%
合计	85 771.92	—	73 728.47	99.09%

资料来源：安徽省民政厅社会救助处

从平均救助水平上看，2014~2017 年，安徽省临时救助平均救助水平为 0.15 万元/人次，各年度平均水平分别为 0.12 万元/人次、0.14 万元/人次、0.16 万元/人次和 0.20 万元/人次，2015~2017 年增长率分别为 16.67%、14.29%和 25.00%，2014~2017 年总增长率为 66.67%（表 1-43）。从统计数据上看，安徽省临时救助平均救助水平呈逐年递增趋势，保障水平逐年提升。

表 1-43　安徽省临时救助平均救助水平统计表（2014~2017 年）

年份	救助支出规模/万元	救助对象规模/人次	平均救助水平/（万元/人次）	年增长率	总增长率
2014	11 362.96	94 982	0.12	—	—
2015	22 877.17	166 644	0.14	16.67%	16.67%
2016	26 974.95	168 236	0.16	14.29%	33.33%
2017	24 556.84	124 072	0.20	25.00%	66.67%
合计	85 771.92	553 934	0.15	—	—

资料来源：安徽省民政厅社会救助处

（四）基本趋势预测

从统计数据上看，临时救助的标准呈递增趋势，这与经济社会发展水平的趋势一致。但临时救助对象的产生原因具有很强的不确定性，同时临时救助标准的自由裁量幅度较大，势必会使救助对象和资金支出具有较强的不确定性，无法准确预测。这要求严格落实《安徽省临时救助操作规程》，提升临时救助工作的规范性和保障性。

第四节　安徽省社会救助工作的展望与发展

本节主要有两个“任务”：一是简要分析安徽省社会救助体系建设及其实践方面存在的问题；二是提出针对安徽省社会救助体系的优化对策与建议。

---

① 2014 年未将“发放救助金”纳入统计范畴。

一、社会救助体系建设面临形势及问题

在今后的一段时期内，安徽省社会救助体系建设与社会救助事业发展所面临的机遇和挑战并存。

（一）机遇和条件：新时代对社会救助体系建设有新要求

党的十九大报告强调："中国特色社会主义进入了新时代，这是我国发展新的历史方位。"[4]在新时代，最大的特征是"我国社会主要矛盾已经转化为人民日益增长的美好生活需要和不平衡不充分的发展之间的矛盾"[4]。社会主要矛盾的转换为党和国家经济、政治、文化、社会、生态等方面的工作提出了新要求，自然也为社会救助体系建设和社会救助事业发展提出了新的要求。

第一，实现弱有所扶，扩大保障和改善民生的范围。一方面，社保兜底扶贫、健康扶贫是打赢脱贫攻坚战、使农村贫困人口在 2020 年全部实现脱贫的基本举措，这是社会救助事业所必须扮演的历史角色。因此，在未来几年社会救助工作必须瞄准绝对贫困人口，精准发力。另一方面，基本消除绝对贫困，全面建成小康社会之后（即 2020 年后），社会救助将以"弱有所扶"为目标，从瞄准绝对贫困群体转向更大规模的相对贫困群体（即"低收入家庭"①），从解决困难群众的基本生活问题（即温饱问题）转向解决"多维贫困"问题，聚焦发展型贫困和潜在贫困，阻止贫困现象的代际传递，妥善应对包括基本生活、医疗、教育、住房、就业、发展等各方面的困难，这是新时代社会救助管理部门需要承担的新历史使命。立足于"弱有所扶"，扩大保障和改善民生的范围本身也是十九大报告的要求。在十九大报告关于改善民生的论述中，除了强调"学有所教、劳有所得、病有所医、老有所养、住有所居"外，还新增了"幼有所育"和"弱有所扶"，这为社会"扶助"体系的创新及其能力建设提出了新要求，使社会"扶助"体系及能力建设迎来了"时间窗口"[8, 9]。

第二，助推共享发展，提升社会救助的质量和效益。以人民不断增长的美好生活需求为旨归，加强社会救助制度建设的统筹性、有效性和多层次性。在统筹性方面，将社会救助工作纳入城乡基本公共服务均等化进程，推进社会救助各种专项制度的统筹发展、协调发展，消除社会救助原有的城乡二元分割；社会救助体系建设要与户籍制度改革相适应，与人口流动日益加速相适应；从社会救助制度体系建设和体制机制体系建设，转向既包含制度体系建设、体制机制体系建设，又包含标准体系建设、能力体系建设、主体体系建设、风险防范体系建设、文化生态体系建设在内的"大社会救助体系"建设。在有效性方面，提升社会救助服务的递送水平，提高社会救助对低收入群体的保障标准和水平等；同时，牢固底线公平，切实发挥兜底保障的作用。在多层次性方面，

① 低收入群体不同于贫困人口，指的是收入较低，容易陷入贫困的脆弱群体。因此，已被确立为各种社会救助对象的家庭自然属于脆弱群体，但脆弱群体的外延要大于"社会救助对象"，其还包含潜在的、可能需要社会救助的各类群体。

要在救助制度、救助内容、救助阶段、救助主体、社助水平和救助资金来源上均实现多层次，以满足多层次的需求，使社会救助更加适应多层次社会保障体系的建设。

第三，全面深化改革，优化社会救助体系内部结构。社会救助工作要适应政府的“放管服”改革，优化社会救助体系的内部结构，提升社会救助体系和救助能力的现代化水平。在提升顶层设计、宏观规划能力的基础上，发挥基层积极性，鼓励基层创新，提高法规政策的可操作性和现实针对性；推动社会力量参与社会救助，提高社会救助工作合力，拓展社会救助内涵；加快涉救类事业单位改革，提高事业单位的服务能力和质量；优化社会救助工作的“工具箱”，在行政化、命令式工作方式与购买服务、公益创投、政府间协议、公私合作等新治理工具各自的适用范围的基础上，实现多种工具的优化组合[10]。

（二）困难和问题：新时代要求社会救助事业实现新跨越

2014 年以来，安徽省社会救助体系改革取得重大进展，但与新时代的新需求仍有部分不适应的地方，需要在新时代实现新跨越。具体而言，安徽省社会救助体系的建设、改革和发展还存在以下几方面问题。

第一，“碎片化”救助问题仍然存在。虽然涉救部门的联席会议制度和协调机制普遍建立，经办机构“一门受理、协同办理”机制也基本形成，但“8+1”各项救助制度之间、社会救助与其他社会保障制度之间的衔接程度有待加深，重复救助、分散施行的现象仍然存在；各类救助资源缺乏统一规划和有效整合，仍存在“散碎”配置、“九龙治水”和“单打独斗”的问题；各个社会救助管理部门分割分立、政府部门与社会力量衔接不够，社会救助体系整体合力的优势尚未充分发挥。“碎片化”的社会救助，不能为困难群众提供综合性救助，而是各行其是的零散性救助（或者低保或者教育或者住房）；“碎片化”的社会救助又常常导致重复救助，易导致福利叠加和“悬崖效应”，形成制度性、政策性不公平。

第二，“精细化”操作机制尚需完善。社会救助属于选择性的保障制度，需要瞄准对象，但在申请对象家庭经济状况核对方面仍面临部门之间共享机制不健全的问题，收入信息核对、财产信息核对与支出信息核对的综合研判机制有待改进；针对长期不能自理的特困人员的照料护理工作机制、照料护理补贴制度、照料护理保险制度有待完善；医疗救助对象的病种标准和费用（支出）标准的综合研判机制有待完善；社会力量参与机制尚需系统化设计，如实施层面上的项目形成机制、主体选择机制、评估操作机制、结果运用机制、信息统计机制，保障层面上的引导与激励机制、法律保障机制、行为规范机制、主体资质管理机制、信息公开机制；低收入群体的信息搜集、管理及其预警机制尚未建立，这是完善主动发现机制、确立主动救助所必需的；社会保障兜底的综合研判机制也需要进一步完善。

第三，“充分化”救助供给能力不强。对于救助对象的需求而言，社会救助服务应该具有充分性，这是高水平社会救助的基本标准。但就目前而言，社会救助供给能力仍显不足，供给与需求之间存在一定差距。具体表现在如下几方面：一是救助效果逐渐显现，救助总支出逐年递增，但救助水平较低。以 2017 年为例，城乡最低生活保障标准分别为 512.69 元/（月·人）和 336.35 元/（月·人）；特困供养分散供养标准为 500 元/（月·人）、集中供养标准为 631 元/（月·人）；住院救助平均水平为 845.92 元/人次，门诊救助平均水平为 338.11 元/人次；临时救助平均救助水平为 2 000 元/人次。二是基层的经办能力普遍薄弱，人员数量不足、变动较快，工作压力大、职业怠倦感强，不能适应新时代社会救助的需求。三是涉救事业单位（如社会救助站、社会福利院、特困供养机构）的运营经费不足、工作人员专业性和稳定性较弱、硬件设施不到位，管理水平和照护能力不能适应专业化、多层化的救助需求。四是市县两级学生教育资助管理机构、就业帮扶机构不健全。五是社会工作服务机构发展滞后，在资源链接、就业帮扶、心理服务、日常陪护等方面的服务能力亟待提升。

二、社会救助体系的优化对策及建议

在新时代，安徽省要切实践行以人民为中心的社会救助理念，全面推进社会救助体系的创新与发展，应从如下四方面着手。

（一）网织密、底兜牢：严格遵循社会救助的基本原则

“网织密、底兜牢”，切实提升民生“三感”，这是社会救助在整个民生建设中的基本定位，也是社会救助体系改革发展的基本依循。具体而言，要严格遵循如下基本原则。

第一，托住底线、共享发展。消除救助盲区、避免救助盲点，将符合条件的困难群体全部纳入救助范围，织密织牢托住人民群众基本生活安全的底线；加快城乡统筹，缩小城乡差距，实现城乡协调发展。让群众都能公平公正地共享经济社会发展成果，都有民生安全感。

第二，精准高效、标准科学。及时发现、主动瞄准救助对象，快速启动救助程序、展开救助行动，为困难群体快捷高效地递送有针对性的救助服务；建立健全救助标准与经济社会发展水平相适应、与政府财力相匹配、与物价上涨挂钩的动态调整机制，使受助对象拥有民生获得感。

第三，衔接互补、拓展内涵。制度上，在民生建设大体系中统筹推进社会救助事业，加强社会救助内部各专项制度之间的衔接，同时加强社会救助与其他社会保障制度（如社会保险、社会福利）的衔接，使社会救助资源更加丰实，资源的配置效率更加集约；内容上，将社会服务全面引入社会救助，有效均衡物质救助和“非物质救助”之间的关系，大力推进综合救助，拓展救助内涵，实现物质保障、生活照料、精神慰藉、心理疏导、资源链接、能力提升和社会融入等救助内容的有机结合；方式上，有效均衡多样化与个性化的救助方式、组合化与专业化的救助方式、制度化与弹性化的救助方式，通过救助方式的综合化来充分满足救助对象的需求；主体上，健全社会参与机制，优化组合政府购买服务、公益创投、PPP、志愿参与等机制，实现政府救助和非政府救助的

充分衔接；层次上，通过社会救助与促进就业、扶贫开发的联动机制，实现兼顾“输血式”救助和“造血式”救助的积极救助模式。通过各种涉救制度的衔接互补和社会救助工作的内涵拓展，切实提升人们的幸福感。

（二）促脱贫、助攻坚：夯实脱贫攻坚的兜底保障基础

为确保在 2020 年农村贫困人口全部实现脱贫，打赢脱贫攻坚战，全面建成小康社会，需要夯实社会救助的兜底保障基础，这是近几年社会救助工作的阶段性历史使命。

一方面，按照中央和省委省政府的统一部署，切实加强农村最低社会保障制度与扶贫开发政策的衔接，提升最低生活保障制度的保障标准，确保低保标准不低于国家的扶贫标准。

另一方面，发挥社会救助的防贫和减贫作用。主要包括三个层面[8]：一是针对收入型贫困人口中有劳动能力的对象，在确保其暂时的基本生活之外，更要确保其就业救助，通过社会力量的介入为其配备助业社工，为其链接社会资源，向其提供“一人一策”的“就业脱困”激活方案，使其逐步走出弱势困境，具备自助自立自主能力。二是针对支出型贫困人口，通过完善医疗救助、临时救助，提高救助频次和水平，防止因暂时的支出而导致的致贫、返贫现象。三是针对贫困儿童和贫困家庭，系统设计可操作的公共服务清单，以家庭为单位落实扶助举措，提升家庭抵御风险的能力，保障儿童的健康成长与有效发展，阻止贫困的代际传递，将反贫困措施“前移一代”。

（三）法治化、多层次：树立新时代救助事业的新目标

法治化和多层次，是新时代社会救助事业建设和发展的新目标，具有导向性意义。

一方面，推进社会救助法治化进程。通过总结省内社会救助的工作经验，在新时代的大背景下，在多层次社会救助事业发展目标的基础上，积极草拟《安徽省社会救助条例》，并争取省人大常委会尽早将之列入议程。通过完善社会救助法律法规体系，既可提升社会救助的“法律”位阶，实现社会救助从行政主导转向权力主导，又可以法律形式明确社会救助范围和责任，增加救助项目和内容，依法实施救助，提升救助水平。

另一方面，以“多层次社会救助体系建设”为目标，推动社会救助体系创新发展。习近平同志在党的十九大报告中指出：“按照兜底线、织密网、建机制的要求，全面建成覆盖全民、城乡统筹、权责清晰、保障适度、可持续的多层次社会保障体系。”[4]社会救助作为社会保障体系的重要构成部分，也应具备“多层次”属性。安徽省应明确以“多层次社会救助体系建设”为社会救助工作目标，起草制定《安徽省多层次社会救助体系建设实施办法》，并据此完善社会救助工作体系。《安徽省多层次社会救助体系建设实施办法》的内容以及多层次社会救助体系建设依据，可包括如下六个维度。

一是在救助制度上多层次。继续依据《社会救助暂行办法》，优化“8+1”社会救助制度体系，扎实建构三个层次的救助格局：第一层为最低生活保障、特困人员救助供养；第二层为教育救助、住房救助、就业救助；第三层为受灾人员救助、医疗救助、临时救助。同时根据特殊需求增加救助层次，如护理救助，独居老人、空巢老人和失独老

人照护救助等。

二是在救助内容上多层次。既要关注物质救助，又要加强“非物质救助”。虽然安徽省在“非物质救助”方面取得了积极进展，但仍需要在“多层次”的角度上予以坚持和深化。第一层次是确保“应保尽保”，并提供与经济社会发展水平相适应的经济支持和物质救助。第二层次是实现“友情操作”，面对生活陷入困境的群体，各个层级都要带着感情工作，有针对性地开展人性化、人情化救助服务，使困难群体感受到温情和温暖。第三层次是加强“非物质救助”，利用专业社会组织帮助遭遇急难的困境家庭、困境人员调节家庭、社会关系；对脆弱、敏感和失去生活信心的群体提供心理疏导、情绪抚慰、功能修复、能力提升等专业服务，帮助其重树生活信心，形成积极、正面的社会心态；对失能老人、残疾人等特困群体提供适度照护服务或阶段性帮扶，建构良性的社会支持环境。

三是在救助阶段上多层次。第一层次是对潜在救助对象（即“低收入家庭”和“潜在贫困家庭”）信息的梳理、掌握与把控；第二层次是对符合条件的困难群体进行救助；第三层次是对受助对象进行跟踪管理和持续帮扶。目前安徽省后两个层次（阶段）已基本做到，但第一层次（阶段）方面的工作需要加强，这是适应绝对贫困消除后“弱有所扶”社会救助发展趋势的必然要求。

四是在救助主体上多层次。通过多层次的社会救助主体搭建的救助网络来整合救助资源、形成救助合力，提升救助水平。第一层次是横向上的民政、财政、住建、教育等“社会救助联席会议成员”；第二层次是纵向上的省级、市级、县（市、区）级（社会救助中心）—乡镇街道（民政办）—社区/村（民政专干）五级社会救助工作体系；第三层次是包括政府部门、社会组织、社区组织、涉救事业单位、国有企业、志愿者等在内的网状社会救助主体格局。目前在救助主体这一层面上，存在的问题主要有四个：一是基层社会救助工作力量太薄弱，工作人员流动性强，数量与救助工作需求不相匹配；二是社会组织和涉救事业单位的专业服务能力、数量等与“非物质救助”需求不匹配；三是社区工作任务繁多，对社会救助工作的关注度与社会救助的重要性不匹配；四是各类主体的参与意愿有待培育、参与机制有待健全、参与深度有待挖掘、参与能力有待提升。

五是在社助水平上实现多层次。依据不同需求、针对不同群体，实施多类别、多水平的救助措施；依据经济社会发展水平、物价水平等动态调整补助标准，切实推动社会救助的“弹性化”等。

六是在救助资金来源上实现多层次。构建财政资金扶持、金融机构保险、社会捐助三层次相互结合的社会救助经费筹措机制。目前在金融机构保险、社会捐助两方面的短板比较明显。

（四）精细化、易递送：健全与完善救助工作操作机制

“细节决定成败”。在具体操作层面，社会救助管理部门和经办机构要将“精细化”作为社会救助工作的基本理念，并将之塑造成“组织文化”。同时，以精细化管

理来切实保证社会救助的递送效果。当然，由于社会救助工作的“细节”众多，不能也不可能一一列举，这里仅就几个重要的操作机制提出建议。还需要涉救部门在具体工作中，遵循“精细化、易递送”的组织文化，积极主动地探索与创新社会救助工作机制。

第一，探索实施“医前救助”机制。现有医疗救助制度都属于“医后救助”，具有滞后性，也常常会诱发“应救未救”等冲击社会道德和心理底线的事件的发生。因此，应探索实施“医前救助”机制，通过“医前救助”来防止困难群众被置于医院之外。

第二，适时拓展社会救助专项机制。类似于健康脱贫兜底“351”工程，根据困难群众的需求创新性地设计、实施专项社会救助机制，切实提高“民生三感”，如护理救助、“困境老人救助”等。具体而言，独居老人、空巢老人和失独老人等可能不符合现有社会救助的标准，但其属于“脆弱群体”，抗风险能力较低，需要通过安装紧急联络装置以提升政府救助的应急反应速度，也需要通过日间照料中心的建设、社区养老服务项目的实施（如公益创投）为他们提供家政、陪护、慰藉和融入等服务。

第三，衔接“非物质救助”机制和社会组织参与机制。实施综合救助不仅需要明确所要实施的救助内容，更重要的是健全有效的递送机制。就目前而言，最合适和便捷的方法是加强“非物质救助”机制和社会组织参与机制。因为，“非物质救助”是多层次社会救助体系的有机构成，但其又是综合救助中的短板，需要加强；社会组织（尤其是专业社工）在生产和递送“非物质救助”方面具有优势，但目前社会组织的服务能力不强，参与机制不畅，参与深度和广度不够，这也是亟待加强的短板。将“非物质救助”机制和社会组织参与机制有机衔接，可以同时弥补这一“双重短板”。具体可采取如下几方面的举措。

一是出台综合办法。出台综合性的“引导社会组织参与社会救助”方面的管理办法、系统设计社会组织参与社会救助的制度体系和工作模式，含服务购买、公益创投、PPP、志愿者参与等，以更好地发挥社会组织在社会救助尤其是“非物质救助”方面的作用。省级有关部门在现有“政府购买指导目录”的基础上，细化社会救助服务购买内容，形成内容清单，以更好地推动综合救助的实施。

二是推介示范项目。利用各地已经开展的公益创投实践和现有的政府服务购买项目，每年遴选、培育并公开推介十个左右的公益创投项目或政府服务购买项目，以引导其他社会组织更好地参与社会救助。对于公开推介的示范项目，要包括需求分析、工作步骤、服务内容、效果评估、经费使用等内容。

三是建立需求评估体系。在省级层面上建立统一的社会救助需求评估体系，同时引导、示范各地也建立相应的评估体系。依托高校科研院所、社会智库等力量，建立常态化的统一的“社会救助需求评估专业委员会”；科学、动态地开展救助需求评估，在此基础上设计系统化的救助服务项目；搭建统一的救助需求管理和服务平台、信息平台，统筹救助服务项目和资源，负责开展救助服务购买委托、监测、评估等事宜。

四是加大社会组织的培育力度。通过社会组织提供“非物质救助”服务已是大势所趋，引导推动各级各地培育社会救助类社会组织，增加社会救助类社会组织的数量；利用全国社会组织教育培训基地（安徽师范大学）加大对社会组织的培训，提升其内部治理水平、专业服务能力、项目管理能力等；通过服务购买项目达到“且行且培育”的效果——在承接服务的过程中自然地培育社会组织的社会救助服务能力，以购买服务实践来培育承接主体；发挥成熟社会组织的示范效应，选择一些优秀社会组织进入社会救助服务领域，将之作为“枢纽型社会组织”来培育、孵化更多的社会组织，实现社会组织培育与社会救助发展的“乘数效应”。

五是加强资金保障。逐年加大政府购买的资金投入，可设立“专项资金”，拓展非物质服务购买的深度和广度。

第四，建立健全低收入群体信息搜集分析与管理机制。低收入群体具有脆弱性，对其数量、类型等信息的掌握是安排救助预算、设计救助项目的依据，也是提高“主动发现”效率的基础。更为重要的是，在 2020 年后社会救助将以“弱有所扶”为旨归，所以更需要提前建立低收入群体的信息搜集与管理机制，提前工作、提早谋划。因此建议：一是明确“低收入家庭”这一概念，并研制推出“低收入标准线”。或者以全省或各地区社会中位收入或平均收入的一定比例作为低收入标准线，或者将最低生活保障标准的特定倍数作为低收入标准线。二是出台《安徽省低收入家庭对象信息搜集分析与管理办法》，对低收入家庭的范围、类型、标准等予以明确界定，对有关信息的采集、计算、核对、动态管理等进行规定。三是利用 1~2 年时间，研制标准、出台办法、进行试点、总结经验、持续优化，然后逐步推广实施。

第五，完善社会救助信息共享机制。“互联网+”可以在不改变政府职能结构的基础上，实现信息互联互通，整合社会救助体系。因此，需要利用“互联网+社会救助”来进一步完善社会救助信息共享机制。对于此，应在三个层面上予以推进：一是社会救助工作信息平台。将所有涉救部门的涉救工作整合进该平台，实现所有救助项目及其工作程序的信息共享。合肥市庐阳区、蚌埠市在这一方面进行了有益尝试。二是家庭信息核对平台。以家庭信息核对为主要内容，旨在实现精准核对、精准识别。铜陵市在这一方面取得了有益经验。三是社会力量参与信息平台。以社会力量参与、政府部门与社会力量互动、志愿者募集与志愿行动开展、公益慈善捐赠等为基本内容，旨在推动政府救助与社会救助的有机衔接。目前亳州市在这一方面进行了有益探索。

第六，健全多层次社会救助资金筹措机制。虽然财政资金在社会救助方面具有“兜底”属性，但救助资金来源上的多层次化有助于提升社会救助的水平，更有效地提高困难群众的获得感。因此，需要加快构建财政资金扶持、金融机构保险、社会捐助三层次相互结合的社会救助经费筹措机制。目前在金融机构保险、社会捐助两个层次还存在短板，需要着重做到如下三方面：一是利用慈善组织认定之机，培育公募社会组织，在需要时可快速启动极度贫困人员救助基金募集机制，夯实资金基础，提高救助水平。二是借鉴铜陵市的“民生保险”、蚌埠市的“救急难基金”、合肥市的“特困人员护理保险”等思路，形成政府财政与金融机构合作的社会救助机制。三是探索完善网络众筹机制，使网络众筹合法、规范运行，更好地发挥“救急难”作用。

参考文献

[1] 张长伟. 从社会救助到社会保护：艾滋病致孤儿童社会福利体系的重构——以河南省S县为例[J]. 中国青年研究，2013，（6）：89-93.

[2] 周沛. 社会福利视野下的发展型社会救助体系及社会福利行政[J]. 南京大学学报（哲学·人文科学·社会科学版），2012，49（6）：59-66.

[3] 高灵芝. 中国社会保障体系框架下社会救助与社会福利的关系——兼论社会救助制度的完善[J]. 东岳论丛，2011，32（1）：120-125.

[4] 习近平. 决胜全面建成小康社会 夺取新时代中国特色社会主义伟大胜利——在中国共产党第十九次全国代表大会上的报告[N]. 人民日报，2017-10-28（01）.

[5] 安建增，孔卫拿，袁玉琴. 社会组织与社会服务：芜湖社会组织发展报告（2016）[M]. 芜湖：安徽师范大学出版社，2018：130.

[6] 陈为雷. 社会服务项目制的建构及其影响研究[M]. 北京：中国社会科学出版社，2015：86.

[7] 安徽省民政厅社会工作处. 社会工作处 2014-2017 年工作总结报告[R]. 2017.

[8] 林闽钢. 新历史条件下“弱有所扶”：何以可能，何以可为？[J]. 理论探讨，2018，（1）：42-46.

[9] 童星. 社会主要矛盾转化与民生建设发展[J]. 社会保障评论，2018，（1）：3-12.

[10] 萨拉蒙 L M. 政府工具：新治理指南[M]. 肖娜，等译. 北京：北京大学出版社，2016.

专 题 篇

第二章　安徽省最低生活保障实践分析（2014~2017年）

在我国社会保障体系中，如果说社会救助是防范贫困人群陷入生存困境、保障社会公平正义的兜底性保障，那么城乡最低生活保障制度，则是兜底保障中最具兜底色彩的基础性制度设计[1, 2]。党的十八大以后，特别是自 2014 年国务院颁布《社会救助暂行办法》以来，安徽省秉持“以人民为中心”的实践理念和人民至上、公平正义的工作原则，在城乡最低生活保障领域，就保障政策进行了顶层设计，建立健全了一系列保障制度和运转机制，不断扩大最低生活保障的支出力度。不断丰富的政策设计和逐渐加大的财力投入，有力地促进了最低生活保障制度对城乡贫困人群的覆盖，提高了困难人群的待遇标准和生活质量，促进了省内城乡差距的不断缩小。不断健全的最低生活保障制度，为安徽省的经济社会发展、脱贫攻坚、社会公平和稳定等做出了重要贡献。

第一节　最低生活保障政策体系建设

行动的有效与有序，需政策体系和制度框架的健全与完善，最低生活保障制度亦然[3~5]。2014 年以来，依据国务院《社会救助暂行办法》以及国家相关制度，安徽省在最低生活保障政策体系建设方面取得了积极进展。

一、最低生活保障制度的顶层设计

顶层设计是任何地方政府的最低生活保障事业建设的制度性前提和基础，根据中央和国家有关宏观制度设计、结合地方实际情况从而制定地方性实施意见，是地方政府在辖区范围内进行顶层设计的有效政策创建路径[6]。2014 年国务院出台《社会救助暂行办法》之前，国家针对最低生活保障问题已有专门的指导意见，即 2012 年发布的《国务院关于进一步加强和改进最低生活保障工作的意见》（国发〔2012〕45 号），该文件确立了新时期我国最低生活保障工作的总体要求和基本原则、政策体系、保障措施以及管理责任。为贯彻落实这一文件精神，安徽省于2013年11月发布了《安徽省人民政府关于进一步加强和改进最低生活保障工作的实施意见》（皖政〔2013〕72 号），从总体要求和基本原则、政策措施、工作保障等各方面，为全省范围内最低生活保障事业及其实践提供了指导方向和工作标准，这一实施意见中的诸多内容，也为后续最低生活保障工作政策体系和制度框架的建设奠定了扎实的前期基础。

2014 年国务院颁发《社会救助暂行办法》以后，安徽省紧随其后、积极探索，省政府办公厅牵头，省民政、教育、人社、住建、卫生计生、财政等部门密切配合，经过半年多的调研论证、磋商协调、讨论修改，先后征求了 39 个部门和单位的意见，于 2014 年 12 月 4 日出台了《安徽省人民政府关于贯彻落实〈社会救助暂行办法〉的实施意见》（皖政〔2014〕83 号）。该实施意见着眼于构建与国家顶层设计相对应的“8+1”式社会救助制度体系，进一步强化了部门职责，加强了监督管理，明确了法律责任，是当前和今后一个时期社会救助工作的基本遵循，它对于编密织牢让困难群众“求助有门、受助及时”的“安全网”，维护困难群众的切身利益，促进社会和谐稳定和公平正义，具有重大和深远的意义。此外，为使最低生活保障工作的操作有规可依、有章可循，2016 年 10 月，安徽省民政厅出台了《安徽省最低生活保障工作操作规程》（皖民社救字〔2016〕185 号），从保障对象、保障标准、家庭经济状况、工作程序、日常管理、资金管理、法律责任等各个方面，做出了详细的规定，大大提高了安徽全省最低生活保障制度的科学性和规范性，也提高了安徽省最低生活保障制度的执行力和保障力。单从最低生活保障申请工作流程来看，目前已形成了一套科学严密、严格规范的申请工作流程（图 2-1）。在安徽省民政厅官网、地方民政及基层社区工作机构等办公场所，均有明确清晰的流程图样式和宣传册。

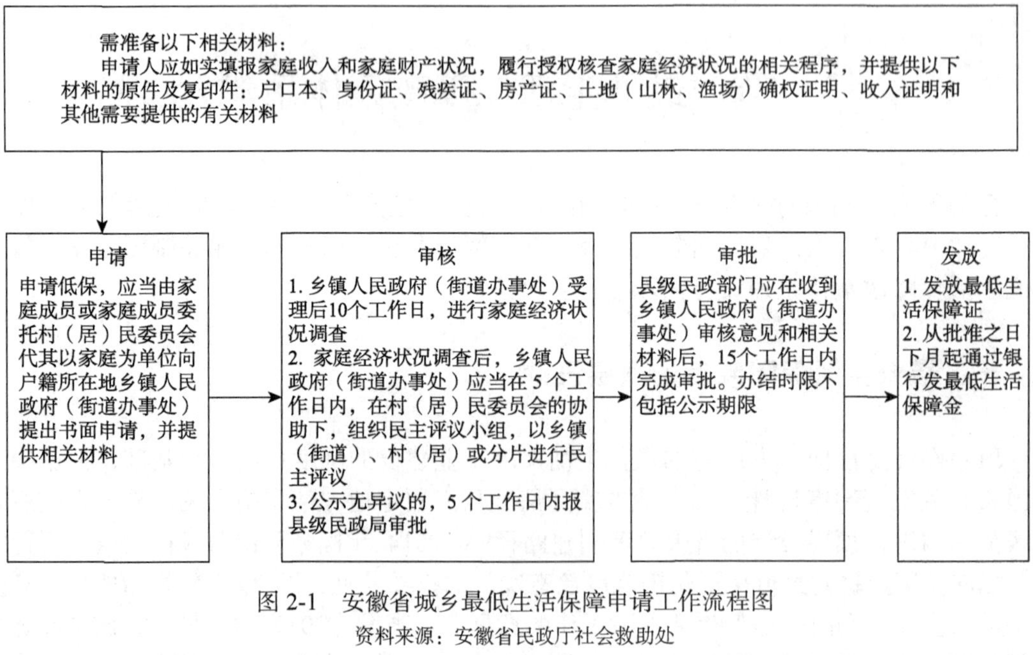

图 2-1　安徽省城乡最低生活保障申请工作流程图

资料来源：安徽省民政厅社会救助处

二、最低生活保障制度的城乡统筹

如果以2014年为分水岭，安徽省在此之前就已经依据国家有关规定，在城市和农村分别构建了最低生活保障制度。早在2002年，安徽省人民政府就制定并发布了《安徽省城市居民最低生活保障实施办法》（安徽省人民政府令第144号），规定城市居民最低生活保障所需资金，由各级人民政府列入财政预算并纳入财政社会保障补助资金专户，实行专项管理、专款专用，省级财政根据实际情况，通过专项转移支付给予必要的补助。各市县也不断制订和完善实施方案，使城市最低生活保障对象的基本生活得到了有力保障。2007年《国务院关于在全国建立农村最低生活保障制度的通知》（国发〔2007〕19号）发布以后，与全国其他省份一致，安徽省农村最低生活保障制度也开始得到较大发展。2008年，安徽省民政厅、财政厅联合发布了《安徽省农村居民最低生活保障暂行办法》（民保字〔2008〕30号）①，为农村贫困居民基本生活权益提供兜底保障。2013年1月1日，《安徽省农村居民最低生活保障实施办法》（民社救字〔2013〕12号）②由省民政厅发布实施，这一文件标志着长期以来安徽省内农村最低生活保障政策的顶层设计得到了完善。

随着安徽省内城乡经济一体化的发展，在总结此前城乡最低生活保障制度共同推进、共同发展的经验和基础上，安徽省城乡最低生活保障制度的统筹步伐开始加快。2014年12月29日，安徽省民政厅发布了《关于开展最低生活保障城乡统筹试点工作的通知》（民社救函〔2014〕557号），要求从2015年开始在部分市县开展最低生活保障制度城乡统筹试点，探索提高城乡最低生活保障制度的统筹覆盖水平。在总结试点工作经验的基础上，2016年5月8日，安徽省公布了《安徽省最低生活保障办法》③（安徽省人民政府令第268号），在最低生活保障对象、申请和审定、动态管理、法律责任等方面做出了明确规定，将城市和农村两大政策领域和空间进行了统一，明确提出该办法适用于全省行政区域内生活困难家庭的最低生活保障工作，并宣布2002年发布的《安徽省城市居民最低生活保障实施办法》同时废止。以上代表性文件的出台及变迁历程表明，自21世纪以来，安徽省在城乡最低生活保障的政策上，遵循实事求是、先易后难、循序渐进的科学原则，逐步建构并完善了覆盖城乡的最低生活保障政策体系，同时，结合经济发展水平、城乡一体化等客观情况，积极调整、锐意进取，努力破解最低生活保障城乡二元分割的难题，逐步向城乡统筹、城乡一体化的最低生活保

① 该办法对农村最低生活保障制度的实施原则、保障资金的筹集、管理与发放、保障范围和标准、家庭收入测算、申请与审核审批程序、保障对象管理和有关行政法律责任等进行了规定。

② 该办法对农村最低生活保障制度的保障范围、实施原则、管理体制与责任划分、标准确定、资金筹措与管理、家庭共同生活成员和家庭经济状况的确定、申请与审核审批程序、保障对象管理与监督、行政法律责任等进行了明确。

③ 该办法包括总则、最低生活保障对象、最低生活保障申请和审定、最低生活保障动态管理、法律责任和附则等六章二十九条内容。具体回答了如下几方面的问题：哪些家庭可以享受最低生活保障、共同生活的家庭成员如何界定、最低生活保障标准如何确定和调整、最低生活保障申请和审定程序要求、对最低生活保障对象如何进行动态管理、最低生活保障工作人员失职渎职应当承担怎样的法律责任、骗取最低生活保障金应当承担怎样的法律责任。同时，该办法还对有关便民利民措施进行了规定，更加彰显了“以人民为中心”的工作理想和指导思想。

障制度迈进。

三、最低生活保障资金的规范管理

城乡最低生活保障资金的规范和科学管理，确保资金充足筹集并及时足额发放，是保障困难群众基本生活的重要前提[7, 8]。《安徽省人民政府关于贯彻落实〈社会救助暂行办法〉的实施意见》（皖政〔2014〕83 号）中有明确规定，对社会救助资金确立了专项管理、分账核算、专款专用的基本原则，严防任何单位或个人对社会救助资金的挤占挪用，社会救助资金的支付，按照财政国库管理的有关规定执行。此后，在多个方面又陆续制定了加强规范管理最低生活保障资金的文件。

在资金预算执行方面，2015 年 5 月 15 日安徽省财政厅、安徽省民政厅发布了《关于进一步强化城乡最低生活保障资金预算执行管理的通知》（皖财社〔2015〕529 号），对强化最低生活保障资金预算执行管理做了具体的规定，主要包括五方面内容：一是科学合理编制预算。要求各地财政部门会同民政部门根据当地最低生活保障对象的数量、保障标准、补差水平、上级转移支付最低生活保障补助资金额度等，结合上年度最低生活保障资金结余情况，科学合理地编制预算。二是及时下达预算资金。对中央、省级及以下各级预算资金的拨付，做出了明确规定。三是积极推进均衡性发放。要求各地财政、民政部门按国库集中支付改革要求，继续做好城乡最低生活保障资金的社会化发放工作，通过惠民资金“一卡通”或社会保障卡等发放，进一步缩短审核流程，加快拨付进度，增强支出均衡性，确保资金按月足额发放，保障城乡困难家庭及时领取最低生活保障金。四是消化最低生活保障结余资金。要求各地要结合最低生活保障工作绩效评价情况，全面核实最低生活保障资金结余存量，合理安排结余资金，统筹用于最低生活保障对象的临时救助等；合理确定标准，认真审核对象，科学安排年度预算；要准确把握政策规定，严格控制当年最低生活保障资金的结余比例，确保年终资金滚存结余不超过当年支出总额的 5%。五是强化资金监管机制。针对城乡最低生活保障资金的筹集、管理和使用以及对象的确认等情况，提出应根据安徽省城乡最低生活保障工作操作规程的要求，通过张榜公布、网络公告等合适的方式定期向社会公布、主动接受社会监督。市、县（市、区）财政、民政部门要定期或不定期对最低生活保障资金的使用和发放等情况进行监督检查，发现问题要及时纠正。

针对困难群众基本生活救助补助资金管理，2015 年 5 月 26 日安徽省财政厅、民政厅印发了《安徽省困难群众基本生活救助补助资金使用管理实施办法》（财社〔2015〕622 号），将补助资金范围界定为城乡最低生活保障资金和临时救助资金，并分别从资金来源、资金分配与拨付、资金使用与绩效评价、资金监督与管理等方面做出了规定。这对进一步加强和规范困难群众基本生活救助补助资金的管理、提高资金使用效益等有着重要的促进作用。在困难地区最低生活保障工作经费方面，针对国家连片特困地区、大别山片区县、大别山片区外国家和省扶贫开发重点县的最低生活保障工作经费，2015 年 9 月 29 日安徽省财政厅、民政厅印发了《安徽省省级困难地区低保工作经费管理暂行办法》（财社〔2015〕1520 号）。该办法明确指出，工作经费主要用于困难地区开展最低生活保障工作业务培训、添置办公设备、低收入对象家庭信息比对、救助对象调查及购买最低生活保障救助服务等。确定了工作经费的因素法分配依据，主要以困难地区的困难群众数量、服务管理工作量、地方财政困难程度、绩效评价结果等为参考因素。该办法还要求困难地区须根据最低生活保障工作任务、管理和服务成本等因素，按照“以事定费”的原则据实核定本级工作经费，结合省级补助资金统筹安排，予以足额保障。

四、最低生活保障工作的绩效评价

最低生活保障制度的实践及其绩效，需要科学合理的评价方法、指标体系和评价标准，否则工作推进过程中，就无法全面客观地衡量各地最低生活保障工作的规范性、效率性和有效性。为进一步加强最低生活保障工作、提高管理服务水平和资金使用效益、提高最低生活保障工作绩效评估的科学性，在总结此前《安徽省城乡居民最低生活保障工作绩效考核办法（试行）》的基础上，2014 年安徽省民政厅、财政厅联合印发了《最低生活保障工作绩效评价办法》（民社救字〔2014〕115 号），对最低生活保障绩效评价做出了新的规定和指引。

2014 年的评价办法树立了城乡统筹、客观公正、科学合理、公开透明、激励鞭策的原则，由省民政厅和财政厅负责组织开展，并逐步推行第三方组织评价机制。该评价办法设定的评价指标体系包括工作保障、工作管理和工作效果 3 个指标，每个评价指标再分解为若干项评价内容。绩效评价主要采取评分法，满分共计 100 分，评价结果分为优秀、良好、合格、不合格 4 个等级，优秀等级是测评分得到 90 分以上，良好等级是测评分得到 80 分以上 90 分以下，合格等级是测评分得到 60 分以上 80 分以下，不合格等级是测评分只得到 60 分以下。具体评价操作步骤依次分为 3 个：首先是自我评价。由各市人民政府的民政、财政部门根据该评价办法，对照年度绩效评价指标和评价标准，对本地区最低生活保障工作进行绩效自评，并于每年 12 月底前，向安徽省民政厅、财政厅报告本市上年度绩效自评情况，同时按要求报送相关材料。其次是实地核查。由省民政厅、财政厅组织力量对各市最低生活保障工作情况进行实地核查。最后是综合评价。由省民政厅、财政厅根据各市自评情况、实地核查情况和相关数据材料，对各市最低生活保障工作绩效做出量化评价，划定绩效等级。依据该评价办法，省民政厅、财政厅将最低生活保障工作绩效评价结果上报省人民政府，同时通报各市人民政府。对评价结果为优秀和良好的，予以表彰，对评价结果为不合格的市有关部门负责人，则进行组织约谈。各市、县（市、区）最低生活保障工作的绩效评价结果，将作为督促指导地方改进工作、通过“以奖代补”分配省以上城乡最低生活保障补助资金和基层最低生活保障工作补助经费的重要依据。

五、最低生活保障与扶贫工作衔接

最低生活保障兜底事关城乡生活困难群众的基本生存权益，而精准扶贫、精准脱贫事业则事关城乡贫困群体的发展权益，但由于农村最低生活保障和扶贫开发在资格条件、认定标准、收入计算等方面存在着差异，如无法实现农村最低生活保障制度与扶贫开发政策的有效衔接，则势必会加剧基层社会救助中的矛盾，影响最低生活保障制度的公平性和扶贫开发政策目标的实现。针对这些问题，安徽省在紧跟国家大政方针的前提下，加大了对政策衔接力度的探索，出台了多项指导政策和实施意见。

（一）脱贫攻坚工程中最低生活保障的功能与职责

为贯彻落实《中共安徽省委 安徽省人民政府关于坚决打赢脱贫攻坚战的决定》（皖发〔2015〕26 号）的精神和要求，安徽省人民政府办公厅于 2016 年 3 月发布了《关于社保兜底脱贫工程的实施意见》，确定了 “织密网络”、“兜底保障”和“共享发展”的基本目标，具体要求是“编密织牢社会保障救助托底安全网，确保无法依靠产业扶持和就业帮助脱贫的贫困家庭全部纳入社会保障救助范围，共享社会发展成果”，“确保低保对象基本生活水平与全面小康相适应”。为此，安徽省提出了三项工作机制。

第一，建立最低生活保障标准量化调整机制，要求努力实现“两线合一”。要求按照实行农村最低生活保障制度兜底脱贫的任务要求，进一步完善农村最低生活保障标准和救助水平与经济发展水平、物价水平相适应的调整机制，逐步缩小最低生活保障标准与扶贫标准的差距，实现农村最低生活保障标准和扶贫标准“两线合一”。

第二，建立动态管理机制，实现应保尽保。要求农村最低生活保障标准高于扶贫标准的地区，要将所有扶贫对象纳入最低生活保障范围；农村最低生活保障标准低于扶贫标准的地区，要将所有最低生活保障对象纳入扶贫对象。对纳入最低生活保障范围的 A 类和 B 类对象，按其本人享受最低生活保障标准的 30%和 20%分类别增发保障金。建立健全最低生活保障对象动态调整机制，经过扶贫开发收入增长实现稳定脱贫并高于最低生活保障标准的，要按规定退出最低生活保障范围；将没有劳动能力或暂时无法通过扶贫开发脱贫的困难家庭，悉数纳入农村最低生活保障网络之中，实行“兜底保障”。

第三，建立信息共享机制，实现精准救助。要求不断完善农村社会救助家庭经济状况核查体系，统一制定农村最低生活保障对象和扶贫对象收入、财产认定办法，精准识别农村最低生活保障对象。进一步建立健全申请救助家庭经济状况核对机制，全面建立起纵向打通“部省市县”四个层级，横向联结政府各有关部门（机构）的申请救助家庭经济状况核对平台，确保对申请救助对象认定的公正与高效。实现民政部门的最低生活保障信息系统与扶贫开发部门的扶贫建档立卡信息系统的互联互通与信息共享，保证精准识别，推动精准救助。

（二）最低生活保障制度与扶贫开发的具体衔接

为具体做好农村最低生活保障制度与扶贫开发政策的衔接，2016 年 12 月 15 日，安徽省人民政府办公厅发布了两类制度的政策衔接方案，即《安徽省人民政府办公厅转发省民政厅等部门关于做好农村最低生活保障制度与扶贫开发政策有效衔接实施方案的通知》（皖政办〔2016〕74 号），该方案确立了应扶尽扶、应保尽保、动态管理、资源统筹的基本原则，要求通过农村最低生活保障制度与扶贫开发政策的有效衔接，形成政策合力，对符合最低生活保障标准的农村贫困人口实行政策性保障兜底，实现确保到 2020 年现行扶贫标准下全省农村人口全部脱贫的目标。针对衔接的具体内容，从政策衔接、对象衔接、标准衔接和管理衔接等四个方面做出了详细、明确的规定。在实施政策衔接过程中，为解决新出现、新发现的一些问题，2017 年 11 月 6 日安徽省民政厅、安徽省扶贫办又联合印发了进一步强化两类政策有效衔接的指导意见，即《安徽省民政厅　安徽省扶贫办关于进一步加强农村低保制度与扶贫开发政策有效衔接的通知》（皖民社救字〔2017〕179 号），经这些政策、意见的出台和发布，安徽省民政厅与安徽省扶贫办等各个部门间形成了无缝联动机制。具体而言，安徽省最低生活保障与扶贫开发工作在政策衔接上主要取得了如下进展。

一方面，做到了对象衔接，实现了精准认定。安徽省民政厅与安徽省扶贫办密切配合，按照农村最低生活保障和建档立卡贫困人口各自识别认定的标准、程序等，分别在各自政策范围内把符合条件的对象纳入救助或帮扶范围，实现有效互通与双向衔接。农村最低生活保障对象动态调整时，将因病、因残及其他因临时困难返贫的建档立卡贫困家庭作为重点，截至 2017 年底，全省农村最低生活保障对象 148 万人，其中建档立卡贫困户 90.7 万人，占最低生活保障对象的 61.3%。

另一方面，做到了标准衔接，实现了“两线合一”。省级有关部门指导各地确保完成“两线合一”任务，切实增强困难群众获得感。截至 2017 年 8 月底，全省农村平均最低生活保障线为 4 269 元/年，全省所有县农村最低生活保障线达到或超过 3 600 元/年。农村最低生活保障平均补助水平为 241.7 元/月，实现了标准补助水平同步增长。

第二节　最低生活保障制度实施成效

在建立健全最低生活保障体系框架和体制机制的基础上，安徽省最低生活保障制度得以顺利有效实施，取得了积极成效。

一、支出力度不断加大

政府最低生活保障投入是整个最低生活保障制度的财政基础，是保障贫困群体基本生活权益、缩小城乡最低生活保障差距、促进城乡基本公共服务均等化的重要基础。自党的十八大以来，安徽省逐步加大了对最低生活保障的财政投入情况（表 2-1），可以看到，全省财政最低生活保障资金支出从 2014 年的 659 239.50 万元增长到 2017 年的 714 021.77 万元，提高了 8.31%。其中，城市最低生活保障资金总支出从 2014 年的 289 509.44 万元减少到 2017 年的 255 144.38 万元，减少了 11.87%；农村最低生活保障资金总支出从 2014 年的 369 730.06 万元增加到 2017 年的 458 877.39 万元，提高了 24.11%。上述结果显示，在总量及增速方面，城乡最低生活保障总财政支出呈逐步提高趋势；在总量内部及增速方面，城乡内部增长趋势不尽一致，与农村最低生活保障资金总支出相比，城市最低生活保障资金总支出总量较少。从增长速度来看，自 2014 年以来，城市最低生活保障资金总支出呈逐年下降趋势，农村最低生活保障资金总支出一直保持稳步增长的态势。

表 2-1　安徽省城乡最低生活保障资金支出总量统计表（2014~2017 年）（单位：万元）

年份	2014	2015	2016	2017
城市最低生活保障资金总支出	289 509.44	280 967.93	260 727.20	255 144.38
农村最低生活保障资金总支出	369 730.06	387 970.05	410 620.61	458 877.39
城乡最低生活保障资金总支出	659 239.50	668 937.98	671 347.81	714 021.77

资料来源：安徽省民政厅社会救助处

二、救助水平逐渐提高

随着城乡一体化的推进、城乡差距的缩小，安徽省社会救助的水平逐渐提高。表 2-2 统计结果显示，城乡最低生活保障总人口从 2014 年的 2 813 275 人下降到 2017 年的 2 034 018 人，减少了 27.70%，且城市和农村的最低生活保障人口总规模都在下降，前者从 2014 年的 724 051 人减少到 2017 年的 479 297 人，减少了 33.80%；后者从 2014 年的 2 089 224 人减少到 2017 年的 1 554 721 人，减少了 25.58%。这在很大程度上反映了最低生活保障的制度绩效，说明更多的贫困群体开始逐步摆脱贫困，不再需要相关救助行为。而表 2-1 显示最低生活保障总额在增加，这说明针对最低生活保障对象个体的平均救助水平在提高。

表 2-2　安徽省城乡最低生活保障总人口情况（2014~2017 年）（单位：人）

年份	城乡最低生活保障总人口	城市最低生活保障总人口	农村最低生活保障总人口
2014	2 813 275	724 051	2 089 224
2015	2 609 965	646 672	1 963 293
2016	2 042 298	544 104	1 498 194
2017	2 034 018	479 297	1 554 721

资料来源：2014~2016 年数据来源于 2015~2017 年《安徽统计年鉴》；2017 年数据来自安徽省民政厅 2017 年 12 月统计数据

如表 2-3 所示，在需要最低生活保障救助的人数总规模下降的同时，城市社区服务设施增速明显，从 2012 年的 5 105 个增加到 2016 年的 8 086 个。这表明，城市最低生活保障制度和体系的救助水平和保障能力在提升。当然，城市便民利民服务网点因“互联网+”的推广而有所下降。

表 2-3　安徽省城市社区服务设施、便民利民网点情况（2012~2016 年）（单位：个）

年份	城市社区服务设施数	城市便民利民服务网点数
2012	5 105	7 028
2013	5 452	7 940
2014	7 638	7 394
2015	7 969	6 567
2016	8 086	5 989

注：2017 年数据缺失

资料来源：2013~2017 年《安徽统计年鉴》

三、保障能力不断提升

在城乡最低生活保障资金总支出规模逐年递增的情况下，由于最低生活保障救助的人数总量在逐年下降，如果以年度城乡最低生活保障总支出除以城乡最低生活保障人数，就可以得到城乡最低生活保障人均保障的指标。这一指标，在很大程度上反映了最低生活保障发展进程中最低生活保障制度的保障能力。表 2-4 的统计结果显示，安徽省的城乡最低生活保障人均保障标准，从 2014 年的 0.234 万元增加到 2017 年的 0.351 万元，人均保障额度增长了 50.00%，保障能力得到迅速提升。

表 2-4　安徽省城乡最低生活保障人均保障情况（2014~2017 年）

年份	2014	2015	2016	2017
城乡最低生活保障总支出/万元	659 239.50	668 937.98	671 347.81	714 021.77
城乡最低生活保障保障人数/人	2 813 275	2 609 965	2 042 298	2 034 018
人均保障情况/万元	0.234	0.256	0.329	0.351

资料来源：2014~2016 年数据来源于 2015~2017 年《安徽统计年鉴》；2017 年数据来自安徽省民政厅 2017 年 12 月统计数据

表 2-5 汇总了 2014~2017 年安徽全省城乡每个月的人均补助标准。不难发现，无论是城市还是农村，受最低生活保障对象数量变动的影响，最低生活保障人均补助标准虽然在月与月之间有略微波动，但整体呈提高态势。

表 2-5　安徽省城乡最低生活保障补助水平统计表（2014~2017 年）（单位：元/（月·人））

年份	地区	1 月	2 月	3 月	4 月	5 月	6 月	7 月	8 月	9 月	10 月	11 月	12 月
2014	城市	312	293	297	306	304	331	310	307	309	347	352	361
	农村	122	123	124	134	137	166	137	148	142	167	175	185
2015	城市	329	337	328	333	332	353	341	338	342	355	364	363
	农村	145	145	146	151	149	164	157	156	—	172	180	196

续表

年份	地区	1月	2月	3月	4月	5月	6月	7月	8月	9月	10月	11月	12月
2016	城市	352	360	344	354	352	371	370	364	378	402	412	433
	农村	163	160	168	180	178	168	205	205	233	219	265	299
2017	城市	419	390	389	391	396	399	403	427	422	437	479	432
	农村	226	222	228	242	239	246	244	289	284	266	294	298

资料来源：安徽省民政厅社会救助处

四、待遇标准不断提高

城乡最低生活保障的月标准，是生活困难群体按月可领取的救助金额，事关省内城乡生活困难群众的基本生活保障和生存权益问题。在城乡最低生活保障资金支出总盘子不断增大的同时，近年来安徽省省内城乡最低生活保障月平均标准也在不断增长和提高。2014 年以来，每年内各月的城乡最低生活保障标准在稳步地提升。这表明，安徽省在财政最低生活保障投入上存在稳健的增长机制，城乡贫困群体得到了最低生活保障制度持续、稳定的支持与帮助。具体数据详见表 2-6。

表 2-6　安徽省城乡最低生活保障标准统计表（2014~2017 年）（单位：元/（月·人））

年份	地区	1月	2月	3月	4月	5月	6月	7月	8月	9月	10月	11月	12月
2014	城市	397.5	398.9	400.7	406.4	409.6	411.1	413.9	414.3	414.5	415.6	416.5	423.3
	农村	216.7	219.3	221.2	226.2	229.6	231.2	234.0	235.5	235.7	236.0	236.3	241.3
2015	城市	433.8	435.2	436.7	441.4	442.0	445.7	449.9	451.3	451.8	452.3	452.5	453.4
	农村	243.0	245.9	249.9	253.6	255.6	257.0	260.1	260.1	204.9	264.4	264.4	271.8
2016	城市	455.0	455.0	455.0	467.4	474.3	477.0	483.1	483.3	485.4	487.0	491.4	493.7
	农村	267.1	267.4	267.3	288.8	296.5	280.7	302.8	302.8	307.2	307.7	310.8	314.4
2017	城市	493.7	496.4	496.4	499.0	501.7	504.6	522.4	526.8	527.6	527.9	527.9	527.9
	农村	311.2	314.3	317.0	316.9	321.2	323.2	348.6	355.7	355.9	357.4	357.4	357.4

资料来源：安徽省民政厅社会救助处

图 2-2 汇总了 2014~2017 年安徽省内城乡最低生活保障标准的变化情况，统计结果显示，城市最低生活保障标准从 2014 年的月均 410.19 元、年均 4 922.28 元，提高到 2017 年的月均 512.69 元、年均 6 152.40 元，增长了 24.99%。农村最低生活保障标准从 2014 年的月均 230.23 元、年均 2 762.76 元，提高到 2017 年的月均 336.35 元、年均 4 036.44 元，增长了 46.10%。

五、城乡差距不断缩小

由于我国社会救助长期以来存在的城乡二元分割体制，减少城乡最低生活保障水平与层次的差异，一直是安徽省统筹城乡最低生活保障事业追求的目标。随着精准扶贫、

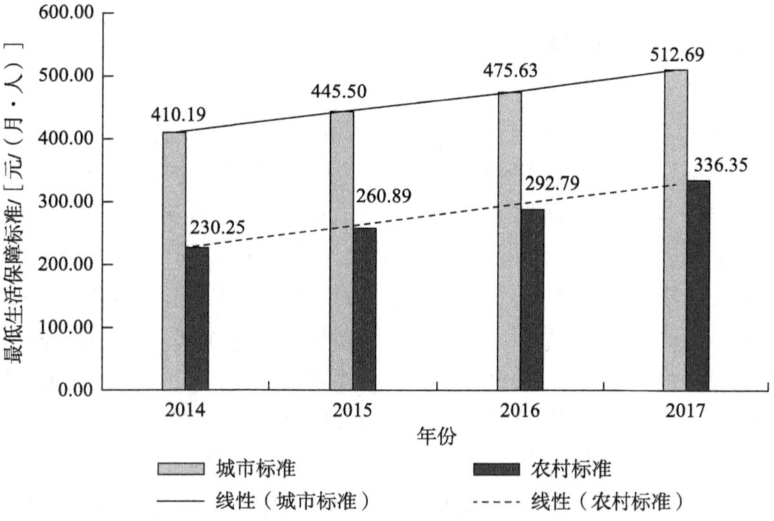

图 2-2　安徽省城乡最低生活保障标准趋势图（2014~2017 年）

计算方法为当年每月城乡低保标准加总除以 12

资料来源：安徽省民政厅社会救助处

精准脱贫的推进，对农村最低生活保障的持续性资金投入，安徽省省内的城乡最低生活保障差距一直在不断缩小，城乡统筹和一体化水平不断提高。如果我们把图 2-2 中的数据进一步展开，将城市最低生活保障月标准和农村最低生活保障月标准相除并进行历年比较，可以得到近年来城乡最低生活保障标准的差距变化情况（图 2-3）。统计结果显示，安徽省省内城乡最低生活保障标准的差距逐年下降，从 2014 年的 1.78 倍下降到 2017 年的 1.52 倍，下降了 14.61%。

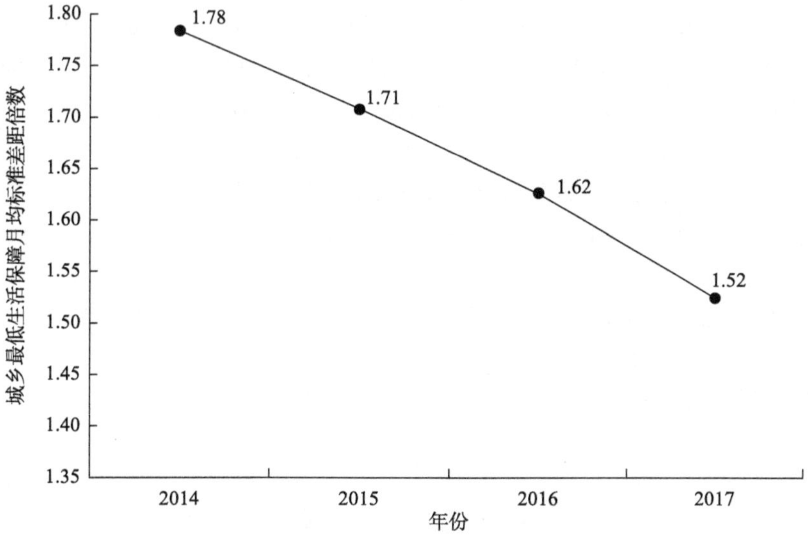

图 2-3　安徽省城乡最低生活保障月均标准差距（2014~2017 年）

计算方法为当年城市最低生活保障月均标准除以农村最低生活保障月均标准

资料来源：安徽省民政厅社会救助处

六、“两线合一”圆满完成

国务院就最低生活保障制度与扶贫开发两项政策的有效衔接问题，已制定并颁发了指导意见，即《国务院办公厅转发民政部等部门关于做好农村最低生活保障制度与扶贫开发政策有效衔接指导意见的通知》（国办发〔2016〕70 号）；同时，安徽省人民政府办公厅《关于社保兜底脱贫工程的实施意见》也对政策有效衔接提出要求，提出 2016 年农村最低生活保障标准低于扶贫标准的地区，适度加大增长幅度，确保 2017 年农村最低生活保障标准和扶贫标准“两线合一”。安徽省社会救助联席会议办公室 2016 年度发布的《社会救助发展报告》显示，2016 年安徽省继续加大投入、完善机制，最低生活保障标准继续增长。全省城市最低生活保障对象 54.43 万人，农村最低生活保障对象 150 万人。城乡最低生活保障人均月保障标准分别达到494元和314.4元，较上年分别增长8.9%和 15.7%；城乡最低生活保障平均补助水平为 374 元/月和 205 元/月，同比分别增长 9.3%和 27%。全省农村最低生活保障平均标准为 3 773 元/年，市、县农村最低生活保障标准均达到或超过 3 000 元/年，实现了与扶贫标准“两线合一”，这标志着安徽省提前完成了“两线合一”的目标。

参 考 文 献

[1] 刘欣. 功能整合与发展转型：精准扶贫视阈下的农村社会救助研究——以贵州省社会救助兜底扶贫实践为例[J]. 贵州社会科学，2016，（10）：18-23.

[2] 郑功成. 社会保障与国家治理的历史逻辑及未来选择[J]. 社会保障评论，2017，（1）：24-33，62.

[3] 丁元竹. 治理现代化呼唤政府治理理论创新[J]. 国家行政学院学报，2017，（3）：37-42.

[4] 李春根，廖彦. 论精准扶贫背景下农村低保对象的诚信机制建设[J]. 山东社会科学，2018，（3）：67-73.

[5] 刘丽娟. 精准扶贫视域下的城乡低保瞄准机制研究[J]. 社会保障研究，2018，（1）：70-79.

[6] 李迎生，李泉然，袁小平. 福利治理、政策执行与社会政策目标定位——基于 N 村低保的考察[J]. 社会学研究，2017，（6）：44-69，243.

[7] 朱梦冰，李实. 精准扶贫重在精准识别贫困人口——农村低保政策的瞄准效果分析[J]. 中国社会科学，2017，（9）：90-112，207.

[8] 贺雪峰. 农村低保实践中存在的若干问题[J]. 广东社会科学，2017，（3）：173-180，256.

第三章　安徽省特困人员供养实践分析（2014~2017年）

加强对城乡特困人员的救助供养、保障城乡特困人员基本生活权益，是编密织牢民生安全网、打赢脱贫攻坚战、全面建成小康社会的重要组成部分。自党的十八大特别是2014年《社会救助暂行办法》颁行以来，安徽省加大了对城乡特困人员供养制度的探索、管理与创新，为建立城乡统筹、共享发展、政策衔接、运行规范、与经济社会发展水平相适应的特困人员供养制度奠定了坚实的基础。

第一节　特困人员供养政策体系建设

2014年以来，安徽省在多个方面加强了特困人员政策体系建设，为特困人员救助工作实践提供了积极保障。

一、特困人员供养的综合政策

为建立健全一套适应新时期的特困人员供养制度，将符合条件的特困人员全部纳入救助供养范围，做到应救尽救、应养尽养，切实维护特困人员基本生活权益，安徽省在遵循国家顶层设计和政策指导的前提下，结合全省实际，于2016年11月印发了《安徽省人民政府关于进一步健全特困人员救助供养制度的实施意见》（皖政〔2016〕102号）。该实施意见是安徽省对城乡特困人员供养的一份综合性宏观指导文件，对全省的特困救助具有顶层设计的制度规范意义。该实施意见明确了制度建构的总体目标、基本原则、特困人员的对象范围与认定、办理程序、供养内容及标准、供养形式（集中供养和分散供养）、供养服务机构管理、工作机制和保障措施等（表3-1）。该实施意见的一个重要特征就是注重城乡统筹，以往的特困人员供养，是按照农村五保对象和城市“三无”人员两个体系区别进行供养和救济的。安徽省的这份实施意见，将这两类体系进行了统一，在政策目标、资金筹集、对象范围、救助供养内容、供养标准、经办程序、监督管理等各个方面，均实现了城乡统筹。

表 3-1　《安徽省人民政府关于进一步健全特困人员救助供养制度的实施意见》基本内容

项目	具体内容
总体目标	（1）根本目标：解决城乡特困人员突出困难、满足城乡特困人员基本需求，将符合条件特困人员全部纳入救助供养范围，做到应救尽救、应养尽养，切实维护特困人员的基本生活权益 （2）制度目标：在全省建立起城乡统筹、政策衔接、运行规范、与经济社会发展水平相适应的特困人员救助供养制度
基本原则	（1）主体层面：坚持政府主导，多元参与，发挥社会力量的作用 （2）机制方面：坚持托底供养、属地管理、城乡统筹、适度保障、社会参与
对象范围与认定	（1）对象范围：城乡老年人、残疾人、未满 16 周岁的未成年人，无劳动能力、无生活来源且无法定赡养抚养扶养义务人或者其法定义务人无履行义务能力 （2）对象认定：省级民政部门根据民政部出台的认定办法，结合实际制定特困人员救助供养资格认定细则
办理程序	（1）申请程序 （2）审核程序 （3）审批程序 （4）终止程序 （5）特困人员救助供养实行动态管理，对救助供养对象实行随机复核、适时调整
救助供养内容	（1）提供基本生活条件 （2）对生活不能自理人员给予照料。包括日常生活照料、住院期间的必要照料等基本服务 （3）提供基本医疗保障。全额资助救助供养对象参加城乡居民基本医疗保险；医疗救助对救助供养对象不设救助病种限制，取消起付线；经各种医疗保障制度支付后的政策范围内的医疗费用不足部分，由救助供养经费予以支持 （4）办理丧葬事宜 （5）其他救助，诸如住房救助、教育救助等
救助供养标准	（1）基本生活标准。按照不低于上年度当地城乡居民人均消费性支出的 60%确定 （2）照料护理标准。按照不低于基本生活标准的 10%确定，集中供养对象标准可适当提高
供养方式	（1）分散供养 （2）集中供养
供养服务机构管理	（1）优化供养服务机构建设布局，合理推进供养服务机构建设，重点强化供养服务机构护理功能。鼓励有条件的供养服务机构通过设置护理专区、提供护理床位等方式，完善护理服务功能，为供养对象提供多种形式的照料护理服务 （2）规范供养服务机构日常运营管理，提升供养服务机构的服务水平。全面建立供养服务机构法人登记制度，健全各项管理制度；推进供养服务机构设立许可工作，重点推动消防许可达标；持续实施农村特困人员供养服务机构等级评定和综合定额管理
工作机制	（1）建立特困人员救助供养工作考核评价机制 （2）建立特困人员救助供养资金保障机制 （3）建立健全社会力量参与机制
保障措施	（1）加强组织领导 （2）加强制度衔接 （3）加强监督管理 （4）加强宣传培训

资料来源：安徽省人民政府：《安徽省人民政府关于进一步健全特困人员救助供养制度的实施意见》（皖政〔2016〕102 号）

二、特困人员供养的对象认定

城乡特困人员供养制度实施的一个重要前提就是特困人员的精准认定。为进一步加强特困人员认定工作的制度性、规范性和程序性，根据民政部《特困人员认定办法》（民发〔2016〕178 号）、《安徽省人民政府关于进一步健全特困人员救助供养制度的实施意见》（皖政〔2016〕102 号）等国家、省相关规定，安徽省民政厅制定了《安徽省特困人员认定办法》（皖民社救字〔2017〕129 号）。针对本省城乡老年人、残疾人以及未满 16 周岁的未成年人，规定同时具备无劳动能力，无生活来源，无法定赡养、抚养、扶养义务人或者其法定义务人无履行义务能力三项条件的，应当依法纳入特困人员供养范围。该认定办法针对三项条件的具体内容还做出了具体明确的规定。为了杜绝挤占、挪用、虚报、冒领等违纪违法行为，认定办法对不能申请特困人员供养的情形也进行了明示（即负面清单），主要包括：一是拥有大中型、小型汽车（不含残疾人功能性补偿代步机动车）等奢侈品的；二是持有现金资产（含储蓄存款及利息）和持有有价证券等金融资产（含家庭拥有的高档收藏品）总价值超过当地月最低生活保障标准二十四倍的；三是通过离婚、赠与等形式放弃或转让应得财产份额，或放弃应得赡养费、抚养费、扶养费等经济利益的；四是拥有经营性房屋或私有住房总计达到两套及以上的（人均住房面积低于当地平均水平的除外）；五是当地人民政府规定的其他情形。此外，该认定办法对特困人员供养的申请及受理、审核、审批、生活自理能力评估、终止救助供养等也都做了明确规定。可以说，该认定办法的出台，为规范特困人员供养工作、提升特困人员供养水平奠定了基础。

三、特困人员供养的机构管理

在总结安徽省《农村五保供养制度实施办法》、《农村五保供养服务机构建设实施办法》和《城乡养老服务体系建设实施办法》等政策文件的实施经验，结合新时期特困救助实际情况的基础上，安徽省对特困人员供养机构管理进行了新的改革与拓展。2017 年连续印发了《关于推进特困人员供养机构改革发展的指导意见》（皖民社救字〔2017〕158 号）、《关于印发〈安徽省特困人员供养机构管理工作细则〉和〈安徽省特困人员供养机构安全工作规范〉的通知》（皖民办字〔2017〕189 号）等文件。在这些最新的政策创建中，有三点值得强调。

首先，特困人员供养机构改革发展的工作任务得到明确。分别是：①进行法人登记；②依法办理许可；③推进资源整合；④强化保障功能；⑤改善医疗服务；⑥规范运营管理；⑦开展服务评估；⑧改善居住环境；⑨加强能力建设。针对特定工作任务，还下达了相应的目标管理计划。例如，在设立许可方面，要求 2017 年 12 月 30 日之前，全省各市特困人员供养机构取得养老机构设立许可的比例要达到 60%；2018 年 7 月 30 日前，取得养老机构设立许可比例要达到 100%。在资源整合方面，到 2017 年底，每个县（市、区）都要依托县级社会福利中心等现有资源，至少统筹与整合 1 所区域性特困供养机构，并实行统一集中管理。到 2018 年底，每个县（市、区）针对失能、半失能特困供养人员的具体情况，应当设立 3 所区域性特困供养机构。在医疗服务方面，要求到 2017 年底，床位在 150 张以上或入住人员超过 50 人的特困人员供养机构，全部设立医务室或护理站。在能力建设方面，要求到 2018 年底，全省各市特困人员供养机构内取得相关专业资格的工作人员比例要达到 50%。

其次，特困人员供养机构管理细则得到确立。在职能职责方面，明确了供养机构的管理主体和基本职能，明确了供养机构负责人和其他工作人员的产生方法及年龄限制。以详细的条目分别阐述了供养机构负责人、财务人员、护理人员、炊事人员、医护人员、供养人员各自的职责和守则；在入院供养方面，对入院供养的条件、程序、出院管理、档案管理、供养内容做了详细规定；在医疗和护理方面，根据供养人员生活自理能力和护理等级确定了分类管理、分级护理的原则，从日常护理、特殊护理、心理和健康教育三个方面对护理内容进行了详细规定；在日常制度方面，制度设计非常详细，包括会议制度、一日生活制度、着装举止、请示报告、登记统计、请假销假、值班制度、交接制度、接待制度、档案管理、印章管理共计 11 项制度；在后勤管理方面，从财务管理，伙食管理，院办经济收入管理，慰问、捐款、赞助钱物管理，卫生管理，房地产管理，院区管理等方面，都做出了详细规定。

最后，特困人员供养机构安全工作得到规范。为进一步提升特困人员供养机构安全预防工作质量，切实加强和改进对安全工作的指导，有效预防各类安全问题，打牢安全工作基础，安徽省对特困人员供养机构安全工作进行了细化和规范。在上述有关文件中，明确将安全工作的内容界定为安全教育、安全组织、安全制度、安全设施和安全责任，并对各个层面的具体内容都做了详细的界定。特别是安全责任方面，规定各市、县民政部门筹划部署本区域供养机构管理和指导安全建设，由乡镇政府（街道办事处）对本区域内供养机构安全负主要责任，供养机构主要负责人是本供养机构安全工作第一责任人；此外，要求各级民政部门、基层政府和供养机构严格落实安全责任奖惩制度。这些细化的规定既为供养机构的安全工作提供了指导，也切实提高了供养机构的安全防治效果。

针对供养机构安全体系中特别重要的消防安全，借助安徽省内社会福利机构消防安全专项治理的契机，供养机构的消防安全也得到了极大提升。据悉，为做好全省社会福利机构消防安全管理工作，安徽省民政厅、公安厅成立了安徽省社会福利机构消防安全专项治理工作领导小组，并于2015年10月制定印发了《关于组织开展全省社会福利机构消防安全专项治理工作的通知》（皖民电〔2015〕75 号），在全省组织开展了为期一年的社会福利机构消防安全专项治理工作。专项治理期间，安徽省民政厅先后投入3 000余万元中央和省级福彩公益金用于社会福利机构消防设施改造，并及时督导专项治理工作。各地也积极创新工作方法，推进治理工作取得实效。六安市针对农村敬老院等消防许可前置手续不完备的情况，由当地政府统一协调，帮助办理规划、土地、建设等相应前置许可；宣城市宣州区由区政府出台文件，明确各部门责任，统一推进全区公办养老机构消防安全整改。据统计，截至 2016 年 9 月底，安徽全省共有 439 家福利机构通过整改取得消防许可或备案，合肥市、马鞍山市、铜陵市、黄山市、蚌埠市等地的福利机构消防许可或备案率也均超过 50%[1]。

四、农村五保供养的体系建设

农村五保供养是城乡特困人员供养体系中的重要组成部分，针对持有农村户口的老年、残疾或者未满 16 岁的村民，无劳动能力、无生活来源又无法定赡养、抚养、扶养义务人，或者其法定赡养、抚养、扶养义务人无赡养、抚养、扶养能力的人（简称农村五保供养对象），建立起切实的保障制度，是促进农村经济社会协调发展、维护社会稳定、全面建成小康社会的基本保障。为贯彻落实国务院《农村五保供养工作条例》、《安徽省人民政府关于加快推进养老服务体系建设的决定》（皖政〔2011〕20号）、《安徽省人民政府关于印发安徽省民生工程“十二五”规划的通知》（皖政〔2011〕83 号）、《安徽省城乡养老服务体系建设（2013-2015）实施方案》（皖民福字〔2013〕184 号）和《安徽省人民政府关于 2014 年实施 33 项民生工程的通知》（皖政〔2014〕1 号），完善农村五保供养制度，推进农村敬老院建设，全面提升农村五保供养水平，安徽省对农村五保供养制度与政策加大了探索和建设力度，主要包括以下几个方面。

第一，农村敬老院建设的规范管理。在安徽省民政厅、财政厅于 2014 年 3 月颁布的《农村五保供养及敬老院建设实施办法》中，对完善五保供养制度的实施内容再次做了界定，提出了农村五保对象生活水平达到当地村民平均生活水平、“十二五”末农村五保供养服务机构集中供养能力达到 70%左右的双重目标，要求农村敬老院建设成本不得低于每张床位 11 000 元。资金来源包括各级财政一般预算安排的资金，各级福利彩票公益金安排的资金（且每年用于社会养老服务体系建设的经费不低于当年本级留存公益金的 50%），以及其他有关资金。在资金筹措方面，自 2014 年起，要求农村五保供养财政补助标准提高至不低于年人均 1 870 元，省级财政对农村五保供养服务机构建设经费实行床位补助，具体标准为每张床位补助 7 190 元。在资金管理方面，五保供养、五保供养服务机构建设、社会养老机构建设的资金实行专账核算、专款专用，分散农村五保供养对象的生活补助资金，严格按照要求，通过涉农资金“一卡通”发放。集中供养农村五保供养对象的生活补助资金，由当地财政部门直接拨付到农村五保供养服务机构账户。

第二，农村五保供养申请程序的规范。针对农村五保供养的设定依据、申请条件、办理所需材料、办理具体流程、办理时间和地点等，安徽省民政厅制作了统一的申请指南并在政府官网公布（表 3-2），并留有省民政厅社会福利和慈善事业促进处的办公电话。简明清晰的程序，方便指导下级有关机构制作政策解释明白卡或宣传册，在基层经办机构和城乡社区进行宣传。

表 3-2　安徽省农村五保供养申请办理指南（2015 年版）

事项名称	农村五保供养
设定依据	《社会救助暂行办法》《农村五保供养工作条例》
申请条件	具有安徽省农村户口的老年人、残疾人，无劳动能力、无生活来源且无法定赡养、抚养、扶养义务人，或者其法定赡养、抚养、扶养义务人无赡养、抚养、扶养能力的，享受农村五保供养待遇
办理材料	1. 个人申请 2. 申请人居民户口簿、居民身份证及复印件 3. 残疾人须提供残疾证 4. 家庭收入证明 5. 其他材料

续表

事项名称	农村五保供养
办理程序	1. 个人申请。申请农村五保供养待遇的，由本人向户籍所在地的乡镇人民政府、街道办事处提出书面申请；本人申请有困难的，可以委托村民委员会、居民委员会代为提出申请 2. 乡镇人民政府、街道办事处审核。通过入户调查、邻里访问、信函索证、群众评议、信息核查等方式，对申请人的家庭收入状况、财产状况进行调查核实，提出初审意见，在申请人所在村、社区公示后报县级人民政府民政部门审批 3. 县级人民政府民政部门审批。县级人民政府民政部门经审查，对符合条件的申请予以批准，并在申请人所在村、社区公布；对不符合条件的申请不予批准，并书面向申请人说明理由
办理地点	乡镇人民政府、街道办事处
办理时间	当地正常工作日工作时间内均可办理。乡镇人民政府（街道办事处）自收到申请之日起 20 日内提出审核意见，并将审核意见和有关材料报送县级民政部门审批；县级民政部门应当自收到审核意见和有关材料之日起 20 日内做出审批决定

资料来源：安徽省民政厅社会救助处

第三，农村五保供养服务机构的等级评定。为提高由县乡政府举办、为农村五保供养对象提供供养服务的各类公益性机构管理的规范化和运营管理水平，切实保障五保对象的基本生活水平和合法权益，安徽省根据民政部的指导性政策文件，结合《安徽省农村五保供养服务机构建设指导意见》等政策已有的探索经验，于2015年11月印发了《安徽省农村五保供养服务机构等级评定工作实施办法》（皖民福函〔2015〕471 号），对供养机构管理的基本规范、机构等级、评定程序、评选结果运用、监督考核等内容做了明确规定。此外，为达到统一标准、量化考核的目的，安徽省民政厅还制定了供养机构等级评定指标，主要根据供养服务质量、内部管理水平、基础设施条件和组织保障力度等维度，从低到高划分一星、二星、三星三个等级的供养机构；并且，每类评价指标之下还包括更详尽的子指标，既提高了等级评定工作的操作性，又可以更好地指导供养机构开展自身建设工作，真正提高供养机构的服务能力和服务水平。

第四，农村五保供养机构综合定额标准管理。等级评定划分实际上为后期供养机构的分类综合定额标准补助奠定了基础，安徽省财政厅、民政厅综合考量了全省经济发展水平、五保对象集中供养平均水平、居民人均消费性支出、供养机构总体运营管理支出情况等因素，为分类综合定额制定了指导标准。在《安徽省农村五保供养服务机构综合定额标准管理暂行办法》（财社〔2015〕2064 号）文件中，该标准分三个档次：一类定额补助4 800元/（人·年），二类定额补助6 000元/（人·年），三类定额补助7 200元/（人·年）。综合定额供养资金主要来自各级公共财政、福利彩票公益金安排的专项用于五保集中供养补助经费及供养机构运营管理经费、省级以奖代补经费、供养机构经营性收入、社会捐赠和其他收入等。这些财政补助资金专款专用，主要用于集中供养的五保对象、高龄老人、失能失智老人等养老服务生活补贴以及供养机构的水、电、煤、气等费用开支以及基础设施维修、办公经费等。此外，该办法还对资金的管理与监督做了较严格且系统、明确的规定。

第二节　特困人员供养实践及其成效

本节用具体的数据从不同的角度来呈现 2014~2017 年安徽省特困人员供养的具体成效。

一、救助供养资金不断增加

随着城乡特困人员供养制度、救助政策的不断完善，公共财政助推城乡特困供养制度的力度也在不断加大。这里以在城乡特困人员中占据主要地位的农村五保供养为例来说明。安徽省累计发放农村特困人员五保补助资金从 2014 年的 120 203.5 万元，增长到 2017 年的 204 262.0 万元，增长了 69.93%（表 3-3）。

表 3-3　安徽省累计发放农村特困人员五保补助资金统计表（2014~2017 年）（单位：万元）

年份	2014	2015	2016	2017
农村五保补助资金	120 203.5	136 667.9	191 532.5	204 262.0

资料来源：安徽省民政厅社会救助处

再以农村敬老院床位为例。据统计，为改变安徽省“十一五”前期农村敬老院集中能力偏低的问题，“十二五”期间，在省委省政府的高度重视下，安徽省民政厅将敬老院建设纳入省政府民生工程项目体系。2009~2013 年，规划明确床位建设财政补助标准不得低于 8 400 元/床，其中省级财政承担 4 590 元/床，市县财政承担剩余部分；2014~2015 年，规划明确床位建设财政补助标准不低于 11 000 元/床，其中省级财政承担 7 190 元/床，市县财政承担剩余部分。项目实施整体周期内，全省各级财政实际支出达到 25 亿余元，其中省级支出约 9.97 亿元，农村敬老院床位实际新增 19.5 万张，至 2015 年底，全省共有农村敬老院 1813 所、床位 27.7 万张，集中供养能力达 68.7%[2]。

二、救助供养标准逐渐提升

根据《社会救助暂行条例》，特困人员供养标准由省、自治区、直辖市或者设区的市级人民政府确定和公布，该标准事关特困人员的基本生活条件保障，事关其在物价不断变动进程中的生活水准问题。《安徽省人民政府关于进一步健全特困人员救助供养制度的实施意见》在供养标准方面做出如下规定。

首先，坚持适度保障的原则。提出要精准客观，立足于全省经济社会发展水平来确定救助供养标准，根据当地人均消费性支出情况来建立基本生活标准的动态调整机制，力争做到量力而行，保证救助供养制度的可持续性。

其次，实行分类制定标准。既往的标准主要指基本生活标准，《安徽省人民政府关于进一步健全特困人员救助供养制度的实施意见》提出了两个标准，其中基本生活标准用于满足特困人员的基本生活需求，照料护理标准则根据特困人员的生活自理能力和服务需求分类制定，明确按照不低于上年度城乡居民人均消费性支出的 60%确定特困人员基本生活标准，按照不低于基本生活标准的 10%确定特困人员照料护理标准，对特困人员实行差异化供养。

最后，提高统筹层级。规定特困人员供养标准由设区的市级人民政府确定和公布。提高统筹层级，有利于在市级区域范围内保证特困救助的公平性、互济性。

自 2014 年城乡“三无”人员保障制度统一为特困人员供养制度以来，安徽省城乡特困人员的供养标准逐年增加，一直保持着可持续的增长态势，特困人员正逐步享受到更高水平的补助和兜底保障，分散供养标准从 2014 年的 180.00 元/（月·人），增长到 2017 年的 500.00 元/（月·人），增长了 1.78 倍。集中供养标准从 2014 年的 315.00 元/（月·人），增加到 2017 年的 631.00 元/（月·人），增加了 1.003 倍（图 3-1）。

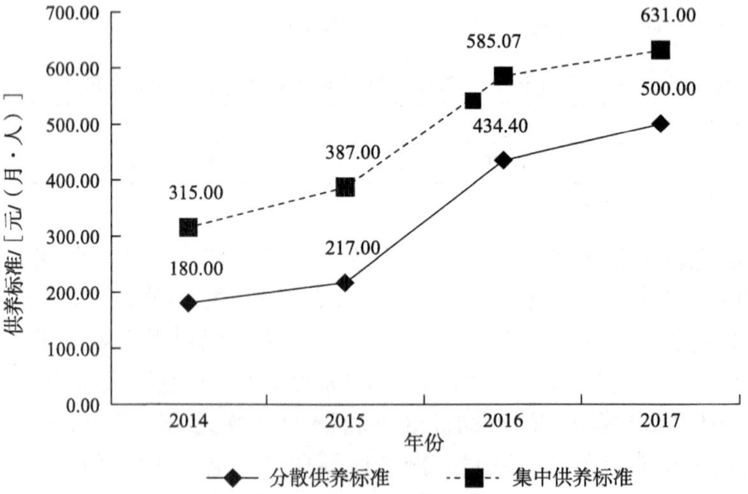

图 3-1　安徽省特困人员供养标准（2014~2017 年）

资料来源：安徽省民政厅

救助供养标准的不断提高，特别是集中供养标准的增长，是以整个国家和地方政府的公共财政的支持为基础的。表 3-4 统计了党的十八大以来城乡社会福利院社会福利救济费用支出情况，可以看到，目前国家财政支持是城乡特困人员供养服务机构最基本的资金来源，是特困人员供养标准可持续增长的重要基础。不过从总体趋势上看，集中供养的社会福利救济费呈降低态势。

表 3-4　安徽省城乡社会福利院社会福利救济费用支出（2012~2016 年）（单位：万元）

年份	2012	2013	2014	2015	2016
城乡社会福利院支出	74 314.3	87 835.5	44 580	43 180	42 766
其中：国家支出	74 314.3	87 835.5	44 580	43 180	42 766

注：最新统计年鉴为 2017 年（2016 年数据），因此缺 2017 年数据

资料来源：2013~2017 年《安徽统计年鉴》

三、救助供养效果逐步显现

表 3-5 的统计结果显示，安徽全省特困供养人员总量从 2014 年的 430 876 人下降到 2017 年的 400 644 人，总量直接减少了 30 232 人，下降了 7%。这表明，在各类民生政策的综合作用下，安徽省内社会成员的基本生活水平在提升，而陷入特困的社会成员总量在减少。特困人员中，对集中供养与分散供养两种方式的选择呈现巨大变化，选择分散供养方式的比重在不断增加，从 2014 年的 62.29%增加到 2017 年的 77.70%。选择集中供养方式的比重则不断降低，从 2014 年的 37.71%下降到 2017 年的 22.30%。这种变化对表 3-4 的统计结果也是一个佐证，正是因为选择集中供养的人员规模在下降，需求结构的变化导致城乡社会福利院福利救济费支出的下降，这是一个十分正常的现象。

表 3-5 安徽省特困人员供养规模情况（2014~2017 年）

年份	供养总数/人	分散供养人数（占比）	集中供养人数（占比）
2014	430 876	268 374（62.29%）	162 502（37.71%）
2015	422 414	271 027（64.16%）	151 387（35.84%）
2016	412 716	291 725（70.68%）	120 991（29.32%）
2017	400 644	311 303（77.70%）	89 341（22.30%）

资料来源：安徽省民政厅社会救助处

四、发挥社会力量供养优势

《安徽省人民政府关于进一步健全特困人员救助供养制度的实施意见》形成了积极鼓励、引导、支持社会力量参与特困人员供养的制度框架，取得了积极效果。

（一）特困人员医疗护理保险

2014 年安徽省人民政府出台《安徽省人民政府关于加快发展养老服务业的实施意见》（皖政〔2014〕60 号），提出引导保险公司创新开发养老、健康保险产品，探索建立失能失智老年人长期护理保险制度。2016 年《安徽省人民政府关于进一步健全特困人员救助供养制度的实施意见》（皖政〔2016〕102 号），提出鼓励各地通过政府购买公共服务或探索建立照料护理保险等方式，采取市场化运作方式，为生活不能自理的供养对象提供必要的照料护理服务，其补贴标准按照招投标价格确定。合肥市在这方面进行了许多行之有效的探索，早在 2009 年，合肥市民政局、财政局、劳动和社会保障局、卫生局就曾联合出台了《关于解决我市五保户医疗问题的实施意见》（合民〔2009〕122 号），基本解决了五保对象看病就医问题。为了完善五保供养对象的生活及医疗保障，降低五保供养服务机构服务的潜在经营风险，分担五保供养对象、五保供养服务机构的经济损失，合肥市民政局着手研究、设计、完善五保对象长期医疗护理保险具体方案，开展了方案可行性意见征询。2013 年，合肥市统一推行五保供养对象长期医疗护理保障制度，并将其纳入全市民生工程项目体系组织实施。合肥市民政局、财政局先后制定出台了《合肥市五保供养对象长期医疗护理保障制度实施方案》、《关于进一步做好五保供养对象长期医疗护理保险工作的通知》和《五保供养对象长期医疗护理保障制度绩效评价暂行办法》等文件，规定了参保对象、保险种类、理赔标准、理赔程序和理赔资金的发放等，建立了多个部门的对接协调机制，明确了职责分工，按照政府推动、多方参与、统一投保、商业运作的基本原则，统筹利用财政资金为五保供养对象的医疗护理保险提供支持。五保对象长期医疗护理保障制度于 2013 年 7 月 1 日起正式实施。2014 年起，保障范围扩面到城市“三无人员”，实现城乡特困人员全覆盖。

合肥市推行实施的五保对象长期医疗护理保险项目明确了四项原则：一是政府推动原则。通过政府资助，引导机构参与，有效化解城乡特困供养人员（即五保供养对象和城市“三无人员”）护理责任的风险，为特困供养服务机构健康可持续发展保驾护航。二是多方参与原则。在政府推动和协调下，保险公司、特困供养服务机构等多方协同参与，形成政府与社会组织、市场组织等各司其职、协调配合、合作共治、多方共赢的良好机制，提升了社会服务能力和养老保障水平。三是统一投保原则。制订了统一的保险方案，实行统一优选、统一投保。发挥“大数法则”优势，努力拓宽保障范围，促使保险费用更趋合理。确保合肥全市城乡特困供养人员所获赔付标准一致，实现共同受益。四是商业运作原则。五保供养对象长期护理保险制度的推行，按照市场化运作方式，缓解了城乡特困供养人员因疾病、意外伤害造成的个人经济压力，实现了投保特困供养服务机构服务风险的有效规避。该保险制度以两年为一个服务周期进行公开招标，确定一家保险公司承保，由各县区民政局、乡镇政府、五保供养服务机构作为投保人，为全市城乡特困人员，即五保供养对象和城市“三无人员”办理医疗护理保险，投保所需资金由市与县区按 1∶1 比例分担。在保险期内，参保对象因意外事故导致人身伤残的，由保险公司负责赔偿伤残保险金，伤残保险金为最高每人 6.3 万元；因意外事故导致死亡的，保险公司赔付身故保险金，身故保险金每人 6.3 万元；因遭受意外伤害、疾病在医院治疗的，其医疗护理费用可纳入护理保险的支付范围，保险公司给付医疗护理津贴，减轻长期护理费用压力，医疗护理津贴为最高每人每天 126 元，每一保单年度累计给付天数最高为 120 天，极大地保障了城乡特困人员的利益。

据统计，合肥市五保对象长期医疗护理保险实现了应保尽保目标，参保率目前达到 100%。2013 年，全市 42 394 名农村五保供养对象全部办理了医疗护理保险，实际支付保费 634.81 万元；2014 年，该项目扩面到城市“三无人员”，全市 43 198 名农村五保供养对象和城市“三无人员”全部办理了医疗护理保险，实际支付保费 644.33 万元；2015 年，全市 42 436 名农村五保供养对象和城市“三无人员”全部办理了医疗护理保险，实际支付保费 499.67 万元；2016 年，全市 41 510 名农村五保供养对象和城市“三无人员”全部办理了医疗护理保险，实际支付保费 489.256 万元；2017 年，全市 39 935 名农村五保供养对象和城市“三无人员”全部办理了医疗护理保险，实际支出保费 459.266 万元。通过简化程序、量化时限、强化公开、优化服务，该项民生工程政策做到家喻户晓、深入人心。自 2013 年 7 月合肥市实施五保对象长期医疗护理保险以来，全市总计 25 163 人次获结案理赔，理赔到位金额 2 986.53 万元。

（二）特困人员个性化社会服务

除了在市、县（市、区）层面进行统一的政策创制，一些乡镇（街道）、村（居）委会也积极响应特困人员关爱和服务倡导，积极运用政府购买服务、财政补助等方式引导社会力量参与，在基层探索个性化、地方化社会服务。例如，合肥市庐阳区杏林街道的社区食堂，就是这样一个政府搭台、企业运转、社区参与、群众受益的代表（案例 3-1）。

案例 3-1　庐阳区杏林街道社区食堂为特困群体打造个性化服务[3]

“我们力求把社区食堂打造成居民自家餐厅，请你们监督并提宝贵意见。”这是 2015 年 5 月 5 日，合肥市庐阳区杏林街道办事处副主任陶建军在杏林街道社区食堂开业时，对前来就餐老人们的一句开场白。

杏林街道社会事务中心副主任王梅介绍，社区食堂服务对象主要是辖区 60 周岁以上老人 4 151 人、100 多位最低生活保障对象及空巢老人和特困户。“目前，食堂两荤两素一汤定价 10 元。对辖区最低生活保障对象、空巢老人及特困户给予 5 折优惠（由社居委进行认定）。”60 岁老人就餐给予 9 折优惠、对于 70 岁及以上老人就餐给予 8 折优惠（由社区食堂自行认定）；同时我们将适时对行走不便及重病卧床的最低生活保障、空巢、特困老人提供免费送餐服务。“折扣费用差价和送餐服务将由财政补贴。”

开业当天，一位特殊的就餐者叫张智阳，年仅 8 岁。其父母是上城社区钢铁新村的居民，因感情不和、长年分居，多次离婚诉讼均因双方都拒绝抚养孩子被法院裁判不准离婚，于是将孩子弃养在张文祥（爷爷）家，老人因身体原因于 2015 年 3 月病逝，孩子因爷爷病故无故不到校上课，学校也多次寻找无果，孩子辍学在家。梁华芳（奶奶）30 年前已与张文祥（爷爷）离婚并已成立新家庭，得知这些情况后于 4 月 21 日下午来到杏林街道上城社区求助，寻求政府给予张智阳生活帮助。街道得知此事后，安排工作人员上门了解情况，及时将祖孙俩安排到社区食堂免费就餐，还为祖孙俩送去米、油、饼干、洗衣粉等生活物品，给孩子准备了书包、纸、笔等学习用品，并与钢铁新村小学联系，孩子现已到校上课。通过街道等相关部门的协调，其奶奶愿意抚养孙子张智阳，但苦于没有工作也无其他经济来源。该街道已报请合肥市庐阳区民政主管部门，根据困境儿童家庭困难情况，给予照顾；同时街道正通过司法途径，为孩子解决日后的生活和成长方面的问题。

据了解，合肥市自 2012 年第一家社区食堂——合肥市包河区望湖街道望湖社区食堂出现以后，合肥市不少地方都在探索建立社区食堂。

针对作为街道层面的行政主管部门如何监管社区食堂的运营问题，陶主任也有自己的思路。该食堂属于民生工程的一部分，首先是政府搭台，让有经验的餐饮企业来经营。为惠及辖区弱势群体，杏林街道将辖区内的约 600 多平方米的一栋 3、4 两层社区用房腾出来，其中三楼约 300 平方米供社区食堂所用，四楼 300 多平方米给餐饮企业自主经营。街道不收取房屋租金，但必须给辖区内符合条件的就餐人员提供适应老年人生活的可口饭菜。为有效监督餐饮企业，街道轮流从辖区内的四个社区派一名社区工作人员在食堂就餐，一方面亲身体验饭菜的质量，另一方面听一听就餐老人的想法和建议；此外街道设立投诉电话，请就餐的老人和社会各界予以监督。

“杏林社区食堂向辖区老人承诺：为老人们提供营养、清淡、卫生、平价的老人餐饮，为前来就餐的老人们打造干净、舒心、专业的就餐平台。”陶建军补充说。

参 考 文 献

[1] 安徽省民政厅. 我省社会福利机构消防安全专项治理工作取得明显成效[EB/OL]. http://220.178.31.148:8080/xxgkweb/blue/showView.jsp?unit=002986424&newid=18602，2016-10-21.

[2] 安徽省民政厅. 安徽省农村敬老院综合情况分析报告[EB/OL]. http://220.178.31.148:8080/xxgkweb/blue/showView.jsp?unit=002986424&newid=43703，2017-07-07.

[3] 安徽省民政厅. 庐阳区杏林街道社区食堂五折优惠三类特困群体[EB/OL]. http://220.178.31.148:8080/xxgkweb/blue/showView.jsp?newid=6176，2015-05-06.

第四章　安徽省受灾人员救助实践分析（2014~2017年）

安徽省属于多灾易灾省份，“十二五”期间，全省自然灾害频发，如2011年秋冬春三季连旱和皖南山区洪涝灾害、2012年第11号台风“海葵”灾害、2013年黄山等地“6·30”洪涝灾害、2015年7月下旬淮河以南洪涝灾害、2015年第13号台风“苏迪罗”等。发生频率高、波及范围广的自然灾害给人民群众的生命财产安全造成严重损失。据统计，安徽全省年平均受灾人口达1 800余万人，紧急转移安置25万人，农作物受灾面积达到169.1万公顷，倒塌房屋1万余间，造成直接经济损失112亿元。面对严峻的灾害形势，受灾人员救助自然显得十分重要。在安徽省委、省政府的坚强领导下，有关部门积极深化防灾减灾救灾体制机制改革，努力提升自然灾害应急救助能力，提高全民防灾减灾意识，在防灾减灾救灾工作方面取得了显著成效，切实保障了受灾群众的基本生活权益，维护了社会的和谐与安定。

第一节　灾害救助工作体系建设

灾害救助工作体系的健全与完善是防灾减灾救灾工作的基础。除了加强政府有关部门灾害救助工作能力之外，安徽省还特别注重灾害救助的法制体系建设、灾害救助的社会参与力量建设、减灾救灾的示范社区建设、灾害救助的人才队伍建设和救灾系统的党风廉政建设等方面。

一、灾害救助的法制体系建设逐渐完善

“十二五”时期，安徽省人大常委会颁布实施《安徽省气候资源开发利用和保护条例》和《安徽省防震减灾条例》，安徽省人民政府出台地方行政规章，如《安徽省自然灾害救助办法》、《安徽省地质灾害易发区农村村民建房管理规定》和《安徽省森林防火办法》等。同时，各有关部门对应急管理预案的修订高度重视，完善了多项自然灾害的专项应急预案，逐级完善了应急工作规程，依法应对灾害的思想观念明显

增强，夯实了防灾减灾救灾的能力基础。这里需要特别强调的是 2015 年出台的《安徽省自然灾害救助办法》（安徽省人民政府令第 260 号），其作为灾害救助的综合性文件，内容丰富而具体，涉及灾害范围、灾害救助原则、灾害救助管理体制、灾害救助基本制度、灾害救助内容、救灾物资管理、救灾工作监督问责等方面，是指导全省自然灾害救助的最具系统性、权威性和全面性的政策文件。

此外，安徽省为了强化防灾减灾救灾的规划能力建设，于2016年12月制定了“十三五”时期安徽省的防灾减灾规划，即《安徽省综合防灾减灾规划（2016-2020 年）》（皖政办秘〔2016〕242 号）。该规划确立了分级管理、属地为主等一系列基本原则，提出了健全防灾减灾救灾体制机制等共计 10 个发展目标，设定了提高依法开展防灾减灾救灾能力等 9 项基本任务，提出了安徽省减灾救灾指挥中心工程、救灾物资储备体系建设工程、综合减灾示范社区与应急避难场所示范工程、防灾减灾宣传教育与科普工程、农村住房保险工程等 5 项重点建设工程。无疑，该规划是指导今后一个时期安徽省防灾减灾救灾体制、机制、能力、工程、人才队伍等各方面建设的重要指导纲要。

二、灾害救助的社会参与力量建设不断加强

在抗击自然灾害的过程中，安徽省内的企事业单位、社会组织、专业社工、志愿者及其他社会力量紧密行动起来，积极参与到应急救援、款物捐赠、心理抚慰、灾后重建等工作中，在襄助全省防灾减灾救灾工作中发挥了重要作用。但由于安徽省内社会力量参与防灾减灾救灾工作发展较晚，许多方面尚不成熟和规范，迫切需要建立、完善相关工作机制，加强政策支持引导，促进其更好发挥灾害救助作用。根据《民政部关于支持引导社会力量参与救灾工作的指导意见》（民发〔2015〕188 号）和《安徽省综合防灾减灾规划（2016-2020 年）》等文件精神，结合安徽省实际情况，安徽省民政厅在 2017 年制定了《关于支持引导社会力量参与防灾减灾救灾工作的实施意见》（皖民救字〔2017〕85 号）。该实施意见指出，引导社会力量参与的重点范围是参与日常减灾工作、紧急救援工作、过渡安置工作、恢复重建工作、救灾捐赠工作和防灾备灾工作。并提出了 10 项重点任务，包括：完善政策支持体系、建立综合协调机制、搭建信息服务平台、培育孵化防灾减灾救灾社会力量、完善“三社联动+防灾减灾救灾”模式、探索推进智慧灾害治理、探索整合防灾减灾救灾社会资源、加强与社会力量联动、科学评估参与防灾减灾救灾行动以及强化指导监督。在政策引导之下，安徽省社会力量参与灾害救助在各方面都取得了显而易见的进步。

第一，社会力量参与灾害救助的科学研究力度加强。开展支持引导社会力量参与救灾工作研究，对整合救助资源、形成救灾合力、高效有序救灾有着极为重要的意义。因此，安徽省有关部门特别注重以政府购买服务等形式，引导高校、科研机构、社会组织等社会智库力量，加大对社会力量参与救灾工作的科学研究，总结工作经验和制度模式。例如，自 2016 年以来，安徽省民政厅就多次发布有关支持引导社会力量参与救灾工作研究的竞争性磋商项目文件，要求符合要求的响应人积极参与竞争者磋商，增强了社

会力量参与救灾救助的理论基础和政策指导。有关项目不断增多，如“支持引导社会力量参与救灾工作研究”（2016 年）、“健全减灾救灾机制研究”（2016 年）、“建立‘三社联动+防灾减灾救灾’机制研究项目”（2017 年）等。

第二，社会力量参与灾害防治的工作培训力度加大。例如，为进一步加快全省救灾领域社会工作专业人才队伍成长和建设，2016 年 10 月 9~10 日，安徽省民政厅和安徽省社会工作（者）协会在合肥联合举办了“救灾领域社会工作”专题培训班，这是首次在省内举办该领域培训。该次培训专业性较强，培训班邀请了中国社会工作教育协会副会长兼秘书长史柏年教授，从社会治理创新的视角，针对灾害社会工作的角色、功能及介入途径等问题进行专题授课。培训内容方面，史教授围绕灾害及其影响、中国灾害救助的特点、灾害救援中的社会治理视角、社会工作在灾害救助中的角色与功能、灾害社会工作的主要介入途径和方法、灾害社会工作中的几个关键问题等共计六个方面进行了详细讲解。此外，培训班还邀请了安徽省内高校社会工作专业资深专家学者、安徽省民政厅相关处室负责人，就“救灾领域社会工作相关政策文件解读”、“救灾社会工作相关政策解读”、“社会工作服务项目的设计与管理”和“社会服务机构及项目财务管理”等专题进行授课[1]。培训班内容丰富，针对性强，切合灾害救助实践，较好地满足了学员的多样化、专业化需求。这次培训，有效增进了学员对灾害社会工作的认识与了解，提升了全省灾害社会工作管理和从业人员的实践能力，提高了全省社会工作服务机构在灾害救助项目运作方面的规范化和专业化水平。

又如，2017 年 12 月 7~9 日，在六安市霍山县，安徽省民政厅以购买服务的方式，由中标社会组织负责实施举办了 2017 年全省“引导支持社会力量参与防灾减灾救灾工作培训班”。安徽省 16 市及部分县（市、区）民政局救灾部门、8 家企业、19 家救援队和 36 家参与防灾减灾救灾类社会组织负责人共计 100 余人参加了培训。该次培训内容丰富，包括讲解灾害管理基础理论与理念、自然灾害救助基本流程及相关标准、社会力量在灾害管理中的政社协同等相关知识与实践，并开展交流互动，解惑答疑。此外，培训班邀请了民政部救灾司综合处的有关同志，从民政部引导支持社会力量参与防灾减灾救灾工作相关政策方面进行了讲解[2]。该次培训，有利于参训人员进一步更新对灾害救助领域社会工作的观念和认识，从而在后续工作中落实责任、完善体系、整合资源、统筹力量，有利于进一步推动安徽省社会力量参与防灾减灾救灾工作的规范有序开展，有力地提高了全省防灾减灾救灾工作的法治化、规范化、现代化水平，在很大程度上提升了全社会抵御自然灾害的综合防范能力。

第三，灾后社会工作专业服务介入机制逐步长效化。例如，针对安徽省内多发的洪涝灾害，安徽省民政厅设计了“同舟共济”洪涝灾后社会工作服务项目。该项目是民政部“重大自然灾害与突发事件社会工作服务国家支援计划”的重要组成部分，安徽省已于 2016 年和 2017 年连续两年开展了此项目。2017 年的项目启动后，项目组立即组建灾害社会工作服务队，分赴安徽池州、安庆、黄山三市四个重灾项目点开展专业社会工作与服务，发挥社会工作者在灾后社会援助、心理慰藉、关系调适、资源链接、社区重建等方面的专业优势，为化解灾区群众心理社会问题、再造灾区社会资本与支持网络、提高灾区灾后恢复重建能力贡献力量[3]。通过这些实践，进一步探索完善了灾害社会工作介入服务模式，建立健全专业社会工作介入自然灾害等突发性事件的长效机制。

第四，社会力量参与减灾救灾捐赠成果颇为可观。例如，2016 年 6 月，安徽省遭受了自 1998 年以来最为严重的洪涝灾害。灾害发生后，诸多企事业单位、志愿者及社会各界人士，纷纷表达捐款捐物、奉献爱心的要求，出钱出力帮助灾区渡过难关。安徽省民政厅顺势而为、主动作为，积极采取措施，根据灾区客观需求，搜集汇总相关需求信息，认真对社会组织、爱心企业、爱心人士向洪涝灾区捐赠款物进行协调，对社会力量依法有序参与抗洪救灾进行积极引导。据悉，社会各界踊跃捐款捐物，大量社会组织、志愿者积极参与现场救援、物资发放、心理抚慰、灾后恢复重建等工作，展现了社会力量组织灵活和服务多样的优势，初步形成了政府主导、多方参与、协调联动、共同应对的救灾工作格局。例如，刘海彬通过上海浦东物流云计算有限公司给灾区转账 10 万元；安徽籍演员陈晓、陈妍希夫妇捐赠价值 100 万元的折叠床，用于灾区群众生活需要；湖北劲酒有限公司捐赠 100 万元给安徽省慈善与社会福利协会，帮助灾区渡过难关；安徽九华山旅游股份发展有限公司、安徽九华山佛教协会和百岁宫向灾区捐款 170 万元，有效地帮助灾区群众解决生活困难；广善公益助困服务中心在各级民政部门和志愿者队伍的引导、协助下，在安徽省发放了价值300万元的生活救助物资[4]。截至2016年8月底，社会各界已向安徽灾区捐赠救灾资金和物资折合人民币 2 000 余万元，参与救援、志愿服务人员达 30 多万人次，社会效益明显，受到各界的一致好评。

三、减灾救灾的示范社区建设多点开花

减灾救灾的最后落脚点是基层社区，加强减灾救灾示范社区的建设、推动城乡社区综合建造工作质量提升，是适应全球气候变化、减少灾害风险、减轻灾害损失的迫切需要，是提升政府公共服务水平的重要举措，是强化基层应急管理、建设安全和谐社区、提升灾害救助能力的重要内容。安徽省高度重视综合减灾示范社区的建设，在贯彻落实国家减灾委员会、民政部等上级政策方针及其精神的进程中，大力推进“全国综合减灾示范社区”创建工作，对社区减灾工作的方法和途径不断进行创新。在创建工作中，始终坚持以全国综合减灾示范社区“十项标准”为依据，坚持以评促建、以评促改、以评促管、评建结合、重在创建等基本原则，不断开发新的举措和途径，着力推进全国综合减灾示范社区创建工作。各地在创建工作中，结合灾害风险特点和本地社区工作实际，在不断健全完善社区灾害应急预案、组织应急演练、宣传普及防灾减灾知识、建立应急避难场所、完善基础设施、建立志愿者队伍等方面扎实开展工作，有力增强了城乡居民防灾减灾意识和自救互救技能，提升了安徽省城乡社区的综合减灾能力和灾害应急管理水平[5]；同时，安徽省注重调动和发挥社区居民、单位、社会组织在防灾减灾工作中的积极性，推进了社区综合减灾组织体系、工作机制、队伍建设、预案制度、物资装备、宣传教育等各项能力建设水平的全面提高。值得一提的是，创建过程中还建立了“三社联动+防灾减灾救灾”模式，将防灾减灾救灾工作纳入社区、社会组织、社会工作的“三社联动”之中，为基层防灾减灾救灾体系的创建添加了新的内

涵，也增加了新的工作机制。

据统计，民政部授予的首批“全国综合减灾示范社区”中，安徽省就有 2 个社区入选。“十二五”期间，安徽省共有 216 个社区被国家减灾委员会、民政部评为“全国综合减灾示范社区”，339 个社区被安徽省减灾救灾委员会、省民政厅评为“全省综合减灾示范社区”。2008~2017 年，安徽省已有 370 个社区被评为“全国综合减灾示范社区”。此外，自 2016 年起，安徽省还对获得国家级示范社区、省级示范社区、省级示范县（市、区）荣誉称号的单位分别给予奖励，将资金向基层倾斜，进一步提升了基层社区抵御自然灾害的综合防范能力。

四、灾害救助的人才队伍素质整体提升

近年来，安徽省防灾减灾专业人才队伍不断壮大，科技支撑平台基本形成。“十二五”时期，全面推进防灾减灾人才战略，防灾减灾专业人才队伍结构不断优化，已经建成以防灾减灾管理和专业人才队伍为骨干力量，以各类灾害应急救援队伍为突击力量，以防灾减灾社会组织、社会工作者和志愿者队伍为辅助力量的防灾减灾队伍。另外，驻皖部队、公安民警、民兵预备役、人防专业队伍和基层灾害信息员在防灾减灾中发挥骨干作用。《安徽省综合防灾减灾规划（2016-2020 年）》（皖政办秘〔2016〕242 号）有关数字显示，安徽全省共有灾害信息员近 2 万人，组建省、市、县三级防汛机动抢险队 687 支，共 4.44 万人，组建各类地震救援队伍 350 余支，1.8 万多人，专兼职森林消防队伍 747 支，农业干部和技术人员 1.4 万余名。安徽省减灾救灾委员会成立了专家组，以常设性机制为全省防灾减灾提供决策咨询服务，使防灾减灾救灾更加专业、有效、有序。安徽省各级各部门还注重发挥专家学者在防灾减灾中的作用，注重发挥专家学者对自然灾害发生、发展机理和演变规律的研究优势及其成果转化，提高全省对防灾减灾救灾规律的认识，进而为防灾减灾救灾提供科学指导。灾害监测预警、风险评估、应急处置等技术水平也不断提高，遥感、卫星导航与通信广播等现代技术在应对重特大自然灾害中发挥着越来越重要的作用。

五、救灾系统的党风廉政建设责任落实

安徽省灾害救助系统在强化本职业务能力的同时，也高度重视党风廉政建设。例如，2015 年初将党风廉政建设工作纳入年度重点工作范围，与救灾工作“四同步”进行——同安排、同落实、同检查、同考核，明确责任内容，分解落实到人。具体措施有：一是注重强化宣传教育，营造风清气正的氛围，完善监管机制，确保廉政建设落到实处。二是多措并举，强化效能建设，严格遵守中央“八项规定”、反对“四风”，做到依法行政，切实履行职责。三是进一步加强权力运行预警监控，按照安徽省民政厅党组的部署，理清和明确权力，编制权力监控目录，确定廉政风险点，研究制定民政救灾系统查处发生在身边的“四风”问题专项治理方案，严格权力运行监控和责任追究，为

勤政廉政提供了有力保障，也为灾害救助工作提供了有力保障。

第二节　灾害救助工作及其成效

不断完善灾害救助工作体系，为灾害救助工作的有效开展奠定了基础，也取得了积极的成效。

一、灾害救助的农房保险试点全面推开

为保证灾区农民基本生活权益，提高灾区农民灾后重建家园、恢复基本生产生活的能力，安徽省在贯彻落实《民政部、财政部、保监会关于进一步探索推进农村住房保险工作的通知》（民发〔2012〕234号）、《安徽省人民政府关于2014年实施33项民生工程的通知》（皖政〔2014〕1号）和《安徽省人民政府专题会议纪要第120号》精神的基础上，结合安徽全省实际情况，于2014年开始在山区库区开展农村住房保险试点工作，积极探索政府通过购买商业保险进行风险管理的新模式，开拓了民生工程新内涵、新渠道，为广大参保农户提高抵御自然灾害风险的能力、构建全省农村社会保障新体系提供支持。

根据2014年的安徽省《山区库区农村住房保险试点实施办法》，试点工作范围确定在六安市的金安、裕安、舒城、金寨、霍山，宣城市的广德、宣州、泾县、绩溪、旌德、宁国，池州市的贵池、东至、石台、青阳，安庆市的桐城、潜山、太湖、宿松、岳西，黄山市的屯溪、黄山、徽州、歙县、休宁、黟县、祁门，共计27个山区库区县（市、区）。

在承保方式方面，农房保险工作由全省统一采取政府采购招标的方式确定承保机构和保险金额。安徽省民政厅与中标承保机构签订框架指导协议，开展试点的27个县（市、区）民政局与中标承保机构的县级分支机构签订具体的、实质性的保险协议书。

在理赔方面，发生保险范围内的灾害事故，由承保机构进行实地查勘、定损。承保机构根据事前签订的农房保险协定，按要求合理定损，并及时支付赔款。承保机构制定详细的理赔操作细则，确保理赔操作流程严格规范，防范理赔中的各类风险，坚持“定损到户”、“理赔到户”和“理赔结果公开”，确保赔款及时、足额地支付给被保险人。根据规定，承保机构与被保险人之间因农村住房承保、理赔等发生争议的，可通过协商解决；协商不成的，可申请仲裁或向当地人民法院提出诉讼。

在保费分担与支付方面，保险费每户20元，由省和市县财政按4∶6比例分担。市与所属县（市、区）财政分担比例，由各市自行合理确定。省级、市级财政承担的保险费，应根据有关各县参保农户数和补助标准及时足额地下达到县级财政部门，县级民政、财政部门将上级财政补助和本级承担的保险费，统一支付给中标并签协议的承保机构的县级分支机构。

具体到试点的每年工作开展，一般都是按照六个基本步骤依次展开：一是公开招标确定承保机构；二是及时部署相关市县开展试点工作；三是认真采集、核准参保农户信息；四是按时拨付省级保费；五是规范农房保险经营服务；六是做好查勘理赔工作。2014 年各地保险公司已受理理赔案件 6 807 件，办结 6 049 件，赔付 1 102.4 万元；2015 年核定 280.17 万户农户住房参保，已决案件 8 188 笔，已决赔款 2 676 万元。总之，农房保险试点工作开展以来，安徽全省各级民政、财政、住建、保监等部门和承保公司认真履职，加强协作，各级政府承担保费稳步增长，其中省级承担保费平稳增长且保障有力（表 4-1）。此外，农房保险工作机制不断健全，制度建设不断完善，信息宣传不断深入，保费标准不断合理，保险服务不断提升，农房保险工作推进有力有序，有效维护了受灾群众的合法权益，为他们开展灾后重建工作提供了坚实的基础。

表 4-1　安徽省山区库区农村住房保险试点工作省级承担保费分配一览表（2015~2017 年）（单位：万元）

山区库区名称	年份		
	2015	2016	2017
六安市	526.5	526.5	529.6
宣城市	284.3	284.5	289.7
池州市	224.5	224.5	224.8
安庆市	346.3	346.6	345.6
黄山市	205.6	205.6	205.9
广德县	82.2	82.2	84.0
宿松县	121.0	121.0	121.4
总计	1 790.4	1 790.9	1 801.0

资料来源：安徽省民政厅

二、因灾倒损房屋的恢复重建扎实推进

为切实保障受灾群众基本生活权益，实现受灾群众家园恢复重建或尽快搬入新居，需要民政等各级部门采取切实有效措施推进因灾倒损农房的恢复重建工作。近年来，安徽省各级民政及有关协同部门主要摸索和实行“四步工作法”，加大对因灾倒损房屋的恢复重建支持力度。“四步工作法”包括下发通知、实行周报、资金整合和监督检查。以 2015 年为例，面对洪涝等灾害导致灾区群众房屋倒损的情况，各级部门快速启动这一工作模式：一是迅速下发通知。2015 年 8 月 7 日，下发《关于切实做好今年因灾倒损农房恢复重建工作的通知》，部署开展 2015 年度重建工作，要求年底之前（截止日期为 12 月 15 日）全部完成。二是建立周报制度。从当年 10 月开始，各市每周四统计上报本地建房工作情况，全面掌握各地建房进度。三是加强资金整合。对因灾倒损房屋恢复重建资金与农村危房改造资金、山区库区农村住房保险资金等，进行积极与系统的整合，落实省、市、县级财政支出责任，在 2015 年度投入各类建房资金 8 682.6 万元。四是开展监督检查。抽调有关人员组成工作组，对受灾较重的山区和部分市县的恢复重建情况进行督查，发现问题及时指导、督查和整改。各地严格执行恢复重建政策，精心组织安排，做

到对象识别精准，完善建房档案，科学规划建房选址，保证建房质量，强化责任制度，各项任务有序组织开展。据统计，2015 年确定安徽全省倒损房屋恢复重建任务为：倒房恢复 3 517 户，维修加固 9 830 户，截至 2015 年 12 月 15 日已全部完成。2015 年后的各年度，这一快速有效、制度化的工作方法，已逐步全面推开和稳步实行，为促进灾区群众倒损住房的恢复重建工作奠定了扎实的制度和方法基础。

三、救灾与扶贫开发对口帮扶持续进行

自然灾害多发区域往往存在与自然环境恶劣、经济社会发展相对落后相交叠的“累加效应”，这势必会加大当地防灾减灾和救灾的困难程度。因此，在指导、支援灾区防灾减灾救灾的同时，在举全社会之力精准扶贫、精准脱贫的大工作格局下，安徽省民政系统加大了结对帮扶的力度，着力完善各种政策和制度机制，将助力帮扶结对区的脱贫攻坚与防灾减灾救灾密切结合。例如，针对安徽省民政厅的对口扶贫开发帮扶单位，民政系统采取了周密的措施和工作机制，主要包括：其一，制定帮扶规划和工作实施方案，不仅有各年度的工作计划，还有结对帮扶的具体操作办法，如 2015 年的《安徽省民政厅“单位包村、干部包户”定点帮扶工作实施方案》《安徽省民政厅对口帮扶阜南县中岗镇南街民族村工作方案》《安徽省民政厅 2015 年对口帮扶南街民族村工作计划》等。其二，确定联系点和帮扶对象，在阜阳市颍泉区联系点确定了一批困难群众作为结对帮扶对象。其三，协调社会其他单位对帮扶区的帮扶。例如，2014 年，安徽省民政厅抓住中国民主建国会安徽省委员会在合肥召开企业家联谊会、企业委员会、社会与法制委员会“三会”契机，协调颍泉区委、区政府组队参加并做了招商引资推介报告。积极动员社会组织参与扶贫开发工作，积极协调有关单位开展捐助扶贫项目活动。其四，积极承接安徽省扶贫开发领导小组安排的任务。例如，为贯彻落实 2014 年“10·17”第一个国家“扶贫日”有关工作，组织安排省民政系统开展“扶贫日”活动，并认领了 100 万元的产业扶贫项目。其五，具体开展扶贫开发和援助活动。仅以 2015 年为例：春节前夕，民政厅有关领导率机关部分处室负责人赴颍泉区开展走访慰问活动，看望慰问坎河社区结对帮扶的 75 户贫困户，给每户送去慰问金和棉被，给敬老院五保老人送去慰问金 1 万元，并从福彩资金中拨付 10 万元经费支持坎河社区修路；4 月 9 日，安徽省民政厅下发了《关于开展干部包户结对帮扶贫困户活动的通知》，对安徽省民政厅开展干部包户结对帮扶贫困户活动做了明确具体部署安排；4 月 24 日，第一批慰问工作组赴颍泉区坎河社区走访慰问结对帮扶的 16 户贫困户；5 月 4 日，厅机关团委赴颍泉区坎河社区开展图书室援建活动。

四、灾害救助的资金投入规模不断加大

据了解，2016 年安徽全省 15 个市 87 个县（市、区）不同程度受灾，受灾人口 1 414.9 万人次，因灾死亡 35 人，紧急转移安置 119.5 万人次；农作物受灾面积 132.6 万

公顷，其中绝收面积 45.11 万公顷；倒塌房屋 5.2 万间，严重损坏房屋 5.9 万间，一般损坏房屋 11.4 万间；直接经济损失 563.9 亿元[6]。受灾地区困难群众的生活应急救助、冬春生活救助、灾后恢复重建等大量工作，均需要强大且可持续的救灾资金投入。面对严峻的自然灾害形势，安徽省各级党委、政府积极采取措施，妥善安排冬春生活救助和应急期间受灾地区困难群众基本生活，各级民政部门始终坚持以人为本、以人民为中心，以救助困难群众生活、灾后水毁群众住房重建工作为重点，积极行动、多方筹措、保障救助资金，确保困难群众安全渡过难关。

安徽省各级民政部门统计，2016 年全省共安排救灾资金 8.302 亿元，其中中央补助 4.72 亿元、省级财政安排 1.36 亿元，省以下财政投入 2.222 亿元（含地方接收的捐赠资金）[7]。各地按照冬春生活救助方案、应急时期救助方案和水毁群众住房重建方案的要求，采取政府救助、政策优惠、以工代赈、社会互助、邻里帮工帮料、自行借贷等多种途径，优先解决受灾地区困难群众的食品、衣物、住房等基本生活问题，特别是把农村五保户、低保户、建档立卡贫困户以及因灾造成的困难群众等群体的基本生活放在首位，确保困难群众有饭吃、有地方住、有干净水喝、有病能及时得到医治。在资金拨付过程中，除应急阶段直接为受灾人员购买必备生活用品之外，其余资金全部通过涉农资金“一卡通”发放到户。

五、灾害救助的物资调拨能力不断增强

首先，应急救灾物资调拨分配。灾害救助进程中对应急物资的动员、调配能力，是考验政府突发自然灾害紧急应对能力的重要指标。针对年度汛期等自然灾害发生情况和灾区民政部门的申请，安徽省民政厅紧急、有序且制度化地安排拨付应急救灾物资，保障灾区受灾困难群众的基本生活物资。例如，2016 年 6~8 月，为紧急应对汛期灾害，安徽省民政厅安排拨付应急救灾物资，其中帐篷 6 910 顶、棉被 11 950 床、空调被 6 700 床、毛巾被 5 290 床、折叠床 8 199 张、棉大衣 150 套（表 4-2）。及时、充裕、有针对性地发放救灾物资，为灾害救助成效的实现奠定了基础。

表 4-2　2016 年安徽省省级应急救灾物资分配情况

地区	帐篷/顶	棉被/床	空调被/床	毛巾被/床	折叠床/张	棉大衣/件
合计	6 910	11 950	6 700	5 290	8 199	150
合肥市	362	3 300	—	500	800	—
六安市	1 050	1 550	500	—	200	—
马鞍山市	900	3 000	700	—	900	—
芜湖市	700	1 100	1 000	490	1 100	—
宣城市	500	2 000	400	—	100	—
铜陵市	450	500	700	1 600	1 200	150

续表

地区	帐篷/顶	棉被/床	空调被/床	毛巾被/床	折叠床/张	棉大衣/件
池州市	—	500	300	1 400	500	—
安庆市	2 448	—	2 900	500	3 399	—
黄山市	—	—	200	800	—	—
农垦	500	—	—	—	—	—

资料来源：安徽省民政厅

其次，冬春救灾物资调拨分配。在冬春交替季节，受灾地区困难群众的口粮、衣被、取暖等基本生活条件均可能遭受影响，需要政府和社会力量进行物资、资金等多方面的救助。为确保冬春期间受灾困难群众的衣被需求，安徽省高度重视冬春的救灾物资分配工作，省民政厅每年都会依据具体情况调拨部分救灾物资及时予以发放。以 2016 年为例，共调拨发放冬春救灾物资——棉被 15 700 床、棉大衣 4 600 件、棉衣 4 800 套（表 4-3）。

表 4-3　2016 年度安徽省省级冬春救灾物资分配情况一览表

地区	棉被/床	棉大衣/件	棉衣/套
合计	15 700	4 600	4 800
合肥市	350	100	100
淮北市	300	100	100
亳州市	1 550	600	1 100
宿州市	300	100	100
蚌埠市	300	100	100
阜阳市	300	100	100
淮南市	350	100	100
滁州市	1 400	600	200
六安市	1 250	400	400
马鞍山市	1 150	500	100
芜湖市	300	100	100
宣城市	1 800	600	600
铜陵市	350	100	100
池州市	1 600	—	400
安庆市	1 250	400	400
黄山市	1 550	500	500
金寨县	400	—	—
望江县	200	—	300
无为县	400	—	—
涡阳县	200	200	—
枞阳县	400	—	—

资料来源：安徽省民政厅

再次，救灾捐赠物资调拨分配。安徽省的抗洪救灾物资分配过程中，十分注重最大化发挥社会捐赠物资的贡献力量。根据捐赠人的意愿、汛期省内各地自然灾害严重程度，安徽省民政系统会统筹考虑汛期省级救助物资的安排情况。例如，2016 年 7 月 26 日，安徽省民政厅就安排拨付了救灾捐赠折叠床 6 546 张，捐赠物资的地区分配情况详见表 4-4。救灾捐赠物资的调拨分配，有力地补充了政府灾害救助系统的物资，拓展了社会力量参与灾害救助的范围，提升了灾害救助能力和灾害救助实效。

表 4-4　2016 年安徽省省级救灾捐赠物资分配情况一览表（单位：张）

地区	折叠床
合计	6 546
安庆市	900
宣城市	500
芜湖市	500
池州市	1 200
铜陵市	1 200
黄山市	500
马鞍山市	500
六安市	846
农垦	400

资料来源：安徽省民政厅

最后，援助外部物资调拨分配。这方面又分为两类：一类是援助国内受灾的兄弟省份；另一类是援助国外受灾的国家和地区。就第一类而言，如 2016 年 6 月，江苏局地遭受龙卷风冰雹侵袭，对受灾群众生产生活造成严重损失。2016 年 6 月 23 日 22 时许，安徽省救灾减灾中心接到民政部指令，从合肥储备库紧急调运救灾帐篷 1 000 顶、折叠床 2 000 张支援受灾地区。接到调运指令后，安徽省救灾减灾中心迅速启动应急预案，科学调集运输车辆和装卸队伍，克服人手少、天降暴雨、道路渍水等各种困难，党支部动员全体党员发挥模范带头作用，以实际行动践行“两学一做”教育。全体工作人员发扬团结协作、不怕疲劳、连续作战、勇于奉献的精神，全力以赴，履职尽责，快速作业。2016 年 6 月 24 日 16 时，满载救灾物资的车辆已从救灾减灾中心疾驰江苏射阳、阜宁灾区。第二类救灾物资调拨能力也在逐渐增强，如 2017 年 5 月 26 日，斯里兰卡 15 个地区遭受 14 年来最严重的洪涝及山体滑坡灾害，300 多人死亡或失踪，超过 70 万人受灾，1.3 万间房屋损毁。民政部向安徽省民政厅发出紧急援外任务指示，要求在中央救灾物资合肥储备库调运 600 顶救灾帐篷，援助斯里兰卡[8]。此次紧急援外工作紧、任务重、政治意义重大，接到任务后，安徽省救灾救济处和中央救灾物资合肥储备库迅速启动应急工作机制，积极行动、统筹调度、周密安排，全体工作人员放弃端午节假日休息，全力以赴、连续奋战，及时高效地完成了援外物资的出库和交接工作。该援外物资于 2017 年 6 月 3 日抵达斯里兰卡，斯方高度评价中方雪中送炭之举，斯方总理在多个场合对中国人民的无私帮助表达敬意和谢意。国家减灾委员会办公室也专门致信安徽省民政厅，对省厅圆满完成救灾物资紧急援助斯里兰卡救援工作进行通报表扬。

参考文献

[1] 安徽省民政厅. 省民政厅成功举办首次“救灾领域社会工作”专题培训[EB/OL]. http://220.178.31.148:8080/xxgkweb/blue/showView.jsp?newid=18528，2016-10-10.

[2] 安徽省民政厅. 2017 年安徽省引导支持社会力量参与防灾减灾救灾工作培训班在六安市举行[EB/OL]. http://www. ahmz.gov.cn/list_show.asp?id=27022，2017-12-12.

[3] 武鹏. 2017 年安徽“同舟共济”洪涝灾后社会工作服务项目启动[EB/OL]. http://ah.anhuinews.com/system/2017/10/14/007728723.shtml，2017-10-14.

[4] 叶翔，檀美玲. 社会各界捐助 2000 余万元 助安徽灾区渡过难关[EB/OL]. http://ah.anhuinews.com/system/2016/08/05/007429536.shtml，2016-08-05.

[5] 安徽省民政厅. 2017 年我省 51 个社区被评为“全国综合减灾示范社区”[EB/OL]. http://www.ahmz.gov.cn/list_show.asp?id=27207，2017-12-29.

[6] 郑汉星. 强降雨致安徽 10 市 59 县受灾 死亡 16 人失踪 6 人[EB/OL]. http://news.sina.com.cn/c/nd/2016-07-03/doc-ifxtsatm1245330.shtml，2016-07-03.

[7] 安徽省民政厅. 2016 年全省共投入救灾资金 8.3 亿元[EB/OL]. http://220.178.31.148:8080/xxgkweb/blue/showView.jsp?unit=002986424&newid=19074，2017-01-22.

[8] 安徽省民政厅. 省民政厅圆满完成援助斯里兰卡救灾物资调运工作 受到国家减灾委办公室表扬[EB/OL]. http://www.ahmz.gov.cn/list_show.asp?id=25430，2017-07-05.

第五章　安徽省医疗救助实践分析（2014~2017年）

医疗救助是指对贫困人口中因病而无经济能力进行治疗的人，实施专项帮助和支持的一种社会救助，其特点是在政府主导下，社会广泛参与，通过医疗机构实施，旨在恢复受助对象的健康[1]。对于广大城乡居民而言，医疗救助工作事关人民群众是否会产生“因病致贫”“因病返贫”的问题，医疗救助是社会救助体系中人民群众最关心、反映最强烈、需求最迫切的救助类型，着力提升医疗救助质量、发挥医疗救助对困难群众的帮助效益，是构建服务型政府的基础性内容。自2014年以来，安徽省高度关注医疗救助的发展，在医疗救助政策设计和衔接、体制机制、救助程序、救助投入等各方面进行了拓展和完善，对保障安徽省城乡居民群众的生命安全和健康权益、巩固健康脱贫工程、维护和谐的医患关系、促进城乡医疗统筹等，均起到了有益的推动作用。

第一节　医疗救助实践与成效的综合分析

本节对2014~2017年安徽省医疗救助实践及其成效情况予以综合分析，既包括对医疗救助政策体系建设和制度框架建构的介绍，又包括对医疗救助具体投入和水平等数据的阐释。

一、城乡医疗救助实施办法逐年更新

自2014年以来，在遵循国务院、民政部等国家有关政策、规定并结合全省实际情况的基础上，安徽省就城乡医疗救助实施办法，每年都做一次政策更新和有继承的重构。

第一，在救助对象方面，2014年《安徽省城乡医疗救助实施办法》制定的救助对象包括五类：一是城乡最低生活保障对象；二是农村五保户；三是优抚医疗救助后，仍有困难的、符合医疗救助条件的重点优抚对象；四是城乡低收入家庭的大病患者、重度残疾人和低收入家庭老年人；五是当地政府规定的其他特殊困难人员。由于2014年的《安徽省城乡医疗救助实施办法》是在2月11日印发的，早于国务院的《社会救助暂行条

例》，因此该实施办法界定的救助对象尚未出现特困供养人员概念。此外，针对医疗救助的低收入对象，也并没有明确将未成年人包括在内。2015 年及以后，医疗救助对象基本稳固在重新界定后的五类人员：一是最低生活保障对象；二是特困供养人员；三是低收入医疗救助对象（低收入家庭的老年人、未成年人、重症患者、重度残疾人）；四是因病致贫家庭重病患者（因医疗费用支出超过家庭负担能力，导致家庭实际生活水平低于当地低保边缘家庭标准的患者本人）；五是当地政府规定的其他特殊困难人员。随着脱贫攻坚事业的不断推进、医疗救助与脱贫政策的不断衔接，在 2017 年最新的医疗救助实施办法中，在这五类基础上又新增了一类，即农村建档立卡贫困人口。这样，经过几年的积累和摸索，医疗救助基本形成了稳固的救助对象，为各种医疗救助举措的制定和实施奠定了良好基础。

第二，在救助范围方面，对于不设病种限制的对象，在原来的最低生活保障对象、特困供养人员基础上又新增了农村建档立卡贫困人口。对于低收入医疗救助对象、因病致贫家庭重病患者和当地政府规定的其他特殊人员实施的医疗救助，必须是重特大疾病或重症慢性病患者。对于重特大疾病或重症慢性病，自 2016 年以后，开始转变确定标准，从此前的仅罗列病种目录，转变为双重确定标准，即“所患病种”确定+患者个人自付的“医疗费用”确定。主要病种是：严重器官衰竭（心、肝、肺、脑、肾）、乳腺癌等各种恶性肿瘤、耐多药肺结核、艾滋病机会性感染、慢性粒细胞白血病、急性心肌梗塞、脑梗死、血友病、肝肾移植前透析和手术后抗排异治疗、I 型糖尿病、甲亢、唇腭裂、重性精神疾病、晚期血吸虫病和当地政府规定的其他病种。对经大病保险报销后仍有困难的医疗救助对象实施重特大疾病医疗救助。重特大疾病医疗救助的合规医疗费用范围参照当地大病保险的相关规定确定。根据《安徽省城乡医疗救助实施办法》（皖民生办〔2016〕1 号）及后续文件精神，2016 年及以后，救助对象经城乡基本医疗保险、大病保险和各类补充医疗、商业保险等（简称各种保险）补偿及优抚医疗补助后，仍难以负担的合规医疗费用，可申请医疗救助。对于救助对象因各种原因未能参加城乡基本医疗保险的情况，合规医疗费用按总医疗费用的一定比例计算办理，具体比例由各地结合实际合理确定。对于因实行单病种定额付费而无法区分合规医疗费用的情况，合规自付医疗费用按基本医疗保险和各种保险报销后剩余的医疗费用来确定。

第三，在救助标准方面，救助力度逐渐加强，救助法治化水平不断提升，针对各类对象均设定了有据可循的救助标准。具体内容包含五方面：一是要求市、县人民政府应综合考虑患病家庭负担能力、个人自负医疗费用、当地筹资情况等因素，分类分档地确定救助比例和年度最高救助限次（即封顶线）。确定了最低生活保障对象、特困供养人员和农村建档立卡贫困人口救助比例高于低收入救助对象，低收入救助对象高于其他救助对象的原则，且在同一类救助对象中，个体自付费用规模越大，救助比例越高。二是对最低生活保障对象、特困供养人员和农村建档立卡贫困人口不设医疗救助起付线；低收入救助对象的医疗救助起付线可根据当地实际情况合理确定；为因病致贫家庭重病患者等设置医疗救助起付线，对起付线以上的自付费用在年度最高救助限额内按比例给予医疗救助。三是对最低生活保障对象、特困供养人员在年度救助限额内，合规住院自负费用救助比例不低于 70%，其中特困供养人员救助比例可适当提高。贫困人口的医疗救助比例及资金结算方式按照《安徽省农村贫困人口综合医疗保障制度实施方案》（皖卫财〔2016〕22号）的相关规定实施。四是对于符合救助条件的农村0~14周岁（含14周岁）儿童急性白血病和先天性心脏病患者，其医疗救助按照原安徽省卫生厅等部门发布的《安徽省重大疾病按病种付费并提高医疗保障水平试点工作实施方案（2010版）》（皖卫农〔2010〕34号）确定的医疗救助标准（动态调整的费用定额×20%）执行。五是对于救助对象经上述各种保险补偿（含保底补偿）或医疗救助后，剩余个人自付医疗费用仍然较高的情况，由各地根据救助对象实际需求和医疗救助基金筹集等情况酌情加大救助。

第四，在救助方式方面，依据《安徽省城乡医疗救助实施办法》（皖民生办〔2017〕1号）规定，基本形成了三类相互联系、互为补充的救助方式：一是资助参合参保，即资助最低生活保障对象、特困供养人员、农村建档立卡贫困人口和低收入医疗救助对象参加当地农村合作医疗或城镇居民医疗保险。其中，对最低生活保障对象、特困供养人员和农村建档立卡贫困人口代其缴纳个人应负担的全部参合参保资金；对其他救助对象，可结合本地实际代其缴纳个人应负担的部分或全部参合参保资金。当年年度内应及时完成资助下年度的参合参保工作。二是实施住院救助，即对救助对象中的大病及重症慢性病患者，视情实施医前、医中或医后救助。对已明确临床诊疗路径的重特大疾病病种，可采取按病种付费等方式给予救助。三是规范门诊救助，即重点针对患慢性病需要长期服药和患重特大疾病需要长期门诊治疗，且个人自付医疗费用较高的医疗救助对象。卫生计生部门已经明确诊疗路径、能够通过门诊治疗的病种，可采取单病种付费等方式开展门诊救助。

二、城乡医疗救助基本程序得到明确

安徽省内历年城乡医疗救助实施办法均对救助申请和审批的程序做了严格、明确的规定，主要有以下四个方面基本特征。

第一，注重推行定点医疗机构即时结算医疗救助费用办法。安徽省民政厅要求各地在当地基本医疗保险定点医疗机构范围内，按照公开平等、竞争择优的原则选定医疗救助定点医疗机构。重特大疾病医疗救助的用药范围和诊疗项目，参照基本医疗保险和城乡居民大病保险的相关规定执行。对救助对象确需到定点医疗机构的上级医疗机构或跨县域异地医院就诊的，按规定履行转诊或备案手续。定点医疗机构的另两项救助费用减免分别是：取消救助对象住院押金和推行诊疗费用（挂号费、诊查费、检查费、药费和住院床位费等）的优惠减免。

第二，注重减轻救助对象费用负担。2017年的《安徽省城乡医疗救助实施办法》规定，最低生活保障对象、特困供养人员和低收入医疗救助对象这几类病患者，凭相关证件和证明材料到开展即时结算的定点医疗机构就医，发生的医疗费用中应由医疗救助基金支付的，定点医疗机构或保险经办机构按协议应当先行垫付，救助对象只需支付自付部分。

第三，注重对因病致贫家庭重症患者救助程序的规范化。2017 年的《安徽省城乡医疗救助实施办法》规定，该类对象在申请医疗救助时，须到户籍所在地乡镇（街道）社会救助服务窗口提出书面申请，申请时必须持相关证件和证明材料，并出具本年度的诊断病历和病史证明等必要的材料。乡镇（街道）在收到申请后的五个工作日内，须派人入户调查、审核；县级民政部门收到申请材料后，一般在五个工作日内完成审批。县级财政部门在收到同级民政部门的审批表后，在三个工作日内将救助资金打入指定的金融机构，采取社会化发放方式。对于遇突发性重特大疾病患者，应特事特办，及时审核和审批。对于不符合救助条件的，由受理部门做出书面说明，并通知申请人。

第四，注重救助台账管理和救助信息化建设。各级救助管理机构的医疗救助与基本医疗保险、城乡居民大病保险、贫困人口综合医保、疾病应急救助、商业保险等信息管理平台互联互通、信息共享，各有关协同部门及时且准确地提供相关数据，实行“一站式”信息交换与即时结算。台账管理逐步规范，建立了信息准确、数据完善的救助花名册，实时掌握医疗救助基金收支情况。加强了医疗救助的档案管理，在电子档案的基础上，建立并完善纸质档案，确保定点医疗机构提供的费用结算清单、医疗费用凭证、出院小结等相关凭证在病患者个人救助档案中得到全方位体现。

此外，为方便广大贫困家庭疾病患者了解医疗救助程序，安徽省民政厅社会救助处分两类情况建构了工作流程图（图 5-1 和 5-2）。一类是针对城乡最低生活保障对象和农村五保供养对象的，建构了从入院备案登记到身份审核、出院一站式即时结算的流程图；另一类是其他人员申请医疗救助的工作流程，包含本人提出申请到乡镇（街道）审核、县级民政部门审批等环节。流程图在安徽省民政厅官网上发布并公布省民政厅社会救助处的服务电话以及监督电话，流程图和宣传册等资料在各级民政部门及基层政府、村（居）委会的宣传栏均有展示。分类明晰、简洁明了的流程设计，不仅大大方便了救助对象对医疗救助政策的认识，也为基层政府部门、民政机构和定点医疗机构及工作人员等提供了政策参照和流程标准，大大提高了工作效率。

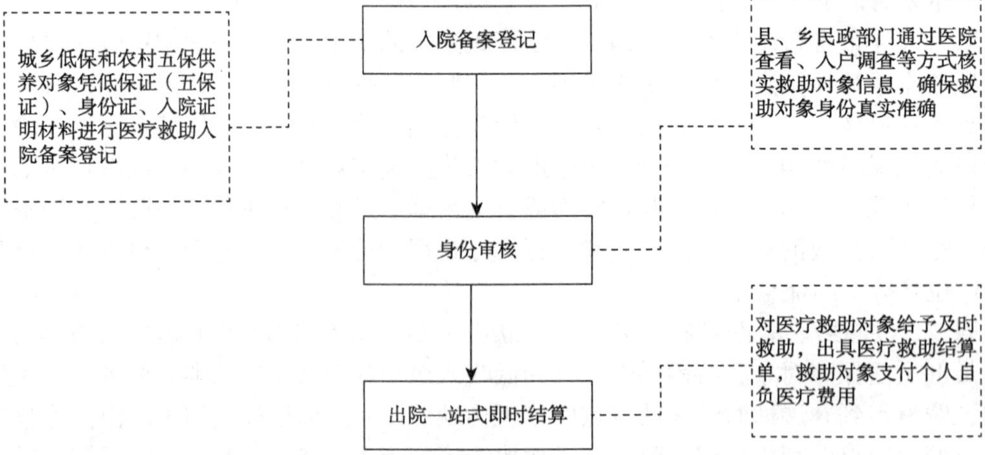

图 5-1　安徽省医疗救助“一站式”即时结算工作流程

资料来源：安徽省民政厅

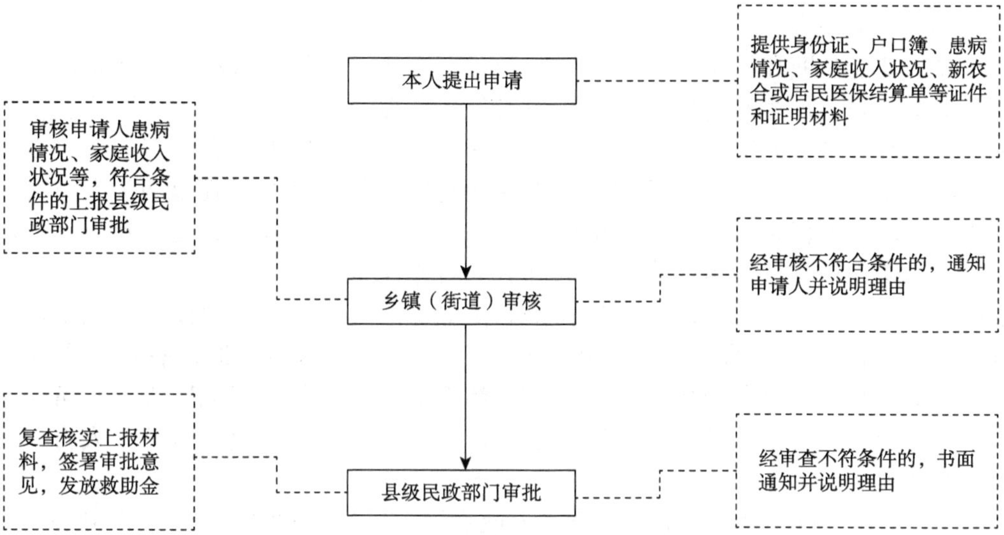

图 5-2　安徽省其他人员申请医疗救助工作流程

资料来源：安徽省民政厅

三、城乡医疗救助基金管理逐渐规范

通过公共财政预算、彩票公益金和社会各界捐助等渠道筹集的、运用于城乡贫困家庭医疗救助的城乡医疗救助基金，是有效推动减轻城乡困难家庭医药费用负担的物质保障。切实加强该专项基金的使用和管理，提高基金使用效益，事关医疗救助事业的长期、稳定和健康发展。为适应城乡医疗救助不断发展的实践，进一步规范城乡医疗救助基金的使用和管理，发挥基金管理对减轻城乡困难家庭医疗费用负担的作用，安徽省财政厅、民政厅制定并印发了《安徽省城乡医疗救助基金管理办法》（皖财社〔2014〕150号），该管理办法的具体内容和特征如下。

首先，基金来源和筹集方面，该管理办法界定了五类来源：公共财政预算安排的资金、彩票公益金安排的资金、城乡医疗救助基金形成的利息收入、社会各界捐赠收入、按规定可用于城乡医疗救助的其他资金。筹集方法是：市、县（市、区）财政部门每年根据本地开展城乡医疗救助工作的实际需要，将城乡医疗救助资金纳入年初公共财政和彩票公益预算。市级财政安排的城乡医疗救助资金不少于上年度省以上财政补助资金总量的 20%；县级财政安排的城乡医疗救助资金不少于上年度省以上财政补助资金总量的10%。分配因素有：省以上财政补助资金根据各地资助参合参保人数、大病救助人数，分类次均救助支出和管理绩效等因素分配。省对各市、县（市、区）的补助资金，由参合参保补助、大病救助补助和管理绩效奖励三部分组成，具体计算公式是：对市、县（市、区）补助资金=参合参保补助+大病救助补助+管理绩效奖励。其中：参合参保补助=当地资助对象人数×全省次均救助支出；大病救助补助=当地保障对象人数×上年度全省大病就诊率×全省次均救助支出；管理绩效奖励主要依据近年内城乡医疗救助制度建设情况，各种审计、专项监督检查发现问题和整改情况，以及上年度资金结余情况等因素合理安排。

其次，基金补助和使用方面，主要用于五个方面：一是代缴参合参保费用。对农村五保供养对象参加当地合作医疗、城市最低生活保障对象中的“三无”人员参加医疗保险，代其缴纳个人应负担的全部参合参保资金。二是资助参合参保。对城乡最低生活保障对象、符合医疗救助条件的重点优抚对象，可视财力代其缴纳个人应负担的部分或全部参合参保资金；对城乡低收入家庭大病患者、低收入家庭老年人、重度残疾人，可视财力代其缴纳个人应负担的部分参合参保资金。三是实施住院救助。救助对象住院治疗经基本医疗保险、大病保险和商业保险等补偿后，救助对象仍难以负担的符合规定的医疗费用给予医前、医中或医后救助，帮助困难群众获得基本医疗服务。四是对农村五保供养对象和城市最低生活保障对象中的“三无”人员，可给予小额门诊医疗救助。五是对因各种原因未能参加基本医疗保险的救助对象个人自付医疗费用，可直接给予救助。

再次，资金拨付和管理方面，确立了财政直接支付原则，即民政部门向同级财政部门提交拨款申请，财政部门审核后将城乡医疗救助基金由社保基金专户直接支付到定点医疗机构、定点零售药店或医疗救助对象。其中，资助医疗救助对象参合参保的，由民政部门将与基本医疗保险经办机构确认后的符合救助条件的医疗救助人数、参合参保资助标准及资金总量提供给同级财政部门，经同级财政部门审核后，从社保基金专户中的“城乡医疗救助基金专账”中将个人缴费核拨至“城镇居民基本医疗保险专账”或“新型农村合作医疗专账”中。针对有无开展“一站式”即时结算细分了两类拨付方式：一是开展“一站式”即时结算的市、县（市、区），由定点医疗机构和定点零售药店在结算时先扣除基本医疗保险报销费用和医疗救助补助的费用，参合参保救助对象只需结清个人应承担部分。基本医疗保险经办机构、定点医疗机构和定点零售药店所垫付的医疗救助资金，由所在机构在规定时间内报民政部门审核后，由民政部门向同级财政部门提出支付申请，同级财政部门通过“城乡医疗救助基金专账”直接支付给以上机构。二是未开展“一站式”即时结算的市、县（市、区）以及需要事后救助的，由医疗救助对象个人按规定出具基本医疗保险报销的补偿审核表或结算单、定点医疗机构复式处方或定点零售药店购药发票等能够证明合规医疗费用的有效凭证，在规定时间内报同级民政部门核批，由民政部门向同级财政部门提出申请，同级财政部门通过“城乡医疗救助基金专账”直接支付给医疗救助对象。对救助对象个人的补助资金，实行社会化发放。

最后，工作监督和检查方面，进行了五个方面的打造：一是确立了基金累计结余总额限制，即城乡医疗救助基金年终结余资金可以结转下年度使用，但基金累计结余一般不超过当年筹集基金总额的 10%。二是规定了基金使用去向，即城乡医疗救助基金必须全部用于救助对象的医疗救助，对不按规定用药、诊疗以及不按规定提供医疗服务所发生的医疗费，城乡医疗救助基金不予结算。三是确立了公开透明原则，即城乡医疗救助基金的筹集和使用情况，应通过网站、公告等形式按季度向社会公开，城乡医疗救助对象和救助金额等信息要求每季度在村（居）委张榜公示 7 天，接受社会监督。四是规定了监督检查协同机制，要求民政部门会同人力资源社会保障、卫生计生等部门定期检查定点医疗机构和定点零售药店提供的医疗服务和收费情况，对医疗服务质量差、医疗行为违规的，暂缓或停止拨付其垫付资金。市、县（市、区）民政和财政等部门定期对城乡医疗救助基金使用情况进行监督检查，并自觉接受审计、监察等部门的监督。安徽省民政厅、财政厅对各地医疗救助工作开展情况和基金使用情况进行抽查。五是确立了问责机制，规定发现虚报冒领、挤占挪用、贪污浪费等违纪违法行为的单位和个人，按照有关法律法规严肃处理。对故意编造虚假信息，骗取上级补助资金的，除责令立即纠正、扣回、停止上级补助资金外，还应按规定追究有关单位和人员的责任。

四、重特大疾病医疗救助的持续发展

早在 2012 年，安徽省民政厅就曾印发《关于开展重特大疾病医疗救助试点工作有关事项的通知》，确定了 10 个县（市、区）为国家重特大疾病医疗救助试点单位，因地制宜地开展了试点探索，取得了诸多建设成效。在总结经验、遵循上级指导政策的基础上，2015 年安徽省民政厅又印发了《关于全面开展重特大疾病医疗救助工作的通知》（皖民社救函〔2015〕99 号），决定在全省全面开展重特大疾病医疗救助工作，切实减轻重特大疾病贫困患者的医疗负担。不过当时这个文件内容略显单薄，在制度整合、机制建设、内容细化等方面还显得不够成熟和完善。在持续探索和总结的基础上，2015 年底，安徽省民政厅联合省财政厅、省人力资源和社会保障厅、省卫生和计划生育委员会等部门，就完善重特大疾病医疗救助工作制定了实施意见，以安徽省人民政府办公厅名义印发实施。该实施办法从三个方面进行了详细的规定和布置。首先，就完善医疗救助制度方面，提出整合城乡医疗救治制度，要求各市县在 2015 年底前，合并原来在社会保障基金财政专户中分设的“城市医疗救助基金专账”和“农村医疗救助基金专账”。住院救助内容方面，提出重点救助对象在定点医疗机构发生的政策范围内住院费用中，对于经基本医疗保险、城乡居民大病保险及各类补充医疗保险、商业保险等报销后的自付部分，按年度救助额度内不低于 70%的比例标准再给予救助。其次，就全面开展重特大疾病医疗救助活动方面，明确了就医用药、诊疗项目等须参照基本医疗保险和城乡居民大病保险的相关规定执行的原则。最后，就健全工作机制方面，提出要建立健全筹资机制、“一站式”即时结算机制、救助服务监管机制和社会力量参与的衔接机制等。

五、医疗救助与其他政策的有效衔接

为切实发挥医疗救助政策的保障作用，安徽省还十分注重医疗救助与其他救助政策的有效衔接，主要包括两方面：一是与精准脱贫政策衔接，二是与大病保险政策衔接。

（一）医疗救助与精准脱贫政策相衔接

为积极应对农村建档立卡贫困人口因病致贫、因病返贫的特殊问题，安徽省人民政府制定了有关健康脱贫工程的政策文件——《安徽省人民政府关于健康脱贫工程的实施意见》（皖政〔2016〕68 号）。在提高综合保障水平方面，提出要加大医疗救助，即将农村建档立卡贫困人口全部纳入医疗救助范围，医疗救助水平按年度住院合规医药总费用（含特殊慢性病门诊）的 10%给予救助。同时，实行医疗兜底保障，即农村建档立卡贫困人口通过基本医保、大病保险、医疗救助等综合补偿后，在县域范围内就诊个人年度自付费用不超过 0.3 万元的，在市级医疗机构就诊个人年度自付费用不超过 0.5 万元的，在省级医疗机构就诊个人年度自付费用不超过 1 万元的，剩余部分合规医药费用实行政府兜底保障（简称健康脱贫兜底“351”工程，本章第二节专门就这一政策举措进行分析）。兜底保障责任由市县政府承担，同时，设立健康脱贫医疗专项补助资金，由省财政给予补助。此外，在优化医疗服务、加强疾病防控工作、加强医疗卫生服务能力建设等方面，也提出了与贫困人口医疗救助相衔接的政策。

为将《安徽省人民政府关于健康脱贫工程的实施意见》（皖政〔2016〕68 号）文件精神落到实处，安徽省卫生和计划生育委员会等六个部门于 2016 年 10 月 26 日联合出台了《关于印发〈安徽省农村贫困人口综合医疗保障制度实施方案〉等三个健康脱贫配套文件的通知》（皖卫财〔2016〕22 号），三个配套文件分别是：《安徽省农村贫困人口综合医疗保障制度实施方案》、《安徽省农村贫困人口综合医疗保障“一站式”结算信息系统建设方案》和《安徽省农村贫困人口慢性病及重大疾病保障指导目录》，这些更具体的配套文件的出台，使得医疗救助与精准扶贫、精准脱贫政策衔接更加精细化，也更加具有可操作性。

（二）医疗救助与大病保险政策相衔接

为加强医疗救助与城乡居民大病保险两项制度在保障对象、支付政策、经办服务和监督管理等方面的衔接，充分发挥综合制度效能，保障困难群众基本医疗权益，安徽省民政厅联合省财政厅、省人力资源和社会保障厅、省卫生和计划生育委员会等部门共同进行了研究，于 2017 年 5 月 15 日印发了《安徽省医疗救助与城乡居民大病保险有效衔接实施方案》（皖民社救字〔2017〕112 号）。该实施方案主要有四方面内容。

首先，在保障对象衔接方面，要求全面落实资助困难群众参保政策，确保困难群众纳入基本医疗保险和大病保险范围。对于重点救助对象、农村建档立卡贫困人口给予全额资助，其他困难群众结合地方实际给予定额或全额资助。另外，拓展重特大疾病医疗救助对象范围，针对经大病保险报销后仍有困难的重点救助对象、农村建档立卡贫困人口给予全额资助，对其他困难群众，可结合本地实际给予定额或全额资助。

其次，在支付政策衔接方面，要求落实大病保险倾斜性支付政策，将对困难群众的倾斜照顾措施纳入大病保险实施方案。要求提高医疗救助水平，稳步提高重特大疾病医疗救助资金支出占比。各县级行政区域内困难群众住院的，要求实行先诊疗后付费机制。

再次，在经办服务衔接方面，要求规范医疗费用结算程序，规定各地须按照精准测算、无缝对接的工作原则和“保险在先、救助在后”的结算程序，准确核定结算基数，按规定结算相关费用，避免重复报销、超费用报销等情况，防止“资源溢出”等不良现象发生，保证救助资金的合法和高效使用。要求强化医疗保障信息系统建设，加快推进基本医疗保险、大病保险、医疗救助“一站式”费用结算信息平台建设，实现资源协调、信息共享、结算同步。

最后，在监督管理衔接方面，要求强化服务运行监管，规定了资金使用和管理服务的监督检查、商业保险承办机构从业资格审查的监管主体及责任，同时，要求做好绩效评价，重特大疾病医疗救助开展情况纳入社会救助绩效评价体系，并将评价结果作为分配医疗救助补助资金的重要依据。

六、城乡医疗救助资金支出显著增加

与医疗救助政策相配套，安徽省近年来对城乡医疗救助的财力投入不断增加，城乡医疗救助资金支出累计不断增高（表 5-1）。统计显示，安徽省城乡医疗救助累计总额，从 2014 年的 107 006.61 万元，增加到 2017 年的 226 696.95 万元，增长了 111.85%。其中，直接救助支出从 2014 年的 88 299.18 万元，增加到 2017 年的 144 382.70 万元，增长了 63.52%。直接救助支出中，无论是住院支出还是门诊支出均得到较快增长。此外，资助参保支出从 2014 年的 18 707.44 万元剧增到 2017 年的 82 314.25 万元，增长了 340%，增长速度惊人。其中，医疗救助资金资助参保，从 2016 年的 50 640.46 万元增长到 2017 年的 66 755.39 万元，增加了 31.82%。

表 5-1 安徽省城乡医疗救助资金累计支出情况统计表（2014~2017 年）（单位：万元）

年份	2014	2015	2016	2017
累计救助支出总额	107 006.61	115 127.67	155 423.47	226 696.95
1. 直接救助支出	88 299.18	93 972.39	99 604.36	144 382.70
其中：住院支出	81 633.81	86 531.52	90 725.26	131 698.45
其中：门诊支出	6 665.37	7 440.87	8 879.10	12 684.25
2. 资助参保支出	18 707.44	21 155.27	55 819.11	82 314.25
其中：医疗救助资金支出	—	—	50 640.46	66 755.39

资料来源：安徽省民政厅

七、城乡医疗救助覆盖人群不断扩大

随着城乡医疗救助的逐渐完善、与精准脱贫政策衔接度增强，越来越多的因医疗陷入困难的群众，开始享受到各级政府提供的医疗救助和服务。自 2014 年以来，安徽省医疗救助对象总体一直呈增长趋势（表 5-2），累计救助总人次从 2014 年的 3 874 487 人次增长到 2017 年的 6 784 462 人次，增长了 75.11%。在这其中，直接救助人次从 2014 年的 950 574 人次增长到 2017 年的 1 932 024 人次，增长了 103.25%；资助参合参保人数从 2014 年的 2 923 913 人增长到 2017 年的 4 852 438 人，增长了 65.96%。

表 5-2 安徽省城乡医疗救助对象规模情况统计表（2014~2017 年）

年份	累计救助总人次/人次	累计直接救助人次/人次	资助参合参保人次/人
2014	3 874 487	950 574	2 923 913
2015	3 513 673	882 462	2 631 211
2016	4 833 305	876 314	3 956 991
2017	6 784 462	1 932 024	4 852 438

资料来源：安徽省民政厅社会救助处

上述城乡医疗救助的对象规模，还可以从一些专门的统计口径进行佐证（表 5-3）。从医疗救助类型中比较重要的重特大疾病救助来看，大病救助人次规模均非常可观，2016 年达到 346 662 人次，2017 年增长到 505 012 人次。其中住院大病救助人次和门诊大病救助人次均在两年间得到快速增长。从贫困人口得到的医疗救助来看，贫困人口救助人次规模非常庞大，从 2016 年的 2 715 709 人次增长到 2017 年的 4 686 640 人次。其中扶贫人口住院救助人次、扶贫人口门诊救助人次、扶贫人口资助参合参保人次均在两年间快速增长。

表 5-3 安徽省城乡医疗救助重特大疾病对象、贫困人口对象情况统计（2016~2017 年）（单位：人次）

年份	2016	2017
大病救助总人次	346 662	505 012
其中：住院大病救助人次	292 458	399 081
其中：门诊大病救助人次	54 204	105 931
贫困人口救助人次	2 715 709	4 686 640
其中：扶贫人口住院救助人次	243 684	1 172 926
其中：扶贫人口门诊救助人次	38 406	281 404
其中：扶贫人口资助参合参保人次	2 433 619	3 232 310

注：2014 年、2015 年统计数据缺失

资料来源：安徽省民政厅社会救助处

八、城乡医疗救助的政策效果不断显现

城乡医疗救助的不断投入、政府覆盖面的扩大，对城乡贫困群众的疾病救助起到了很好的兜底和保障作用。这里以重大传染病的投入与救助情况为例（表 5-4），统计显示，自 2010 年以来安徽省在重大传染病的财政投入上，艾滋病救助财政投入一直保持在年均 1 856 万元的投入规模，结核病救助投入自 2014 年以来一直稳定保持在 810 万元，晚期血吸虫病救助投入一直保持在年均 2 665 万元的规模。

表 5-4 安徽省重大传染病救助财政投入与救助情况统计表（2010~2016 年）

年份		2010	2011	2012	2013	2014	2015	2016
重大传染病救治财政投入/万元	艾滋病	1 837.0	1 812.4	1 902.9	1 777.53	1 824.0	1 920.0	1 920.0
	结核病	1 545.0	746.9	839.2	837.21	810.0	810.0	810.0
	晚期血吸虫病	3 010.0	2 962.0	2 705.0	2 595.0	2 600.0	2 451.3	2 332.0

续表

年份		2010	2011	2012	2013	2014	2015	2016
重大传染病免费救治人数/人	艾滋病	2 702.0	3 331.0	3 880.0	4 397.0	5 132.0	4 000.0	6 226.0
	结核病	9 547.0	9 833.0	11 127.0	11 100.0	10 567	9 000.0	10 353.0
	晚期血吸虫病	6 106.0	5 924.0	5 410.0	4 816.0	5 026	4 813.0	4 573.0

资料来源：2011~2017 年《安徽统计年鉴》

从救助对象规模来看，2010 年以来，越来越多的艾滋病患者得到了救助和救治，2016 年有 6 226 人获得了免费救治。传染性极强的结核病方面，自 2010 年以来，越来越多的患者得到了免费医治，2016 年获免费医治的患者达到 10 353 人。晚期血吸虫病方面，医治效果非常明显，自 2010 年以来，随着不断的财力投入和医疗救助，该疾病患者的人数逐渐得到控制，2016 年已经下降到自 2010 年以来的历史最低点。这表明，重大传染病的救治在安徽省取得了很好的效果，更多的艾滋病和结核病患者享受到了免费救治，而晚期血吸虫病则得到了良好的控制。

九、医疗救助的阵地保障能力不断提升

城乡医疗救助作用的发挥，需要广大分布在城乡空间的医疗救助机构、医疗救助工作人员等作为阵地保障和人力支撑。表 5-5 统计了自 2012 年以来各类医疗机构、床位、医护工作人员的基本情况，可以发现，自党的十八大以来，安徽省在医疗卫生事业的阵地建设、医疗人才队伍建设等各方面，均取得了较大的发展。具体而言，医疗卫生机构的数量实现了稳步增长，从 2012 年的 23 278 个增长到 2016 年的 24 388 个，2015 年达到最高的 24 853 个。其中居于最重要地位的医院数量，从 2012 年的 930 个增长到 2016 年的 1 042 个，增长了 12.04%。医疗人才队伍方面，医疗卫生技术人员总数快速发展，从 2012 年的 334 736 人增加到 2016 年的 390 346 人，增长了 16.61%，其中职业医师相应从 92 009 人发展到 113 810 人，增长了 23.69%。整个安徽省城乡人口的专业卫生技术人员覆盖度不断增加，每万人口专业卫生技术人员数从 2012 年的 39.44 人快速增加到 2016 年的 47.88 人。医疗床位使用方面，硬件建设快速补齐和发展，各类医院实有床位数从 2012 年的 157 817 张增加到 2016 年的 216 448 张，增加了 37.15%。医疗救助效果良好，各类医院经救治后出院人数，从 2012 年的 5 151 804 人增加到 2016 年的 7 037 582 人，增加了 36.60%。这些快速发展的医疗硬件设备、阵地、人才队伍等，是安徽省城乡医疗救助事业发展的表征和体现，反过来它们为安徽省医疗救助提供了强大支撑和丰厚的条件。

表 5-5　安徽省医疗卫生机构、人员、床位等情况统计（2012~2016 年）

年份	医疗卫生机构数/个	其中：医院/个	医疗卫生技术人员数/人	其中：职业（助理）医师/人	每万人口专业卫生技术人员数/人	医院病床实有床位/张	出院人数/人
2012	23 278	930	334 736	92 009	39.44	157 817	5 151 804
2013	24 645	938	353 835	98 630	42.05	171 508	5 544 366
2014	24 824	968	365 650	103 738	44.05	187 730	8 181 303

续表

年份	医疗卫生机构数/个	其中：医院/个	医疗卫生技术人员数/人	其中：职业（助理）医师/人	每万人口专业卫生技术人员数/人	医院病床实有床位/张	出院人数/人
2015	24 853	1 018	377 387	107 792	45.70	202 713	6 502 924
2016	24 388	1 042	390 346	113 810	47.88	216 448	7 037 582

资料来源：2013~2017 年《安徽统计年鉴》

第二节　安徽省健康脱贫兜底“351”工程的专题分析

在深入贯彻落实党的十八大以来历次全会精神、深入学习领会习近平新时代中国特色社会主义思想的基础上，安徽省紧密围绕“四个全面”战略布局，牢牢树立“五大”发展理念，着力实施健康脱贫工程，构建了一套基本医保、大病保险、医疗救助、政府兜底保障相互衔接的贫困人口综合医疗保障体系。针对农村贫困人口“因病致贫、因病返贫”的突出性问题，为加强统筹协调和资源整合、有效提升农村贫困人口医疗保障水平和贫困地区医疗卫生服务能力，安徽省出台了《安徽省人民政府关于健康脱贫工程的实施意见》（皖政〔2016〕68 号）、《安徽省人民政府关于 2017 年实施 33 项民生工程的通知》（皖政〔2017〕10 号）、《安徽省健康脱贫综合医疗保障实施细则》（皖政办秘〔2017〕56 号）、《健康脱贫兜底“351”工程实施办法》等一系列政策文件，创新了相关工作制度与机制，在控制“因病致贫、因病返贫”方面取得了较好的成效，是健康脱贫工程中具有创新特色的一项举措，现将安徽省健康脱贫兜底“351”工程有关工作做如下总结和分析。

一、健康脱贫兜底“351”工程的体系与内容

（一）精准识别，确定保障对象

精准无误地确定保障对象，是健康脱贫兜底工程施展惠民举措的重要前提。健康脱贫兜底“351”工程的保障对象非常明确，直接针对的是扶贫部门确认的农村建档立卡贫困人口。而由扶贫部门确认农村建档立卡贫困人口，是整个精准扶贫、精准脱贫工作的基础性环节，其主要目的是实现精准识别。在这方面，安徽省扶贫办与民政厅形成了密切配合，它们按照农村最低生活保障对象和建档立卡贫困人口各自识别认定的标准和程序，分别把各自系统内符合条件的对象纳入救助或帮扶范围，进而促进双向衔接的实现。农村最低生活保障对象动态调整时，将因病、因残及其他因临时困难返贫的建档立卡贫困家庭作为重点。据统计，截至 2017 年底，安徽全省农村最低生活保障对象 148 万人，其中建档立卡贫困户 90.7 万人，占最低生活保障对象的 61.7%。精准识别农村中真正因疾病致贫或返贫的需求对象，为整个健康脱贫兜底“351”工程奠定了扎实的工作基础。

（二）三个档次，明晰保障内容

健康脱贫工程秉持的是多措并举、综合保障的原则，要求着力推进“三保障一兜底”，形成贫困人口基本医保、大病保险、医疗救助和兜底保障相互衔接的医疗保障体系。所以，健康脱贫兜底“351”工程的具体内容是指：贫困人口通过基本医保、大病保险、医疗救助政策等综合补偿后，在县域内就诊个人年度自付费用不超过0.3万元，在市级医疗机构就诊个人年度自付费用不超过0.5万元，在省级医疗机构就诊个人年度自付费用不超过 1 万元，剩余部分合规医药费用实行政府兜底保障。市县政府承担兜底保障责任，并设立健康脱贫医疗专项补助资金，省财政给予补助。因患者及其家属个人行为导致的过度医疗而发生的医药费用由患者自付；因医疗机构不合理检查、施治、用药等导致的过度医疗而发生的医药费用，由医疗机构承担，不纳入兜底保障范围。健康脱贫医疗专项补助资金由民政部门管理使用，具体实施细则由安徽省民政厅、省财政厅会同相关部门制定。

《安徽省人民政府关于健康脱贫工程的实施意见》（皖政〔2016〕68 号）还明确强调，鼓励有条件的地区探索运用商业保险工具支持健康脱贫工程。简而言之，贫困患者在省内医疗机构发生的住院、特殊慢性病门诊及限额内门诊费用合规费用，纳入政府兜底保障范围。按照基本医保、大病保险、医疗救助等政策补偿后，贫困人口在省内县域内、市级、省级医疗机构就诊的，个人年度自付封顶额分别为 0.3 万元、0.5 万元和 1.0 万元，年度内个人自付合规费用累计超过个人自付封顶额时，超过部分的合规费用由政府兜底保障。个人自付封顶额按照贫困人口年度内就诊最高级别医疗机构确定。

（三）协同共治，健全责任体系

在部门分工方面，健康脱贫兜底“351”工程由扶贫部门负责贫困人口申报审核审批；卫生计生、人力资源与社会保障部门负责贫困人口城乡居民医保的申报审核审批，民政部门负责医疗救助和“351”兜底保障费用的申报审核审批；财政部门负责救助资金的筹集保障和监督检查。在资金筹集过程中，健康脱贫兜底“351”工程由市县政府承担兜底保障责任，并设立健康脱贫医疗专项补助资金，由同级财政及时弥补资金运行中的缺口，省财政综合考量各地贫困人口等因素给予补助。安徽省人民政府鼓励各有条件的地区探索运用商业保险工具支持健康脱贫工程。实际上，这仅仅是健康脱贫工程共治体系中的一小部分，根据《安徽省人民政府关于健康脱贫工程的实施意见》（皖政〔2016〕68 号）的指导精神，整个协同共治体系更加庞大和复杂，在提高综合保障水平、优化医疗服务、加强疾病防控、加强医疗卫生服务能力建设四个方面，均设定了责任单位和牵头单位，做到定责定时定人（表 5-6）。同时，提出了加强协作配合的指示，要求各有关部门要主动抓好工作推进和政策衔接落实，加强沟通，密切协作，形成合力。该文件还要求安徽省扶贫办须会同有关部门加强指导和督查，定期开展协调调度，省卫生计生、人力资源和社会保障、财政、民政等部门须及时制定相关具体执行办法和实施细则，保障政策有效落实。

表 5-6　安徽省健康脱贫工程多元联动共治单位体系一览表

重点任务	子任务	责任单位	牵头单位
提高综合保障水平	代缴医保参保费用	省民政厅、省财政厅	省民政厅
	扩大医保报销范围	省卫生计生委、省人力资源社会保障厅、省财政厅	省卫生计生委
	降低医保补偿门槛	省卫生计生委、省人力资源社会保障厅、省财政厅	省卫生计生委
	提高医保补偿比例	省卫生计生委、省财政厅、省人力资源社会保障厅	省卫生计生委
	强化大病保险保障	省卫生计生委、省财政厅、省人力资源社会保障厅、安徽保监局	省卫生计生委
	加大医疗救助力度	省民政厅、省财政厅、省扶贫办	省民政厅
	实行医疗兜底保障	省财政厅、省卫生计生委、省民政厅	省财政厅
优化医疗服务	精准识别保障对象	省卫生计生委、省民政厅、省扶贫办、省残联	省卫生计生委
	积极开展签约服务	省卫生计生委、省扶贫办、省残联	省卫生计生委
	实施大病慢性病分类救治	省卫生计生委、省扶贫办	省卫生计生委
	实行先诊疗后付费	省卫生计生委、省民政厅、省人力资源社会保障厅、省财政厅、安徽保监局	省卫生计生委
	加强诊疗行为监管	省卫生计生委、省人力资源社会保障厅、省物价局、省医改办、安徽保监局等	省卫生计生委
加强疾病防控	积极实施公共卫生项目	省卫生计生委、省扶贫办、省财政厅、省妇儿工委	省卫生计生委
	加强重点传染病防治	省卫生计生委、省财政厅、省环保厅、省住房城乡建设厅、省水利厅、省爱卫会	省卫生计生委
加强医疗卫生服务能力建设	建立对口帮扶机制	省卫生计生委、省发展改革委、省扶贫办	省卫生计生委
	推进医疗机构标准化建设	省发展改革委、省卫生计生委、省人力资源社会保障厅、省教育厅、省质监局	省发展改革委

资料来源：安徽省人民政府：《安徽省人民政府关于健康脱贫工程的实施意见》（皖政〔2016〕68 号）

（四）信息共享，畅通结算系统

为加强贫困人口身份识别系统和“一站式”结算信息系统建设，结合此前基本医保、大病保险及医疗救助等信息系统建设现状，安徽省专门对农村贫困人口综合医疗保障一站式结算信息系统建设出台了实施方案。

根据《关于印发安徽省农村贫困人口综合医疗保障制度实施方案等三个健康脱贫配套文件的通知》（皖卫财〔2016〕22 号）中的《安徽省农村贫困人口综合医疗保障“一站式”结算信息系统建设方案》，该信息系统建设主要有三方面内容：一是升级完善信息系统数据交互规范，包括升级基本医保信息系统与 HIS 系统数据交互规范、制定基本医保信息系统与其他信息系统数据交互规范、升级省县基本医保两级信息系统数据交互规范以及调整综合医保补偿结算单格式。二是完善基本医保升级系统功能，包括升级省县信息系统间数据交互机制、升级省级系统交互数据清洗和生成机制、拓展信息查询和分析功能、完善医疗服务行为监管功能以及开发综合保障统计报表。三是升级基本医保县级信息系统功能，包括开发身份识别和动态管理功能、开发综合医保政策管理维护功能、开发综合体医保“一站式”结算算法、完善数据交互与共享机制以及开发综合医保统计分析报表。

在责任分工方面，基本医保主管部门的职责是及时组织基金管理经办机构做好贫困人口“一站式”结算信息系统开发、建设、联网试点和应用维护等工作；财政部门的职责是负责从预算资金和统筹的各类脱贫专项资金中，安排同级信息系统软硬件升级改造资金，协助做好招标采购或合同签订工作；民政和保监部门的职责是积极协调各方，做好贫困人口“一站式”结算系统的升级改造和对接工作；各定点医疗机构的职责是积极主动升级连接基本医保信息系统，开通“一站式”结算。在具体的医疗救助执行过程中，为优化贫困人口医疗服务模式，采取了如下措施：一方面，安徽省内各市县建立了基于基本医保信息系统的贫困人口身份识别系统，贫困市县为贫困人口分别建立了1份电子健康档案、1张健康卡，为每个贫困户通过签约确定了1名乡村医生。另一方面，方便贫困人口出院付费结算，联网定点医疗机构发生的合规医药费用通过综合医保“一站式”结算信息系统，可实现基本医保、大病保险、医疗救助、政府兜底以及个人自付费用的即时结算。贫困人口只需交纳个人自付费用，结算程序大大减少，基本医保、大病保险、医疗救助及政府兜底资金由医疗机构直接垫付。贫困人口如果在非联网定点医疗机构就诊产生的合规医药费用，回参保地的医保管理经办机构亦可通过“一站式”结算信息系统结算。同样的，个人只需承担自付费用部分，其他费用由医保管理经办机构进行垫付。

除了在结算程序方面的信息系统建设，安徽省各市县的医保定点医疗机构还在贫困人口的健康档案方面进行了数据库建设，为贫困人口疾病患者制作明晰的健康档案、实行科学管理。例如，宿州市第一人民医院的农村建档立卡贫困人口的健康档案由医保科进行统一管理。科室设置了专门档案柜与档案盒，定点放置并设有专人管理，确定了健康脱贫档案管理员。为了明显区分标识档案，管理人员按病种将健康档案进行了分类放置，并设有不同颜色的档案标签，以便明显区分。同时针对九种重大疾病患者健康档案进行特殊放置，以便与其他疾病患者的档案区分开。每个人的档案由出院记录单和结算单组成，出院记录单详细地体现并记录了该贫困患者在住院与出院时的情况与诊断，记录了该贫困患者在院的救治过程与方案；结算单详细地体现了该贫困患者此次住院产生的总费用、可报销费用、新农合补偿额、民政救助额、财政兜底额以及个人自付额。

（五）细化机制，加强助推保障

除前述部门分工机制外，为深入推进健康脱贫兜底“351”工程，安徽省还建立健全了有关工作机制。

一方面，强化督促考核机制。通过建立健康脱贫绩效考评机制，增加对健康脱贫兜底保障工作的督促检查力度。明确责任倒查机制，对挤占、挪用、套取扶贫资金等违规违纪违法行为，按规定严肃处理。加快推进了健康脱贫资金的智能审核和实时监控体系建设，利用“互联网+”等信息化手段提升监管水平。健康脱贫兜底“351”工程的督促考核，在很大程度上是隶属于全省的健康脱贫工作考核体系。2016年12月2日，安徽省卫计委、省扶贫开发办联合印发了《安徽省健康脱贫工作考核方案》（皖卫财〔2016〕26号），为全省16市、70个县（市、区）就健康脱贫工作的成效、综合医保政策落实、救治和疾病防控工作开展情况、贫困县医疗服务能力建设、组织管理、资金保障等，制作了详细的考核指标（表 5-7）。考核步骤依次分为市县总结、第三方评估、综合评价、审核认定和整改反馈。

表 5-7 安徽省健康脱贫工作考核指标一览表

考核内容	具体指标	分值	评分标准
核心成效（10 分）	（1）贫困人口因病致贫、返贫贫困户户数变化情况	10	因病致贫、返贫贫困户户数未逐步减少的视情况扣分，不减反增的不得分
综合医保（20 分）	（2）贫困人口新农合参合率及参保补贴落实率	6	贫困人口未全部参合或未全额补贴的不得分
	（3）贫困人口综合医保政策落实率	14	综合医保政策制定不完善的扣 4 分，未按规定比例报销的扣 10 分
分类救治（15 分）	（4）贫困人口签约服务覆盖率	5	未完成年度任务的扣 2 分，完成质量不合格的扣 1 分，未开展的不得分
	（5）大病专项救治任务完成率	8	根据年度任务完成情况线性计分，完成率低于 70%不得分
	（6）贫困患者县域内就诊率	2	县域内就诊率未达到 90%的视情况扣分，不升反降的不得分
疾病防控（10 分）	（7）贫困县传染病、地方病发病率，慢性病患病率	5	贫困县重点疾病防控不力，传染病、地方病发病率和慢性病患病率未逐步下降的视情况扣分，不降反升的不得分
	（8）贫困县孕产妇死亡率、婴儿死亡率、出生缺陷发生率	5	贫困县妇幼健康卫生项目实施不力，孕产妇死亡率、婴儿死亡率、出生缺陷发生率未逐步下降的视情扣分，不降反升的不得分
能力建设（15 分）	（9）贫困县县、乡、村三级医疗卫生机构标准化建设达标率	9	根据标准化建设达标率线性计分
	（10）贫困县每千人口医疗卫生机构床位数	2	低于全省平均水平的线性计分
	（11）贫困县每千人口卫生技术人员数	2	低于全省平均水平的线性计分
	（12）落实三级医院与贫困县县级医院结对帮扶	2	结对帮扶不到位的不得分
资金保障（15 分）	（13）县级设立健康脱贫医疗专项补助资金	8	专项补助资金不足的视情扣分，未设立的不得分
	（14）统筹保障健康脱贫各项经费	7	经费保障不到位的视情扣分
组织管理（15 分）	（15）纳入本地区脱贫攻坚工作领导责任制和政府目标考核管理	2	未按要求纳入的不得分
	（16）制订本地区健康脱贫工程实施方案	2	未按要求制订的不得分
	（17）制订本地区健康脱贫工作考核办法并组织开展年度考核	2	未按要求制订并实施的不得分
	（18）落实健康脱贫工作“月点评、季通报”制度和日常管理情况	4	未按要求建立制度的扣 1 分，日常数据和材料报送不及时、不准确的视情扣分
	（19）因病致贫、返贫对象精准识别和动态管理情况	2	识别不精准、未按要求动态管理的，抽查误差一例扣 1 分，本项扣完为止
	（20）贫困人口综合医保政策知晓率	3	知晓率调查 1 户不知晓的扣 1 分，本项扣完为止

资料来源：《安徽省健康脱贫工作考核指标》

另一方面，强化控费机制。积极推动贫困地区医保支付方式改革，推行临床路径管理与按病种付费制度。提升医疗机构诊疗行为及费用管理的规范化水平，明确规定了控费不予资助的情况：一是因患者及其家属个人行为导致过度医疗而发生的医药费由患者自付；二是因医疗机构不合理检查、施治、用药等导致过度医疗而发生的医药费用，健康脱贫医疗专项补助资金不予支付，主要应由医疗机构承担。

（六）丰富活动，提高宣传效果

健康脱贫兜底“351”工程政策的贯彻落实程度，与群众的知晓度、政策理解度等有很大关系，好的民生政策必须要以群众喜闻乐见、容易理解的形式进行宣传，方能达到事半功倍的效果。在宣传引导方面，《安徽省人民政府关于健康脱贫工程的实施意见》（皖政〔2016〕68 号）提出，各地要因地制宜、富有成效地制定宣传方案，加强对健康脱贫工程重要价值、政策内容和工作成效的宣传，为健康脱贫政策实施营造良好的社会氛围。同时，要求完善鼓励企事业单位、社会组织、公民个人参与健康脱贫工程的政策措施，积极引导志愿组织、慈善机构等深入贫困地区开展慈善救助和社会服务。此外，还要求加强对贫困人口的宣传教育，引导贫困群体全面正确地把握政策，规范与合理地就医。

其实，“健康脱贫兜底‘351’工程”这个提法，本身就体现了在政策宣传方面的考量，内容简单、容易记忆是其鲜明特征。各市县在健康脱贫兜底健康脱贫兜底“351”工程的政策宣讲过程中，注意采取以简单、明晰、易见、便取的方法措施，尽量营造宣传氛围。各县区一般都做好了将宣传单、手册等医疗救助宣传品放在了各基层医疗机构宣传架上，通过医院服务窗口让患病的困难群众了解知晓救助政策，宣传活动营造了浓厚的宣传氛围，达到了预期效果。此外，各地在贫困地区和贫困人口中广泛宣传“351”工程政策时，还开展了其他一系列丰富多彩的活动。例如，宿州市的泗县，在宣传健康脱贫兜底“351”工程政策过程中，就开发了“十个一”活动，即开展一次义诊活动、举办一次健康讲座、进行一次免费体检、建立一个健康档案、打造一个健康广场、建设一个健康小屋、赠送一张服务卡、确定一个联系人、制作一个宣传片、发放一个大礼包。2017 年 1 月，全县共开展专家义诊活动 292 次，举办健康讲座 341 次，为贫困群众提供免费体检 54 154 人，为 48 223 名贫困群众建立健康档案，建成健康广场 25 个、健康小屋 54 个，为 44 564 人办理服务卡，为所有贫困群众每人确定一个村医或乡镇医院医生作为联系人，为每个村级卫生室制作一个健康知识宣传片，购置“健康大礼包”1.5 万个并逐户免费赠送因病致贫返贫家庭，确保做到全覆盖、无盲区[2]。

二、健康脱贫兜底“351”工程的实施效果

（一）政策不断拓展，健全了兜底体系

健康脱贫兜底“351”工程实现了贫困人口看病的“三保障一兜底”，但经“三保障一兜底”综合医保补偿之后，剩余合规费用依然会对贫困人口的收入和脱贫成效产生冲击。为此，安徽省的健康脱贫兜底“351”工程之后还有一个“180”政策，根据《安徽省人民政府关于 2017 年实施 33 项民生工程的通知》（皖政〔2017〕10 号）的意见，安徽省人民政府在 2017 年新增了 6 项民生工程，其中就包括建档立卡贫困患者慢性病费用补充医疗保障“180”工程。它是指对建档立卡的贫困人口在省内医疗机构发生的限额内

合规医疗费用，通过基本医保等优惠政策综合补偿后，再对其在县域、市级、省级医疗机构个人自付费用实行“351”兜底保障；在此基础上，对于建档立卡的贫困患者的慢性病自付医药费，再按 80%给予补偿，最大化地发挥政府主导作用，集中解决因病返贫问题。“180”针对的具体病种，按照《安徽省农村贫困人口慢性病及重大疾病保障指导目录》确定。“180”中的“1”是指贫困人口慢性病患者 1 个年度内，“80”是指门诊医药费用经“三保障一兜底”综合医保补偿后，剩余合规医疗费用由补充医保再按 80%的比例予以报销。

各市县在省级政策框架下还积极进行了契合地方的政策创新，对健康脱贫的政策体系进行拓展，进一步织密健康脱贫兜底的保障网络。例如，在省级健康兜底“三保障一兜底”的基础上，休宁县还为全县所有建档立卡贫困户投保参加商业健康补充保险，形成“四保障一兜底”的保障体系，即新农合基本医保、新农合大病保险、商业健康补充保险、城乡医疗救助和政府兜底保障。同时，休宁县为贫困人口支付家庭医生有偿签约服务中个人承担的费用部分，确保每个贫困家庭户有一名家庭签约服务的乡村医生；还为全县建档立卡贫困人口全额代缴新农合参合金。这些举措切实织密筑牢了贫困人口健康兜底保障网。

（二）投入逐步加大，提升了脱贫效果

安徽省对健康脱贫兜底“351”工程的资金进行了整合与统筹管理，并加大了资金投入力度，促进健康脱贫效果明显。据安徽省民政厅、安徽省卫生和计划生育委员会的有关统计，在健康脱贫政策支持下，安徽全省 2016 年已有 18.9 万个因病致贫户实现脱贫，占建档立卡因病致贫户总量的 26.5%。2017 年度安徽全省安排“351”专项资金共计 51 611.37 万元，其中省级 16 459.1 万元，市本级 4 274.48 万元，县（市、区）级 30 877.79 万元。健康脱贫兜底“351”工程保障效果明显，截至 2017 年 11 月底，健康脱贫兜底“351”工程累计总支出 19 033.7 万元，其中住院支出 17 417.13 万元，门诊支出 1 616.57 万元；兜底工程保障对象累计达到 617 404 人次，其中住院 439 956 人次，门诊 177 448 人次[3]。

省以下各市县的健康脱贫兜底“351”工程投入，也大体收到了类似的脱贫效果，切实减轻了贫困人口的医疗支出负担。例如，课题组在黄山休宁县的调研发现，该县 2017 年 1~8 月贫困人口住院 1 639 人次，总医药费 1 179.06 万元，兑现各类补偿（新农合 763.92 万元、大病 78.78 万元、民政救助 112.81 万元、商业补充险 59.5 万元、政府兜底 4.5 万元）金额共计 1 019.51 万元，住院总补偿比 86.47%；贫困人口门诊 27 427 人次，总医药费 324.08 万元，兑现各类补偿（新农合 252.1 万元、大病 1.37 万元、商业补充险 3.88 万元、民政救助 20.22 万元、政府兜底 0.39 万元、“180”保障 1 320 人次 7.5 万元）金额共计 285.46 万元，门诊总补偿比 88.09%。累计直接救助建档立卡贫困户 5134 人次，发放健康脱贫补助资金 117.77 万元。又如，课题组在宿州市的调研发现，该市实施健康脱贫兜底“351”工程及“180”政策后，“贫困人口在乡镇卫生院就诊如花费 10 000 元，个人自付仅为 58.5 元，报销比例达 99.4%；经转诊在县级医院如花费 30 000 元，个人自付

仅为336元，报销比例达98.9%；经转诊在市级医院就诊如花费50 000元，个人自付仅为414 元，报销比例达 99.2%。宿州市贫困人口综合医疗保障政策使贫困人口实际补偿比由61%提高到 98%以上，上升了 37 个百分点，切实提高了贫困人口医疗保障水平”。不断增长的专项投入，为缓解贫困户看病难、看病贵的问题提供了财力保障，有效增强了困难群众的健康获得感。

（三）简化结算程序，降低了垫资负担

贫困人口在省内定点医疗机构就诊，已实现了取消住院预付金、先诊疗后付费、降低起付线、提高报销比例等目标。为切实方便贫困人口患者，实行了“一站式”结算制度。在住院环节，农村建档立卡贫困人口在联网定点医疗机构的规定窗口，可享受“一站式”绿灯服务，方便快捷。在出院环节，贫困人口患者在联网定点医疗机构发生的合规医药费，将通过医保“一站式”结算大数据系统，即时结算基本医保、大病保险、医疗救助、政府兜底和个人自付费用，个人只需交纳个人自付费用。贫困人口在非联网定点医疗机构就诊的，可回参保地医保管理经办机构通过“一站式”结算信息系统结算。这些程序和流程设计，大大降低了贫困人口在医院就诊时的垫资负担，畅通了就诊渠道，提升了医疗就诊服务。

（四）创新医疗服务，强化了疾病防控

健康脱贫在医疗服务方面，应当是防治结合，做好贫困地区疾病防控工作，这是保证健康脱贫兜底“351”工程可持续性的重要条件。安徽省各地在推进健康脱贫兜底“351”工程过程中，不断探索贫困地区疾病防控的工作制度与机制。首先，贫困户家庭医生签约服务在省内全面铺开，目前已实现了对贫困户的全覆盖。家庭医生通过制订科学的干预方案，实行分类健康干预，为贫困户免费提供基本公共卫生、健康管理和预约转诊等服务，大大提高了疾病防控效果。其次，通过优质化的免费医疗服务，提供精准的健康指导。例如，安徽亳州谯城区探索对贫困人口慢性病患者实施“个人服药零支付、送药上门”工作，并总结了“五个一”工作法：“一图”，即卫生院、村卫生室和慢病药品供应点公布病人分布图。“一点”，即设慢病药品供应点，提供一站式医疗用药品，实行个人零支付。“一医”，即为患者指定一名乡村医生入户开展医疗服务。“一卡”，即为患者制作一张慢病服务联系卡。“一箱”，即为每户配发一个小药箱，方便病人服药[4]。

三、进一步完善健康脱贫兜底“351”工程的思路

健康脱贫兜底“351”工程的实施，增加了健康脱贫领域的资金投入，简化了贫困患者的就诊和结算流程，在一定程度上缓解了贫困户看病难、看病贵的难题，并且还优化了医疗服务，促进了疾病防控能力的提升。该工程的实施，受到了广大贫困户的欢迎，有效控制了贫困人口“因病致贫、因病返贫”问题，实现了贫困人口健康兜底

保障。当然，健康脱贫兜底“351”工程在实施过程中，也碰到或发现了一些困难和问题，应当在工程后续建设和巩固中不断进行改革和完善，进一步提高健康脱贫兜底“351”工程的服务质量和政策绩效。

（一）进一步加强联席协调机制，提升部门联动能力

目前的部门协同建设，主要集中在部门责任分工上，将健康脱贫兜底“351”工程所需要的贫困人口申报审核审批、贫困人口城乡居民医保申报审核审批、医疗救助和“351”兜底保费、资金筹集和监管等职责，分别分布在扶贫部门、卫生计生与人力资源和社会保障部门、民政部门和财政部门。各部门之间无缝化联动机制，总体上并未完全成熟，因此，需要在省政府的领导下，指定牵头协调部门，建构上述各类部门间无缝联动、协同共建的机制，以联席会、调度会、信息通报、信息系统共享等形式，尽量降低部门、政策和制度之间的交易成本，坚决避免因信息共享不充分、部门衔接不力而导致贫困患者无法享受健康脱贫兜底“351”政策或享受不及时等现象。

（二）进一步严格监督考核机制，提高资金监管水平

由于健康脱贫兜底“351”工程政策创建时间比较新近，省以下各县市一般都迅速制定了符合本县市实际情况的实施意见，并着力开始完成有关工作任务。但对于工作进度的检查考核、资金使用的规范程度等，还相对缺乏健全有力的监督考核机制。因此，应及时组建由多方组成的考核评估团队，制定明确化、细分化、规范化和可量化的评估指标体系，加大对工程开展情况的敦促检查与评估，对发现有挤占、挪用、套取资金等违规违纪违法行为的，按规定严肃处理，对工作表现突出、成效显著的地区、单位和个人，及时进行表彰和宣传，以激励先进、鞭策后进。

（三）进一步健全控费约束机制，增加效率兼顾公平

课题组在关于健康脱贫工程的调研中发现，有的贫困患者的医药费并非合规费用，有的医疗机构的医药费属过度医疗而产生的，这些现象实际上是对健康脱贫资金总盘子的侵蚀和浪费，在更大意义上讲，也违背了民生资金要追求的公平目标。因此，应加大对定点医疗机构诊疗行为和费用清单的监管，敦促定点医疗机构严格按照国家和省公布的病种临床路径，实行按病种付费。要组织专业质控机构定期开展医疗服务质量检查、医疗行为监管和医疗费用票据检查，针对因患者及其家属个人行为导致过度医疗而发生的医药费和因医疗机构不合理检查、施治、用药等导致过度医疗而发生的医药费用，明确支付责任主体，从严控制费用随意膨胀现象。要通过周期性、持续性、规范性、独立性督查与检查，确保健康脱贫资金合理、有效地覆盖到所需人群。

（四）进一步灵活政策宣传形式，强化群众认同程度

课题组在一些贫困地区调研中发现，贫困户周边的非贫困户对健康脱贫兜底“351”

工程政策有部分不理解情绪。例如，认为自己虽不是贫困户，但家庭经济条件也并不算富裕，生病后无法像贫困户那样享受健康脱贫兜底“351”工程给予的优惠政策。因此，实践中要继续创新政策宣讲形式，开展灵活多样的宣传和创建活动。要充分利用电视、网站、报刊等载体和基层公共文化服务创建活动，多角度、多层次地宣传健康脱贫兜底“351”工程政策，阐明政策的制定初衷、服务对象和政策周期等问题。要健全贫困人口综合医疗保障信息公开机制，透明、及时、权威地发布健康脱贫兜底“351”工程实施情况的数据、信息，接受社会的广泛监督。此外，还要耐心接待非贫困户的质询并做好解答、解释和宣传工作，提高该项脱贫政策在广大人民群众中的认同度。

参 考 文 献

[1] 郑功成. 社会保障概论[M]. 上海：复旦大学出版社，2005：252.

[2] 刘国鸿. 泗县 2351 户因病致贫返贫贫困户健康脱贫[EB/OL]. http://www.ahwjw.gov.cn/xwxc/jkcj/201701/2d75b308fec44c30a85b54c61c9082f6.html，2017-01-04.

[3] 安徽省民政厅. 2017 年 1-11 月安徽省“351”兜底保障情况调查表[Z]. 2017.

[4] 赵海峰. 亳州市积极推进健康脱贫“351”“180”兜底民生工程[EB/OL]. http://www.ahwjw.gov.cn/wjw/xtdt/wzdw/201702/cb2b5074974e49df9b0b3e7d6e15f198.html，2017-02-14.

第六章 安徽省临时救助实践分析（2014~2017年）

根据《国务院关于全面建立临时救助制度的通知》（国发〔2014〕47 号）的界定，所谓临时救助，是指国家对遭遇突发事件、意外伤害、重大疾病或其他特殊原因导致基本生活陷入困境，其他社会救助制度暂时无法覆盖或救助之后基本生活暂时仍有严重困难的家庭或个人给予的应急性、过渡性的救助。它是政府针对最低生活保障、特困人员供养、受灾人员救助等基本生活救助和医疗、教育、住房、就业等专项救助之外的救助短板，以填补社会救助体系空白、提升社会救助综合效益、确保社会救助安全网“网底不破”的重要补充性社会救助。临时救助制度，对于发挥救急难功能、保障城乡群众基本生活权益，对于全面深化改革、促进社会公平正义、全面建成小康社会等，均具有重要的作用和意义。自党的十八大以来，为贯彻落实国务院《社会救助暂行条例》和《国务院关于全面建立临时救助制度的通知》（国发〔2014〕47 号）等文件精神，安徽省在遵循国务院全面建立临时救助制度的宏观政策指导下，对安徽全省的临时救助制度进行了积极探索，也积累了大量有益工作经验，形成了许多行之有效的工作机制，在诸多方面取得了积极成效。

第一节 临时救助的实践与成效

概括而言，安徽省在临时救助方面取得的实践成效包括如下七方面：综合性救助政策得到完善；操作性救助规程得到明确；救助资金的管理得到规范；救急难特色工作逐渐加强；救助的资金支出不断加大；救助的人员规模广泛覆盖；救助的人均标准逐年递增。

一、综合性救助政策得到完善

在 2014 年《社会救助暂行条例》和《国务院关于全面建立临时救助制度的通知》等国家政策出台之前，针对城乡居民临时救助机制、解决低收入群体突发性和临时性基本生活困难，安徽省民政厅、财政厅在2013年3月6日曾印发《安徽省城乡居民临时救助实施办法（试行）》（民社救字〔2013〕40号），对临时救助的对象和救助范围、申请审核与审批程序、救助资金来源及管理、监督管理等都做了规定，为当时的临时救助工作提供了政策指导，也为后续临时救助工作的创新发展提供了实践经验。2014年《社会救助暂行条例》颁行以后，为适应新阶段的实际需求和政策要求，安徽省人民政府2015年2月对临时救助制度做了全面革新和制度重构，印发了新时期指导全省临时救助制度的文件——《安徽省人民政府关于全面建立临时救助制度的通知》（皖政秘〔2015〕23号），对临时救助的对象、临时救助的标准、临时救助的程序、临时救助的方式、临时救助的保障等内容一一做了界定，成为此后安徽全省相对全面、权威和规范的指导性文件。

根据2015年这份综合性指导文件，安徽省的临时救助主要是指政府对遭遇突发事件、意外伤害、重大疾病或其他特殊原因导致基本生活陷入困境，其他社会救助制度和政策暂时无法覆盖或救助之后基本生活暂时仍有严重困难的家庭或个人，给予必要的应急性和过渡性社会救助，并指出这是织密和夯实困难群众基本生活安全网的兜底措施。另外，根据《安徽省临时救助工作操作规程》（皖民社救字〔2017〕117号）的界定，可以申请临时救助的情形主要有三种：第一种是家庭对象，主要包括两类，一类是急难型困难家庭，即因火灾、交通事故等意外事件，家庭成员突发重大疾病或遇到其他特殊困难等，基本生活暂时出现严重困难的家庭。另一类是支出型困难家庭，因自负医疗费、教育费等生活必需支出突然增加超出家庭承受能力，导致基本生活暂时出现严重困难的最低生活保障家庭、城市低收入家庭和农村困难家庭。第二种是个人对象，因遭遇火灾、交通事故、突发重大疾病、无民事行为能力人或限制民事行为能力的精神病或者其他特殊困难，暂时无法得到家庭支持，基本生活陷入困境的个人。其中，符合生活无着的流浪、乞讨人员救助条件的，按照有关规定由救助站等救助机构提供临时食宿、急病救治、协助返回等救助。第三种是剩余情形，即市、县（市、区）人民政府民政部门认定的遭遇其他特殊困难的家庭或个人。

当然，为了规避弄虚作假骗取临时救助的现象，《安徽省临时救助工作操作规程》还规定了不予临时救助的情形（即负面清单），主要包括如下六种：第一，申请人拒绝配合家庭经济状况调查，导致无法核实相关真实情况的；第二，故意隐瞒家庭真实收入、财产、支出和家庭人口变动情况，提供虚假证明材料的；第三，人为闲置承包土地等生产资料的；第四，在法定劳动年龄段内并且有劳动能力，无正当理由拒绝就业或者从事生产劳动的；第五，持有短期内可变现的金融资产或收藏品，变现所得能够满足基本生活所需的；第六，市、县（市、区）人民政府民政部门认定的其他不予救助的情形。

在临时救助的标准方面，《安徽省临时救助工作操作规程》规定，由各设区市人民政府根据当地经济社会发展水平，以及救助对象家庭收入、家庭财产、困难类型、困难程度、刚性支出额度以及解困期限等因素，分类分档合理确定临时救助标准，并适时调整。具体而言，对于急难型困难家庭，户均救助标准不低于当地城市最低生活保障月保障标准的2倍。对于支出型困难家庭，其中对重特大疾病患者家庭，可视相关医疗保险补偿和医疗救助后个人自付费用给予救助，鼓励各地按照个人自付费用分段分档进行救助，救助标准原则上控制在当地城市最低生活保障月保障标准的 2~10 倍；对因子女教育费用负担过重造成生活困难的家庭，可视子女就读中小学、中高职、高等教育情况，结合教育费用按类别给予比例或定额一次性救助，救助标准原则上控制在当地城市最低生活保障月保障标准的 2~6 倍。有条件的地方可结合本地经济社会发展，在上述基础上适当提高救助标准。对个人对象而言，一般给予实物救助或提供转介服务，实物救助标准以满足救助对象基本生活需要为限。确有必要发放临时救助金的，各地可视情况发放救助金。

临时救助的程序依次是居民申请，然后乡镇人民政府（街道办事处）受理审核，再由县（市、区）民政部门审批。临时救助实行一事一救的方式，对符合条件的救助对象，具体问题具体分析，可灵活采取发放临时救助金、发放实物、提供转介服务等不同方式予以救助。除紧急情况外，临时救助的实物、服务等实行严格管理，须按照政府采购制度的有关规定执行。申请人提出的同一事由且无正当理由的，不予重复救助。

为强化临时救助的保障，《安徽省临时救助工作操作规程》从组织领导、工作机制、资金保障三个方面进行了规定。这里有必要说明一下其中的工作机制，主要包括：社会救助“一门受理、协同办理”机制，申请救助家庭经济状况核对机制，“救急难”工作机制，信息共享机制，社会组织与社会力量参与机制，救助对象需求与公益组织救助资源对接机制等。正是这些工作机制的健全与完善，为临时救助工作的有效有序展开提供了坚实基础。

二、操作性救助规程得到明确

临时救助具有明显的应急性、过渡性的特征，如果缺少一套规范、明确、健全的操作规程，则必然会影响其作为一项社会救助制度的持续开展，从而对地方民生保障、脱贫攻坚等事业造成不良影响。为进一步规范本省临时救助的审核审批工作，发挥临时救助制度助力脱贫攻坚的兜底保障作用，安徽省根据国家和省内此前的有关政策文件和指导精神，对临时救助操作规程进行了章程化建设，形成了一套规范、流程、严密的救助流程（图 6-1）。

就临时救助的申请而言，在一般社会救助的依申请受理程序的基础上，《安徽省临时救助工作操作规程》还特别提出了主动发现受理。它指的是，针对辖区居民遭遇突发事件、意外事故、罹患重病、暴力伤害等特殊情况，乡镇人民政府（街道办事处）、村（居）民委员会做到及时核实，帮助有困难的家庭或者个人提出救助申请。针对在执法中发现身处困境的未成年人、精神病人等无民事行为能力人或限制民事行为能力人，以及失去主动求助能力的危重病人等，公安、城管等部门则应主动采取必要措施，帮助他们脱离困境。在发现或接到有关部门、社会组织、公民个人报告的救助线索后，乡镇人民政府（街道办事处）或县级人民政府民政部门、救助管理机构应主动核查情况，对于其中符合临时救助条件的，应协助其申请救助并受理。安徽省制定实施的主动发现受理程序，体现了临时救助制度的创新，也体现了临时救助制度以

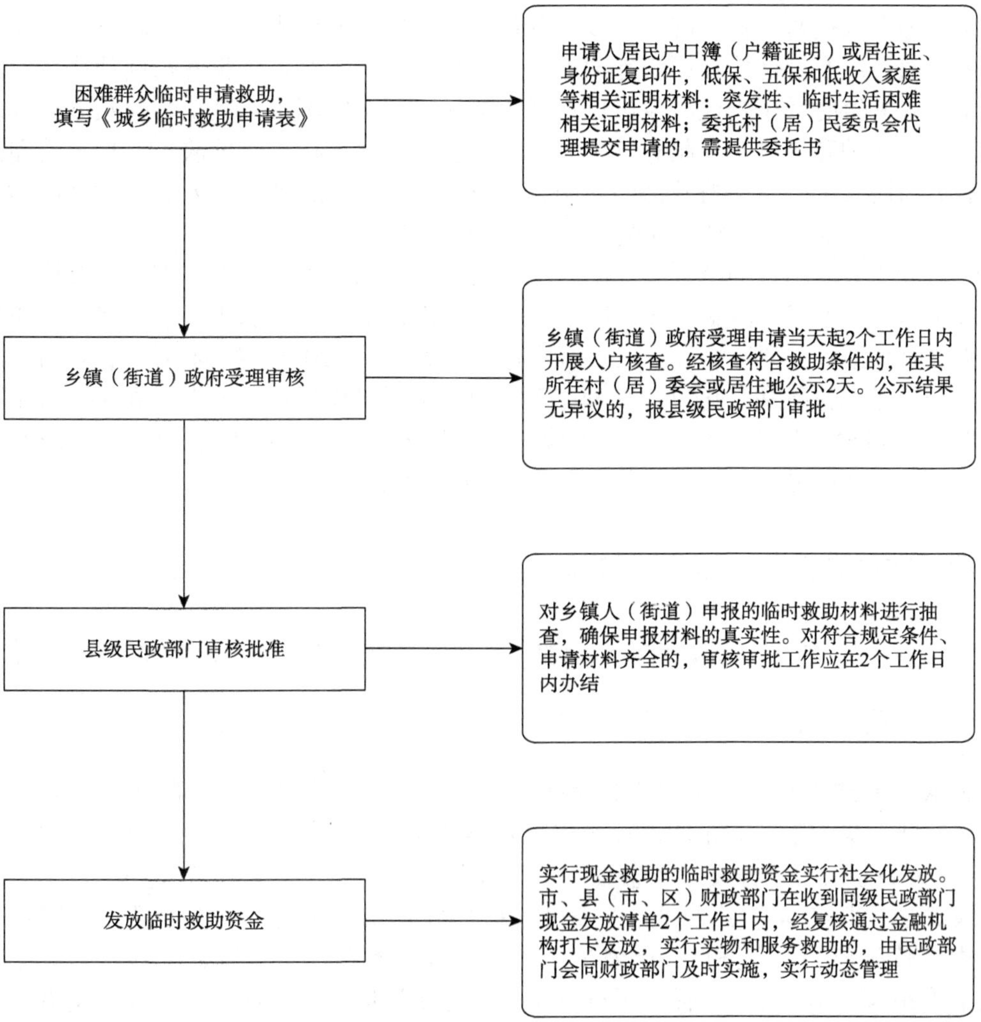

图 6-1　安徽省城乡居民临时救助流程图

资料来源：安徽省民政厅社会救助处

人为本、应救尽救的原则，大大提高了临时救助制度的灵活性、主动性和对社会公平正义的推动作用。

三、救助资金的管理得到规范

临时救助资金是用于临时救助对象的专项资金。为切实提高专项资金管理和使用效益，安徽省财政厅、民政厅于 2014 年 10 月 27 日联合印发了《安徽省临时救助资金管理暂行办法》（财社〔2014〕1422 号），确立了“政府投入为主、多方共同筹集，实行分类施救、保障基本需求，体现管理效益、公开接受监督”的资金管理原则。临时救助资金主要来自各级财政公共预算和福利公益金安排的资金，城乡最低生活保障结转资金，社会组织和个人捐赠、资助的资金以及其他资金。资金专项用于因病、就学、突发灾害或意外事故，以及其他特殊原因造成家庭生活特别困难，经各种救助措施帮扶后，家庭基本生活水平暂时低于当地城乡居民最低生活保障标准的困难家庭。临时救助采取现金救助、实物救助和提供转介服务三种方式，现金救助实行社会化发放；实物救助和提供转介服务由民政部门会同财政部门实施，实行动态管理。此外，该办法还对资金的拨付和发放、管理制度、监督检查等做出了要求。

针对近年省内出现的个别实现临时救助资金预算执行进度偏慢、支出不够均衡、基础管理工作薄弱等问题，安徽省财政厅、民政厅于2015年10月又联合发布了《关于进一步加强临时救助资金预算执行管理工作的通知》（财社〔2015〕1564 号），在科学编制预算、加快预算执行和强化资金管理三个方面提出了工作任务和要求。同时，对于不同类临时救助对象，提出了分类、合理确定救助标准；针对“撒胡椒面”“突击发放”“随意救助”等不规范现象，做出了严格审批管理的指导要求。

四、救急难特色工作逐渐加强

为扎实开展救急难工作，健全救急难工作体系，安徽省开展了三方面的特色工作。

（一）扎实开展救急难工作试点工作

为深入贯彻落实国务院《社会救助暂行办法》，有效保障困难群众基本生存权利和人格尊严，最大限度防止冲击社会道德和心理底线事件的发生，民政部于 2014 年 4 月 24 日发布了《关于开展“救急难”工作试点的通知》（民发〔2014〕93 号），决定在全国开展“救急难”工作试点。安徽省积极响应和贯彻这一政策倡导，立即着手开展省内“救急难”工作试点，印发了《关于开展“救急难”工作试点的通知》（皖民社救字〔2014〕187 号），提出了试点工作的主要目标、主要任务和试点选定方法。要求省内各市民政局以县（市、区）为单位，每市推荐 1 个试点单位，且要求试点名单及方案必须于当年 5 月 20 日前报至省民政厅社会救助处。“救急难”被推荐单位要制订实施方案，方案内容主要包括：试点目标、试点任务、保障政策、进度安排等。经过申报、研究和评选，安徽省民政厅于 2014 年 10 月 28 日发布《关于确定“救急难”工作试点单位的通知》，确定了 2 市（滁州市、铜陵市）8 县区（合肥庐阳区、包河区，宿州萧县，阜阳颍泉区，六安霍山县，马鞍山花山区，安庆岳西县，黄山屯溪区）为省级“救急难”试点地区，并对试点单位的重点工作和内容进行了布置和安排。试点工作开始实施以后，各试点单位积极行动，纷纷加大对“救急难”的探索力度。在 2015 年民政部办公厅、财政部办公厅印发的《关于确定全国“救急难”综合试点单位的通知》（民办函〔2015〕244 号）中，原有省内绝大多数试点市县都进入了全国“救急难”综合试点单位，并且还新增了一些县（市、区），如芜湖市弋江区、淮南市寿县和亳州市利辛县。

（二）健全救急难发现机制

制度化的工作机制，是“救急难”这样一类临时性、应急性、过渡性救助政策持续运转、取得良好绩效的重要保障，并且如何能在第一时间做到及时发现、主动发现，是事关“救急难”工作成效的重中之重。为全力配合做好“救急难”试点工作，切实实现“主动作为”的目标，安徽省民政厅在《关于开展“救急难”工作试点的通知》之后就迅速下发了《关于建立“救急难”工作发现机制的通知》（皖民电〔2014〕28 号），从七个方面阐述了发现机制的具体内容。

第一，全面排查机制。要求从定远“断足”等突发性社会事件中汲取经验教训，对困难群众参合参保、就业再就业、基本生活、灾后重建以及住房、教育、医疗等各个方面可能存在的困难等，进行逐一摸底、登记在册、适时调整，做到心中有数，以保证救助及时到位。

第二，“三级联动”机制。要求各县（市、区）人民政府、乡镇（街道办事处）担起困难群体救助管理的主体责任，建立健全领导逐级分包责任制，各部门各司其职，无缝联动，密切配合，形成合力。及早发现苗头，及时实施救助。县（市、区）、乡镇（街道）、村（社区）抓紧建立主动发现救助管理网络，实现层层落实、“三级联动”，健全和完善信息统计周报和逐级报送制度，对群众困难情况做到早发现、早干预、早救助。

第三，部门联席会议制度。要求各地加强快速响应机制建设，做好救助资源的统筹、衔接与整合，充分发挥流浪乞讨人员救助管理机构、未成年人保护中心等组织单位在“救急难”对象发现、快速响应等方面的作用和优势，建立主动发现与救助常态化、规范化的工作机制，积极开展转介服务，为“救急难”工作搭建平台。县级民政部门要尽快建立并公开社会救助热线，提高透明度，接受群众监督，畅通困难群众申请救助和有关人员报告急难情况的渠道。

第四，社会力量参与机制。要求发挥居（村）民委员会的服务功能和社会组织、慈善工作者和志愿者的积极作用。依托城乡社区党组织、群团组织、基层群众性自治组织、社会服务机构等，依靠驻村（居）干部、村（居）级社会救助员发挥责任主体作用，拓宽信息搜集渠道，落实专人负责制，及时了解、掌握并核实辖区居民遭遇突发事件、意外事故、罹患重病等特殊情况，提前介入，主动帮助他们提出救助申请并协助落实，增强救助针对性，实现社会救助的无缝覆盖。此外，还要依托群众工作站、农村老年协会等基层组织和社会工作者、志愿者力量等，发挥“三社联动”的效力，不断拓宽救助方式和救助内涵，提升临时救助的实质效果。

第五，“一门受理、协同办理”制度。要求重点落实好乡镇（街道）社会救助工作人员配备，确保“办事有人”。依托乡镇（街道）政务大厅、办事大厅等公共服务平台，设立统一受理的救助申请窗口，确保“求助有门”。建立救急难的“首问负责制”和工作“转介”制度，明确界定部门分工，明确分办、转办流程和办理时限，建立健全发现与救助问题的“绿色通道”。

第六，创新服务方式。安徽省民政厅印发的《关于建立“救急难”工作发现机制的通知》（皖民电〔2014〕28 号）要求充分发挥专业社会工作服务机构和社会工作者在建立“救急难”工作发现机制中的巨大优势，积极将社会工作专业理念、方法技巧引入社会救助服务。一方面，要加大政府购买服务力度，进一步完善救助服务方式，对遭遇急难居民，保障其基本生活的同时，由社会工作者有针对性地开展生活帮扶、心理疏导、精神慰藉、资源链接、能力提升、社会融入等多样化、个性化服务，拓宽社会救助的内涵，提升社会救助的实效。另一方面，加强慈善衔接。加强政府救助与慈善救助的有效衔接，全面掌握本地区社会组织、企事业单位等设立慈善项目情况，搭建政府部门救助资源、社会组织救助项目和公民个人救助意愿与急难对象救助需求无缝对接的信息平台，在确保政府救助公平、公正实施的同时，充分发挥慈善救助方法灵活、形式多样、一案一策的特点，鼓励、引导、支持社会组织、企事业单位和爱心人士等针对急难个案开展慈善救助，形成“救急难”合力。要动员、引导本地具有影响力的社会组织、驻地大中型企业等设立“救急难”公益基金，在民政部门的统筹协调下有序开展“救急难”活动。此外，大力宣传社会主义核心价值观，营造亲情关爱和邻里互救的良好氛围，打造守望相助的社区精神。加强和谐家庭和和谐社区建设，发挥亲情救助和邻里互助的力量，打造基层自救互助网络体系。及时发现并报告社会救助隐患性苗头，使困难群众的家庭亲情关爱和邻里帮助成为“救急难”工作发现机制的重要环节。

第七，信息共享机制。要求加快建立社会救助信息共享机制，建立政府部门与公益慈善组织信息共享平台，建立救助资源与救助需求信息的对接平台。要求加强民政系统内部业务信息和数据共享，为主动发现急难对象和准确判断急难情形提供“大数据”和依据。要求加强与卫生计生、教育、住建、人力资源和社会保障等社会救助管理部门以及慈善组织的信息共享，加强互联互动，及时准确地了解和掌握专项救助和慈善救助的开展情况。要求加快“救急难”信息平台建设，实现救助对象的需求和政府的救助资源、慈善组织的救助项目、社会各界的爱心捐赠、志愿服务等资源有效对接的目标。

（三）推动救急难基金的建设

近年来，安徽省各地在“救急难”与慈善救助衔接机制方面，进行了一些力度较大的探索与实践。其中，成立救急难基金会、引导社会力量开展定向募捐成为一个颇具特色的创新性工作路径。这里仅举两例：滁州市“救急难”专项基金和蚌埠市救急难基金会。

第一，关于滁州市“救急难”专项基金。在 2014 年被列为全省“救急难”工作试点市之后，滁州市就在安徽省民政厅的指导下建立了市、县（市、区）、乡镇（街道）、村（社区）四级联动救助机制，并就救急难基金工作展开探索，设立“救急难”专项基金。滁州市民政局督促各县（市、区）政府设立“救急难”基金，结合临时救助政策，解决有钱救助的问题。以 2015 年滁州市定远县为例，该县当年设立 670 万元困难群体救助基金，基金包括三个组成部分：一是县政府设立综合救助基金 200 万元，由县财政列入年度预算；二是县民政局、教育局、人社局、卫生局、住建局分别设立专项救助基金，每年不低于 50 万元；三是全县 22 个乡镇均设立救助基金，每乡镇每年不低于 10 万元，基金使用办法由县社会救助联席会议制定，各专项基金均实行年度滚动使用[1]。滁州市逐级设置救急难专项基金的做法，使得“救急难”的资金基础得以夯实，救助效果得到保障。

第二，关于蚌埠市救急难基金会。蚌埠市于 2016 年 6 月在全省率先成立具有独立法人资格的常设机构——蚌埠市救急难基金会，填补了社会救助体系的“盲区”。该基金会以“民政主导，公众参与，基金兜底；弘扬传统美德，汇集爱心善举；立足救急解难，救助困难群众；维护公平正义，推进和谐发展”为宗旨，在蚌埠市民政部门指导、蚌埠市慈善协会资助下建立。基金会开发了蚌埠市救急难基金会微信公众号，利用“互联网+”的模式，设立微信众筹平台，积极引导社会力量开展定向募捐，承担政府转介服务，对因生活遭遇突发事件、意外伤害、重大疾病，以及其他特殊原因导致基本生活陷入困境，且社会救助制度暂时无法覆盖，或者享受相关社会救助之后基本生活仍特别困难的家庭或人员采取“一事一议”“一案一策”的方式开展“救急难”救助活动，让突遇不测、因病因灾陷入困境的居民得到及时救助。基金会根据申请对象不同的困难状况、困难情形等分为大病医疗救助、重大灾（伤）害救助和特殊困难救助，并分别确定相应的救助标准（表 6-1）。

表 6-1　蚌埠市救急难基金会救助标准一览表

救助类型	具体标准
大病医疗救助	因家庭成员患危重疾病的，按其一年内个人负担医疗费用的限额比例给予医疗救助，封顶线为 50 000 元。其中：一类救助对象比例不超过 50%；二类救助对象比例不超过 30%；三类救助对象比例不超过 15%
重大灾（伤）害救助	因遭遇火灾、交通事故、溺水、矿难等意外事件造成家庭成员重大人身伤害，导致家庭基本生活难以维持的，根据家庭自救能力和不同的困难情形给予救助。其中：一类救助对象不超过 40 000 元，二类救助对象不超过 25 000 元，三类救助对象不超过 15 000 元
特殊困难救助	因家庭成员身患特殊疾病需要长期维持治疗延续生命、接受非义务教育等生活必需支出长期或突然增加超过家庭承受能力，导致家庭基本生活出现严重困难、难以维持的；遭遇其他特殊困难的家庭，造成暂时无生活来源，家庭出现阶段性、暂时性困难，基本生活难以维持的。其中：一类救助对象不超过 25 000 元；二类救助对象不超过 15 000 元；三类救助对象不超过 10 000 元
其他	市民关注程度高，社会反应特别强烈的极度困难的一、二类救助对象其救助额度可酌情上浮 10~30%，最高救助金额不超过 10 万元

资料来源：蚌埠市救急难基金会：《蚌埠市救急难基金会基金管理使用实施细则》，2016 年 8 月

蚌埠市救急难基金会的设立及其救助行动，实现了四方面创新突破：一是突破了救助标准。蚌埠市救急难基金会救助的最高限额是 5 万元，另外对人民群众关注程度高，社会反响特别强烈的极度困难人员救助额度最高可达到 10 万元。最高限额是蚌埠市临时救助标准的 30 多倍，这在很大程度上能切实起到救急解难的作用。二是突破了医疗救助只对“合规费用”进行测算的限定。城镇医保、新农合、医疗救助等现行政策只能对患者住院期间医保范围内的用药进行报销和救助，但现实中一些重特大疾病的一些特效药物绝大多数不在医保报销范围内，这部分的支出给患者造成了很大的负担。蚌埠市救急难基金会在实施救助时，把这部分支出纳入救助额度的测算范围。三是对于户籍和救助

范围的限制，也进行了大胆的突破。在《蚌埠市救急难基金会基金管理使用实施细则》中明确规定了基金会救助对象的范围：具有蚌埠市户籍或持有蚌埠市居住证的；户籍虽不在蚌埠市，但与蚌埠市有直接关联的（如就业、就学或旅行等）。显然，基金会的救助对象范围以“关涉性”为条件，涵盖户籍、居住证、就业、就学甚至是旅行等，而不再单纯地以户籍为标准。四是拓展了救助范围。它不仅仅限定为最低生活保障对象、特困供养人员、重点优抚对象，还包括城乡低收入家庭和遭遇其他特殊困难造成基本生活难以为继需要救助的家庭。

五、救助的资金支出不断加大

首先，各级政府的筹资规模，是临时救助制度发挥作用的“蓄水池”，关系到临时救助的规模和绩效。自 2015 年以来，安徽省对城乡居民临时救助的筹资高度关注，通过省级及以上、市级、县级财政预算和最低生活保障结转资金共同进行筹集，资金总体上呈稳步上升趋势（表 6-2），从 2015 年的 25 136 万元增长到 2017 年的 25 310 万元。省级及以上财政预算一直保持较高水平，最少的 2017 年也高达 14 864 万元，2016 年更是达到 20 667 万元的高预算水平。关于临时救助资金的市级和县级财政预算，皆呈现快速提高之势，两级相加从 2015 年的 6 825 万元增长到 2017 年的 8 893 万元，增加了 30.30%。此外，最低生活保障结转资金也从 2015 年的 992 万元增加到 2017 年的 1415 万元，增加了 42.74%。这表明，安徽省各级政府对城乡临时救助有着厚实的财政预算储备，为临时救助工作的扎实有效开展奠定了资金基础。

表 6-2　安徽省城乡居民临时救助地方筹资情况（2015~2017 年）（单位：万元）

年份	合计	财政预算			最低生活保障结转资金
		省级及以上	市级	县级	
2015	25 136	17 319	2 350	4 475	992
2016	30 608	20 667	2 359	5 760	1 822
2017	25 310	14 864	2 688	6 205	1 416

注：2014 年的分级财政预算未纳入统计范围，故缺失

资料来源：安徽省民政厅社会救助处

其次，临时救助的财力资金支出，是临时救助发挥制度效力的直接体现。自 2014 年以来，安徽省的临时救助资金规模呈扩大趋势。这里以各年四个季度累计临时救助资金支出为统计口径（图 6-2），结果表明，累计临时救助资金支出从 2014 年的 11 362.96 万元，增长到 2017 年的 24 556.84 万元，其中 2016 年达到历史最高的 26 974.95 万元，2017 年比 2014 年资金支出规模增长 116.11%，历史最高的 2016 年比 2014 年增长 137.39%。

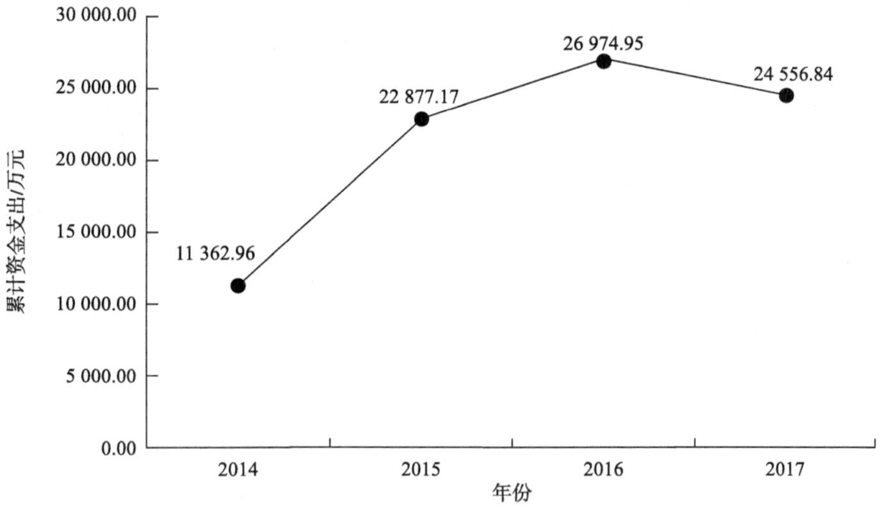

图 6-2　安徽省临时救助年度累计资金支出（2014~2017 年）

资料来源：安徽省民政厅社会救助处

地方筹资规模、累计临时救助资金支出的变动趋势表明，自 2014 年以来，安徽省各级政府对临时救助的财力投入逐步加大。当然，2016 年是一个拐点，随着救助力度的加大、救助措施的完善、救助手段的多元化，临时救助的效果越来越凸显，2017 年筹资和资金支出的下降，实际上是表明 2016 年以后安徽省内临时救助的客观需求在降低，临时救助制度正在收获制度效益，越来越多的困难群众走出贫困，不再需要政府的临时救助。这也正是社会救助制度的本质宗旨之体现。

六、救助的人员规模广泛覆盖

与上述地方筹资、累计资金支出变动趋势一致，安徽省受临时救助的对象变化情况，也呈现出 2016 年前不断扩大和上升趋势，但经历 2016 年拐点后，又开始下降。其中，2014 年累计救助人次达 94 982，2016 年累计救助人次达到历史最高点 168 236，2017 年累计救助人次开始下降到 125 265，但依然高于 2014 年（图 6-3）。这表明安徽省的临时救助在省内实现了广泛覆盖，临时救助制度和政策效果显著，做到了对需要临时救助的城乡困难群体的应救尽救。

如果从救助类型来看，也呈现同样趋势。重大疾病救助在所有临时救助中占据最重要地位，其救助对象规模也是自 2014 年以来不断增加，到 2016 年就开始下降到 114 694 人次（图 6-4）。另一个比较重要的就是教育救助和意外事件救助，其中，教育救助对象从 2014 年的 6 429 人次增加到 2015 年的 8 153 人次，2016 年开始下降到 7 672 人次。意外事件救助对象从 2014 年的 6 941 人次增加到 2015 年的 9 207 人次，2016 年开始下降到 8 545 人次。这些变动趋势都与整个安徽省的临时救助对象整体规模、财政投入变动基本一致。

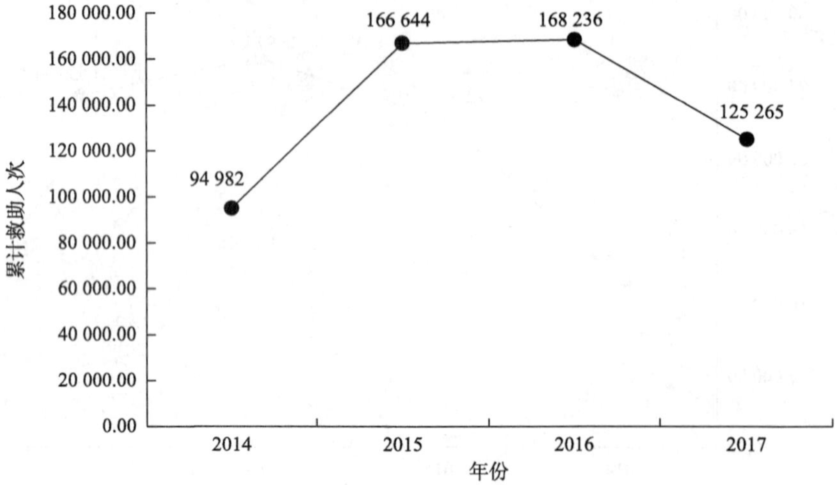

图 6-3　安徽省临时救助年度累计救助人次情况（2014~2017 年）

资料来源：安徽省民政厅

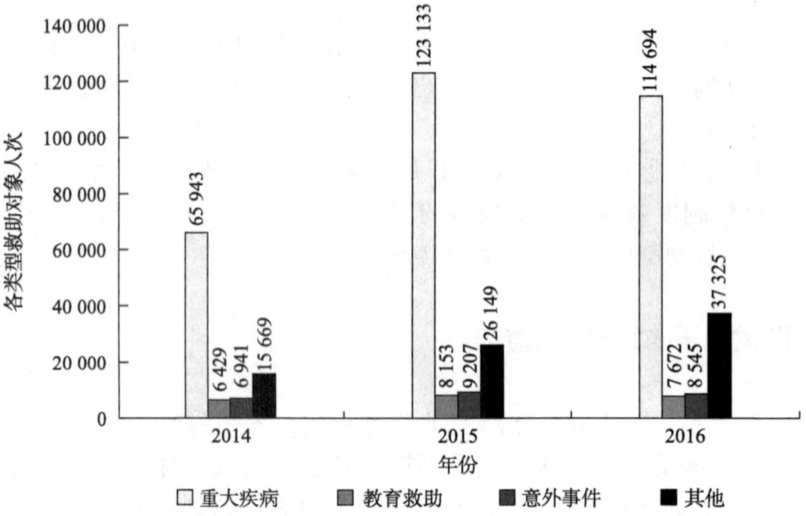

图 6-4　安徽省临时救助类型及规模情况（2014~2016 年）

2017 年统计表格缺类型分类，故未纳入统计分析

资料来源：安徽省民政厅

七、救助的人均标准逐年递增

救助标准关系到临时救助对象获救助的单次收入水准，关系到临时救助对象能否因获救助而保障基本的生存权益。在救助资金总量、救助规模都在总体上涨的情况下，非常不容易的是，安徽省的临时救助标准仍呈上涨趋势（表6-3）。2014 年临时救助水平为 1 196.33 元/户次，2015 年的临时救助水平是 1 363.85 元/户次，2016 年达到 1 603.40 元/户次，2017 年增长到 1 960.32 元/户次，年度增长率分别为 14.00%、17.56%和 22.26%。

2017年较2014年增长了63.86%。这表明，安徽省的临时救助制度有较稳健的资金增长机制，而且待遇标准同样有较稳健的增长机制，临时救助对救助对象的基本生活权益的保障能力不断增强。

表 6-3 安徽省临时救助水平统计表（2014~2017 年）

年份	2014	2015	2016	2017
临时救助水平/元/户次	1 196.33	1 363.85	1 603.40	1 960.32
较上一年度增长率	—	14.00%	17.56%	22.26%

资料来源：安徽省民政厅社会救助处

第二节 生活无着流浪救助工作及其成效

流浪乞讨人员，是指城乡离家在外、自身无力解决食宿，无亲友投靠，正在或即将处于流浪或乞讨状态的人员，它主要包括生活无着的流浪人员和生活无着的乞讨人员这两类。城乡生活无着的流浪、乞讨人员，往往游离于社会救助体系之外，由于受寒冷天气等因素的影响，他们很容易因挨饿、受冻、疾病而引发意外事件，产生不良的社会影响。能否切实有效地关注流浪、乞讨人员，在关键时刻给予及时、充分的救助，是关系到能否织密社会救助之网的重要工作，也是保障流浪、乞讨人员的基本生活权益，维护其人格尊严的重要基础。国务院《社会救助暂行条例》关于临时救助阐述的第五十条、第五十一条针对的救助对象是生活无着的流浪、乞讨人员。因此，生活无着的流浪、乞讨人员的救助（简称流浪救助）属于临时救助政策体系。在流浪救助方面，安徽省近年来积极探索工作机制、加大工作创新力度，围绕救助政策、救助机制、工作方法等形成了一些颇具特色的创新性做法，取得了良好的工作成效。因此，这里将安徽省流浪救助发展状况单列出来作为一节，进行针对性介绍和阐释。

一、积极拓展流浪乞讨人员救助政策

在 2014 年国务院颁行《社会救助暂行条例》之前，安徽省已经就流浪、乞讨人员的救助印发了一些专项救助政策。例如，2012 年 10 月，安徽省人民政府办公厅就印发了《关于加强和改进城镇生活无着的流浪乞讨人员救助管理工作的意见》（皖政办〔2012〕58 号），对当时的保障生活无着人员基本生活权益、综合治理有害乞讨行为等做出了明确规定。此后，生活无着流浪乞讨人员的救助政策创制逐渐成熟，2016 年 5 月，安徽省人民政府第 73 次常务会议通过了《安徽省生活无着的流浪乞讨人员救助办法》（安徽省人民政府令第 269 号），对救助对象做了明确界定，并从救助管理主体、救助机构、救助程序、出站程序、救助内容、救助方式方法、救助监督和问责等方面进行了全方位的规定，为新时期省内流浪救助和管理工作提供了政策标准。随着流浪救助工作的深入，政策思路和工作路径更加明确，安徽省民政厅、财政厅于 2017 年又联合印发了《生活无着人员社会救助实施办法》（皖民生办〔2017〕1 号），从指导思想、目标任务、实施内容、工作要求和保障措施等五个方面，以简洁明晰的条款对生活无着人员的救助进行了规定，更具针对性、操作性。

从 2017 年《生活无着人员社会救助实施办法》这份最新文件来看，安徽省要着力打造的，是一套以主动救助、寻亲服务、回归安置、有害乞讨治理、基层源头预防、社会工作者嵌入等为主要内容，以政府主导、部门负责、社会参与、流入地与流出地联动的工作机制为保障，以省、市、县三级救助管理机构、场所和乡镇（街道）、村（社区）救助服务站（点）为平台，以信息化为支撑，上下联动、部门联动、区域联动的平台式、网格化、综合性的流浪、乞讨人员救助管理工作体系，旨在实现生活无着流浪、乞讨人员的应救尽救。在这套救助体系下，根据救助对象实际需求，按照自愿和无偿的原则，主要提供主动救助、生活救助、医疗救治、教育矫治、返乡救助、临时安置和源头预防、社会工作等救助服务。

省级层面的这些顶层设计，为安徽全省各市、县的流浪救助政策创制、实施内容、工作机制与方法等提供了宏观指导和标准参考，有力地促进了省内各地方的流浪救助服务。以安庆市岳西县为例，在上述省级文件指导下，结合安庆市有关文件精神和指导意见，岳西县积极响应，县民政局、财政局于 2017 年 5 月联合印发了《岳西县 2017 年生活无着人员社会救助实施办法》，对省级的政策指导做了基本结合地方情境的政策吸纳。此外，在具体操作上还形成了岳西县县域内的 2017 年生活无着人员社会救助工作及时间表（表 6-4），使得政策执行性得到增强，使流浪救助工作的监督检查有了操作依据。

表 6-4 岳西县 2017 年生活无着人员社会救助工作时间表

月份	工作任务安排
1	开展好“寒冬送温暖”活动。统筹站内救助和站外救助工作，站外救助及时补录全国第三期信息系统，依托三期信息平台及时发布寻亲公告，无偿帮助缺亲家庭发布寻亲启事
2	预算救助资金。联合公安、城管、卫计等职能部门，全力做好城乡流浪乞讨人员救助救治及“寒冬送温暖”活动，确保春节期间救助工作规范安全有序。加强“痕迹化”救助管理
3	总结上报“寒冬送温暖”活动开展情况。依托救助站成立“岳西县反家庭暴力庇护中心”。出台《岳西县留守儿童保护专干工作规范》。上报季度救助统计表。开展站外托养、救治安全检查
4	制定出台《岳西县 2017 年生活无着人员社会救助实施办法》。开展站外托养、救治安全检查
5	进一步完善救助站日常救助工作机制和发现机制，进一步做好流浪乞讨人员日常救助管理工作。制定出台《岳西县关于加强困境儿童保障工作实施办法》。开展站外托养、救治安全检查
6	开展源头预防工作。抽查乡镇救助管理服务工作档案和资金管理使用情况。上报季度救助统计表。和县电视台拍摄“生活无着人员生活”救助专题片，提高群众知晓率。上报第二季度救助统计表
7	开展“夏季送清凉”活动，做好高温酷暑等特殊时间节点安全救助管理工作。开展汛期安全巡逻排查工作
8	规范做好流浪乞讨人员日常救助管理工作，继续开展“夏季送清凉”活动。走访留守儿童、困境儿童
9	建立流浪乞讨人员走访制度。启动对 2 名无名氏人员安排户籍信息工作。上报第三季度救助统计表
10	总结上报“夏季送清凉”活动。对乡镇救助信息台账、救助资金管理使用情况进行检查。上报第四季度救助统计表
11	联合公安、城管、卫计等职能部门，启动“寒冬送温暖”专项救助活动。按照年度检查考核要求，认真完善考核相关资料，迎接检查考核
12	统计各乡镇年度救助人次，拨付下半年流浪乞讨救助资金。上报第四季度救助统计表。进行年度工作总结

资料来源：岳西县民政局. 岳西县 2017 年生活无着人员社会救助工作路线图及时间表[EB/OL]. http://www.yuexi.gov.cn/html/caizheng/zhengcecuoshi/201705/3762_5229.html，2017-05-16

二、积极顺畅流浪乞讨人员救助程序

简洁、顺畅、规范的救助程序，是流浪、乞讨人员得到及时救助的保障。为提高救助工作效率、有效甄别救助和不予救助的情形、提升流浪救助质量，安徽省依据国家和上述省内已有的政策及实施方案，积极制作生活无着的流浪、乞讨人员的救助程序流程图（图 6-5），涵盖救助对象从到站（接待）到安检（登记）、甄别、救助管理与服务、离站和结束救助的一整套流程和政策标准。流程图公布在安徽省民政厅官网，在各级政府设立的救助管理站及其宣传媒介中都有悬挂和展示，为救助站管理和工作人员的政策宣传、政策执行和政策解释提供了参照，也极大地方便了被救助对象对政策的认识和了解。此外，为方便受救助对象方便、快捷、准确地找到或联系到救助管理站，安徽省各地市、县的救助管理站的机构名称、值班电话、地址均每年定期公布在民政厅等政府官网中，供救助对象和广大人民群众查询。

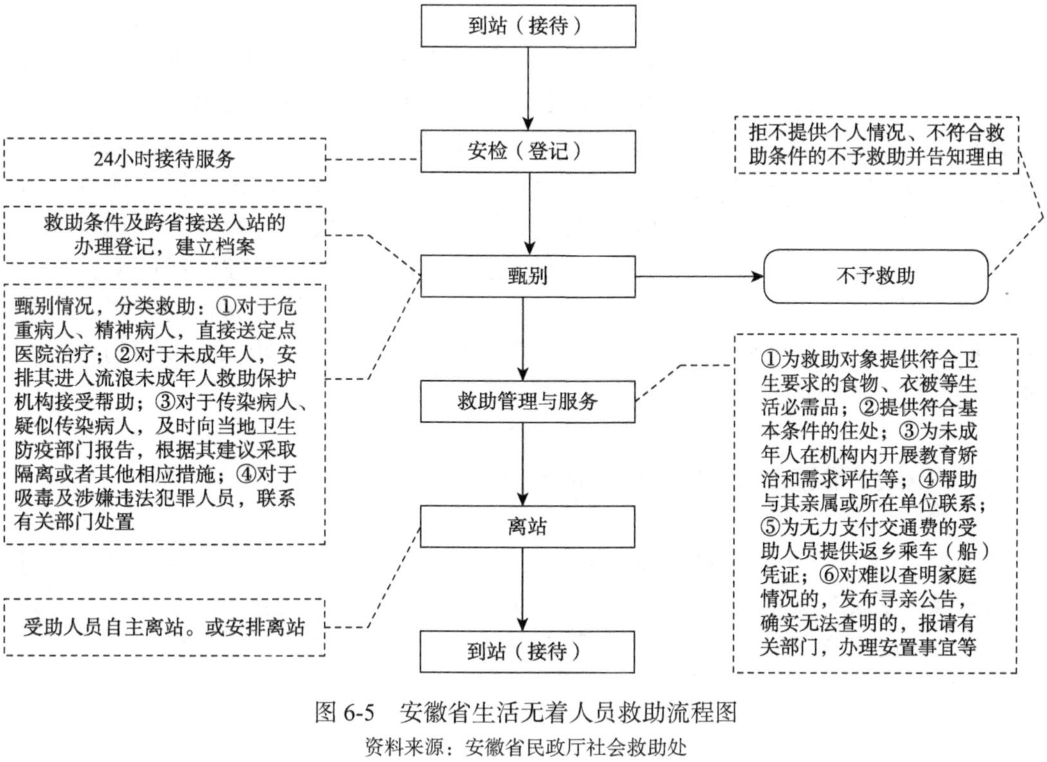

图 6-5　安徽省生活无着人员救助流程图

资料来源：安徽省民政厅社会救助处

三、积极开展极端天气专项救助行动

生活无着的流浪、乞讨人员，最容易在寒冬、酷暑等极端天气时节产生困难，甚至产生各类意外事件。安徽省流浪救助和管理系统，始终强调责任意识、服务意识，针对流浪乞讨人员，开展了多次极端天气专项救助行动。在《生活无着人员社会救助实施办法》（皖民生办〔2017〕1 号）的指导下，安徽全省各级民政部门和救助管理机构多次会同公安、城管和卫生等部门在严寒酷暑天气启动极端天气响应机制，开展“寒冬送温暖”“夏季送清凉”专项救助工作，加强流浪乞讨人员救助，在露宿人员集中地区设立开放式救助点和临时庇护避寒场所，确保生活无着流浪乞讨人员的食品、饮水、衣物、住宿等生活基本需求得到解决，给困难群众送去更多的关爱、温暖和支持。例如，在“寒冬送温暖”方面，安徽省民政厅 2016 年 11 月至 2017 年 3 月在全省部署开展了“寒冬送温暖”专项救助行动，全省各地民政部门加强部门协作、上下联动，形成了救助工作的合力。各地救助管理机构 24 小时值班，确保及时为临时遇困群众提供有效的救助服务。全国救助管理信息系统显示，专项救助行动期间，安徽全省各地救助管理机构共救助 21 141 人次，其中站外救助 6 685 人次。另据不完全统计，各地出动救助车辆逾 6 000 台次，发放棉被 1 700 余床，提供御寒衣物 6 000 余件（双、套），饮食 3 082 件（箱）。2017 年春节来临前，安徽省民政厅又和安徽电视台经视频道合作，连续制作三期受助人员救助返乡节目，真实记录马鞍山等地救助管理机构护送受助人员返乡工作情况，扩大了专项救助行动影响力。

此外，安徽省在极端天气的流浪救助过程中，非常注重对社会力量的吸纳，注重发挥社会组织、社会志愿者队伍对临时救助的参与和帮助。例如，面对 2017 年底 2018 年初强冷空气袭击和暴雪天气，为做好寒冬救助管理工作，确保街面生活无着人员的生命安全，安徽全省各地民政部门及救助管理机构奔走在城乡街面、桥梁涵洞等各处流浪乞讨人员聚居区，开展街面集中救助行动。在巡查和救助过程中，各地积极通过政府购买服务、项目合作等方式引入专业的社会力量投入救助服务队伍中来，壮大了救助力量，提供了专业化救助服务，极大地增强了各地民政部门和救助管理机构的救助服务能力[2]。同时，在动员社会组织和社会力量的过程中，注重实行以枢纽型组织带动志愿者队伍的工作模式。

四、积极探索流浪乞讨人员寻亲服务

寻亲返乡救助，是关系到流浪、乞讨人员能否找回亲人和返回家乡的重要服务工作，对提高生活无着人员的救助质量意义重大。安徽省高度重视生活无着人员寻亲返乡工作，在长期的工作探索中，逐渐形成了多种寻亲返乡服务方式。

（一）网上寻亲服务

在寻亲服务方面，一直强调民政部门加大与相关职能部门协作，综合运用 DNA 信息比对、全国救助管理信息系统和救助寻亲网等方式，不断推动流浪乞讨人员的身份查询和寻亲服务工作。在“互联网+”时代，利用互联网、大数据等现代信息技术平台，加大网络寻亲服务，成为安徽省近年来探索流浪人员救助的一个重要方面。在 2012 年，安徽省就在全国首创流浪乞讨人员网上寻亲，在官方网站安徽民政信息网开设流浪乞讨人员寻亲专栏，并且进行持续更新，为难以确定身份信息的流浪乞讨人员网上寻亲。2015 年底，安徽省民政厅联合省公安厅建立 DNA 比对查找机制，至 2016 年 7 月底，已成功比对 6 例，当时处于全国领先水平。2016 年 1 月，民政部启用全国救助寻亲网平台以来，安徽省累计上传站内滞留待寻亲人员寻亲启事 1 976 条，其中 1 名滞留人员家人已经通过该平台查找比对成功[3]。2016 年 4 月，与《新安晚报》达成寻亲公益合作意向，已通过该媒体成功寻亲 4 例。2016 年 6 月，安徽省流浪乞讨救助指导中心与今日头条寻亲公益项目开展合作，在全省范围内开展“互联网+救助寻亲”公益项目，安徽省成为全国第一个全面合作开展“头条寻人”的省份。签约之后，安徽全省民政系统 78 家救助管理机构与今日头条无缝对接，实时对外发布寻人寻亲信息。在安徽省民政厅与今日头条签约之后，民政部社会事务司于 7 月 4 日在北京与今日头条正式签约开展寻亲合作，实现全国 2 041 个救助站与今日头条合作开展寻人公益项目，为受助对象开展寻亲服务。截至 2016 年 12 月 12 日，仅仅 5 个月，全国各地救助站系统已通过头条寻人成功帮助 500 余名受助人员回家，平均每个月成功帮助 100 人找到亲人。其中，安徽省民政救助系统通过与今日头条合作，成功帮助 84 位走失者找到家人。安徽省通过今日头条发布的寻亲信息和成功案例均位居全国首位。各地救助管理机构利用今日头条精准定位、弹窗推送技术发布受助人员寻亲信息，至 2017 年 3 月 31 日共通过该渠道发布寻亲信息 808 条，成功寻亲 163 人，发布量和成功量都位居该公益项目全国民政系统第一名，获得了社会各界和人民群众的一致好评[4]。

（二）滞留人员安置

安徽省民政厅要求救助管理机构针对那些查找无着的滞留人员，或者利用专业力量开展站内照料服务，或者审慎合规地开展站外托养服务，确保为滞留人员提供优质的安置服务。针对救助过程中确无法查明身份信息的滞留安置人员，安徽省民政厅要求根据国家和省的有关政策报请公安机关办理户口登记手续，符合特困人员供养条件的要及时纳入特困人员供养范围，落实社会救助政策。

在站内寻亲服务方面，各地救助管理机构的工作人员纷纷练就了“顺风耳”，从与受助人员一次次问询对话过程中和千万句无用的语言信息中抓住只言片语的有用信息就有可能为其找到家乡；成为“地图通”，受助对象含糊模糊的家乡记忆，使得救助管理站的工作人员往往要对着地图辨别查找疑似流出地，一一排除直到最终确定；学会了“南腔北调”，受助人员的方言口音是重要的突破口，救助管理站的同志个个对全国各地的方言口音了然于胸，帮助许多走失人员返乡回家。

在救助规范管理方面，《生活无着人员社会救助实施办法》提出了“六必须、七不得”规范工作方法：必须加强安全检查，不得允许求助人员携带危险品入站；必须及时开展寻亲工作，不得对受助人员不闻不问、一托了之；必须规范站外托养业务，不得违规开展站外托养；必须实施分类分区救助，不得出现混合管理现象；必须加强救助记录和档案保管工作，不得出现资料缺失现象；必须健全消防安全制度，不得发生消防安全责任事故；救助管理机构原则上不得为受助对象提供现金。

（三）返乡救助服务

在返乡救助和服务方面，《生活无着人员社会救助实施办法》强调做好返乡救助和跨省接送工作。提出要畅通受助人员的返乡渠道，提出生活无着人员流出地和流入地政府要相互支持、分工协作，帮助返乡受助人员落实社会救助政策，加强地域间的联动与协作，更注重源头预防。文件还指出，受助人员跨省接送工作由各地市级救助管理机构承担，县级救助管理机构原则上不得擅自跨省接送受助人员。

以上多元化的寻求返乡服务方式，贯穿在整个安徽省的各市县的流浪救助实践中，其中也涌现出多个流浪救助的典型代表，蚌埠市近年来创造出的服务于流浪、乞讨人员的“七用工作法”（案例6-1），就属于贯彻落实民政部、安徽省民政厅的政策指示，结合本地实际情况而打造出的新型工作模式。2015年，蚌埠市救助管理站先后为33名身份不明且长期滞留的流浪乞讨人员寻亲成功，成功率达到62%，蚌埠市的“七用工作法”也受到民政部和安徽省民政厅的充分肯定和同行的关注。

案例6-1　蚌埠市“七用工作法”简介[5]

一用，用机构保障。蚌埠市救助站专门成立了由局、站主要负责人、志愿者协会负责人、驻站公安参加的寻亲领导小组，固定专门办公场所和车辆。信息采集、协调联络、案例讨论由专人负责和牵头。场所配齐了便于人员查找和比对的常用设备设施，制定了工作规则和各类人员分工职责。

二用，用认识引领。对从事寻亲人员和临时安置点服务人员采取集中讲课、个别谈心、短期培训、外出取经、典型引导、成果运用等办法提高对寻亲工作的认识，用思想上的高度认同引领寻亲工作开展。2015年4月27日，通过配合公安进行DNA比对，不仅帮助浙江桐芦籍张爱军找到了亲人，同时也帮助公安破获了多年积案，事件经过腾讯网报道之后，在蚌埠市民中正面反响很大，救助站及时运用这一成果，对全站职工和帮助寻亲人员进行随机教育，更进一步聚焦了工作人员对寻亲工作的认识，增强了工作的自觉性和主动性。

三用，用热情感化。根据几年来对滞留安置人员安置原因分析统计，因病、因贫、因弃、因家庭不和，有家不愿讲家，查到家不愿回家的安置人员约占安置人员数的20%，查找这部分人真实居住地或亲人，主要靠感情投入，用温暖的语言感动、用真诚的服务触动、用解决问题的行动影响。六安籍滞留人员汪凳友，2015年底因家庭生活困难流浪到该市被临时安置，开始装聋作哑，不愿讲出离家原因和户籍地址，经过几个月的爱心照顾，他不但说出了具体住址，还给站领导写了一封充满真情的感谢信。

四用，用细心发现。滞留安置人员想回家讲不清家的人，多数是因智力或精神障碍，少数是因长期流浪在外家乡拆迁搬迁、乡村重组合并、住地更名换人。对此，必须细心辨音解字，耐心反复查询，长时间观察举止和生活习惯，在细微中锁定居住范围，在坚守中找到他们的亲人。

五用，用制度激励。为了有效安置流浪乞讨人员中的滞留人员，蚌埠市救助管理站从 2011 年 12 月开始，通过场地租赁的方式，在闲置的部队营区自办了临时安置点。经过几年的完善，已基本形成了自办点为主、民办点为辅，多点分类分流安置的模式。为了及时准确地帮助滞留人员找到亲人，该站对临时安置点上岗工作人员除进行岗前岗中培训，增强工作人员爱岗敬业意识和履职尽职能力之外，还从帮助滞留人员寻亲找家的实际出发，根据个案寻亲的难易程度，相应制定了标准不等的经济奖励制度，用经济补助和精神鼓励并用的手段，奖干的、促看的、带动想干未干的，营造寻亲的环境氛围，增强找家的工作动力。

六用，用技术支撑。该站积极与属地公安建立了深度合作关系。2015 年初以来，公安技术部门有重点地采集了 6 名临时安置人员血样，进行 DNA 比对，并已成功比对 1 人。随着寻亲力度加大，公安固定了与救助站工作配合的对口警队，开通了救助站公安户口信息网，指派 1 名警员驻站，为流浪乞讨滞留人员寻亲提供方便和技术支持。

七用，用网络覆盖。截至 2015 年 6 月底，蚌埠救助站先后和“等着我”“宝贝回家”等 5 个国内影响大的公益寻亲网站取得了联系，与本市媒体特别是本市交通广播电台、电视台建立了稳固的寻亲合作关系。为了沟通及时、查找迅速、方便互动，该站专门选出 7 名有经验、有爱心、工作积极的工作人员参加“宝贝回家”栏目案例讨论小组。2015 年 6 月 25 日，通过与案例讨论小组反复分析比对，在最短时间内帮助宣城市广德县流浪 11 年的刘井红和淮南市上窑镇李保廷找到了亲人，两人回家与父母亲人团聚的照片，在“宝贝回家”寻亲网上已广为传播，蚌埠电视台也进行了跟踪报道。

五、积极出台农村留守儿童监护政策

农村留守儿童问题是在我国经济社会发展和工业化、城镇化推进、大量农村劳动力外出务工背景下出现的新的社会问题，由于部分留守儿童与父母长期分离、缺乏亲情关爱和有效的家长监护，其可能出现心理健康问题甚至极端行为，遭受意外伤害甚至不法侵害。此外，缺乏监护和关爱的留守儿童，少部分因被诱骗、拐卖或生活所迫等复杂原因，转而成为社会流浪、乞讨人员。因此，不断完善农村留守儿童救助保护机制，确保措施到位、责任到位，关系到未成年人健康成长、家庭幸福与社会和谐、全面建成小康社会大局。安徽省在健全流浪救助政策的过程中，对农村留守儿童的监护和关爱政策高度关注。

根据民政部和省政府有关文件指导精神，安徽省民政厅联合安徽省综合治理办公室等 8 个厅局单位，于 2016 年 11 月 21 日出台了《安徽省农村留守儿童“合力监护、相伴成长”关爱保护专项行动实施方案》（皖民务字〔2016〕214 号），主要任务是落实五个责任和一个打击行为，五个责任分别是家庭监护责任、强制报告责任、临时监护责任、控辍保学责任、户口登记责任，一个打击行为是“打击遗弃行为”。针对其中至关重要的落实家庭监护责任方面，又于 2017 年 6 月，出台了《关于落实农村留守儿童家庭监护责任的意见》（皖民务字〔2017〕124 号），实行分类治理模式。具体而言，对父母委托有监护能力的亲属或其他成年人代为监护农村留守儿童的，基层政府和村（居）委会开展留守儿童委托监护确认工作和受委托人能力评估工作；对于无人监护以及父母一方外出另一方无监护能力、评估结果为受委托监护人监护能力不足、评估结果为受委托监护人有监护能力但履责不到位的，开展农村留守儿童监护的帮扶和干预工作。这些政策的出台和专项行动的开展，在很大程度上杜绝了农村缺乏监护的留守儿童遭受遗弃、转变成为流浪乞讨人员的可能性，从源头预防层面为流浪救助提供了服务，提升了对农村留守儿童的监护和关爱质量，有力地支持了流浪救助工作，推动了安徽省城乡流浪救助制度的发展。

由于农村留守儿童群体的救助、社会关爱还具有较强的专业性，迫切需要专业社会工作力量的介入和帮扶。为提升专业社会工作介入省内留守儿童服务的质量和水平，安徽省开展了多轮专题培训。例如，2017 年 4 月 26 日至 28 日，“专业社会工作介入农村留守人员关爱服务试点工作”暨“留守儿童社会保护”欧盟项目专题培训班在合肥开班。来自合肥市长丰县、亳州市利辛县、阜阳市颍泉区、安庆市岳西县、六安市裕安区 5 个试点地区的市县民政局分管领导、社区（村）负责人、儿童福利保护专干、一线社工以及省内社会工作服务机构代表共计 90 余人参加培训。据悉，专业社会工作介入农村留守人员关爱服务体系建设试点是民政部与安徽省人民政府于 2016~2018 年实施的唯一部省合作项目，旨在通过加强农村社会工作专业人才队伍、服务机构和岗位平台建设，夯实农村留守人员服务基础，扩大社会工作服务覆盖范围。同时，欧盟资助安徽留守儿童社会保护项目 2016 年在亳州市利辛县启动，重点围绕当地农村留守儿童开展相关服务，培育农村社会工作专业人才和相关服务机构，提升农村留守儿童的社会保护成效。开班仪式上，安徽省民政厅社会工作处负责人就推进试点工作和欧盟项目提出了要求和相关指导。此次培训还邀请了安徽省民政厅社会工作处、省救助指导中心相关负责同志，省内外社会工作专家学者就试点服务工作体系建设、农村留守儿童相关政策、农村留守儿童专业社会工作、项目的设计运营与管理、志愿服务与“两工互动”、农村社会工作发展战略与实践等进行了细致的讲解。学员们围绕农村留守人员专业社会工作服务发展进行了研讨交流。通过培训，学员们进一步明确了工作思路和目标任务，增强了推进工作的责任感和紧迫感，提升了专业社会工作的能力和水平[6]。

六、生活无着人员救助投入不断增大

强大的政府财力保障，是生活无着的流浪、乞讨人员救助的物质基础。随着安徽省民生工程的实施，安徽省对生活无着人员社会救助的财力投入不断加大。据统计，2016 年中央财政共下达安徽省流浪乞讨救助补助资金 9 261 万元（其中 7 284 万元于 2015 年底提前下达），省财政安排流浪乞讨救助补助经费 2 260 万元（其中省级福彩公益金 2 000 万元），合计共安排财政资金 11 521 万元（表 6-5）。在分配原则方面，2016 年，中央财政共下达省救助补助资金 9 261 万元，按照救助工作量占 65%（包含救助总人次、救助资金支出量和安置人数三项因素），人口和贫困县因素各占 10%，工作绩效和工作试点因素分别占 15%的“工作因素”进行分配，分别分配了 6 020 万元、1 852 万元和 1 389 万元。部门预算省公共财政安排流浪乞讨人员救助补助经费 2 260 万元（其中省级福彩公益金 2 000 万元）。救助经费主要用于生活无着流浪乞讨人员主动救助、生活救助、医疗救治、教育矫治、返乡救助、临时安置、未成年人社会保护等方面，资金的分配采用因素法，综合考虑救助工作量、人口和财力、工作绩效等因素[7]。

表 6-5 2016 年安徽省流浪乞讨救助补助工作经费工作经费分配表（单位：万元）

地区	2016 年中央和省级合计	中央流浪救助补助资金	省级财政民政事业费分配	省级福彩公益金分配
全省合计	11 521	9 261	260	2 000
合肥市	845	648	22	175
淮北市	263	199	7	57
亳州市	893	743	17	133
宿州市	767	620	17	130
蚌埠市	875	709	19	147
阜阳市	1 604	1 350	30	224
淮南市	574	472	11	91
滁州市	912	723	22	167
六安市	778	637	16	125
马鞍山市	538	424	14	100
芜湖市	436	331	12	93
宣城市	651	514	15	122
铜陵市	325	249	9	67
池州市	514	401	13	100
安庆市	940	772	20	148
黄山市	607	470	16	121

资料来源：安徽省民政厅社会救助处

2017 年，安徽省对流浪救助的资金投入继续加大，图 6-6 展示了 2017 年截至每个季度末安徽全省的累计流浪救助资金使用情况。统计显示，2017 年初以来，安徽全省范围内对流浪、乞讨人员的社会救助资金投入逐渐增高，累计使用资金支出从第一季度的 2 766.625 2 万元增长到第四季度末的 15 078.002 3 万元，增长了 4.45 倍。

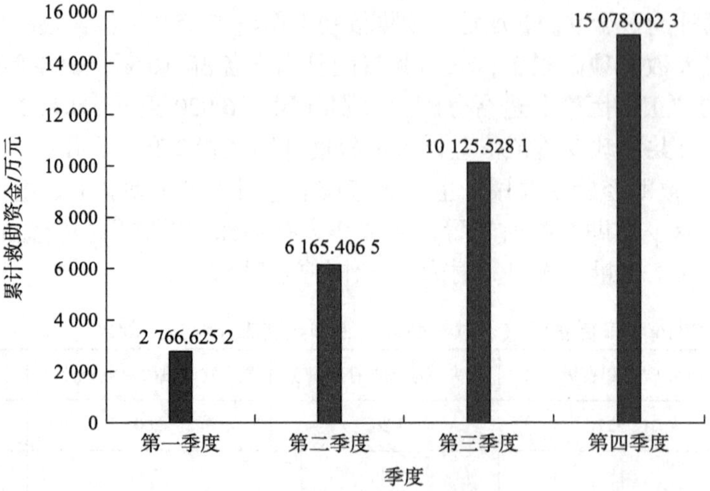

图 6-6　安徽省 2017 年生活无着人员社会救助累计资金支出

资料来源：安徽省民政厅社会救助处

七、生活无着人员救助实现了广覆盖

表 6-6 统计了 2017 年各月生活无着人员社会救助量基本情况，结果显示，自 2017 年初以来，安徽对年初预定的目标任务的完成比呈快速上升趋势，从年初的 17.66%增加到年末的 105.96%，实际救助流浪、乞讨人员人次，从年初的 19 429 人次扩张到年末的 116 560 人次。此外，从站内站外救助规模可以发现，处于特殊天气时段的 6~8 月和 10~12 月，站内站外救助的规模均迅速增加，这表明，各级救助管理站加大了特殊天气时段的主动发现力度，对生活无着人员主动增加了救助和援助量，有效提升了流浪救助的政策效果。最后，安徽省内的滞留安置人员规模一直比较稳定，始终保持在 2 700~3 000 人，这表明，安徽省内救助管理站的滞留安置和管理，一直处于均衡稳定的态势。

表 6-6　安徽省 2017 年各月份生活无着人员社会救助量情况统计表

月份	目标任务/人次	实际救助/人次	其中：站内救助/人次	其中：站外救助/人次	完成情况	滞留安置人员数/人
1~3	110 000	19 429	11 765	7 229	17.66%	3 145
4	110 000	27 794	16 503	11 291	25.27%	2 964
5	110 000	38 622	24 029	14 593	35.11%	2 804
6	110 000	48 318	28 652	19 666	43.93%	2 845
7	110 000	57 524	32 280	25 244	52.29%	2 728
8	110 000	70 337	37 724	32 613	63.94%	2 865
9	110 000	80 776	44 066	36 710	73.43%	2 911
10	110 000	91 141	48 747	42 413	82.86%	2 909
11	110 000	104 575	53 145	51 430	95.07%	2 873
12	110 000	116 560	56 901	59 659	105.96%	2 843

资料来源：安徽省民政厅社会救助处

参考文献

[1] 安徽省民政厅. 滁州市：主动作为 四级联动 全面推进“救急难”试点工作[EB/OL]. http://www.ahmz.gov.cn/list_Show.asp?id=24515，2015-01-19.

[2] 安徽省民政厅. 顶风冒雪送温暖 街面巡查救急难[EB/OL]. http://www.ahmz.gov.cn/list_Show.asp?id=27249，2018-01-04.

[3] 檀美玲. 安徽通过 DNA 比对查找成功寻亲 6 例[EB/OL]. http://ah.anhuinews.com/system/2016/07/18/007413015.shtml，2016-07-19.

[4] 安徽省民政厅. 我省“寒冬送温暖”专项救助行动站外主动救助逾 6000 人次[EB/OL]. http://220.178.31.148:8080/xxgkweb/blue/showView.jsp?unit=002986424&newid=25358，2017-04-10.

[5] 张东. 蚌埠市“七用工作法”探索“寻亲找家新模式”[EB/OL]. http://www.ahmz.gov.cn/list_show.asp?id=20550，2016-06-15.

[6] 安徽省民政厅. 安徽省举办农村留守人员社会工作服务专题培训班[EB/OL]. http://220.178.31.148:8080/xxgkweb/blue/showView.jsp?unit=002986424&newid=31470，2017-04-28.

[7] 安徽省民政厅. 2016 年流浪乞讨救助补助工作经费分配情况[EB/OL]. http://220.178.31.148:8080/xxgkweb/blue/showView.jsp?newid=18931，2016-12-27.

第七章　安徽省其他专项社会救助实践分析（2014~2017年）

2014 年《安徽省人民政府关于贯彻落实〈社会救助暂行办法〉的实施意见》（皖政〔2014〕83 号）印发和实施以来，安徽省在教育、住房和就业等其他专项社会救助方面，也积极出台相应政策、完善制度机制、细化救助流程、打造专项活动品牌，为在求学、住房、就业等方面存在困难的人民群众，提供了及时、有力的救助和支持，对助力全省脱贫攻坚、促进社会公平正义、维护社会和谐稳定起到了重要的保障作用。

第一节　教育救助

所谓教育救助，是国家、社会团体及个人为了保障适龄人口平等地获得受教育的机会，而对贫困地区和贫困学生在不同阶段提供资金、物质和人才等方面帮助和支持的制度[1]。在安徽省委省政府的统一部署和领导下，安徽省教育救助暨家庭经济困难学生资助工作进展顺利。目前已经形成了政府主导、社会参与、学校实施和学生受益的工作格局，在各个教育阶段均得到有效落实，成效明显。在高等教育阶段建立起国家奖助学金、助学贷款、学费补偿助学贷款代偿、校内资助等多种形式有机结合的高校家庭经济困难学生资助政策体系。中等职业教育以免学费和助学金为主，顶岗实习、校内资助为辅的资助政策体系逐步完善。普通高中教育以国家助学金为主体、学费减免和校内奖助学金等为补充、社会力量积极参与的资助政策体系初步形成。义务教育“两免一补”深入持续推进。学前教育资助也正在有条不紊地开展。家庭经济困难学生资助工作已做到全覆盖，为家庭经济困难学生顺利上学提供了制度保障，有力地促进了教育公平和社会公正，既有效地保障了安徽省教育事业的快速发展，也有效地推动了安徽省社会和谐的建设。

一、资助政策体系不断完善

2014 年以来，安徽省教育资助政策体系不断完善，内容涵盖研究生学业奖助政策、生源地信用助学贷款政策、家庭困难学生免学杂费政策和义务教育经费保障政策等。

（一）完善研究生学业奖助政策体系

为配合研究生教育投入机制改革，完善研究生奖助政策体系，安徽省加大了对家庭经济困难研究生的资助力度。2014 年 3 月，安徽省财政厅、教育厅联合印发《安徽省研究生学业奖学金管理暂行办法》（皖财教〔2014〕286 号）和《安徽省研究生国家助学金管理暂行办法》（皖财教〔2014〕287 号）。学业奖学金资助额度方面，从 2014 年秋季学期起，安徽省财政统筹中央财政资金对高校研究生学业奖学金所需资金给予支持，其中：博士研究生按在校生的 70%，每生每年 10 000 元的标准拨付高校；硕士研究生按在校生的 40%，每生每年 8 000 元的标准拨付高校。国家助学金资助额度方面，博士研究生资助标准为每生每年 10 000 元，硕士研究生资助标准为每生每年 6 000 元，主要用于补助研究生基本生活支出。

（二）提高生源地信用助学贷款标准

为更好地满足家庭经济困难学生缴纳学费和住宿费的需求，根据财政部、教育部等有关部委的统一部署，2014 年安徽省上调了助学贷款上限金额标准，由之前的每人每年不超过 6 000 元，调整为全日制普通本专科生每人每年不超过 8 000 元，全日制研究生每人每年不超过 12 000 元[2]。生源地信用助学贷款主要面向广大家庭经济困难的普通高校新生和在校生，且对有特殊困难的家庭优先支持。例如，根据《2017 年安徽省国家开发银行生源地信用助学贷款办理指南》，除常规的申请条件外，如果还符合以下条件之一的家庭应当优先支持，这些条件包括[3]：①农村特困户和城镇低保户；②孤儿及残疾人家庭；③遭受自然灾害，造成重大损失，无力负担学生费用；④家庭主要成员患有重大疾病；⑤家庭主要收入创造者因故丧失劳动能力；⑥无稳定收入的单亲家庭；⑦老、少、边、穷及偏远农村的家庭经济困难家庭；⑧父母双方或一方失业的家庭。

（三）实施家庭困难学生免学杂费政策

安徽省财政厅和安徽省教育厅印发的《关于免除普通高中建档立卡家庭经济困难学生学杂费的实施意见》（皖财教〔2016〕1501 号）规定，自 2016 年秋季学期起，安徽省免除公办普通高中在籍在校家庭经济困难学生（含农村最低生活保障家庭学生、农村特困救助供养学生、非建档立卡的家庭经济困难残疾学生、建档立卡家庭贫困学生）学杂费。对在民办普通高中就读符合免学杂费政策条件的学生，按照当地同类型公办普通高中免除学杂费标准给予补助。据统计，2016 年秋季学期安徽全省共有 4.6 万人受益，财政补助金额达 3 400 万元。

（四）调整完善义务教育经费保障政策

为满足学校信息技术和教师培训等方面不断增大的开支需求，2014 年安徽省农村义务教育生均公用经费补助标准在 2013 年基础上提高 40 元，达到小学生均 625 元、初中生均 825 元。从 2016 年春季学期开始，统一了城乡义务教育学校生均公用经费基准定额。2016 年生均公用经费基准定额为：普通小学每生每年 600 元、普通初中每生每年 800 元。在此基础上，对寄宿制学校按照寄宿生年生均 200 元标准增加公用经费补助，切实解决寄宿制学校运转困难，继续落实好农村地区不足 100 人的规模较小学校按 100 人核定公用经费和学校取暖费补助等政策。继续对接收进城务工农民工随迁子女的城市义务教育阶段学校追加安排公用经费。此外，2016 年起，特殊教育学校和随班就读残疾学生按每生每年 6 000 元标准补助公用经费[4]。

二、资助工作监管不断加强

为保障教育救助工作的有序开展，推动教育救助资金的高效、公平配置，安徽省建立了多种工作机制来加强教育救助的监管。

（一）建立资助工作月巡视制度

为动态了解学校资助工作的开展情况，除年度民生工程监督考评外，安徽省还建立了学生资助工作月巡视制度，按照定期巡视、分级巡视、“下查一级”和点面结合的原则开展学生资助巡视工作，加强监督检查。要求省级有关部门在一个自然年度内对市（直管县）巡视面达到 100%；对普通高校、各级各类高中阶段学校巡视面达到 20%。月巡视工作的主要内容包括：各项学生资助工作政策的贯彻落实情况，资助资金到位和发放管理情况，当月受助学生人数核实情况以及校内资助制度的落实情况等。省级巡视根据所发现问题的严重程度，对被巡视对象分别进行口头反馈、约谈、下发整改通知单和公开通报，巡视结果成为工作考核重要指标，纳入民生工程考核和学生资助工作考核。

（二）规范普通高中资助对象认定和校内资助管理

安徽省教育厅专门印发了《安徽省学生资助管理中心关于进一步规范普通高中资助对象认定和校内资助管理工作的通知》（皖教助函〔2014〕29 号），要求各市、县（市、区）教育局和普通高中学校要严格规范资助对象的认定过程，合理确定资助标准，确保精准资助；严格把控校内资助经费提取，规范校内资助范围，确保及时落实、按时到位；要求严格落实高中资助卡的各项管理规定，杜绝存在“睡眠卡”现象，确保高中资助资金的安全。

（三）开展资助数据核查工作

根据全国学生资助管理中心统一部署开展高中阶段学生资助“睡眠卡”及中职受助学生相关信息核查工作。以 2016 年为例，安徽全省共核查高中阶段“睡眠卡”15 901 张，核查中职助学金受助对象与各学段重复信息数据 7 806 条，此外，免学费受助对象与各学段重复信息数据 31 993 条。通过数据核查，进一步完善了全省资助专用银行卡的发放和激活流程，规范了中职学校国家助学金和免学费评定、发放和管理工作，有力地保障了财政助学资金的安全，切实维护了学生权益。

（四）规范学生资助绩效评价工作

2016 年 5 月，安徽省教育厅正式印发《安徽省家庭经济困难学生资助工作绩效评价办法（暂行）》（皖教助〔2016〕3号）。根据该办法，安徽省教育厅对各市、县（市、区）教育行政部门、普通高等学校和省属中职学校全面实施学生资助工作绩效考评。绩效评价实行定性和定量相结合、日常评价与年终评价相结合的方式，各项评价指标满分为 100 分，日常评价和年终评价分别按 30%和 70%的权重进行折算。其中，年终评价内容非常丰富，包括：学生资助工作的组织管理、制度机制建设、政策落实情况、资金管理情况、监督检查、日常管理和宣传教育等。学生资助工作绩效考评结果将分为优秀、合格和不合格三个等次，对年度评价不合格的单位将由安徽省教育厅约谈单位主要负责人，同时要求不合格单位须限期进行整改并及时报送整改报告，两年之内不允许参加学生资助方面的评优评先活动。

（五）实施部分民办学校资助资金代发工作机制

为保障资助资金安全，对安徽文达信息工程学院等五所资金链存在异常的高校实施资助资金代发制度。以 2016 年春季学期为例，共代发国家助学金 792.8 万元。资助资金代发制度的实施切实保障了教育救助资源的安全使用，使之真正发挥教育救助作用。

三、资助宣传力度逐渐加大

2014 年以来，安徽省以提高资助工作满意度和知晓率为目标，精心组织了一系列针对性强的资助宣传互动，传递资助声音，提升资助宣传效果。

（一）以招生录取为契机主动宣传资助政策

在历年的《安徽普通高校招生报考指导》中刊载学生资助政策简介和全国学生资助管理中心致普通高中应届毕业生的公开信。要求高校随录取通知书免费向当年考入普通高校的所有全日制本专科（含高职）新生寄送《高等学校学生资助政策简介》。

（二）开展学生资助诚信教育主题活动

高校有关部门联合中国人民银行合肥中心支行、国家开发银行安徽省分行、安徽省农村信用社联合社等机构，合作开展“诚信校园行”专题教育活动，向学生们宣讲征信和金融知识，讲解生源地信用助学政策的贷款还款流程。此外，还将资助诚信教育活动推广至高中教育阶段，以中华优秀传统文化和社会主义核心价值观所倡导的“诚信”为主题，结合生源地信用助学贷款政策宣传，向高中阶段学生普及征信、金融等相关知识，增强学生诚信意识，促进省内生源地助学贷款工作的有序开展、持续发展。

（三）布置开展学生资助工作“百千万”走访活动

为巩固和扩大党的群众路线教育实践活动成果，搭建资助工作沟通平台以实现与学生、家长和社会的沟通交流，安徽省连续布置开展了学生资助工作“百千万”走访活动，要求各市县教育主管部门、各高校结合本单位实际在当年 4~10 月，开展家庭经济困难学生走访活动。重点对家庭经济困难学生进行走访，向他们宣传资助惠民政策，帮助其克服困难、解决问题。走访活动结合资助政策宣传进行，在资助政策宣传时将政策宣传关口前移，将高校资助政策提前至高中阶段加以宣传，将高中和中职资助政策提前至初中阶段进行宣传，加大政策宣讲和解释力度，消除家庭经济困难学生升学的后顾之忧。

（四）布置开展“三长”谈资助活动

联动《安徽青年报》、《安徽教育》、安徽教育网等公共媒体，通过撰写署名文章或公开访谈形式，邀请部分市县的教育局长、县长、学校校长（即“三长”），从领导和决策者、管理者等不同视角出发，以本地本校资助工作特色为切入点，充分展示资助工作成绩，宣讲本省教育资助政策，探讨资助工作发展思路。

（五）编印《安徽省励志成长成才优秀学生事迹选编》

为广泛宣传优秀学生的先进和典型事迹，展示本省家庭经济困难学生资助政策体系建立以来受助学生励志成才的精神风貌，激励更多青年学生自立自强、奋发成才，省学生资助管理中心与安徽教育出版社合作，组织编印了《助学 · 圆梦——安徽省励志成长成才优秀学生事迹选编》[5]。这些学生都是在国家资助政策支持下，积极进取、自立自强、感恩奉献的优秀学生代表，他们的事迹体现了国家资助政策所取得的成效。

（六）大力借助新媒体资源进行资助政策宣传

一方面，确保热线电话等沟通反映渠道畅通。从每年的 8 月 1 日起，正式对外公布当年学生资助工作热线电话，各高校、各市县区学生资助管理部门均安排专人负责接听热线电话，解答政策咨询，受理举报投诉。同时，还通过安徽教育网“学生资助政策问题解答”专栏、安徽学生资助微博等渠道常年接受咨询。另一方面，组织省级采访团开展学生资助工作现场采访宣传。一般在 8 月中旬，安徽省教育厅会组织新华社安徽分社、人民网安徽频道、《安徽日报》、《安徽新闻联播》及省教育宣传中心等中央驻皖及省直主流媒体集中采访报道安徽省教育扶贫及生源地助学贷款工作，提升安徽省学生资助政策宣传效果。

第二节　住房救助

根据《社会救助暂行办法》，住房救助是指国家对符合规定标准的住房困难的最低生活保障家庭、分散供养的特困人员，通过配租公共租赁住房、发放住房租赁补贴、农村危房改造等方式给予救助的制度。2014 年以来，安徽省通过一系列制度与政策，对住房困难的家庭和群众提供了尽可能的救助，收到了积极成效。

一、加强公租房保障

通过配租公共租赁住房、发放住房租赁补贴，实施住房救助。2016 年，安徽省住房和城乡建设厅印发了《关于加强公共租赁住房分配和运营管理的通知》（皖建保〔2016〕126 号），提出了到 2020 年建立实物保障与租赁补贴方式并举的保障制度，形成保基本、促公平、可持续的公共租赁住房保障体系，实现城镇基本住房保障常住人口全覆盖的目标。该通知要求各地在户籍和收入两个方面依法适度放宽准入条件，加快公租房的分配使用，并做到随时受理申请，依申请应保尽保；优化审核程序，实现公开公平公正。据统计，2016 年，安徽全省新增公租房保障 13.5 万户，下达中央和省级专项补助资金 6.34 亿元。2017 年 1 月至 9 月，安徽全省保障性住房基本建成套数达 82 128 套，竣工 6 987 套，其中，公共租赁住房基本建成 17 683 套，竣工 1 906 套；廉租住房新开工 95 706 套，竣工面积 3 033 平方米，完成投资 5 209.26 万元[6]。

二、加大农村危房改造力度

2014 年以来，继续加大了对农村危房改造的推进力度。为切实做好农村危房改造工作，安徽省住房和城乡建设厅于 2014 年 3 月专门印发了《安徽省农村危房改造实施导则（试行）》（皖建村〔2014〕66 号），为安徽全省农村危房改造工作提供了操作化指引。2016 年和 2017 年连续下发全省农村危房改造的专门实施办法，其中《安徽省 2016 年农村危房改造实施办法》提出，要将农村危房改造和精准扶贫相结合，统筹开展农房抗震改造，把建档立卡贫困户危房改造放在最优先位置，对特困户危房改造采取重建方式，实施兜底解决，确保住房救助落到实处。当年完成 10.5 万户农村危房改造，全面完成年初确定的 10 万户目标任务，并重点向贫困县、大别山片区、洪涝灾害地区倾斜。2017 年继续将居住在危房中的建档立卡贫困户、最低生活保障户、农村分散供养特困人员、贫困残疾人家庭等 4 类重点对象以及其他贫困户作为补助对象，其中 4 类重点对象家庭重建房屋户均补助 2 万元，修缮加固户均补助 0.6 万元；其他农村贫困家庭重建房屋户均补助 1 万元，修缮加固户均补助 0.4 万元。

三、推进两房并轨运行

在铜陵、芜湖等地先行先试的基础上，从 2014 年起，安徽省开始全面推进公租房和廉租房并轨运行，实行规划建设、资金使用、受理审核、轮候配租和管理服务的“五统一”，提高资源配置效率，改进公租房供应、分配和管理方式，满足不同困难群体的差异性需求。其中对已通过廉租房享受住房救助的困难对象，仍在其合理的负担范围内支付租金和物业费，享受相关优惠政策。2014 年 3 月底，省财政厅也转发财政部通知，要求各地财政部门积极做好公共租赁租房和廉租房并轨运行的有关财政工作，推动和保证公共租赁住房和廉租住房并轨工作顺利开展。明确廉租房、公租房并轨运行后，地方政府原用于廉租房建设的资金来源渠道，主要包括：基本建设投资安排的资金、住房公积金增值收益安排的资金以及土地出让收益安排的资金等，均整合用于公租房，以保证资金投入的充足。原廉租房租赁补贴资金继续用于补贴在市场租赁住房的低收入住房保障家庭，租赁补贴应当按月或按季均衡核发，不得采取半年或一年集中一次性发放方式，年度最后一次核发租赁补贴必须在 12 月 25 号前完成[7]。

四、加强规章制度建设

2013 年 9 月，安徽省人民政府颁布了《安徽省保障性住房建设和管理办法（试行）》，对保障性住房投资建设、分配退出、监督管理等做了明确规定，明确了城镇住房保障对象、保障方式和标准，规范了申请与审核流程，明确了“三审两公示”制度，并对城镇最低生活保障家庭等特殊困难家庭优先予以保障，为落实住房救助工作提供了政策保障。2014 年，安徽省住房和城乡建设厅专门开展了对该办法实施情况的评估和调查，全面掌握政策实施现状，为进一步促进政策实施提供决策依据。

五、完善救助管理机制

2016 年，安徽省住房和城乡建设厅会同省民政厅印发了《关于进一步加强住房保障审核的通知》（皖民社救函〔2016〕102 号），严格规范审核管理程序，加强对申请城镇住房保障家庭经济状况核对，杜绝骗取保障待遇等问题。安徽省住房和城乡建设厅还印发了《关于进一步规范农村危房改造工作程序的通知》（皖建村函〔2016〕1477 号），重点强化农村危房改造补助对象确定、申请审核程序、健全公示制度、制定发放政策明白卡、资金使用监管、农户档案管理等工作。加强信息系统建设，实行按户录入、动态管理，确保信息准确性。

六、实施目标责任管理

安徽省人民政府已连续七年将住房保障工作列入省民生工程和对各市政府年度目标

绩效考核内容，并建立了督查和问责等工作推进机制。监察、审计等部门不断加大监督和检查力度，有力保障全省住房保障工作的顺利实施。2014 年以来，安徽省住房和城乡建设厅通过处室对口巡查、每月定期通报、开展专项督查等方式，加大对各市住房保障工作进展和政策措施落实情况的督促力度，确保年度目标任务顺利实施。

七、强化资金土地保障

安徽省人民政府规定，保障房新增建设用地指标按照 1.4 容积率加 15%商业配套，在省级年度土地利用计划中提前单列安排，做到应保尽保。省财政每年都对公租房（含廉租房）建设和低收入家庭住房租赁补贴，安排专项资金补助。以 2014 年为例，当年下达保障房新增用地指标 0.83 亩，中央和省级财政累计安排用于公租房（含廉租房）和租赁补贴专项补助 43.28 亿元。

八、加强信息系统建设

安徽省自 2010 年开发实施了廉租住房保障信息系统，经过几年的应用和完善，基本实现了对保障对象的申请、审核、退出等全过程管理和各类保障房源的实时管理，目前已初步建立了省、市、县（市、区）和街道四级住房保障业务网络体系，实现了住房保障统计数据在线提取和上报、信息链接发布等功能，有力保障了住房救助公正公平公开实施。此外，就信息公开方面，制定印发了《2016 年城镇住房保障信息公开实施意见》和《2016 年农村危房改造信息公开实施方案》，重点加强政策信息公开、准入条件信息开工、对象认定过程公开、救助结果信息公开，督促各地落实信息公开责任，推进公租房保障、农村危房改造信息公开工作科学化、规范化、常态化，主动接受群众监督。各地住房保障信息公开情况，纳入年度工作考核内容。

第三节　就 业 救 助

2014 年以来，安徽省人力资源和社会保障厅认真贯彻落实省委省政府决策部署，按照省社会救助部门联席会议工作安排，坚持把困难人员就业作为就业工作重点，健全就业救助政策措施，加大就业救助工作力度，多措并举，综合施策，精准施策，扎实推进就业困难人员就业创业，各项工作取得良好成效。

一、出台政策措施，完善就业救助工作制度

2016 年，安徽省人力资源和社会保障厅印发《关于落实进一步做好新形势下就业创业工作有关政策的通知》（皖人社秘〔2016〕79 号），明确零就业家庭成员、大龄就业

困难人员、长期失业人员等七类就业困难人员具体认定条件，进一步增强了就业困难人员帮扶工作可操作性。会同残联等十部门转发《关于做好全国残疾人基本服务状况和需求信息数据动态更新工作的意见》，将对残疾人的基本服务状况由集中调查变为日常性的信息数据更新，为实施残疾人就业救助提供了更加科学的依据。2017 年，安徽省人民政府又印发了《安徽省人民政府关于进一步促进当前和今后一段时期就业创业工作的通知》（皖政〔2017〕111 号），从就业战略、就业形态、创业带动、高校就业、其他重点群体就业、就业创业服务、政府责任等各个方面，进行了综合性、系统性规定，为今后一个时期促进就业创业工作提供了指导、进行了部署。

二、实施就业脱贫工程，坚决打赢脱贫攻坚战

以安徽省人民政府办公厅名义制定了就业脱贫工程实施意见，通过采取居家就业、定向技能培训、促进转移就业、创业带动就业等多种措施帮扶贫困劳动者通过就业实现脱贫。安徽省人力资源和社会保障厅会同安徽省国有资产监督管理委员会、省扶贫开发办公室、省工商界联合会认定 53 家企业为省级就业扶贫基地。开发“就业创业脱贫信息系统”，通过摸底调查，建立 170 万名贫困劳动者精准台账。分解下达就业脱贫工程目标任务，建立就业脱贫月通报、季点评制度，取得了积极成效。以 2016 年为例，开展了 2016 年安徽省就业脱贫服务月劳务对接（合肥–六安）专场招聘会等专项活动，帮助 28.4 万名贫困劳动者实现就业，超额完成了年度目标任务。

三、支持创业创新，以创业带动困难人员就业

完善创业担保贷款支持创业就业政策，将面向就业困难人员的创业担保贷款额度统一调整为最高不超过 10 万元，延长创业担保贷款期限，由最高不超过 2 年调整为最高不超过 3 年，并按规定给予财政贴息，有力支持了就业困难人员创业创新。对就业困难人员开展阶梯式创业培训，开辟网络创业培训新路径，积极提升其创业能力。

四、突出工作重点，加大对高校毕业生等群体帮扶力度

将高校毕业生就业作为就业工作的重中之重，扩大高校毕业生求职创业补贴发放范围，将求职创业补贴范围由享受城乡居民最低生活保障家庭、残疾毕业生扩大到获得国家助学贷款的毕业年度高校毕业生，并提前 1 个月组织发放。以 2016 年为例，全年共为 13 638 名 2016 届毕业生发放补贴 1 091 万元，同比提高 4 倍；将公益性岗位开发列入就业扶持民生工程，纳入市县目标考核体系，大力开发公益性岗位，对就业困难人员托底安置。安徽全省在这一年共开发公益性岗位 5.6 万个，完成年度目标任务 112%，安排 3 万名困难人员就业。

五、开展职业培训，提升困难人员就业能力

授人以鱼不如授人以渔。安徽省实施就业技能培训民生工程，以就业困难人员为重点，依托企业和各类培训机构开展职业培训。在 2016 年，共培训城乡各类劳动者 34 万人，完成年度目标任务 113.3%。安徽省教育厅还启动实施技能脱贫培训行动，会同安徽省财政厅、省扶贫开发办公室制定《安徽省技能脱贫培训专项资金使用管理暂行办法》，在“自下而上”的基础上，确定全年培训 2 万人的目标任务，及时将 4 200 万元培训补贴资金配套拨付各地。以 2016 年为例，安徽全省累计培训建档立卡农村贫困劳动者近 8 000 人。对就业困难人员开展阶梯式创业培训，开辟网络创业培训新路径；安徽全省就业困难人员参加创业培训 1 564 人，创业 3 963 人；开展技能脱贫培训 1.76 万人，创业培训 963 人，发放创业担保贷款 1.18 亿元；为 2.21 万名贫困家庭子女补助学费或生活费，投入财政扶贫资金 6 626.4 万元，资助贫困家庭子女接受职业教育，提高就业创业能力。

六、开展专项活动，推动就业救助政策落地见效

开展就业援助月活动。以“就业帮扶、真情相助 ”为主题，广泛开展政策宣传、走访调查、精准服务等系列活动，为就业困难人员提供就业指导、岗位信息、职业介绍、技能培训等系列服务，落实各项政策补贴。2016 年活动期间，共办专场招聘会 1 336 场，走访援助对象家庭 25 609 户，帮助 12 871 名就业困难人员实现就业，帮助 20 757 名就业困难人员享受就业优惠政策。开展就业创业“四进四扶”集中推进行动。深入高校、园区、企业、乡村（社区），全面落实税收减免、社会保险补贴等各项优惠政策，引导企业吸纳困难人员就业，扶持就业困难人员自谋职业、灵活就业。开展“一对一”重点帮扶，努力做到就业困难人员“出现一人，认定一人，扶助一人，稳定一人”。对零就业家庭确保动态清零。

参考文献

[1] 王齐彦. 中国城乡社会救助体系建设研究[M]. 北京：人民出版社，2009：250.

[2] 刘颖. 安徽今年上调助学贷款金额 简化申请手续[EB/OL]. http://ah.people.com.cn/n/2014/0819/c358266-22040002.html，2014-08-19.

[3] 安徽省教育厅. 2017 年安徽省国家开发银行生源地信用助学贷款办理指南[EB/OL]. http://www.ahedu.gov.cn/986/view/20279.shtml，2017-05-15.

[4] 安徽省教育厅. 2016 年教育救助工作开展情况暨 2017 年工作思路[R]. 2016-11-26.

[5] 江春. 助学·圆梦——安徽省励志成长成才优秀学生事迹选编[M]. 合肥：安徽教育出版社，2015.

[6] 安徽省住房和建设厅. 安徽省2017年1-9月保障性安居工程建设进展情况快报表[EB/OL]. http://www.ahjst.gov.cn/ahzjt_Front/zt/008001/，2017-10-20.

[7] 部征. 安徽省将落实两房并轨制度[EB/OL]. http://ah.sina.com.cn/news/m/2014-04-01/102498403_2.html，2014-04-01.

第八章　安徽省社会力量参与社会救助实践分析（2014~2017 年）

政府是现代化社会救助体系中的“主角”，在社会救助的愿景规划、政策引导、制度规范、资金支持等方面发挥主导作用。但是，社会救助事务绝不是政府的“独角戏”和“单口相声”。换言之，各种社会力量也在社会救助体系中扮演着不可或缺的角色，它们对于社会救助内涵的拓展、专业水平的提升、具体服务的递送等方面拥有组织优势。因此，建立健全社会力量参与社会救助的机制和渠道，为社会力量参与社会救助创造条件、提供便利，都是社会救助体系和救助能力现代化发展的题中应有之意。国务院颁布的《社会救助暂行办法》就明确指出：“国家鼓励单位和个人等社会力量通过捐赠、设立帮扶项目、创办服务机构、提供志愿服务等方式，参与社会救助。”

安徽省将社会力量参与作为健全完善社会救助体系的重要抓手，积极构建社会力量参与的工作机制，推动社会力量在受灾人员救助、医疗救助、“救急难”、特困人员供养等领域发挥有益功能，使社会力量真正成为社会救助体系的有机构成要素。

第一节　政策引导与制度保证

合理而明确的制度是保证社会力量有序、有效参与社会救助的基本条件，也是规范社会救助管理部门和社会参与主体互动关系的基本条件。更为重要的是，制度体系赋予了社会力量的参与资格、拓展了社会力量的参与空间。安徽省一直以来十分重视引导和鼓励社会力量参与社会救助，经过几年的积极探索，社会力量参与社会救助的政策体系和制度框架基本确立。

一、推进专业社会工作力量参与社会救助

为推动专业社会工作力量参与社会救助工作，将专业社会服务融入社会救助，安徽省民政厅印发《关于加快推进社会救助领域社会工作发展的实施意见》（皖民办字〔2015〕115 号）。该实施意见是《民政部、财政部关于加快推进社会救助领域社会工作

发展的意见》（民发〔2015〕88 号）、《安徽省人民政府关于贯彻落实〈社会救助暂行办法〉的实施意见》（皖政〔2014〕83 号）和《安徽省民政厅　安徽省财政厅关于政府购买社会工作服务的实施意见》（民办字〔2014〕129 号）的配套实施文件，旨在明确社会救助领域的社会工作服务内容、形成社会救助领域的社会工作服务机制、强化社会工作在社会救助领域的服务成效，加快构建服务专业、内涵丰富和有效递送的现代社会救助体系。

《关于加快推进社会救助领域社会工作发展的实施意见》由总体要求、主要任务和工作保障三大部分构成。主要内容包括以下几方面。

第一，明确社会救助领域社会工作服务内容。《关于加快推进社会救助领域社会工作发展的实施意见》强调，专业社会工作的介入是回应社会救助对象需求、提升社会救助水平、构建现代社会救助体系的必然要求。社会工作可在以下五方面发挥专业作用：一是社会融入。帮助救助对象调节家庭和社会关系，更好地开展人际交往，提升服务对象适应社区和社会环境的能力；改善与重构救助对象的社会关系网络，消除社会歧视，为救助对象融入社会而塑造良好的家庭条件、社区环境和社会氛围。二是能力提升。依据救助对象的内在需求和意愿、自身条件和基础等，挖掘其潜能，培育其谋生技能和自我维持、自我发展能力；帮助救助对象转变生活观念，培育其自信心，树立其自理和自立的生活态度。三是心理疏导。利用个案工作、小组工作和社区工作等专业手段，为救助对象提供抚慰消极情绪、缓解心理压力、矫正不良行为、转变负面心态等服务，帮助救助对象形成积极乐观、向上向善的心态；防止或减少救助对象发生救助依赖心态。四是资源链接。作为专业的社会支持网络，社会工作服务机构和社会工作者在需求分析的基础上，为救助对象提供更加广泛的社会支持，为其提供更为多样的资源支撑，包括生活、就学、就业和就医等；链接其他社会组织或自己组织专业志愿者为救助对象提供多层次的救助服务。五是宣传倡导。社会工作服务机构和社会工作者作为政府和救助对象的中介，发挥上情下达、下情上达的信息沟通网络作用。宣传社会救助政策，在全社会形成支持社会救助、参与公益慈善的积极氛围；助推救助对象了解、理解、支持社会救助政策；向社会救助管理部门反映救助需求、反馈救助政策执行情况；向社会救助管理部门倡导社会救助项目，拓展社会救助内涵，推动社会救助政策体系的健全和完善；向社会救助经办机构传递基层急难信息，发挥“主动发现”责任，提高社会救助体系的回应性。从理论上，现代公共组织应该具有的责任之一便是“回应”（responsiveness）。其包括两个层面的内涵：一是快速行动起来，满足民众的服务需求；二是洞视先机、前瞻主动，在问题爆发之前发现问题、解决问题[1，2]。这说明了“主动发现”机制和责任的积极价值。

第二，完善社会救助领域社会工作服务机制。《关于加快推进社会救助领域社会工作发展的实施意见》指出，要按照“政府引导、社会承接、专业支撑、项目运作”的工作思路，完善体制机制，健全参与渠道，使社会工作服务机构和社会工作者能够便捷迅速地介入社会救助领域。具体从三个方面着手推进：一是社会工作服务发现报告机制。畅通信息沟通与工作联络机制，使社会工作服务机构和社会工作者能够随时将“急难”对象及其需求信息传递到社会救助管理部门，及时启动救助程序；创新回应机制，支持社会工作服务机构和社会工作者设计救助项目，并通过公益创投等工作机制开展救助服务；健全工作机制，推动社会工作服务机构和社会工作者参与社会救助（申请）对象家庭状况调查评估、服务需求分析、服务项目设计、救助效果评估等具体社会救助管理与服务事务；完善服务机制，培育发展社会救助领域的志愿服务组织，加快志愿服务组织中的社会工作专业岗位开发，加强社会救助专业知识和技能培训，提升其救助意识和救助能力，实现社会救助服务需求与供给的无缝对接、有效均衡。二是社会工作服务承接机制。拓展服务购买宽度，加大服务购买力度，丰富服务购买项目，充分利用政府向社会力量购买服务的有关政策，将社会救助领域的事务性、服务性和专业性工作委托给有充足服务资源和专长服务能力的社会组织承接。支持鼓励社会救助领域的事业单位（如福利院、救助站）向社会组织购买社会工作服务，扩大社会工作机构的参与空间与功能领域。三是社会工作服务转介机制。在县（市、区）及以下建立“社会工作服务转介机制”，社会救助管理部门通过服务购买、公益创投等方式与社会工作服务机构签订转介服务契约，“常设”接收转介的社会工作服务机构，一旦申请对象有服务需求即可及时提供社会工作服务；明确基层公共服务平台、社会救助管理部门工作职责，加强有关经办人员工作意识和技能培训，经办人员应当及时发现“急难”对象的社会工作服务需求，并按程序转介给“常设”社会工作服务机构和社会工作者；社会工作服务机构和社会工作者按照服务约定和专业要求，及时介入社会救助过程，提供专业救助服务。

第三，加强社会救助领域社会工作服务保障。该实施意见要求，要加强保障措施，有力地推动社会工作服务机构和社会工作者参与社会救助。包括如下几方面：一是搭建组织载体。社会工作服务作为一种“功能”，需要多层次多样化的“结构”（即组织载体）为支撑。因此，该实施意见明确指出要“通过放宽准入条件、简化登记程序，采取财政资助、落实税收优惠政策、提供办公场所等方式，扶持发展一批治理规范、服务专业、群众认可的社会工作服务机构承接社会救助领域专业服务”。二是培育专业人才。社会工作是一种专业工作和专门技术，社会工作服务作为专业服务需要专业的社会工作人才为基础。一方面，利用政府购买服务、设置公益岗位、公开招聘和挂职锻炼等途径，推动基层社会救助管理部门或服务平台配备使用社会工作专业人才。另一方面，通过加强社会工作服务机构能力建设，汇聚社会工作专业人才，使其有效介入社会救助体系。三是加强资金保障。通过加大各级财政支持力度，扩大政府购买服务范围，提高财政资金购买力度；切实落实《中华人民共和国慈善法》《中华人民共和国公益事业捐赠法》以及国家和地方有关税收优惠政策，加大社会资金投入力度，形成多元化的经费保障机制。四是营造良好氛围。在绩效评估的基础上，遴选、奖励社会救助领域的优秀社会工作服务机构、社会工作者、社会工作项目等；加强对典型经验、先进事迹、优秀人才、优秀项目和优秀机构等的宣传；强化全社会对社会救助与社会工作衔接的认知度和认同度。

第四，强化社会救助领域社会工作服务成效。《关于加快推进社会救助领域社会工作发展的实施意见》强调，服务成效是根本，不仅要确保专业的社会力量参与社会救助，而且要确保社会力量提供优质高效的、真正回应救助对象需求的专业社会工作服务。《关于加快推进社会救助领域社会工作发展的实施意见》指出需从六方面来强化社会救助领域社会工作服务成效：一是实现充分竞争。通过培育多元组织载体（即竞争参与者）、健全服务购买机制等方式实现社会救助服务购买的充分竞争，以市场原则和竞争压力来“倒逼”社会工作服务机构提供优质高效的服务。二是把好准入门槛。对申请承接政府购买社会救助领域社会工作服务的社会力量进行全面科学的资质评估，将专业能力强、人才资源丰富、组织运行规范的社会组织或企业筛选出来，从“入口”的角度保障服务质量。三是开展绩效评估。健全评估标准和评估程序，对社会救助领域社会工作服务进行综合评估，形成全面促动力；健全评估模式，构建政府部门、服务对象、承接机构和第三方评估机构等协同配合的服务评估模式，保证评估结果客观公正、科学有效，真实地呈现服务成效；健全评估结果运用机制，使评估结果与项目承接者的征信水平、发展机会、资源获取等紧密衔接，提高评估效果的效力，进而提升绩效评估的监督力度和促进性。四是推进教育培训。遴选省级社会工作人才培训基地，定期开展分层次、分类别、有针对性的社会工作培训；加强社会工作专业督导人才队伍建设，设置契合实践的督导项目，以购买服务的方式选择优质督导主体，提升督导的系统性和实用性。五是实施品牌引领。发挥安徽全省性社会救助领域社会工作服务品牌项目——“共享阳光”的示范引领作用；鼓励全省各地积极打造服务品牌；开展“社会救助领域社会工作服务品牌项目和优秀案例”评选活动。六是建立服务标准。分领域有针对性地研制服务标准，以标准推动社会救助领域社会工作服务的规范化水平，提升服务效能。

二、推动社会力量参与防灾减灾救灾工作

为引导支持社会力量参与防灾减灾救灾工作，构建协调有力、规范有序、配合有效的社会力量参与防灾减灾救灾工作机制，安徽省民政厅印发《关于支持引导社会力量参与防灾减灾救灾工作的实施意见》（皖民救字〔2017〕85 号）。该实施意见是《民政部关于支持引导社会力量参与救灾工作的指导意见》（民发〔2015〕188 号）和《安徽省综合防灾减灾规划（2016-2020 年）》的配套实施文件。该实施意见主要包括基本内容、基本原则、重点范围、工作机制和保障措施等。

第一，明确了防灾减灾救灾工作体系的基本内容。《关于支持引导社会力量参与防灾减灾救灾工作的实施意见》细化了社会力量参与防灾减灾救灾的工作机制和实施路径，明确了多元灾害救助体系当中的几个基本问题：一是明确了“社会力量”的基本范畴，即企事业单位、社会组织、专业社会工作者、志愿者。其中既包含组织形态的企事业单位、社会组织，也包含个体形态的专业社会工作者、志愿者。二是明确了支持社会力量参与灾害救助的基本目标，即通过社会力量的高效有序参与，构建“协调有力、规范有序、配合有效的社会力量参与防灾减灾救灾工作机制”，在此基础上“不断提升全社会抵御自然灾害的综合防范能力”，保障受灾人员的生命财产安全和灾区的经济社会发展。三是明确了社会力量参与灾害救助的基本属性，即属于“创新社会治理”的范畴，是加强社会建设的基本举措。这几个基本问题的明确，为社会力量参与防灾减灾救灾指明了行动方向，奠定了制度基础。

第二，明确了社会力量参与灾害救助的基本原则。一是政府主导，统筹协调。即社会力量是灾害救助体系中的不可或缺的组成部分，但政府相关部门仍居主导地位，承担主体责任。社会力量是在政府统一指挥和统筹协调下参与防灾减灾救灾工作的，属于“参与者”。二是鼓励支持，规范引导。即政府大力鼓励和支持社会力量参与灾害救助，为社会力量的参与搭建平台、拓展空间、创造条件；为灾害救助领域社会组织的成立运行和发展创造积极的社会氛围，重点培育和发展专业性防灾减灾救灾服务组织、紧急救援队及灾害社会工作服务组织，不断提升专业化的灾害救助能力。三是效率优先，就近就便。即因地制宜、因“需”制宜，培育当地力量，发挥当地社会力量的便利条件和优势，提高灾害救助的递送速度；大力支持，但量力而行，结合实际需要、立足实效，忌“揠苗助长”和“面子工程”。四是自愿参与，自助为主。政府鼓励和支持社会力量参与灾害救助，也为社会力量的实质性参与创造必要条件，但为了充分发挥社会资源的救助功能，参与防灾减灾救灾工作的社会力量所需资源以自我募集、自我提供为主。

第三，明确了社会力量参与灾害救助的工作机制。《关于支持引导社会力量参与防灾减灾救灾工作的实施意见》强调，促进社会力量规范、有效地参与灾害救助，亟待建立和完善相关工作机制。主要包括以下五方面。

一是综合协调机制。以各级减灾救灾委员会为依托，统筹协调信息共享、政策咨询、业务指导、项目对接及跟踪检查等工作，有效沟通政府、社会力量、受灾群众、社会公众、公共媒体等相关各方；以公益性的常设救灾综合服务组织为依托，实施灾害救助的社会资源管理、数据分析、信息传递、业务培训和任务调度等工作，扮演好政府与社会力量之间的桥梁枢纽角色；以常态化的登记管理机制为依托，形成民政部门与社会组织（如社会工作服务机构、志愿者服务组织）的沟通协调，引导专业社会组织参与救灾演练、涉灾教育培训、社区自救互救意识和技能提升等工作。

二是“三社联动+防灾减灾救灾”机制。将防灾减灾救灾工作与社区、社会组织、社会工作“三社联动”机制衔接，推动灾害救助工作重心下移；有关部门通过政府购买服务、公益创投、税收优惠等措施，支持和引导专业社会组织与城乡社区协同开展灾害救助工作，在社区形成守望相助的睦邻文化，提升基层自助互助能力，进而提升防灾备灾水平；城乡社区为社会组织、社会工作者等提供场地、资源等支持；在创建“综合减灾示范社区”时，将灾害救助领域的“三社联动”列为基本内容，并纳入创建考核体系。

三是社会资源整合机制。在民政部门指导下，依托救灾综合服务组织，摸清具有防灾减灾救灾能力的社会力量底数，准确掌握其专业技能、队伍状况、设备配置、拥有资源、救助能力、储备能力、优势领域和分布位置等信息；分类建立信息数据库，并进行实时更新、动态管理；通过完备的信息沟通实现社会资源的整合，提高灾害救助工作对接的精准化、科学化。

四是智慧管理与信息集成机制。以“互联网+”灾害治理为工作理念，探索建立灾害治理信息系统和网络平台，逐步实现防灾减灾、应急救护、志愿服务等信息集成，形成灾害救助领域的社会组织、企事业单位和志愿者信息库，对灾害救助需求做出智能响应。

五是监督指导机制。依托各级减灾救灾委员会和民政部门，强化对社会力量参与灾害救助的指导、监督和评估。推动社会组织依照法律法规和组织章程开展社会救助工作，严格自律、高效实施；推动社会组织严格落实救灾捐赠信息公开制度，接受监督；依法处理社会力量参与灾害救助过程中的违法违规行为、不规范行为；将社会力量参与灾害救助工作情况纳入诚信体系建设；研制社会力量参与灾害救助的规范和标准；建立“进退”机制，形成涉灾社会力量的资质目录，并通过第三方专业机构强化资质审查、跟踪检查和绩效评估，加强评估结果运用，实现有进有退；健全社会力量参与信息（如次数、规模、成效）汇总机制，为监督指导工作提供客观依据。

第四，明确了社会力量参与灾害救助的重点范围。《关于支持引导社会力量参与防灾减灾救灾工作的实施意见》系统全面地指出了社会力量参与灾害救助的主要领域和重点范围，明确回答了“社会力量在灾害救助领域做什么”“社会力量在灾害救助领域发挥哪些作用”等问题。主要包括五方面：一是参与日常减灾工作。例如，面向基层和社会公众开展防灾减灾知识宣传和技能培训，协同政府部门、城乡社区开展救灾应急演练，提升基层的综合减灾能力，培育公众防灾减灾意识、自救互救意识及技能；利用专业特长协助有关部门做好灾害隐患点的排查、评估和治理；储备救灾物资；通过捐赠等为困难群众购买自然灾害保险等。二是参与紧急救援工作。利用专业救援设备和技能，“开展人员搜救、伤病员紧急运送与救治、紧急救援物资运输、受灾人员紧急转移安置、救灾物资接收发放、灾害现场清理、疫病防控、紧急救援人员后勤服务保障等工作”。三是参与过渡安置工作。为维持灾区社会秩序，满足过渡期受灾人员需求，通过组织志愿者、利用自身专业人员，“开展受灾群众安置、伤病员照料、救灾物资发放、特殊困难人员扶助、受灾群众心理抚慰、环境清理、卫生防疫等工作”。四是参与恢复重建工作。例如，受灾群众重建需求分析与传递；住房、学校、医院、社区等的恢复和重建；受灾群众的生计恢复、心理康复、社会关系重建等。五是参与救灾捐赠工作。一方面，作为捐赠者向受灾群众提供捐助；另一方面，作为募捐者（主要是基金会、慈善组织）汇聚公益资源、募集爱心资金，为抢险救灾和灾后恢复重建等提供资金支持。

第五，明确了社会力量参与灾害救助的保障措施。为了实现社会力量高效有序参与灾害救助的目标，《关于支持引导社会力量参与防灾减灾救灾工作的实施意见》还提出了多项保证措施。主要包括如下三方面：一是健全完善政策体系。例如，社会力量参与灾害救助的工作预案和操作规程；灾害救助服务购买制度和实施机制；灾害救助需求评估、信息发布和资源对接制度；救灾设备、装备政府购买和社会力量使用对接制度，等等。二是建立信息服务平台。为支撑灾害救助多元主体的综合协调、有机协同和良性合作，建立跨部门、跨地区的灾害信息平台，实现灾情信息、救助需求信息、救助指挥与协调信息等“全信息”的共享、发布和传输，实现多元主体信息沟通的“零距离”和“零障碍”。三是培育灾害救助载体。针对社会力量防灾减灾救灾意识薄弱、能力较弱的现状，该实施意见将社会力量的培育作为重要条件。一方面，大力培育社会载体。通过公益创投、政府服务购买、办公场所提供等举措拓展社会组织的功能空间，大力培育和孵化涉灾领域各专业类型和服务特长的社会组织。另一方面，大力加强内涵建设。为参与灾害救助的社会力量提供政策咨询服务和业务指导；加强对城乡社区、社会组织和志愿服务组织的涉灾培训，举办研讨会、救灾救助演练，提高社会力量的灾害救助能力；向社会力量提供设备支持；等等。

三、推动政府购买服务支持社会组织参与

为加强社会组织建设、激发社会组织活力，更加充分地发挥社会组织在公共服务供给中的重要作用，安徽省财政厅和民政厅联合印发《关于通过政府购买服务支持社会组织培育发展的实施意见》（财综〔2017〕980 号）。该实施意见是《国务院办公厅关于政府向社会力量购买服务的指导意见》（国办发〔2013〕96 号）、《中共中央办公厅、国务院办公厅关于改革社会组织管理制度促进社会组织健康有序发展的意见》（中办发〔2016〕46 号）、《安徽省人民政府办公厅关于政府向社会力量购买服务的实施意见》（皖政办〔2013〕46 号）、《财政部、民政部关于通过政府购买服务支持社会组织培育发展的指导意见》（财综〔2016〕54 号）等的配套实施文件。

虽然《关于通过政府购买服务支持社会组织培育发展的实施意见》并非直接针对社会力量参与社会救助的，但其一方面在主体上促进了社会救助参与力量的载体建设；另一方面在内容上促进了社会组织对于社会救助的参与。因此，其对于社会救助体系的完善有着重要的促进作用。

第一，将社会救助作为政府购买服务的重要领域。《关于通过政府购买服务支持社会组织培育发展的实施意见》强调，要充分发挥社会组织在公共服务领域中的作用，逐步扩大政府购买服务的范围和规模，将“民生保障、社会治理、行业管理、公益慈善”确定为优先向社会组织购买的领域，其中的民生保障、社会治理和公益慈善都与社会救助直接相关。例如，《关于通过政府购买服务支持社会组织培育发展的实施意见》中明确指出：“在民生保障领域，重点购买社会事业、社会福利、社会救助等服务项目”，“在社会治理领域，重点购买社区服务、社会工作、法律援助、特殊群体服务、矛盾调解等服务项目”，“在公益慈善领域，重点购买扶贫济困、扶助老幼病残等服务项目”。

第二，将社会组织建设作为基本抓手。具备一定数量和质量的社会组织，是政府购买服务高效有序实施的关键；同时，能力是社会组织良性运行、发挥作用的内在条件和基础。因此，《关于通过政府购买服务支持社会组织培育发展的实施意见》强调，既要通过孵化培育、公益创投等多种途径加快社会组织的发展速度，又要通过示范平台建设、人员培训、项目指导等多种方式提升社会组织的内部治理水平和项目管理能力，还需要通过将“社会组织人才工作纳入全省人才工作体系，将社会组织人才纳入全省专业技术人才知识更新工程”等方式提高社会组织发展的专业化水平。概言之，通过社会组织能力建设可以奠定社会组织参与社会救助的“先天”基础，以高质量的社会组织提供多层次多样化的社会救助服务。

第三，将工作机制的健全完善作为保证条件。健全完善服务购买工作机制是充分吸纳社会组织参与的前提条件，《关于通过政府购买服务支持社会组织培育发展的实施意见》明确指出要建立健全如下六类工作机制：一是社会组织承接政府购买服务支持机制，包括预算管理、项目设计、招投标管理和经费测算等。二是建立公共服务需求征集机制。健全服务需求征询、沟通渠道，通过公益创投、“三社联动”和公益服务洽谈会等形式，增强政府部门与社会组织的互动，发挥社会组织在发现新增公共服务需求、促进供需衔接方面

的积极作用。三是优化公共服务购买机制。根据项目所涉具体服务的特点，依法依规采用公开招标、邀请招标、竞争性谈判、竞争性磋商和单一来源等采购方式确定服务承接主体，实现精准购买；依法依规审核服务购买程序和申请材料，实现诚信购买；对购买内容相对固定、连续性强、经费来源稳定、价格变化较小的项目，可适当延长履行期限（最长3 年），减少招投标成本和交易费用，实现高效购买；对服务区域范围要求严格、市场竞争不充分的，可按规定采取拆分采购、新增项目限项采购等措施，以建立良性的市场竞争关系，实现分类购买；对市场竞争较为充分、服务内容具有排他性并可收费的，可确定多个承接主体并采取凭单制形式购买服务，实现优质购买。四是绩效管理和评价机制。以提高财政资金使用效益和服务供给质量、数量及效率为目标，确保服务购买全过程的廉洁和高效，通过事前、事中和事后“全流程”监管，对服务数量、方法、成本、质量等进行严格监控；通过购买主体、服务对象、项目实施方和第三方机构“全员参与”的方式，对服务项目的实施及其绩效进行全面评估；通过评估结果后续应用，来提高绩效管理和评价的约束力度。五是信息公开机制。通过信息平台的建立、购买流程的规范化等举措，及时公开服务项目相关信息，包括指导性目录、预算批准后的实施目录以及承接主体资格、采购方式、具体服务需求、计划采购时间等信息；也包括项目实施过程中的服务过程信息、实施后的验收信息等。六是社会组织承接政府购买服务信用信息记录监管机制。安徽省民政厅加快社会组织法人库建设，升级社会组织登记管理系统，将社会组织承接政府购买服务信息纳入进来，并通过安徽省公共信用信息共享服务平台实现信用信息记录的公开和共享，为购买主体提供依据；购买主体充分查询并利用信用信息，作为遴选受托者的重要依据；购买主体依法通报承接主体的失信行为及信息，实现信用信息互联互通。

四、推动社会组织积极有效参与扶贫开发

为动员、支持和鼓励社会组织参与扶贫开发，构建“大扶贫格局”，发挥社会组织的组织优势与功能，安徽省民政厅和安徽省扶贫办联合印发《关于进一步动员社会组织参与扶贫开发的意见》（皖民管字〔2016〕66 号）。该意见是《国务院办公厅关于进一步动员社会各方面力量参与扶贫开发的意见》（国办发〔2014〕58 号）、《关于进一步动员社会各方面力量参与扶贫开发的实施意见》（皖政办〔2015〕3 号）等的配套实施文件。

虽然《关于进一步动员社会组织参与扶贫开发的意见》并不是直接针对社会救助工作的，但由于精准扶贫与社会救助之间存在缠绕融合的关系，因此，该意见无疑拓展了社会组织参与社会救助的领域和空间，丰富了社会救助的内涵。

《关于进一步动员社会组织参与扶贫开发的意见》包括总体要求和目标、基本原则、具体参与领域和举措、保障措施等内容。

第一，明确要求和目标。该意见指出，要在党和政府的总体部署和安排下，“创新完善充满活力的社会组织参与扶贫机制，实现社会帮扶资源和精准扶贫的有效对接，发挥社会组织在大扶贫格局中的独特优势”。

第二，确定了基本原则。《关于进一步动员社会组织参与扶贫开发的意见》将坚持

政府引导、坚持群众参与、坚持分类指导、坚持项目引领和坚持精准扶贫等作为社会组织参与扶贫开发的基本原则。不难发现，社会组织参与扶贫开发，一方面需要政府的政策支持、规范引导、资金扶持、项目委托、能力开发和渠道建设，这也是充分发挥社会组织自身优势的外部条件。另一方面需要社会组织加强自身能力建设，以保证能够发挥自身优势和特色，打造优秀公益品牌和项目，提供专业的、精准的、高效的、规范的扶助服务，这是社会组织有效参与扶贫开发的内部条件。

第三，设置了参与领域和举措。为回答社会组织在扶贫开发领域"做什么"和"如何做"等问题，该意见分类别详细设置了六个层面的参与领域，为社会组织的扶助行为提供了明确的指导，进行了系统安排。具体内容如表 8-1 所示。

表 8-1　社会组织参与扶贫开发的领域和举措一览表

领域	社会组织类别	优势与特长	主要举措
对口扶贫	各类社会组织（重点是行业协会商会）	资源优势；社会网络优势（多种会员单位）；紧密联系基层优势	①确定一个或几个贫困村为联系点，参与定点帮扶； ②组织单位会员、个人会员与贫困地区进行结对帮扶，为贫困户明确一个爱心帮扶人士，或者一个社会帮扶项目、一条帮扶措施； ③推动帮扶重心下移，增强帮扶工作的针对性和实效性
产业扶贫	行业协会商会	行业管理优势和行业影响力优势	①围绕贫困地区产业发展基础和发展定位，帮助贫困地区、贫困群众因地制宜地发展扶贫特色产业； ②组织会员单位开展产业扶贫行动，推动具备条件的协会会员单位在贫困地区建立产业发展基地，加大对贫困地区产业转型升级的支持力度，助推打造贫困地区特色主导产业，促进贫困地区经济社会发展
智力扶贫	科技类、学术类社会组织（学术性社会团体、科技类民办非企业单位）；农村专业经济协会	技术优势	①以传授培训实用技术为重点，对贫困地区进行智力和技术支持，推进学以致用和培训结果的及时转化； ②动员学术性社会团体、科技类民办非企业单位等社会组织会员单位中的高校院所科技人才、青年大学生、商界精英等在贫困地区创新创业； ③指导贫困地区因地制宜地发展各种类型的专业科技组织和技术服务机构，把贫困地区的科技工作者、技术能人和能工巧匠组织起来，充分发挥他们在扶贫中的示范和指导作用，向贫困户提供技术承包、技术咨询、技术培训等服务
教育扶贫	基金会；教育领域行业协会	资金优势	①基金会开展扶贫助学助困项目，加大对贫困地区家庭经济困难学生资助力度，帮助其完成学业和实现就业； ②教育领域行业协会支持贫困地区教育发展，帮助改善教育基础设施，有序组织所属会员单位、志愿者到贫困地区开展扶贫支教活动，为贫困地区培养教育教学、技术、技能型人才
医疗扶贫	各类社会组织（重点是医疗卫生类社会组织、基金会）	医疗卫生专业技术优势；专业服务优势；资金优势	①在贫困地区积极开展义诊、免费体检等扶贫公益活动，对贫困对象就医就诊费用实行减免服务； ②通过提供技术帮助和紧缺医疗设备等方式，支持贫困地区改善医疗服务设施； ③组织医疗卫生专业技术人员到贫困地区开展挂职、巡诊等支医活动，支持贫困地区医疗卫生人才到协会所属会员单位开展技术进修，提升职业技能； ④对贫困地区进行点对点医疗救助行动，防止因病致贫、因病返贫； ⑤对贫困地区因病致贫、因病返贫家庭予以重点帮扶，提供专业服务
志愿扶贫	志愿服务组织；社会工作服务机构	专业服务优势；人员组织优势	①志愿服务组织动员各类志愿者参与贫困识别、扶贫调研、助教支医、文化下乡、科技推广、创业引领等扶贫活动； ②充分发挥社会工作增能赋权、助人自助的专业优势，通过政府购买社会工作服务，支持社会工作服务机构深入城乡社区，以贫困家庭为重点，为儿童提供生活、学习、心理和安全等方面的服务，为老人提供生活照料、代际沟通、精神慰藉、文化娱乐等服务，为青壮年提供技能培训、能力提升、就业援助和生计发展等服务，帮助贫困家庭和个人摆脱困境

资料来源：安徽省民政厅和安徽省扶贫开发领导小组办公室：《关于进一步动员社会组织参与扶贫开发的意见》，皖民管字〔2016〕66 号

第四，制定了保障举措。为鼓励和支持社会组织参与扶贫开发，《关于进一步动员社会组织参与扶贫开发的意见》提出了如下举措：一是加大社会组织培育发展力度，依法降低与扶贫开发有关的社会组织的准入门槛，提高相关社会组织的数量；推动各级社会组织孵化基地提供开办指导、场地租赁、人员培训、资源链接和宣传推介等配套服务。二是提升社会组织能力，对社会组织开展扶贫活动提供信息服务和业务指导，引导社会组织参与政府职能转移和购买服务，对符合条件的社会组织按照相关规定给予公益性捐赠税前扣除资格。三是建立考核评价激励机制，将支持鼓励社会组织参与扶贫工作纳入各级各部门年度工作任务，实现“有部署、有落实、有检查、有激励、有惩戒”。四是加强社会组织参与扶贫工作的宣传引导，切实发挥典型示范的作用。

五、其他政策文件

除了上述关于社会力量参与社会救助的“专项”政策与文件外，安徽省有关社会救助的其他政策文件也将鼓励支持社会力量的参与作为重要内容（表 8-2）。这表明，安徽省将社会力量作为社会救助体系中的关键要素之一，将社会力量视作整合社会救助资源、提供社会救助服务的“有生力量”。这些政策文件的出台与实施，为社会力量设置了参与空间，促进了社会力量的有效有序参与。

表 8-2　鼓励支持社会力量参与社会救助的政策文件一览表（部分）

序号	文件名称与文号	主要内容
1	《关于贯彻落实〈社会救助暂行办法〉的实施意见》（皖政〔2014〕83 号）	①健全社会力量参与机制，将社会力量作为社会救助工作体系中的“有生力量”； ②健全政府领导、民政部门牵头、有关部门配合、社会力量参与的社会救助工作协调机制； ③各级政府要制定和落实社会力量参与社会救助的优惠政策，鼓励单位和个人等社会力量通过捐赠、设立帮扶项目、创办服务机构、提供志愿服务等方式参与救助工作，形成社会救助与慈善事业的有效衔接； ④充分发挥社会工作服务机构和社会工作者作用，有针对性地开展专业化、人性化救助服务，帮助困境家庭、困境人员调节家庭、社会关系，缓解心理压力或矫正不良行为，适应和融入社会环境
2	《关于建立“救急难”工作发现机制的通知》（皖民电〔2014〕28 号）	①提升社会救助综合效应，形成政府各部门高效联动以及政府救助与慈善救助的紧密衔接，营造社会力量广泛参与的良好氛围； ②凸显“社会力量参与”在建立“救急难”工作发现机制中的作用； ③充分发挥专业社会工作服务机构和社会工作者在“救急难”工作中的服务作用； ④建立政府部门与慈善组织信息共享平台以及救助资源与救助需求信息对接平台和信息共享机制，发挥社会力量作用
3	《关于进一步动员社会各方面力量参与扶贫开发的实施意见》（皖政办〔2015〕3 号）	积极培育多元社会扶贫主体，进一步创新社会扶贫方式，形成政府、市场、社会协同推进的大扶贫格局
4	《关于开展社会救助专项治理的通知》（皖民电〔2015〕44 号）	检查重点内容是：①鼓励和引导社会力量参与社会救助工作机制建设情况；②社会工作服务机构和社会工作者参与社会救助工作情况

续表

序号	文件名称与文号	主要内容
5	《安徽省人民政府关于全面建立临时救助制度的通知》（皖政秘〔2015〕23 号）	健全完善“救急难”工作机制、信息共享机制和社会力量参与机制，建立救助对象需求与公益慈善组织、社会工作服务机构救助资源对接机制，实现政府救助与社会帮扶有机结合，做到因情施救、各有侧重、相互补充
6	《安徽省“十三五”社会救助体系建设规划》（皖民社救字〔2016〕168 号）	①建构多元救助格局，发挥政府救助和社会力量参与的共同作用，进一步织密编实让困难群众求助有门、受助及时的安全网；推动慈善力量与政府救助衔接互补，引导、支持社会组织、专业社工、志愿者等为困难群众献爱心、伸援手，动员、鼓励企业特别是国有企业积极参与社会救助，形成多元救助格局； ②整合救助资源，推动政府救助与社会力量救助相结合，提高救助综合效能；通过引入职业社工等专业社会服务人才等社会力量参与，促进由传统的、单一的物质救助，转向物质保障、生活照料、精神慰藉、心理疏导、能力提升和社会融入相结合的综合救助，实现救助方式的多样化、组合化、专业化和个性化，最大限度拓展社会救助服务内涵，发挥社会救助体系的综合效用； ③积极培育发展社会救助经办服务市场承接主体，鼓励引导社会力量参与社会救助；按照“政府引导、社会承接、专业支撑、项目运作”的思路，逐步将社会救助领域事务性、服务性工作委托有专业社会工作服务能力的社会组织承接； ④明确社会救助领域社会工作服务内容，完善社会救助领域社会工作服务机制，强化社会救助领域社会工作服务成效； ⑤配合实施“同舟工程”，引导国有企业、民营企业参与社会救助； ⑥探索建立公共财政、福彩公益金、社会力量共同出资的“救急难”基金，建立多元的、开放的“救急难”筹资机制。积极引入商业保险参与，为化解急难问题探索新的渠道
7	《安徽省生活无着的流浪乞讨人员救助办法》（安徽省人民政府令第 269 号）	①社会组织是主动发现机制中的重要力量。社会组织和个人发现流浪乞讨人员，及时向救助管理站或者有关行政机关报告，或者协助流浪乞讨人员向救助管理站求助； ②社会组织是提供救助服务的重要力量。鼓励社会组织和个人通过捐赠、志愿服务等方式为流浪乞讨人员提供救助服务
8	《安徽省综合防灾减灾规划（2016-2020 年）》（皖政办秘〔2016〕242 号）	①充分发挥社会力量和市场机制的重要作用，强化政府与社会协同配合，形成防灾减灾救灾合力； ②充分发挥社会力量在重大灾害应对中的作用，应用大数据理念，建立集采集、共享、服务、查询、应用于一体的面向社会组织和公众的综合灾情和救灾信息资源共享平台； ③增强社会力量参与防灾减灾能力。完善社会力量参与防灾减灾政策，健全社会力量动员机制和协调机制，建立社会力量参与防灾减灾工作平台； ④发挥金融、保险等市场机制作用，完善农村住房灾害保险制度； ⑤建立健全防灾减灾救灾资金多元化投入机制，拓宽资金筹措渠道，统筹发挥好政府资金和市场资金的作用
9	《安徽省城乡医疗救助实施办法》（每年调整一次）	加强医疗救助与社会力量衔接机制建设，支持、引导社会力量积极捐赠资金、参与医疗救助

资料来源：笔者根据安徽省民政厅网站公开资料整理

第二节　参与举措与救助成效

《安徽省人民政府关于贯彻落实〈社会救助暂行办法〉的实施意见》（皖政〔2014〕83 号）将“健全社会力量参与机制”和“形成社会救助与慈善事业的有效衔接”作为推动社会救助体系建设、健全社会救助工作机制、提升管社会救助理水平的基本举措之一。在这一政策精神的指导下，安徽各级政府将制定和落实社会力量参与社会救助的优惠政策，设置与实施社会救助服务购买项目，推动政府救助与社会力量救助相结合等作为鼓励与支持社会力量参与救助的基本举措，取得了有目共睹的成效。

一、形成了社会力量参与社会救助的指导理念

2014 年以来，在安徽全省社会救助工作实践中，形成了一个最基本的共识，那就是“社会力量参与社会救助是健全社会救助体系、提升社会救助能力的基本要求”。更为重要的是，各级政府和社会救助管理部门将这一共识作为社会救助体系建设的指导理念，并采取多种举措予以落实。

在撰写本书的过程中，课题组搜集了2014年以来35份“社会救助工作总结与计划”（含省、市、县三级），它们全部含有“健全政府领导、民政部门牵头、有关部门配合、社会力量参与的社会救助工作协调机制”这一内容；全部将“社会力量参与”作为一部分单独阐述。在这些“社会救助工作总结与计划”中，反映社会力量参与的高频词汇有：“委托”或“政府购买”或“购买服务”；“社会承接”或“社会力量承接”或“社会组织承接”；运用/采取“PPP 模式”或“民营化模式”；“实施/开展公益创投”；“依靠民间力量”或“依靠社会力量”或“依靠志愿者”或“依靠慈善组织”或“社会组织”或“依靠社会工作服务机构”；“政府与社会协同配合”或“政府与社会联动”；“形成社会救助的合力”；“建立健全资金多元化投入机制”“建立健全社会力量动员机制和协调机制”；“社会化方式供给”或“社会化供给”或“社会化途径”；“建构/形成多元救助格局”或“大救助格局”；“建立健全政府部门与慈善组织信息共享平台”或“对接平台”或“信息共享机制”；等等。

这些表述可充分说明，国务院《社会救助暂行办法》规定的“8+1”社会救助体系已经嵌入安徽省社会救助工作实践当中，作为“1”的“社会力量参与”亦成为安徽省社会救助工作的题中应有之意。

二、明确了社会力量参与社会救助的功能领域

“知是行之始，行是知之成”，知道并明晰应该做什么是有序有效行动的前提。通过对《安徽省人民政府关于贯彻落实〈社会救助暂行办法〉的实施意见》（皖政〔2014〕83 号）和《安徽省“十三五”社会救助体系建设规划》（皖民社救字〔2016〕168 号）等一系列政策文件的分析梳理，可以发现安徽省基本明确了社会力量参与社会救助的功能领域。其遵循的基本逻辑是：在确定困难群体的类型的基础上，明确救助需求（也是困难群体的“困难表征”），然后确定救助举措，根据救助举措的特性和社会力量的优势来确定社会力量可发挥的基本功能。如图 8-1 所示。

第一，关于困难群体类别。困难群体可分为城乡最低生活保障对象、特困人员、受灾人员、生活无着流浪乞讨人员、困境儿童、困境老人、残疾人（含一般残疾人和重度残疾人）、大病人员和其他急难人员等。

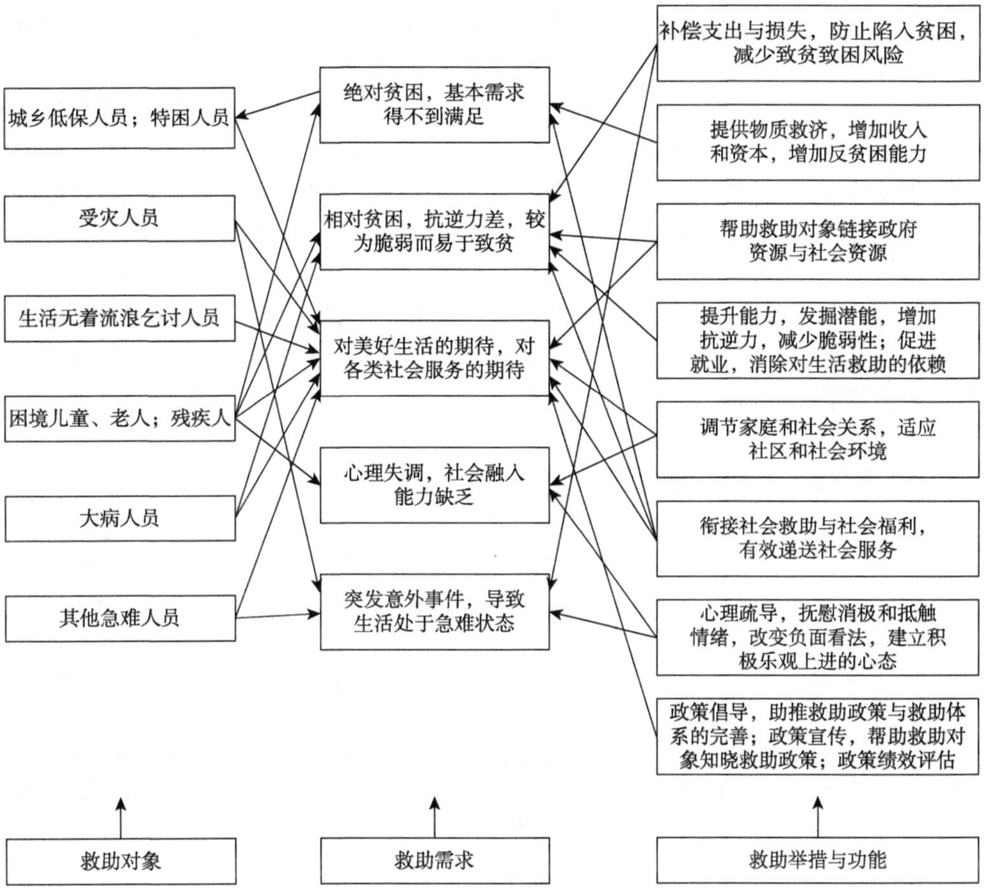

图 8-1　社会力量社会救助功能领域示意图

资料来源：安徽省人民政府：《安徽省人民政府关于贯彻落实〈社会救助暂行办法〉的实施意见》（皖政〔2014〕83 号）；安徽省民政厅：《安徽省“十三五”社会救助体系建设规划》（皖民社救字〔2016〕168 号）

第二，关于困难群体的困难表征和救助需求。不同的救助对象具有不同的困难程度，也就存在多样的困难表征和需求。大致可以分为如下几个层次：①处于绝对贫困状态，基本需求得不到满足，生计难以维持；②处于相对贫困状态，因各种原因导致抗逆力差，较为脆弱而易于致贫，或极易返贫；③因生活困境或突发事件导致心理失调、精神失常，缺乏社会融入能力；④遭遇突发意外事件，导致生活暂时处于急难状态，生活难以为继；⑤期待美好生活以及与之有关的各类社会服务等。

第三，社会力量可发挥的社会救助功能。针对不同的困难表征，满足多样化、多层次的社会救助需求，需要社会力量的有效有序参与。社会力量可以发挥四个层次的功能：一是物质层次。通过慈善募捐、义演义卖等方式扩大救助资源的数量，对公共财政形成有益且有力的补充，以此来补偿救助对象的支出与损失，防止其陷入贫困，减少贫困风险；或者直接向救助对象提供物质救济，增加其收入和资本；或者帮助救助对象链接政府资源与其他社会资源，增加其资源获取机会，提高其资源获取能力。二是专业社会工作服务层次。为困难群体提供“非物质救助”，通过有针对性的专业服务使其更好地生活。例如，提升救助对象的生存发展能力，发掘其潜能，增加其抗逆力，减少脆弱性；促进就业，消除救助依赖；调节救助对象的家庭和社会关系，使其更好地适应并融入社区和社会环境；为救助对象提供心理疏导，抚慰其消极和抵触情绪，改变其负面看法，帮助其建立积极乐观上进的心态。三是社会福利层次。将社会救助与社会福利衔接起来，为困难群体提供优质高效的社会服务，社会力量在其中扮演福利服务的直接生产者和递送者，满足救助对象对美好生活的需求。四是政策倡导与宣传层次。社会力量作为政府和救助对象的“中介者”，向政府反映社会救助需求、提供社会救助政策建议，助推救助政策与救助体系的完善；或者开展政策宣传，帮助救助对象知晓、了解并理解救助政策；或者利用专业技能，对社会救助政策、救助项目等进行评估，寻求改进与创新。

三、搭建了社会力量参与社会救助的体制框架

经过几年的探索，安徽省搭建起了包含服务购买机制、公益创投机制、社会工作嵌入机制、志愿服务机制和社会自组织机制在内的社会力量参与救助的体制框架。

（一）服务购买机制

政府购买服务是社会力量参与社会救助的最基本的路径。《安徽省人民政府办公厅关于政府向社会力量购买服务的实施意见》（皖政办〔2013〕46 号）将购买服务作为提高公共服务质量和效率、加快推动政府职能转变的基本举措。依据该实施意见，安徽省财政厅 2014 年发布了《安徽省人民政府向社会力量购买服务指导目录》（财综〔2014〕100 号），实施了全省政府购买服务试点工作；结合试点结果，于 2015 年又对“指导目录”进行了调整和完善。在调整完善后的《安徽省人民政府向社会力量购买服务指导目录》（财综〔2015〕691 号）中，与社会救助直接相关的内容如表 8-3 所示，涵盖 3个一级目录（在一级目录内占比 63.49%）、14个二级目录（在二级目录内占比 24.14%）、34个三级目录（在三级目录内占比 12.37%）。结合本地区政府职能转变、财政预算安排、社会公众需求等情况，各地市也根据全省指导性目录制定了本级目录。这些详细具体的目录内容为有关部门向社会力量购买相关服务提供了政策保证和行动框架。

表 8-3　与社会救助有关的购买服务指导目录

一级目录	二级目录	三级目录
基本公共服务	公共教育	支教助学和教育扶贫助困服务
	公共就业	就业困难人员和零就业家庭就业岗位援助
	社会救助	社会救助对象信息收集、核实
		社会救助信息系统、自然灾害应急指挥系统建设及维护
		医疗救助、心理咨询、群众转移安置、求助款物管理等社会救助组织实施的辅助性工作
		公办救助机构监管的辅助性工作
		群众性应急救助培训

续表

一级目录	二级目录	三级目录
基本公共服务	社会救助	社会救助专业人才培训
		其他政府委托的社会救助服务
	养老服务	城市“三无”老人、农村五保供养对象、孤老优抚对象和低收入老人集中住养服务
		城市“三无”老人、农村五保供养对象、孤老优抚对象和低收入老人生活照料、家政服务、康复护理、医疗保健、精神慰藉等居家养老服务
	残疾人服务	残疾人康复、托养（照料）服务
		残疾人职业心理咨询、职业介绍、职业指导和职业适应评估
	卫生和计划生育服务	重大疾病预防控制、灾害事故、突发公共事件卫生应急处置辅助性服务
社会管理性服务	社区建设	政府委托的扶老助残、困难群体服务、外来人口管理、心理疏导与慰藉等社区服务项目组织与实施
		社区开展邻里互助、结对帮扶、文化体育等和谐家园创建活动等组织与实施
	社会工作服务	面向城市流动人口、农村留守人员、老年人和残疾人、社会救助困难群体、特殊人群和受灾群众等社会工作专业服务
	扶贫济困	扶贫济困公益宣传
		扶贫济困项目管理实施
		扶贫济困项目评估
		其他政府委托的扶贫济困服务
	防灾救灾	防灾救灾应急系统建设
		灾害防御、紧急救援、救灾捐赠、医疗救助、卫生防疫、恢复重建等防灾救灾项目实施及评估
		灾后心理干预服务
		气象灾害预警信息传播服务
	志愿服务运营管理	志愿服务项目实施与评估
政府履职所需辅助性事项	政策（立法）调研草拟论证	党政机关的涉救政策调研、草拟、论证等辅助性工作
	评估验收	涉救行政政策的决策风险、实施效果等政策评估服务
		社会管理、公共服务、重大民生项目执行情况和实施效果等评估服务（涉救部分）
		涉救公共资金项目检查验收
	绩效评价	涉救政策实施绩效评价辅助性工作
		涉救资金使用绩效评价辅助性工作
		政府涉救行政效能绩效评价辅助性工作
		涉救重大事项第三方绩效评价服务

资料来源：安徽省财政厅：《安徽省人民政府向社会力量购买服务指导目录》（财综〔2015〕691 号）

具体而言，安徽省民政厅 2014 年依托省级福彩公益金，围绕社区居民、社会救助群体、独居老年人等重点人群，实施全省性社会工作服务项目——“江淮社工行动”，深入打造了“共享阳光”社会救助社会工作服务、“成长相伴”儿童社会工作服务、“睦邻家园”社区服务等社会工作服务项目品牌。截至 2017 年底，累计投入“江淮社工行动”经费 2 715.28 万元。安徽各地也开展了有针对性的连续性的购买服务项目，如芜湖市民政局实施的“情暖夕阳”困境老人群体服务项目、“星星有你”孤独症家属支援计划项目、“童享蓝天”农村留守儿童社会工作服务项目、“童享蓝天”城市流动儿童服务项目、流浪乞讨人员救助服务等。据合肥市民政局介绍，其下辖肥东县为城市“三无”老人、90周岁以上高龄老人、60周岁以上重度残疾老人、70周岁以上最低生活保障老人、60周岁以上重点优抚对象等购买居家养老服务，服务内容包括生活照料、医疗保健、家政服务和紧急救助等，每人每月发放200元服务券，2017年肥东县发放居家养老服务券2 575人次共51.5万元。同时，肥东县还通过政府购买服务的方式为全县配备331名村（社区）儿童保护专干和22名乡镇（园区）儿童保护督导员，实现留守儿童的专人、专职网格化管理；委托专业服务机构为农村留守儿童开展心理健康测评及团体辅导拓展服务。

可以预见，随着政府职能转变的持续加深，社会力量（尤其是社会组织）通过政府购买服务参与社会救助的现象将更加普遍，机制也将更加健全。

（二）公益创投机制

公益创投是一种政策创新形式，近些年作为社会组织培育和发展的举措而被各级民政部门广泛采用。实施公益创投活动的目的主要是为初创期和中小社会组织（以公益慈善类为主）提供资金支持，培养并训练社会组织的项目设计、财务管理、服务运营等能力，加强社会组织内涵建设。公益创投的程序一般是：①民政部门发布公益创投活动公告；②社会组织依据公告要求自主设计服务项目，撰写项目申报书，向民政部门提交申请；③民政部门对服务项目进行评审，确定资助对象，双方签订合约；④受资助的社会组织依据合约实施项目，开展公益服务；⑤在项目完成后，受资助的社会组织向民政部门提交项目总结，接受评估、验收。可见，公益创投与政府购买服务虽然在实施过程、主要目标上存在差异。但两者在本质上相似，都是政府出资、社会组织开展服务、受益人接受服务，都具有强烈的“共建共治共享”属性。正是这种相似性，使得公益创投成为政府提供社会服务、社会组织参与社会救助的基本形式。

据了解，安徽全省16个地市均已开展了公益创投活动。另外，合肥市包河区、芜湖市弋江区等十余个县（市、区）也实施了公益创投活动。在具体实施公益创投的过程中，各地基本上都将公益创投与社会救助（尤其是“非物质救助”）、社会福利服务有机衔接起来，将资金投放到符合“扶老、助残、救孤、济困”宗旨的项目当中。在具体的公益创投操作过程中，或者专设社会救助与社会福利类项目，或者强调重点资助涉及困境儿童、困境老人、“三留守”人员、残疾人、最低生活保障群体等服务对象的项目，或者明确当年（或当期）以困难群体救助帮扶服务为优先资助领域。如表8-4所示，在合肥市包河区批准实施的第二届公益创投项目中，与社会救助毫无关联的项目仅有4个，占比14.29%；完全属于社会救助领域的项目有6个，占比21.43%；或者属于社会福利领域，或者间接支持、服务于社会救助工作的项目有12个，占比42.86%；部分属于社会救助领域的项目有6个，占比21.43%。与社会救助衔接的项目共计有24个，占比85.71%。如表8-5所示，在芜湖市批准实施的第二届公益创投项目中，与社会救助毫无关联的项目仅有1个，占比6.25%；完全属于社会救助领域的项目有7个，占比43.75%；

或者属于社会福利领域，或者间接支持、服务于社会救助工作的项目有 7 个，占比 43.75%；部分属于社会救助领域的项目有1个，占比6.25%。与社会救助衔接的项目共计有15个，占比93.75%。为更清晰地呈现公益创投与社会救助的关联特征，表8-4和表8-5中都详细列举了每个项目的目标和内容。

表 8-4　合肥市包河区第二届公益创投项目一览表（2016 年）

序号	项目名称	实施社会组织名称	项目目标与内容	与社会救助关联度
1	三社联动项目	合肥市包河区烟墩街道滨湖明珠社区社会组织联合会	搭建三社联动服务体系，推动社区社会组织参与社区服务	**
2	营造书香家庭·文化浸润社区项目	合肥市爱邻社会工作服务社	营造家庭阅读氛围，培养家庭的阅读习惯	—
3	睦邻美丽——共同缔造项目	合肥市包河区方兴社区社会工作协会	营造居民自治服务空间，探索新型社区居民自治路径和机制	*
4	特殊老人关怀项目	合肥市包河区包公街道社会工作协会	搭建特殊老人社区照顾体系，形成社工推动养老、家庭承担养老、社会支持养老的社区合作养老模式。运用社会工作专业方法，发动社区居民参与社区养老，设计符合老年人需求的服务项目，满足特殊老人生活照料、医疗康复、社会交往、文体娱乐和生命关怀等服务需求	***
5	小袋鼠社区亲子文化成长营项目	合肥市包河区快乐童年公益阅读坊	将传统文化与社区儿童服务相结合，促进儿童成长和社区融入	*
6	春暖梧桐·枢纽型组织与平台增能项目	合肥市包河区社会组织服务中心	提升街镇（社区）社会服务平台、枢纽型社会组织的运营能力和服务水平，以此来培育和发展公益慈善类社会组织，助推社会服务体系建设	**
7	社区治理学院项目	合肥市包河区滨湖世纪社区社会组织联合会	提升社区自治能力和水平，进而健全社区治理与服务体系，提升社区服务能力和水平	**
8	公益创咖项目	合肥市包河区常青街道社会工作协会	引进专业社会组织，建立“公益创咖”，培养社区社会工作人才队伍，完善社区社会服务体系	**
9	儿童安全性教育项目	安徽太阳伞儿童慈善救助中心	开展儿童安全性教育，弥补学校教育和家庭性教育的不足，构筑儿童自我保护安全网	*
10	方兴社区公益园服务项目	合肥市包河区方兴社区社会组织联合会	夯实社区服务的组织基础，探索方兴公益园运行机制，提升服务社会组织发展的能力，进而助推社会服务体系建设	**
11	新梦想课堂项目	安徽省广善公益助困中心	搭建自主互助平台，改善社区特殊儿童及其家庭现状。整合社区、学校、家庭、媒体等广泛的社会资源，以艺术教育的形式干预贫困家庭、残障儿童的心理亚健康状况；通过对公益衍生品的推广、宣传和义卖，吸纳更多人参与，缓解特殊儿童救助资源的匮乏状况	***
12	添翼计划·滨湖区新社区儿童教育成长项目	合肥市包河区彩虹鱼社区青少年发展中心	探索新城区儿童服务体系建设路径。孵化培育社区志愿服务组织，建立家长支持网络，开展儿童早期阅读、专注力提升、托管儿童综合服务（即社工服务）	**
13	橙色安全小站项目	合肥柒因公益服务中心	提高社区居民安全能力，构建社区居民安全保护网，预防和减少事故发生。将安全知识、技能引入社区，针对社区居民（尤其是儿童和老人）以及社区环境和条件制订积极的安全预防计划；培育社区居民安全互助组织、社区应急救援组织	***
14	回迁小区社区发展项目	合肥市华益儿童服务中心	以社会工作增能理论为支持，推进回迁村民向市民转变，增强社区归属感	*

续表

序号	项目名称	实施社会组织名称	项目目标与内容	与社会救助关联度
15	情暖夕阳 · 乐巢行动项目	合肥市包河区暖阳社会工作事务所	探索建立“社区+社会组织+社工+高校”四方协作社区为老服务模式。运用社会工作专业方法，开展友好探访、社区照顾、健康养生、个案服务、小组工作、文体康乐等活动，缓解老人生活资料缺失、情感受挫、心理孤独、社会交往封闭、安全感缺乏等多种问题，完善社区老人的社会支持网络，提高老人生活质量和生命质量	***
16	儿童健康成长项目	合肥市包河区心儿童成长中心	在城市社区开展儿童感觉统合训练和隔代教育，构建社区儿童综合服务空间——社区儿童示范馆	*
17	特殊儿童家长支持中心项目	合肥市包河区天情特殊儿童康复中心	探索建立残疾儿童家长缓压服务平台，舒缓家长压力和负面情绪，以提升应对的能力和技巧。开展缓压工作坊、小组活动、社区活动、专题讲座等，帮助特殊儿童家长克服自卑感和缓解压力，鼓励自尊、自信、自立和自强，促进心身健康，更好地融入社会	***
18	乐淘淘儿童阅读项目	合肥市包河区望湖街道望湖社区社会组织联合会	探索建立社区早期阅读教育体系，发挥社区的教育服务功能，弥合家庭教育与学校教育之间的断层	—
19	未来领袖 · 小世界儿童创客教室项目	合肥经开区大家文化促进中心	引入专业、系统的蒙特梭利 2.0 教学系统，帮助社区儿童开拓视野，树立公民意识；打造社区儿童版“创客空间”，启发社区儿童创新意识和能力	—
20	绿色社区发展项目	合肥市善水环境保护发展中心	组织社区保护环境志愿者队伍，发动社区居民，改善社区生态环境，营造人与社区的绿色和谐	—
21	“文化+”社区新型养老服务项目	合肥市包河区常青街道金寨南路社区社会组织联合会	开展互助暖夕阳、健康养生之家和长者文娱俱乐部三大系列服务，培育老年健康养生文化，提升社区老年群体的服务参与意识，实现老年群体的自助互助，营造社区敬老助老文化氛围	**
22	长学乐年项目	合肥市包河区芜湖路街道友谊社区社会组织联合会	满足老人在文化娱乐、社区交往和延续自我价值方面的需求，探索社工介入文化养老服务的路径	**
23	七彩课堂 · 社区青少年服务项目	合肥市包河区慧灵社会工作服务中心	以“七彩课堂”为核心，营造青少年社区生活氛围，搭建社区青少年服务体系	**
24	华青志愿服务团项目	安徽实践家文教慈善基金会	探索志愿服务常态化、专业化发展路径，健全与完善社会服务体系	**
25	睦 · 共养助老服务项目	合肥市包河区常青街道老年协会	针对社区老人，发动社区居民和社区志愿服务组织，倡导孝亲文化，推动互助自助，建立社区老人常态化的互助服务体系	***
26	幸福妈妈计划项目	合肥市包河区慧灵社会工作服务中心	普及优生优育理念、知识和方法，提升孕育龄妇女胎教早教能力，搭建社区家庭交流平台	*
27	社区长者吧项目	合肥市包河区滨湖世纪社区社会组织联合会	为社区老人搭建学习平台，探索社区文化养老新模式，构建社区自助互助养老服务体系	**
28	金色年华社区健康服务项目	合肥市包河区金色年华健康服务中心	将中医养生理念和方法引入社区养老，通过经络调理、体质调控和心理调解等服务减少或预防疾病发生	**

注：“***”是指完全属于社会救助领域；“**”是指或者属于社会福利领域，或者间接支持或服务于社会救助工作；“*”是指部分属于社会救助领域；“—”是指与社会救助、社会福利无关联

资料来源：包河区社会工作协会、包河区民政局、包河区社区公益服务项目管理委员会. 善治 · 品质：包河区第二届社区公益创投项目案例精选[R]. 2017

表 8-5　芜湖市第二届公益创投项目一览表（2016 年）

序号	项目名称	实施社会组织名称	项目目标与内容	与社会救助关联度
1	社会工作服务机构能力提升培训	芜湖市社会工作（者）协会	举办社会工作服务机构和社会工作者能力提升培训班，提高社会工作服务机构的内部治理能力和一线社会工作者的服务能力、项目运营水平	**
2	社区由你而升温	芜湖市弘德社会服务中心	探索建立起符合本地区实际情况的居民民主自治模式，健全与完善社区、社会组织、社会工作“三社联动”机制，推动社区服务体系建设	*
3	孤独症青少年职业培训	芜湖市孤独症协会	对残障人员进行康复训练、生活训练、手工训练和对陪护家长的手工训练与康复能力培训	***
4	高龄空巢老人救助求援服务	芜湖援通智能化养老服务中心	为高龄空巢老人安装家庭智能监控设备，对老人健康状况、生活能力进行实时监测，通过智能化养老服务平台和服务人员提供 24 小时紧急救援和生活求助服务	**
5	“阳光家园”社会福利服务项目	鸠江区清苑社区社会组织联合会	拓展困境老人和残障人士的自我增能、社会融入和家庭关系的调适空间，组建新的人际关系，通过与新、老朋友的交流与沟通使服务对象获得精神慰藉	***
6	“互帮互教”——社工朋辈督导项目	芜湖市新希望社会工作服务中心	开展朋辈督导、学习沙龙和外出拓展等活动，提升社会工作服务技巧；为专业社会工作者提供心理支持，缓解工作压力；提高社会工作服务机构的服务能力	**
7	童心筑梦	芜湖市易辰社会工作服务中心	开展融入城市社区等系列活动，提高流动儿童的生活质量，帮助其较快较好地融入城市社区生活，促进其身心健康发展，培育其社区归属感	**
8	公众环境教育项目	芜湖市生态环境保护志愿者协会	针对本地公众开展环境保护科普工作，设计一系列公众参与环境保护的参与活动；培训环境保护志愿者，组建环境保护志愿者队伍	—
9	“爱·护航”孤儿关怀服务	芜湖阳光爱心协会	组织志愿者与孤儿形成结对模式，为孤儿提供生活指导、学习教育、心理疏导、团体活动等，激发孤儿的潜能，增强服务对象的社会自信心	***
10	关爱社区困难老人活动	弋江区儒林西苑社区仁爱儒林社会组织联合会	针对儒林西苑社区困难老人的实际需求，制订个性化服务方案。定期开展义诊服务；开展健康知识讲座；组织老年人参加健身、手工艺、传统节日联欢、集体庆生等活动，促进其社区融入，开展心理慰藉服务	***
11	“童安 365”农民工子女关爱行动	芜湖市阜康社会工作发展中心	通过小组活动与个案工作相结合的方法，提升服务对象应对生活困境的能力，增加服务对象的自信心；提高留守或流动儿童的安全意识，培育其自助意识与能力	***
12	健康校园·爱心助跑	芜湖跑吧运动俱乐部	通过举办体育赛事活动，为芜湖贫困中小学生筹集善款，购买跑鞋；面向贫困中小学生举办跑步知识和健康生活公益讲座，培养健康意识和运动习惯	***
13	“社区儿童成长教育”项目	弋江区丽城社区馨乐园社会组织联合会	针对社区中 828 名 5~14 周岁儿童，开展成长干预、指导、融合等服务行动	**
14	“恒爱星火”公益助学项目	镜湖区荷塘社区社会组织联合会	通过打造高校学生教育资源与社会公益组织联合行动模式，对外来务工人员子女、留守儿童、低收入家庭子女等进行“一对一”的义务家教辅导	**
15	“致敬老兵”项目	芜湖心连心爱心协会	开展精神慰藉活动、主题交流活动、物质慰问活动等对老兵进行帮扶；弘扬关爱老兵的社会氛围	**
16	情暖夕阳——关爱低保困难老人	芜湖市江南社会工作服务中心	帮助服务对象舒缓不良情绪和心理问题，在生活上给予低保困境老人以关爱与照顾，丰富其精神生活；在低保困境老人中培育互助意识和自我解决问题的能力	***

注：“***”是指完全属于社会救助领域；“**”是指或者属于社会福利领域，或者间接支持或服务于社会救助工作；“*”是指部分属于社会救助领域；“—”是指与社会救助、社会福利无关联

资料来源：由芜湖市社会组织管理局提供

可以说，公益创投为社会组织参与社会救助设置了功能空间，提供了资源支持。虽然其直接目的是培育和发展社会组织，但社会救助和社会福利却成了实实在在的“副产品”。同时，公益创投项目是由社会组织自主设计的（政府购买服务项目主要是由政府部门设计的），这也有助于发挥社会力量的创造性，使社会服务更加多样、更具弹性，使公益事业和社会服务的效率更高、效能更好[3]。但是，由于统计制度和统计口径方面存在的问题，目前尚未将公益创投资金、项目数量和类型、受益人数和范围等列入常态化、制式化的统计中，因此我们无法获得准确、权威的公益创投数据。关于这方面的统计、分析与评估也是未来的重要发展方向。

（三）社会工作嵌入机制[4]

安徽省依据《关于加快推进社会救助领域社会工作发展的实施意见》（皖民办字〔2015〕115 号），推动专业社会工作的“嵌入式”发展，将社会工作嵌入社会救助过程，形成具体有效的转介机制①；将社会工作嵌入社区服务与治理过程，通过资源整合和业务统管健全社区、社会组织、社会工作“三社”联动工作机制，发挥“三社”服务合力。积极推进社会工作服务地方性标准研制工作（如《失独老人社会工作服务指南》），为社会工作嵌入社会救助和社会福利领域形成科学指导。社会工作领域的王思斌教授提出中国社会工作要走“嵌入性发展”之路。由于我国社会工作发展较晚，且受路径依赖的影响，政府部门以及行政逻辑在社会服务领域仍然占据主导地位，因此专业社会工作处于“嵌入”地位，通过制度层面的嵌入、项目层面的嵌入和服务层面的嵌入，参与现有公共服务空间和社会治理框架，由此获得“嵌入性发展”。随着“放管服”改革的持续深化，社会工作将由“弱自主嵌入”转向自主嵌入，并在政府-专业合作机制推动下深度嵌入[5, 6]。

首先，提升社会工作服务机构培育力度。通过政策引领、基地孵化、资金支持、项目带动、人员培训、场地提供、站点设置等方式，加快培育发展民办社会工作服务机构。截至 2017 年底，安徽各地在城乡社区、相关事业单位和社会组织等共开发设置了 15 025 个社会工作服务站（科室、中心）；共成立了 1 个省级、8 个地市级和 37 个县级社会工作（者）协会（联合会）；民办社会工作服务机构达 231 家。与 2014 年全省的 52 家民办社会工作服务机构相比，增长了 3.44 倍（表 8-6）[4]。

表 8-6　安徽省民办社会工作服务机构数量发展统计表（2014~2017 年）

年份	2014	2015	2016	2017
数量/家	52	98	160	231
与上一年相比增长率	—	88.46%	63.27%	44.38%
与 2014 年相比增长率	—	88.46%	207.69%	344.23%

资料来源：根据安徽省民政厅社会工作处 2014~2017 年工作总结中的数据整理而成

其次，加强社会工作人才队伍建设。认真发动好、组织好、保障好每一年的全国社

① 关于社会工作嵌入机制的建设实例，可参见本书第十一章第五节“渠道专设　协同救助——合肥市庐阳区实施嵌入式社会救助社会工作模式”。

会工作者职业水平考试。截至 2017 年底，安徽全省社会工作专业人才达 2.9 万人，取得全国社会工作者职业水平证书的人员有 8 463 人。在省级层面上连续实施“千人赴港培训”计划，开展社会工作与社会治理专题、社会工作专业人才高级研修、社会工作专业知识普及培训、救灾领域社会工作专题培训、农村留守儿童社会工作专题培训等项目，累计举办近 50 个班次，累计参训人员达 11 486 人次[4]。

最后，切实发挥社会工作机构的服务功能。社会工作专业服务已覆盖安徽全省 16 个地市。在关爱“三留守”人员方面，自 2016 年起实施民政部与安徽省人民政府合作实施的专业社会工作介入农村留守人员关爱服务体系试点建设，结合农村留守人员服务需求、当地社会工作发展现状等因素，在合肥市长丰县、亳州市利辛县、阜阳市颍泉区、六安市裕安区、安庆市岳西县等五个县（市、区）开展的试点工作顺利推进。积极参与民政部——联合国儿童基金会 2017 年农村留守儿童社会工作服务试点项目，发挥社会工作专业人才在关爱农村留守儿童、服务老年群体中的重要作用。在参与脱贫攻坚方面，2014~2017 年扎实推进社会工作专业人才支持“三区”计划实施，每年皆选派 20 名社会工作专业人才赴有关贫困县区开展专业服务，围绕农村留守人员、最低生活保障特困家庭、残疾青少年等重点人群，合理设计服务项目并认真组织实施。在灾害救助方面，2016 年启动全省首个救灾领域社会工作服务项目，纳入全国“重大自然灾害和突发事件救援计划”，选派专业社会工作者赴合肥、安庆、六安、宣城四个受灾较为严重的地市，化解灾区群众心理问题，再造灾区社会支持网络，提升灾区恢复重建能力。2017 年启动实施首批社会工作服务机构“牵手计划”，由江苏省和安徽省内各选派 5 家社会工作服务机构对省内机构开展“一对一”帮扶。在生活无着流浪乞讨人员救助方面，社会工作服务机构在街面劝导救助、寻亲、未成年人心理疏导和行为矫正方面亦发挥了积极作用。

（四）志愿服务机制

安徽全省各地围绕推进志愿服务的法治化、组织化、规范化、信息化和实效化，不断完善相关政策制度、加强志愿服务组织建设，深化志愿服务实践。截至 2017 年底，安徽全省在民政部门依法登记的、名称中含有“志愿”或“义工”字样的志愿服务组织达 202 家；在单位和社区内部成立的志愿服务团队 8 692 个、志愿服务站点 3 793 个；在全国志愿服务信息系统中注册的志愿者 4 039 767 人。自 2014 年起启动志愿服务记录制度试点工作，截至 2017 年底，安徽全省共有 92 个县（市、区）、902 个街（镇）、3 285 个社区和 2 589 个单位开展了志愿服务记录工作，志愿服务达 12 686 234 小时。2017 年，安徽全省志愿服务工作投入资金量为 2 461 万元（财政资金 1 945 万元、福彩公益金 265 万元和社会资金 251 万元），其中用于购买志愿服务运营管理的资金超过 383 万元。志愿者队伍、志愿组织与志愿服务站点的建设以及志愿服务机制的健全，为社会力量参与社会救助和社会福利事务奠定了基础，也为急难人群及时提供了专业而友善的服务和帮扶。

（五）社会自组织机制

除了以上四种参与形式外，各种社会力量还主动利用自身优势、自主募集资源发挥社会救助功能，是为社会自组织机制。

一方面，社会力量是救助资金的补充者。铜陵市社会组织通过社会捐款、企业捐款、爱心义卖等方式募集救助资金，扩大社会救助的资金存量，为开展多样救助服务提供了资金支持。例如，在助学领域，社会组织开展的社会救助涵盖各求学阶段，近年来累积资助中小学困难学生 300 余名，发放奖助学金 22.92 万元；资助“二本”以上困难家庭学生达 6 000 多名，发放资金 2 000 多万元。在救灾领域，救灾服务对象辐射铜陵全市受灾群众，在2016年洪灾期间筹措救灾款项30余万元，帮助受灾群众解决生活困难，渡过难关。在蚌埠市民政局和市慈善总会支持下，于2016年6月成立蚌埠市救急难基金会。该基金会通过网络众筹平台募集、爱心企业捐赠、慈善义卖等形式，截至 2017 年底共筹集救助资金近 200 万元。安徽乐邦慈善基金会与合肥市包河区常青街道办事处共同出资以 PPP 模式设立社会救助基金，依托该基金实施了以救急难为主要内容的“乐助常青”项目，实现了“政府+基金会+社工机构+社会力量”四位一体的社会救助合作新模式。芜湖跑吧运动俱乐部策划实施了“健康校园　爱心助跑”计划，举办了“学有助　跑有鞋——2017 芜湖首届百公里公益行”活动，通过赛事活动的举办募集资金，为贫困家庭的孩子购买运动跑鞋，促进贫困学生德智体美全面发展。芜湖市爱心助学基金会专以资助品学兼优但家庭困难的中小学生为业务范围，每年都筹集、发放数十万元助学资金。虽然目前的社会募捐还存在系统性差、规模较小、需求回应不强等问题，但随着《慈善法》的持续实施和慈善组织认定的规范化和常态化，社会救助资金的社会化募集将更为有效，对财政资金的补充水平将会更高。

另一方面，社会力量是救助活动的实施者。例如，安徽多家公益组织于 2011 年发起“安徽民间救灾行动网络”，该网络以灾害监测、现场救援、减灾教育、受灾人员物质救助等为职责，通过协同发力、合作联动的方式提高灾害救助的覆盖面和救助能力。截至 2017 年底，该网络由最初的 11 个民间组织参与发展到 27 个，已覆盖安徽全省 14 个地市。黄山市休宁县睿泽社会工作发展中心、亳州市金阳光社会工作事务所、芜湖市新希望社会工作服务中心、芜湖市益群社会工作服务中心等一大批社会工作服务机构根据困难群体需求和自身专长，组织志愿者、深入基层，为困境老人、困境儿童及残疾人群等提供生活帮扶、医疗服务、生活帮扶、心理疏导、情感交流、社会资源链接等多样化的救助服务。

四、发挥了社会力量参与社会救助的综合效能

社会力量的参与，增加了社会救助资源的来源，提升了社会救助工作的能力，扩大了社会救助服务的有效供给，拓展了社会救助的内涵。具体而言，通过社会力量的参与，整合了来自企业、社会组织、公民个体（志愿者）的资金、物质、人才和专业技术等资源，为社会救助水平的提升奠定了基础；推动了社会救助制度与社会福利制度（老

年人福利、妇女儿童福利、残疾人福利等）的有机衔接，提高了社会救助的综合效能，进而提升了困难群众共享改革发展成果的水平；促进了传统单一的物质救助模式的改革，向物质保障、生活照料、精神慰藉、心理疏导、资源链接、能力提升和社会融入等相结合的综合救助模式发展，充分拓展了社会救助服务的内涵，发挥了社会救助体系的综合效用；改变了传统单一的物质救济方式，实现了物质救济、专业服务、社会支持等救助方式的有效结合，使社会救助方法呈现多样化、组合化、专业化和个性化的特征，升华了社会救助的基本功能。

第三节　综合分析与理论概括

第八章第一节和第二节从具体实践的角度呈现了安徽省“大社会救助格局”的构建，介绍了社会力量参与社会救助的制度框架、参与机制、功能领域等。本节则从理论层面上归纳概括安徽省“大社会救助格局”构建实践，包括三方面：一是参与社会救助的社会力量类型分析；二是社会力量参与社会救助的路径分析；三是社会力量参与社会救助的效能分析。

一、参与社会救助的社会力量类型分析

通过上述分析，不难发现安徽省有多种类型的社会力量参与了社会救助。这里通过“形态—属性”分析框架[7]来进一步阐释（图 8-2）。

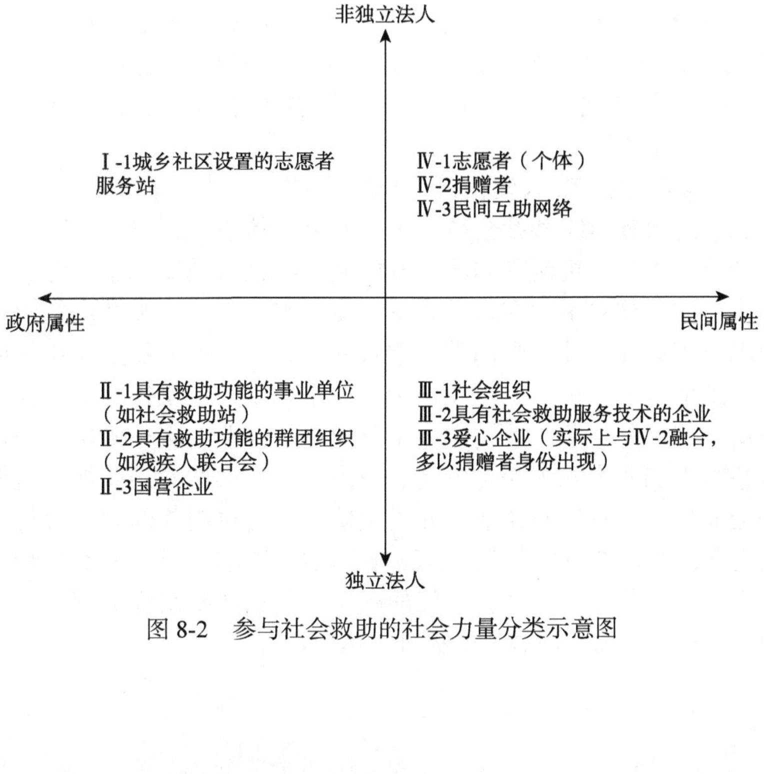

图 8-2　参与社会救助的社会力量分类示意图

横轴表示社会力量的属性，即政府属性和民间属性。政府属性是指参与者虽在整体上属于“社会力量”，但其运营资金、办工场所基本上依赖于公共财政；其工作人员也属于体制内；其日常运行、目标设计、任务安排等都直接源于所属政府部门。民间属性是指参与者虽与政府部门有着多种关联，但其开办资金、办公场地都来自民间；在人员配备、日常运行、目标设计和任务安排等方面有着较强的独立性。纵轴标示参与社会力量的形态，即独立法人和非独立法人。独立法人是指参与者经由机构编制部门或民政部门批准设立，能够以法人的方式独立承担民事责任。非独立法人表现为个体或不具备独立承担责任资格的群体，此类主体虽也有一定的组织构架和内部职权运行机制，但并非组织实体。

象限Ⅰ表示“具备较强政府属性但属非独立法人”的社会救助参与者，主要是指在城乡社区设置的志愿者服务站。

象限Ⅱ表示“具备较强政府属性且具备独立法人资格”的社会救助参与者。包括三种形式：一是具有救助功能的事业单位，常冠名为“社会救助站”或“社会救助中心”，其主管单位一般是民政局。此类参与主体与政府的关系最为密切，其基本职责就是提供社会救助服务，可分为全额拨款、非全额拨款和自收自支三类。目前此类主体发挥社会救助功能的方式由多到少依次为：依赖财政直接拨款，利用自身专业力量开展服务；依赖财政拨款，以购买主体身份购买其他社会力量的方式开展服务；作为购买服务承接方参与政府购买服务，以竞争的方式获得服务资格，开展救助服务。整体而言，此类主体专业能力有限、运行效率有待提升。加强此类主体的社会化改革、专业化建设是未来的工作重点之一，以此来提高其专业服务能力和市场竞争能力；同时，将此类主体纳入政府购买服务承接主体（而非直接拨款主体）也将是改革重点，通过竞争性购买来“倒逼”其加强自身建设，适应专业服务需求。二是具有救助功能的群团组织，如残疾人联合会、妇女联合会、共青团等。目前此类主体基本上是以政府行政的方式运行，依赖公共财政开展救助服务。三是国营企业。此类主体参与社会救助的方式主要是：捐款捐物；在内部设立志愿者服务站；参加政府部门组织的社会救助活动，如“同舟工程”。

象限Ⅲ表示“具有独立法人资格的纯民间主体”。主要包括三类：一是社会组织（含注册成立的志愿服务组织和社会智库）。此类主体主要通过政府购买服务机制、公益创投机制、社会工作嵌入机制和志愿服务机制参与社会救助，也是专业、多样、弹性社会救助服务供给的主体力量，在未来要重点支持和发展这一类社会力量。另外，此类主体在社会救助政策倡导、社会救助政策绩效评估、社会救助资金使用效果评估、社会救助项目第三方评估等方面也具有重要作用，在未来要注意发挥它们的这些作用。二是具有社会救助服务技术的企业。此类主体主要通过政府购买服务机制参与社会救助，其专业性强，竞争意识和效率意识相对较高。但因其市场属性而需要加强监管，以确保其所提供服务的公共性。三是爱心企业。此类主体主要通过捐赠的方式参与社会救助。虽然其具备法人资格，但在参与社会救助方面与一般的捐赠者（即图 8-2 中的“Ⅳ-2 捐赠者”）在本质上相同。需要通过社会责任的激发、公益捐赠制度的健全来推动此类主体参与社会救助，为社会救助资源数量的提升“增砖添瓦”。

象限Ⅳ表示“不具有独立法人资格的纯民间主体”。主要包括三类：一是以个体形式存在的志愿者，主要通过志愿参与的方式为困难群体提供帮扶。二是捐赠者，主要通过捐款捐物的方式推动社会救助事业的发展。志愿者和捐赠者功能的发挥，有助于弘扬社会正气，可为社会救助事业创造良好的、积极的社会氛围。三是民间互助网络，如在社会组织设立的志愿服务站、参与灾害救助的“安徽民间救灾行动网络”、各类未正式登记注册的“爱心联盟”或“志愿者协会”。此类主体以群体的方式发挥社会救助作用，有助于形成合力，资源动员能力也不可小觑，但它们不具有独立法人资格，制度性水平和常态化程度较弱。应引导、支持此类主体注册为独立法人，以制度化、常态化和组织化的方式参与社会救助。

二、社会力量参与社会救助的路径分析

在安徽省探索构建的现代社会救助体系中，社会救助的实施主体可以分为两类：一是服务决策者，是服务供给种类和数量的决定者、具体的服务生产和递送主体的选择（或安排）者、服务成本的最终承担者。服务决策者亦被称为服务的提供者。二是服务行动执行者，是在决策者安排下具体“生产”服务且与服务“消费者”直接接触的主体，是服务行为的实施者和承担者，但不是服务成本的承担者。服务行动执行者亦称为服务的生产者[8]。当然，服务的决策者和执行者可能合二为一，也可能相互分离，两者之间所形成的不同关系模式构成了不同的服务供给路径和机制，这些供给路径和机制各有优劣、各有适用范围[9]。这可以用“执行—决策”分析框架进行概括和分析。如图 8-3 所示，横轴表示的是社会救助的两类决策者，即政府部门和社会力量；纵轴表示的是社会救助的两类执行者，也包括政府部门和社会力量①。

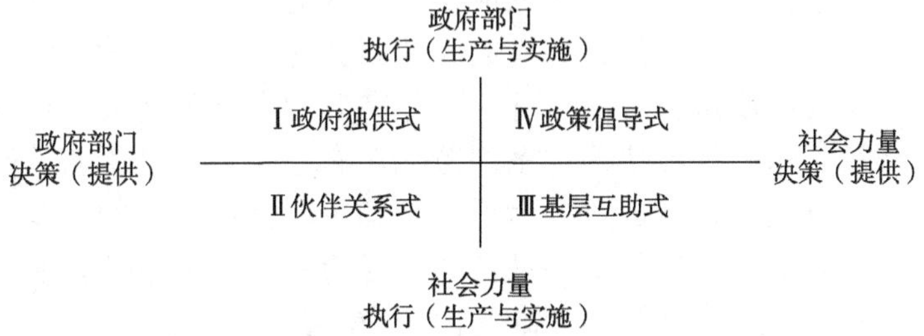

图 8-3　社会救助方式拓展分析示意图

通过“执行—决策”分析框架，可以将社会救助服务的供给路径与机制分为以下四类。

第Ⅰ象限是“政府独供式”，服务的决策者和执行者合一，都由政府社会救助管理部门和经办机构担当。这是典型的“科层化”供给方式，缺少社会力量发挥作用的空间，主要通过上下级之间的命令、自上而下地任务安排等方式提供社会救助服务，逐层逐级落实社会救助政策、开展社会救助工作。由于政府社会救助管理部门和经办机构具

① 笔者曾将这一分析框架用于公共文化服务研究，成果《安徽公共文化服务运行机制创新研究》于2017年12月提交给安徽省委宣传部。

有常态化的组织机制和执行体系，因此在任务安排方面，“科层化”供给方式具有快捷迅速的优势，也便于“集中力量办大事”，推动社会救助工作的重大变革，解决社会救助实践中出现的重大难题。但是，“科层化”供给方式常常以层层安排任务的方式推进工作，这容易导致基层承担的任务过多、压力较大，出现“小马拉大车”现象；同时，在这种制度环境中，基层相对缺乏主动性和创新性，以“等待任务、应付任务”的心态对待社会救助工作。这往往会使社会救助服务的供给效率降低，也使得社会救助政策执行面临阻梗。

第Ⅱ象限是“伙伴关系式”，政府是服务的决策者，社会力量是服务的执行者。通过服务购买项目委托、公益创投、特许经营、战略合作等种种途径，“一个精巧的伙伴关系网络形成了，把政府与非营利部门连接了起来”[10]。这是一种具有现代性的供给方式，也是社会救助体系和社会救助能力现代化的基本要求。一方面，这种供给方式发挥了两种优势——政府远景规划与资源整合的优势、社会力量专业化与专职化的优势；另一方面，在社会化供给的过程中实现了多元社会主体的竞争，为在竞争中取得优势，社会主体会通过提高服务资源的利用效率，以实现提高服务的质量、数量和层次的目的。可见，“伙伴关系式”因政府的规划与设计而提高了社会救助服务的系统性和有序性，同时因社会力量的专业介入和竞争意识而提高了社会救助服务的递送效率和质量。正因为如此，“伙伴关系式”的社会救助服务供给方式备受推崇，也是未来发展的基本趋势[11]。但需要强调，“伙伴关系式”也不是完美无缺的，必须同时满足如下几方面的条件方才能发挥其优势：一是需要社会救助管理部门具备完善的项目设计能力、定价和议价能力、合约管理与执行能力、项目评估与监督能力等，否则将无法实现社会救助服务供给的系统性和充分性，也容易在信息不对称的情况下受到社会力量的“欺骗”，反而会增加社会救助服务的供给成本，降低社会救助服务的供给数量和质量。二是需要存在多元竞争的社会参与主体，否则将无法形成实质性的竞争，因此也就无法激发高效行动的内在动机。三是需要社会力量具备相应的专业服务能力、项目管理能力和自我管理能力等，否则将无法实现高质量服务的目标。四是需要健全服务购买招投标机制、评估机制和信息披露机制等，这是保障伙伴关系规范化、有序化、制度化的基础，否则将无法有效降低交易成本。五是需要形成典型示范引导和负面清单规制的“双重”规范，即通过培育、整理和发布典型示范项目引导社会力量参与社会救助服务，明确“哪些事情需要做”；通过详细的负面清单来明确“哪些事情不能做”。

第Ⅲ象限是“基层互助式”，社会救助服务的决策者和执行者也是合二为一的，主要由民间性的社会组织（主要是社区服务型社会组织、公益慈善类社会组织）担当。“基层互助式”的基本表现有三：一是居民自发形成社会组织，该组织以自我管理、自我教育和自我服务的方式运行，通过各种活动，构建守望相助的社区救助文化；以自助互助的方式提供力所能及的社会救助服务等。目前此类社会组织相对较少、服务能力也较弱。但这种服务方式在服务内容方面具有较强的针对性，也更加便捷迅速[12]。政府有关部门需要通过公益创投的方式促进此类组织的功能发挥。二是各类社会组织利用自身特长，自行募集资源、自行设计项目并开展服务，主动地在社会救助管理部门和经办机构之外发挥社会救助功能。各种志愿服务组织、为社会救助募集资源的基金会等都属于此类。此类社会组织的发展能够为政府救助提供有力补充，也是未来发展的主要趋势和方向。三是具有相同或相似功能、业务范围的社会组织为了整合资源、形成合力，自主搭建形成社会救助行动联盟。“安徽民间救灾行动网络”、各类未注册的“爱心联盟”或“志愿者协会”都属于此类。“基层互助式”社会救助服务提供机制的递送效果较好、效率较高，但系统性缺乏，呈碎片化状态；并且容易出现“赶时髦”和“跟风”现象，导致重复救助，致使社会救助“资源溢出”。因此，需要加强政策引导和顶层设计，也需要加强科学论证和专业评估。

第Ⅳ象限是“政策倡导式”，服务的决策者（抑或说是倡导者）是社会力量，而政府作为“执行者”开展后续行动。这种方式有助于社会救助服务需求的表达，进而提高社会救助服务供需对接的紧密性和一致程度。社会智库在这方面的作用比较明显，此种社会救助服务供给方式也需要通过政府服务购买、公益创投、服务项目听证、第三方评估等机制来保证。

概言之，安徽省目前社会救助工作仍以“政府独供式”为主；“伙伴关系式”虽日益得到重视，但应用深度和广度不够；“基层互助式”和“政策倡导式”需进一步发展和完善。之所以出现这种现象，受四方面因素的影响。

一是受社会救助本身的纯公共物品（或曰基本公共服务）属性的影响。政府部门在社会救助政策制定、资金提供方面须担当“主演”，扮演主导者和“元治理”角色。当然，在具体的社会救助服务方面，“伙伴关系式”应取得持续发展。

二是受“科层化”管理惯性的影响。虽然“放管服”及社会化供给的趋势已十分明显，但部分工作人员仍习惯于原有的“科层化”管理模式，以“管理”思维而不是以“治理”理念为指导，仍然喜欢以“行政指令”而不是以“市场契约”的方式提供社会救助服务。所以，需转变工作理念，以多元治理思维和理念开展社会救助服务。

三是受社会力量（尤其是社会组织）发育滞后的影响。虽然安徽省社会组织在近年来取得了长足发展，但客观而言，社会组织本身的数量及其人力资源数量、专业服务能力、项目承接能力、资源整合能力等都还存在缺陷。在访谈中，有相当部分的管理人员“抱怨”：“发布了服务项目，却没有足够量的社会组织参与竞标，无法形成竞争态势，这使得社会化供给的效果大打折扣”；“政府具有购买服务的想法，也理解政府职能转移的优势，但社会力量能否接得住、接得牢、接得好是值得怀疑的”。这种抱怨在现实工作中被转化为“社会化焦虑”，阻碍了社会救助服务社会化供给的实施，反而强化了科层化供给的实用性。

四是受社会化风险的影响。除了社会力量发育滞后导致的“社会化焦虑”之外，在社会救助服务社会化供给方面还有一个风险，使相关部门存在“社会化恐惧”，阻碍了社会化供给机制的建设。简单而言，这一风险就是社会化后的社会救助服务行动的可控性较差，按照某被访者的表述：“如果将任务安排给下属事业单位或下级部门，我们可以进行有效的监控，风险较小。但如果委托出去，就难以有效控制，容易诱发各种风险。并且，社会救助服务本身带有抽象性，不像基础设施那样明确、有形，因此委托之后的效果评估是困难的，实际效果与服务行动之间的因果关系也不好确定。多一事不如少一事，还不如按照原来的方式开展服务活动。”

三、社会力量参与社会救助的效能分析

社会力量对社会救助的参与不仅意味着社会救助体系的健全和完善，更重要的是拓展了社会救助的内涵，丰富了社会救助的效能。受组织属性的影响，社会救助管理部门在财物资源、政策规划、制度建设、行为规范等方面有着独特的优势，但对于社会救助的项目实施、服务供给与递送而言，社会力量（尤其是社会组织）有着独特的优势。因此，通过“伙伴关系式”的参与路径以及服务购买机制、公益创投机制、社会工作嵌入机制、志愿服务机制的健全完善，可提升社会救助的效能水平。

这里通过“对象—层级”分析框架来进行阐述[①]。如图 8-4 所示，横轴表示社会救助效能的层级，初级效能是指社会救助最直接的、最具体的成效；高级效能是指社会救助行动实施之后产生的具有延伸性、辐射性的客观影响和效应。纵轴表示社会救助工作所针对的目标对象，可分为个体（或家庭）、社会整体两个层面。

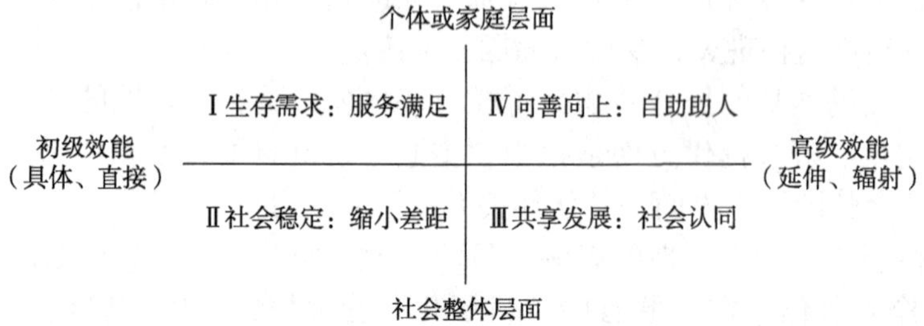

图 8-4　社会救助内涵与效能拓展示意图

象限Ⅰ表示的是社会救助个体或家庭层面的初级效能。具体表现为两个层面：一是生存需求得到满足，主要得益于物质救济。这一层面主要通过政府公共财政的资金支持来实现，社会力量虽然亦可通过公益募捐、“救急难”资金给付等予以补充，但主要处于“补缺”和“力度提升”地位。二是“非物质救助”，主要涉及各种关爱服务的供给，如心理疏导、社会融入、能力提升等。对于“非物质救助”，主要需要社会力量（尤其是社会工作服务机构、事业单位）来生产和递送。

象限Ⅱ表示的是社会救助社会层面的初级效能。具体表现为社会救助的两个效能：一是社会稳定和社会秩序的实现；二是通过社会再分配，实现调节收入、缩小社会差距的目标。实现这两方面的效能，需要象限Ⅰ两种效能的实现，因此可以说社会力量参与是社会救助社会层面初级效能的基础。

象限Ⅲ表示的是社会救助社会层面的高级效能。指的是通过社会救助的再分配和社会调节功能、基层生存需求和服务需求满足，使全体社会成员共享经济社会发展成果，实现公平发展。同时，提升全体社会成员（尤其是困难群体）的满意度和获得感，进而

① 笔者曾将这一分析框架用于公共文化服务研究，成果《安徽公共文化服务运行机制创新研究》于2017年12月提交给安徽省委宣传部。

提升人们的社会认同感。由于高级效能的实现需要以初级效能为基础，所以说社会救助社会层面的高级效能的实现也离不了社会力量的参与。

象限Ⅳ表示的是社会救助个体或家庭层面的高级效能。表现为社会救助对象向善向上精神的培育和自助助人状态的形成，主要通过社会救助如下服务内容得以实现：通过就业帮扶、潜能发掘和能力提升，来消除救助对象的"救助依赖"；提升救助对象的社会融入和社会参与能力；抚慰救助对象的消极和抵触情绪，建立积极乐观上进的心态。这一社会救助效能也需要社会力量专业能力的发挥，通过服务购买机制、公益创投机制和社会工作嵌入机制来实现。

概言之，通过"对象—层级"分析框架的运用可以得出如下结论：无论是在个体（或家庭）层面还是在社会层面，社会力量的参与既在初级效能（直接成效）方面拓展了社会救助的内涵，又在高级效能方面拓宽了社会救助的影响。这一分析框架与保障性公共服务和发展性公共服务的划分是一致的（表 8-7）。陈振明等学者从公共服务的角度指出，公共服务可以分为保障性公共服务和发展性公共服务两类，前者属于低层次的公共服务，是基于基本人权而供给的，旨在保障公民的基本生存和发展需求，其责任承担者以政府为主。当然，不排除政府主导下社会力量的参与，甚至鼓励社会力量的有效有序介入。而后者则是前者的拓展，层次和质量较高，适应于一国或地区经济社会发展的较高阶段，需由多重主体组成的网络化供给格局来提供，对政府、市场和社会组织构成的伙伴关系、协同联动有着较高的期待[13]。

表 8-7　保障性公共服务和发展性公共服务的比较

项目	保障性公共服务	发展性公共服务
主要内容	涉及基本人权的低层次公共服务，保障最基本的生存和发展需求	相对较高层次和质量的公共服务
基本属性	公共性、普惠性和公平性	针对某类群体（如较高收入群体，有特定需求的群体）
发展阶段	一国或地区经济社会发展的较低阶段	一国或地区经济社会发展的较高阶段
需求层次	公民的基本需求及迫切需求	公民的较高需求，非迫切需求
责任承担者	以政府为主；不排除政府主导下社会力量的参与	多重主体，政府、市场或社会组织等协同联动

资料来源：陈振明，等. 公共服务导论[M]. 北京：北京大学出版社，2011：67

参 考 文 献

[1] 张成福，党秀云. 公共管理学[M]. 修订版. 常健，等译. 北京：中国人民大学出版社，2007：362.

[2] 斯塔林 G. 公共部门管理[M]. 第八版. 北京：中国人民大学出版社，2012：135-136.

[3] 陈为雷. 社会服务项目制的建构及其影响研究[M]. 北京：中国社会科学出版社，2015：86.

[4] 安徽省民政厅社会工作处. 社会工作处 2014-2017 年工作总结报告[R]. 2017.

[5] 王思斌. 中国社会工作的嵌入性发展[J]. 社会科学战线，2011，（2）：206-222.

[6] 王思斌，阮曾媛琪. 和谐社会建设背景下中国社会工作的发展[J]. 中国社会科学，2009，（5）：

20，128-140.
[7] 安建增. 社会组织服务机构研究[M]. 北京：中国社会出版社，2017：7.
[8] 康晓强. 社会组织与现代国家治理——基于案例的分析[M]. 北京：中国政法大学出版社，2014：4.
[9] 萨瓦斯 E S. 民营化与公私部门的伙伴关系[M]. 周志忍，等译. 北京：中国人民大学出版社，2002：41-42.
[10] 萨拉蒙 L. 公共服务中的伙伴：现代福利国家中政府与非营利组织的关系[M]. 田凯译. 北京：商务印书馆，2008：19.
[11] 陈振明，等. 政府工具导论[M]. 北京：北京大学出版社，2009：155.
[12] 托马斯 J C. 公共决策中的公民参与[M]. 孙柏瑛，等译. 北京：中国人民大学出版社，2010：100.
[13] 陈振明，等. 公共服务导论[M]. 北京：北京大学出版社，2011：67.

案 例 篇

第九章　“互联网+”与社会救助体系构建

2017年12月8日，习近平同志在中共中央政治局“实施国家大数据战略”集体学习会上强调，“大数据在保障和改善民生方面大有作为”[1]。具体而言，运用大数据提升国家治理现代化水平、运用大数据促进保障和改善民生，需要做到如下几点：利用大数据技术和“互联网+”模式推进政府管理和社会治理模式创新，形成科学化、精准化和高效化的公共治理机制；以数据集中和共享为途径，构建跨层级、跨地域、跨系统、跨部门、跨业务的协同管理和服务平台；等等。在网络化和网络空间的基础上，可以使治理方式更加智能化，治理过程更加优化和科学。因此，大数据技术、互联网技术、云计算等正日益成为社会治理、社会建设和民生保障的关键驱动力。

社会救助体系的构建也需要遵循“互联网+”思维，运用大数据技术和新型互联网信息平台，实现多部门信息共享、多系统协同行动。从制度上看，社会救助包括最低生活保障、特困人员供养、受灾人员救助、医疗救助、教育救助、住房救助、就业救助、临时救助等8项基本内容；从社会救助管理角度看，涉及民政、卫生计生、教育、住房城乡建设、人力资源社会保障等部门；在具体的工作中，业务涉及户籍管理、税务、社会保险、不动产登记、工商登记、住房公积金管理、车船管理等单位和银行、保险、证券等金融机构，还与财政、共青团、工会、残疾人联合会等部门有关；在层级上，涵盖村（社区）、乡镇（街道）、县（市、区）、市、省等。因此，社会救助体系的构建更需要通过利用大数据技术和“互联网+”模式来实现信息共享与工作协同。安徽省各地在“互联网+”方面取得了多项探索和创新。有代表性的如下：铜陵市的“居民家庭经济状况核对中心”、合肥市庐阳区的“精准救助服务信息化平台”、蚌埠市的“综合救助服务信息化平台”、亳州市的“志愿服务信息平台”。具体而言，铜陵市的“互联网+”实践主要运用于精准识别和精准救助；合肥市庐阳区和蚌埠市的“互联网+”实践主要运用于社会救助业务办理和政务处理；亳州市的“互联网+”实践主要运用于政府与社会力量的信息共享与资源链接。它们分别代表了不同的模式。

第一节　专设机构　智慧管理
——铜陵市成立居民家庭经济状况核对中心[2]

铜陵市居民家庭经济状况核对中心（简称核对中心）是安徽省首个居民家庭经济状况核对机构，于 2012 年 11 月经市政府批准成立，属铜陵市民政局下设的全额拨款事业单位。核对中心既是专设的社会救助申请对象家庭经济状况核对机构，又是利用互联网技术和软件搭建的综合信息数据查核平台。其用“一根数据线、一个信息平台”整合了铜陵市公安、住建、人社、工商、公积金中心、地税、民政、国土等 8 个部门 13 大类的信息数据，在取得当事人书面同意、保护信息隐私的基础上，对社会救助申请对象以及在册享受救助对象家庭的车辆、房产（不动产）、养老金、公积金、企业工商、个体经营、税务等经济状况进行实时在线比对，形成科学、权威、专业的居民家庭经济状况核对报告。核对中心在各个部门联动下科学准确核实申请救助居民的家庭经济情况，有效解决了实施救助过程救助家庭收入难核算、救助对象难认定等问题，遏制了社会救助对象认定过程中的不正之风，减少了“骗保”“人情保”等现象，实现了“诚信申请、科学核对、精准救助、智慧管理”，提高了社会救助工作的公开、公平和公正水平。

2013 年铜陵市民政局荣获民政部“全国居民家庭经济状况核对试点工作优秀单位”称号；同年，“铜陵市居民家庭经济状况核对信息平台”项目获“安徽省‘徽商杯’信息化十件大事示范工程”称号。特别是 2016 年，核对中心紧抓智慧城市快速发展的契机，成功与铜陵市社会服务管理信息化平台对接联网，实现了核对业务依托社会服务管理信息化平台全程网上办理，减少了中间的环节，核对效率得到大幅度提升。

一、背景与缘起

核对中心的设立与运行，源于三个方面：一是全国首批城市居民家庭收入核对试点工作的推动；二是消除社会救助“不精准”问题的客观需要；三是铜陵市创新工作思路、推动社会救助智慧化管理的结果。

（一）试点推动

2009 年，铜陵市被列为全国首批城市居民家庭收入核对试点单位。在试点过程中，铜陵市以跨部门、多层次、信息共享的居民家庭经济状况核对机制建设为目标，以信息技术应用和智慧化管理为抓手，在形成与完善政府领导、民政部门牵头、有关部门配合、社会力量参与的社会救助工作协调机制的基础上，于2012年12月底出台了《铜陵市居民家庭经济状况核对办法》（铜政办〔2012〕140 号），建立了核对中心实体化运作、规范化运行、智慧化管理的工作机制。

（二）问题促动

一方面，从社会救助申请对象的角度看，的确存在隐瞒信息、恶意骗保的现象。这不但对社会诚信构成了威胁，而且降低了社会救助工作的公正性，浪费了有限的社会救助资源。同时，“不精准”“不公正”的社会救助在客观上也会加剧真正贫困者的“相对剥夺感”，易激化基层社会矛盾，带来不和谐因素。因此，做到精准识别、精准救助就成了社会救助的基础性工作之一，也是构建诚信社会、和谐社会的基本要求。

另一方面，从社会救助管理部门的角度看，与居民经济状况有关的信息涉及民政、住建、社保、公安等多个部门，在客观上也需要构建一个共享信息、综合协调的核对平台，以现代信息技术和软件实现信息的准确核对，并以此来规避社会救助工作中的“道德风险”问题。

（三）创新驱动

社会救助管理工作以及社会救助对象信息涉及多个政府部门，因此，社会救助工作的协调与合作必然受到现行政府职能结构分立的影响。铜陵市改变传统的结构重组、职能转变的工作思路，利用“互联网+”思维实现信息互通、数据共享，创新性地依托市政府相关电子政务信息和市民政、住建、社保、公安等相关部门的数据资源，开发了一个跨部门的信息核对软件系统。因此可以说，核对中心是“创新驱动”的结果——在不改变原有政府职能结构的情况下，专设核对机构、开发软件系统，进而形成了综合、科学、规范和高效的居民家庭经济状况核对运行机制。

二、措施和手段

核对工作政策性和技术性强，涉及的部门多，对各方面都有很高的要求。铜陵市为了更好地落实核对工作，在制度体系建设、业务人员培训、信息安全保障、创新服务方式等多方面进行了积极探索和大胆尝试。

（一）专设核对机构，明确职责权限

常设、完备的核对机构是持续有效开展居民经济状况核对的基础。一方面，机构专设。铜陵市将核对中心定位为专职核对机构，并赋予其全额拨款事业单位地位。另一方面，科学分工。核对中心主要由综合部和核查部两大部门组成，综合部的职责主要如下：统一受理相关部门的核对申请和要求，转交核查部承办；负责核对中心的人事管理工作，落实人员的培训，并对建立健全核对中心的各项管理制度提出建议；协助核对中心负责人进行财务核算，编制并上报核对中心年度财务报告；负责与基层核对人员进行沟通，完成上级相关部门及外来单位的来访和接待工作。核查部的主要职责包括：统计、汇总核查数据的相关内容，协调和受理各部门委托的收入比对工作；对所有救助申请对象的家庭经济状况进行核对、复查，出具核对报告，并动态开展核查和社会救助的普查，分类建立信息数据库；定期对居民家庭经济状况核对设备、信息系统、网络以及其他软硬件设施进行管理和维护；开展基层核对人员的技能和业务培训工作。两大部门之间相互协调、相互配合，并以“部门委托、个人授权，诚信申报、逐项核对，如实反馈、促进公平”为核对原则共同开展工作。

（二）规范工作流程，保障有序核对

核对中心自成立之初，就建立起科学的核对工作流程，见图 9-1。

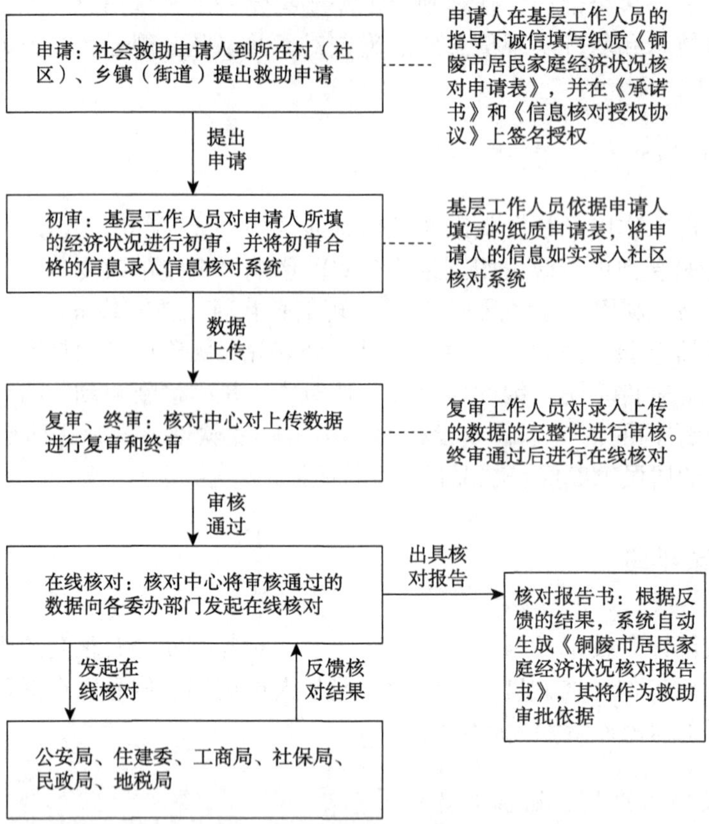

图 9-1　新申请低保核对工作流程示意图

资料来源：铜陵市居民家庭经济状况核对中心宣传图册

具体核对工作流程如下。

第一步，申请受理与授权阶段。凡申请最低生活保障等社会救助的家庭，申请人需要到所在的社区（或乡镇、街道）诚信填写《铜陵市居民家庭经济状况核对申请表》，并在《承诺书》和《信息核对授权协议》上签名授权。

第二步，信息初核与录入阶段。基层工作人员对申请信息进行初步审核之后，将符合规定的申请信息录入并传至市核对系统。

第三步，在线比对与报告阶段。核对中心经过“二级审批，三级操作”流程开展信息在线对比工作，核对内容包括可支配收入（工资性收入、经营性收入、财产性收入、转移性收入）和财产（实物财产、货币财产）两大部分。经在线核对后，如实反馈数据信息，并出具《居民家庭经济状况核对报告书》（PDF 版在线传输）。并将其作为各级救助管理和审批部门的重要参考依据。

第四步，问题复核与再评阶段。为保证信息核对的准确性，使救助决策更准确、更权威，县（市、区）救助审批部门根据报告书就核对所反馈的存在车辆、多套房屋等疑似问题开展入户调查、走访、单位取证等核实工作，经调查核实后进行再次评议，最终确定救助对象。

不难发现，核对中心的核对流程降至最少，保证了信息核对的高效性。同时，做到了流程的必须性：第一阶段以当事人的知情和授权为主，实现了核对工作的透明与合法；第二阶段以基层的初核为主，实现了基层工作人员的“第一道把关”；第三阶段以核对中心大数据对比为主，实现了信息核对的综合性、全面性和权威性；第四阶段以复核为主，实现了社会救助核对工作的严谨性和可救济性，使核对结果更具信度和效度。

（三）健全制度体系，实现规范管理

一套工作机制的有效运行始终离不开严格的制度规范。核对中心始终坚持把标准化、制度化的理念和方法融入核对工作的方方面面，坚持“标准与业务同步、用标准促进流程科学、让标准使群众满意”的工作理念，打造一个向救助对象负责和服务的大数据平台。核对中心结合本地的情况，制定了铜陵市“最低生活保障”“保障性住房”等核对业务操作细则，建立完善了《核对信息安全保密政策》、《核对信息应用管理政策》、《核对信息反馈制度》、《核对档案管理制度》、《核对结果二次复核制度》和《核对双向承诺制度》等一系列核对工作准则，以制度规范来引导核对业务的开展，规范核对中心的运行。

（四）加强业务培训，提升工作能力

核对机制建设工作对基层社会救助工作人员的综合素质有很高的要求，既要有专业的知识，又要有负责任的工作态度和服务理念；既要了解社会救助的各种政策，又要掌握施救的程序步骤；既要熟悉各项业务工作，又要具备较强的信息保密意识。核对中心非常重视内部工作人员和县（市、区）、乡镇（街道）、区管社区等基层工作人员的业务能力、工作素养和工作意识的培育。截至 2017 年 10 月，先后举办了 16 期核对业务暨信息安全培训班，近千人次参加培训，内容涵盖了救助政策、系统操作、相关法律法规知识以及安全保密等内容，提高了基层救助工作人员的核对业务能力和信息保密意识，实现业务培训工作的标准化、规范化和制度化，大大提升了培训实效。根据委托单位、基层工作的实际需要，核对中心会安排专业人员上门进行指导操作。核对中心每位工作人员以“服务广大居民群众、促进公平公开公正”为目标，以结果“零差错”、服务“零投诉”、沟通“零距离”为准则，认真仔细对待每项核对工作。

（五）保障信息安全，有效控制风险

为了保障信息安全，保护申请者的合法权利，核对中心从技术、制度、操作等多个层面严格控制风险。在技术上，通过电子比对专线与各信息共享单位进行联网，实现外界的有效隔离，并配备防火墙、物理隔离网闸等网络安全设备，以“过硬”的硬件确保系统安全，万无一失。在制度上，制定了信息安全保密、档案管理等一系列信息保密和工作制度；同时，与乡镇（街道）、区管社区等签订了《居民家庭经济状况核对信息安全标准目标责任书》，与相关部门（如公安、住建等）及软件开发方签订了《居民家庭经济状况核对信息保密协议》，明确了信息保密责任和义务，防患于未然，控制信息泄露风险。在操作上，以“无委托，不核对；先授权，后核对；只核对，不认定”为原则，严格执行核对系统“二级审批，三级操作，缺一不可，互相制约”的工作模式，使每个环节都合理合法，以实现风险控制、保障信息安全的目的。需特别说明，核对中心只接受社会救助管理部门的核对委托，不接受个人、社会团体及其他部门的委托查询。

（六）创新工作方式，提升业务水平

为了提高核对业务水平，核对中心还积极创新工作方式，利用互联网信息技术实现核对工作的智慧管理。例如，核对中心建立起了核对业务 QQ 群，在日常工作中注重与基层工作人员保持联系、实时沟通，及时解答基层核对人员所遇到的疑难问题；开通了“铜陵核对”微信公众号，定期不定期地宣传核对办事流程、核对政策法规及工作状态等，提高核对业务、核对政策的知晓率、认同度；开通“短信提醒服务”，一旦核对业务办结，就会通过信息平台第一时间向救助申请人、乡镇（街道）、区管社区以及其他委托单位的具体办事员发送核对业务办结短信通知，使相关人员能够及时掌握核对进度，提高了核对业务办理的透明度。

三、结果和成效

自从 2013 年 4 月正式开展核对工作至 2017 年 10 月，核对中心共受托完成了 25.4 万户次 37.1 万人次的核对任务，反馈疑似问题 2.8 万户次，涵盖铜陵全市最低生活保障、低收入、临时救助、保障性住房、危房改造、“两节”送温暖、慈善助学等 22 项业务。目前居民家庭经济状况核对已成为铜陵市最低生活保障等社会救助的前置条件，实现了“新申请对象 100%经过平台核对，在册救助对象随时经过平台复核”的目标。

（一）实现了智慧化审核，提高了工作效率

一方面，核对中心工作人员在核查救助申请对象的家庭经济状况时，通过核对系统平台的信息数据比对分析，对社会救助申请的“入口”进行严格把控，一旦发现疑似问题即做出标记并及时向基层救助工作人员反馈，进行有针对性的核实排查，进一步核实救助对象是否符合救助标准，大大减轻了基层工作量，缩短了救助对象审查的时间，提高了审核工作效率，可以使困难群众得到及时救助。

另一方面，实现了核对业务全程网上办理、线上沟通，包括申请信息、申请人家庭情况信息、核对结果反馈、核对报告等在内全部在线传递，“让数据跑路”代替了“申请者和纸质表格跑路”，大大提升了核对工作效率。

（二）增强了公众满意度，提升了政府公信力

截至2017年10月，经过核对中心的信息对比已发现了2.8万户次存在疑似问题，主要集中在拥有汽车和多处房产、持有工商执照和个体经营信息、养老金收入和公积金缴存超标等方面。经过信息比对后，有相当比例的申请者主动撤回社会救助申请。在调研过程中，核对中心的负责人曾向课题组举了这样一个例子：通过在线信息核对发现铜陵市义安县一名农村低保申请者隐匿了他拥有小汽车的信息，基层工作人员在初审时也未发现这一问题，但核对中心在线比对后确认该申请者拥有小汽车，并将该信息反馈给基层工作人民。基层工作人员据此找到申请者本人进行核实后，申请者主动撤回申请，并承认了隐匿信息的事实。

核对中心运用权威、全面、准确的信息，并即时予以比对，能够及时发现问题、反馈问题，筛除不符合条件的申请者，真正地起到“防火墙”的作用，避免了“偷保”、“骗保”、“人情保”和“漏保”等现象的发生。同时，为了保证信息平台所载数据的准确性，核对中心还及时对有关数据进行更新，以动态化管理的方式保证数据的全面、准确和权威，进而保证核对结果的有效性。核对中心的准确核对及其“防火墙”作用的发挥，实现了社会救助的精准性，提高了救助决策的科学性，使救助结果更加公平，为公众满意度的提升、政府公信力的提升、社会诚信水平的提升发挥了积极作用。

（三）节约了救助资金，促进了社会公正

据委托单位反馈和不完全统计，经过核对中心结果反馈后有近千户救助对象被取消或降低了相关社会救助（含最低生活保障、保障性住房等）待遇。这意味着加强了政府救助资金的有效配置、精准配置和集约配置，确保将有限的社会救助资金用在真正的困难群众身上，让其真正地发挥兜底保障作用。通过核对中心的科学核对及其结果报告，为真正需要救助的人提供了权威依据，同时也为筛除不应获得救助的人提供了事实依据，杜绝了社会救助过程中的违法违规现象，使社会救助结果更加符合事实、符合规定，公平公正。

四、分析和讨论

通过上述说明与阐释，可以发现铜陵市核对中心具有如下几方面的特色和优点。

（1）专设机构，为核对业务的常规化、可持续性奠定了基础。核对中心的特色之一就是“机构专设”，组织属性为全额拨款的事业单位。按照结构功能主义的观点，一项

任务（功能）的实现需要以特定的结构（组织）为载体。塔尔科特·帕森斯（Talcott Parsons）就曾指出：社会合作和行动、人们的集体性需求等都需要依托各种各样的社会结构来完成，不同的社会结构承载着不同的社会功能，满足不同的理性需求[3]。核对中心作为专以居民家庭经济情况核对为职能的机构，使涉及社会救助的核对业务真正地落地，为核对工作的常规化、可持续性奠定了基础。

（2）核对中心的另一大特色是“智慧管理”，为核对业务的准确性、可复制性奠定了基础，表现在三个方面。一是运用现代信息技术，将分散在各个部门的信息用“一根线、一个软件”整合了起来，实现了信息共享，为居民家庭信息的核对奠定了“大数据”基础。二是各项业务通过网络对接。核对中心在 2016 年成功地与社会服务管理信息化平台进行对接联网，社会救助申请信息填报、居民经济状况核对业务委托、核查报告传输等全部通过网络对接；另外，在册最低生活保障对象、低收入对象可从全国最低生活保障平台直接引入核对系统随时进行复核筛查。大数据平台的网络对接，使核对工作的速度加快、效率提高，节省了业务办理的时间，办结时限也由原来的“3 个工作日”缩短为即时办结、即时反馈。三是在日常运营过程中，核对中心建立起了核对业务 QQ 群、开设了“铜陵核对”微信公众号、开通了“短信提醒服务”等，为工作人员的沟通联系、相互学习提供了便利，为社会救助项目、核对办事流程、核对政策法规及工作状态等信息的推送奠定了平台基础，大大提高了核对业务信息的传送速度、内容含量、质量水平等。正是智慧管理的推动，使得核对效果得到广泛认同，相关部门对核对工作的依赖程度不断提高，核对应用领域从最开始的最低生活保障、低收入、临时救助等 5 项基本民政类社会救助业务拓展到保障性住房、危房改造、“两节”送温暖、慈善助学等 22 项救助业务，核对的项目领域范围逐年扩大，可复制性明显。

社会救助制度本身具有“选择性”帮扶特性，要坚持“特殊社会关照”原则，因此实际的救助对象与政策规定的救助对象之间的契合程度成为评判社会救助精准性的基本指标，契合程度越高，说明社会救助行为的“瞄准”偏差越小，精准水平越高[4]。通过智慧管理、运用信息技术手段，无疑可以提高实际救助对象与政策规定救助对象之间的契合程度，提高了“瞄准”精度，减少了“瞄准”偏离，可有效防止社会救助资源的偏离性溢出。“互联网+”工作平台与其内在的大数据相融合，不仅是工作手段的创新，更重要的是可以提升政府管理和社会救助的效能，产生实实在在的实践绩效[5]。

（3）科学运行，为核对业务的有效性、可接受性奠定了基础。核对中心的第三个特色是“科学运行”，表现在如下三个方面：一是建有完整、合理的工作流程，标准、规范的工作机制，提高了核对质量，使得核对结果精准率达到 100%，未出现一起因核对而引发的纠纷，赢得了社会公众和社会救助各管理部门的肯定。二是建有多部门的信息共享机制和动态化的信息更新机制，使核对工作所依托的大数据更具信度和效度。三是建有严格的信息安全管理机制，在技术上设置专线并配备防火墙、物理隔离网闸等网络安全设备，在制度上采取信息安全保密、档案管理、信息安全责任追究等一系列信息保密措施，在操作上严格执行核对系统“二级审批，三级操作，缺一不可，互相制约”的工作模式。通过信息安全管理机制和风险管控机制的健全完善，保证了核对业务的有效展开，有效保护了申请对象的基本权利。科学运行机制使核对中心的运营更为有效，更易被各社会救助管理部门、全社会所接受。

第二节　协同治理　智慧救助
——合肥市庐阳区构建精准救助服务信息化平台[6, 7]

利用互联网科技、采用信息化的方式解决信息系统之间的信息孤岛和职能分化问题，已经成为最有效的方法之一。合肥市庐阳区在开展社会救助工作的过程中，针对救助项目的多元分化、社会救助管理部门之间的工作壁垒等问题，率先在安徽全省探索建立了精准救助服务信息化平台，构建起以“全部门互联互通”为特征的救助信息网络载体，依托大数据系统实现了救助资源和信息的互通共享，实现了社会救助领域的信息化应用和智慧化管理。

一、背景与缘起

精准救助服务信息化平台的构建是庐阳区政府积极响应党和政府关于社会救助创新工作要求的创新性成果。

（一）社会救助的“多部门管理”要求建立信息共享平台

按照国务院《社会救助暂行办法》规定，在现行国家行政管理体制和分工框架下，民政、卫计、教育、住建、人社等行政部门是具体的社会救助管理部门，在各自职责下负责本行政区域内相应的社会救助管理工作；乡镇人民政府、街道办事处所设社会救助经办机构或者经办人员承担社会救助的申请受理、调查审核等具体工作；村民委员会、居民委员会应协助做好有关社会救助工作。这种“多部门管理”的社会救助工作格局固然有助于实现“各司其职”，但也存在一些问题：一是如何避免“重复救助”的问题，提高社会救助资源覆盖面和公正性；二是如何实现“多部门”间的协同行动，增强社会救助工作“合力”；三是如何推动“多部门”间的信息共享、互联互通，进而有效协调各部门间关系；四是如何在基层实现社会救助的“一门受理、协同办理”，提升社会救助服务的便捷程度；五是如何做好社会救助服务资源与救助服务需求信息的精准对接，提升社会救助工作的效率和效果；六是如何克服基层社会救助经办人员的数量较少且受编制等因素影响的困难，从而创新工作模式、减少烦琐复杂材料的提交。对于上述问题，传统的做法如下：政府将社会救助纳入国民经济和社会发展规划、设立“社会救助部门联席会议”、建设临时性工作协调机制等。庐阳区在面对“多部门管理”带来的问题时，则利用互联网技术搭建起一个信息化平台，实现了社会救助领域内的多部门信息共享，形成业务协同办理、政务流程网上公开运行等工作机制，打造了网上服务与实体大厅服务、线上服务与线下服务同步进行的一体化新型社会救助服务、管理模式。

（二）《社会救助暂行办法》明确要求建立信息共享平台

国务院颁布的《社会救助暂行办法》明确指出："县级以上人民政府应当按照国家统一规划建立社会救助管理信息系统，实现社会救助信息互联互通、资源共享。"另外，《国家信息化发展战略纲要》《"十三五"国家信息化规划》《安徽省"十三五"信息化发展规划》等文件也明确要求加强在公共服务领域应用云计算、大数据、"智慧城市"等新兴技术。庐阳区正是在响应有关政策要求的基础上，率先探索、积极创新，建设成统一高效、互联互通、资源整合、信息共享、实时监管的社会救助服务信息系统。

（三）社会救助智能化管理的拓展要求建立信息共享平台

合肥市在社会救助工作领域内一直尝试创新工作机制，充分利用大数据建立多样化救助服务信息管理平台。2015 年底，合肥市在市区 352 个社区实施了社会服务管理信息化平台的全面运行，实现了民政、公安、卫计、教体、人社、残联等多部门间的信息互通共享。2016 年 11 月，针对社会救助对象识别难的问题，合肥全市开通了居民家庭经济状况核对系统平台，提升了精准识别水平。结合社会服务管理信息化平台和家庭经济状况核对系统平台，2017年6月庐阳区建立起综合性救助平台——精准救助服务信息化平台。借助该平台，实现了与其他社会救助信息化平台的互通连接，社会救助资源达到了全方位立体化统筹的局面。因此可以说，庐阳区精准救助服务信息化平台的建立是合肥市社会救助智能化、信息化管理的拓展与延伸。

二、措施与手段

在构建精准救助服务信息化平台的过程中，庐阳区民政局不仅对辖区社会救助事务进行了全面梳理与分析，还积极开展了大数据平台技术与经验的交流学习，在数据信息系统建立、救助资源统筹、部门之间协调、人员技能培训等方面做出了创新和发展。

（一）建立八大子系统，实现资源分级共享

救助资源的互通共享离不开大数据信息系统的建设，为了更好地将互联网运用到救助服务领域，庐阳区在精准救助服务信息化平台构建过程中不断进行实践探索，最终建立了由八大子系统构成的软件系统，为精准救助提供了最系统的技术支撑和数据信息基础。这八大子系统分别是困难群众数据库系统、贫困指数量化排名系统、"一门受理、协同办理"系统、主动发现系统、救助发放系统、自助查询服务系统、决策分析系统、大屏数据系统。在具体社会救助工作过程中，每一个子系统都实现了分级操作和信息

互通。

第一，困难群众数据库系统。困难群众数据库的建立一般是由社区工作人员对本社区内城乡最低生活保障、农村五保和城市三无人员（即特困供养人员）、孤儿、残疾人、低收入家庭，以及突发灾害、患重大疾病支出较大家庭、孤老家庭等各种困难群体进行信息实地摸底排查后上传入库，或者通过与其他数据平台联通共享，在线进行数据信息的“挖取”；然后系统自动将这些信息和数据进行汇总整理，统一传至上一级管理者，由其进行信息审批，各部门在权限范围内皆可查看使用这一信息。困难群众数据库系统的建立，实现了“数据一次采集、资源分级共享”的目标，为救助服务资金的预算、救助需求的主动发现等奠定了前期工作基础，也提高了社会救助管理部门的风险把控能力。

第二，贫困指数量化排名系统。该信息化平台不但具备数据查询、录入等功能，而且通过贫困指数量化排名系统实现了数据动态管理和分析。依据基层工作人员对困难群体（或脆弱群体[①]）收入、支出等各类信息的输入，贫困指数量化排名系统通过多个指标形成贫困指数，并自动加以排序，这不仅可以帮助管理部门实时掌握救助对象或潜在救助对象的数量，还可帮助管理部门更科学和准确地判断相关对象的困难程度，实施精准救助。

第三，“一门受理、协同办理”系统。该信息化平台围绕社会救助申请、受理、转介、审批等而建立了“一门受理、协同办理”系统。在这一系统中，村（社区）、乡镇（街道）和区级各社会救助管理部门都得到授权，拥有符合本级、本部门职责权限的登录端口；通过这一系统，各社会救助平台、各项社会救助制度贯通相连，信息共享传递；申请者到任何一个得到授权的层级或部门，皆可进行申请。因此，该系统成为庐阳全区统一的社会救助工作的申请、受理、转介、审批平台，使“一门受理、协同办理”的社会救助服务工作机制扎实落地。

第四，主动发现系统。该信息化平台建有专设的移动服务平台（即手机 APP 客户端，下面还会详述这一平台），使基层社会救助工作者遇到急难情形时可以及时上传系统，并在主动发现系统实现批转、办理。

第五，救助发放系统。救助发放系统自行存储、统计和汇总全部社会救助资金的发放时间、领取时间、救助金额、发放方式与途径等信息。一方面，可以为有关社会救助决策、具体审批提供参考；另一方面，可以在救助对象对救助资金发放有疑问时，通过救助发放系统进行数据查询，向救助对象提供权威可信、具体翔实的结果。

第六，自助查询服务系统。自助查询服务系统主要是指“庐阳救助”微信公众号，同时也是社会救助移动服务平台（即手机 APP 客户端）。该系统具有即时交互功能，是社会救助管理部门与社会公众的信息沟通渠道。通过该系统，社会救助管理部门可以推送社会救助工作新闻、社会救助政策、救助项目及其类型、各种救助项目的申请条件和申请步骤、社会救助审批结果公示等信息，具有宣传推介的作用；社会公众可以通过二

---

① 脆弱群体指的是：收入低于贫困线、最低生活保障线，或者虽然高于贫困线和最低生活保障线而未获得社会救助，但生活不富裕，极易陷入贫困的家庭。简单而言，脆弱群体指的是在册社会救助对象或因种种原因而容易成为救助对象的群体。

维码认证进入该系统，并查询自己感兴趣的、需要的救助信息，也可以是在线为自己或代为他人申请社会救助。

第七，决策分析系统。社会救助审批者可通过决策分析系统对申请者的量化指标排名、具体家庭情况等做出决策，使社会救助更加精准；决策分析系统还对庐阳全区困难人口的大数据进行统计汇总，包括年龄、急难原因、救助需求等，对各种社会救助项目的救助人次、救助金额等进行汇总统计，为全区社会救助资源的配置、救助项目的设置等提供客观详细的数据信息。

第八，大屏数据系统。庐阳区民政局政务办事大厅处摆放着大屏数据显示屏，整个大屏数据信息与后台运行的信息化平台是完全同步的，后台操作的数据信息（依法依规可以公开的）会一一在大屏上显示。大屏数据的实时呈现实现了社会救助工作的透明公开。

（二）系统性数据分析，提供精准救助服务

在提供社会救助服务的过程中，经常会遇到救助申请对象贫困程度难认定、重复性申请救助等现象。

针对救助申请对象贫困程度难认定的情况，在精准救助服务信息化平台中设置了贫困量化的指标，这些指标包括家庭主要成员实际生活状况、家庭收支基本状况、耐用消费品拥有状况等，经基层社会救助工作者对贫困家庭基本信息采集、录入后，系统可自动进行数据分析并生成得分和排序，得分排名越高就说明其贫困程度越高，越需要救助服务。贫困指数量化和排名，为救助对象认定提供了科学的依据。

针对重复申请的问题，精准救助服务信息化平台作为庐阳全区统一的社会救助工作平台，不但实现了“一门受理、协同办理”，还实现了信息互通共享——信息平台自动形成关于救助对象已享受的救助项目、次数、金额等历史信息，工作人员可以便捷迅速地查询这些受助信息，从而避免了重复申请、重复救助的现象，提高了救助资源的整体功效。

（三）建设移动救助平台，促进基层救助工作

为了加强与创新社会救助工作，贯彻落实《国务院办公厅关于加强困难群众基本生活保障有关工作通知》、《关于配备村级民政专干进一步加强村级组织建设的通知》和《关于进一步加强农村基层民政服务能力建设的指导意见》等文件精神，庐阳区将精准救助服务信息化平台和“互联网+”进行了结合，快速建立起了可延伸至村一级的“社会救助移动平台”。依托于“庐阳救助”微信公众号的移动服务平台的开发与使用，进一步促进了基层社会救助能力建设，实现了信息化救助服务的广覆盖。

“庐阳救助”移动服务平台设置公共服务、查询统计、救助申请三大模块。公共服务模块面向所有公众，主要用来发布庐阳区社会救助方面的工作新闻、救助政策、救助指南、审批结果公示等信息，让公众能够更便捷、更全面地了解社会救助信息。查询统计模块主要针对潜在救助对象而设计，当公众有申请社会救助的项目和需要但又不清楚

自己是否符合救助申请条件时，就可以进入查询统计模块完成智能引导的问题测试，通过平台在线提交后，系统就会自动生成是否符合救助条件及符合哪种救助项目的结果。救助申请模块旨在为社会救助工作人员提供网上办理救助渠道，当遇到老弱病残、行动不便的救助申请人时，社会救助工作人员可以通过手机 APP 客户端帮助其代为申请各类各项救助，并协助落实、跟踪跟进办理过程。移动救助平台的使用，进一步强化政府权力全流程网上公开运行，逐步形成网上服务与实体大厅服务、线上服务与线下服务相结合的新型社会救助服务模式。

（四）组织专业技术学习，提升救助服务能力

精准救助服务信息化平台的投入运行，对从事社会救助业务的工作人员提出了更高的要求，不仅要求他们具备专业的社会救助知识、了解社会救助政策，同时还要求他们熟练地掌握信息平台的技术操作能力。为此庐阳区民政局从理论层面、政策层面、技术操作层面加强了业务培训，开展了主题培训班，对救助工作人员在专业技能、救助服务能力提升方面进行专业技能培训。2017 年 5 月 4 号在庐阳区民政局的主导下成功举办了“庐阳区精准救助服务信息化平台第一期培训班”，全区各乡镇（街道）的社会事务办主任、社会救助工作人员近百人次参加培训，培训会邀请了专业的人员进行授课，并在培训结束后进行测试。理论测试合格通过后，进一步在实践方面进行技术操作的培训，实现了理论与实践相结合的系统化培训。

三、结果与成效

自精准救助服务信息化平台建成和投入运行以来，庐阳区民政局从实际工作出发，在总结实践经验的基础上，基本完成了救助信息采集工作，建立起了多部门救助资源共享机制，实现了操作流程的信息化，极大地促进了精准救助工作的开展。

（一）大数据系统建立，实施智慧救助

信息数据的完整采集和实时更新是构建社会救助大数据平台的基础性工作。在精准救助服务信息化平台的建设过程中，除了协调不同部门、研发工作软件等之外，庐阳区还通过三种方式提高信息平台的数据存量，以真正达到“大数据”的目标，实现智慧救助。

第一种方式是信息采集与录入。在精细培训的基础上，基层救助人员通过入户调查等多种渠道对困难群众进行了信息数据采集和录入，截至2017年10月已经收录救助信息近 5 万条，困难群众数据库基本建成。

第二种方式是救助信息的自动存储。自信息化平台建成运行以来，全区所有涉及社会救助的工作（含申请、转介、审批、结果、主动发现等）全部通过该信息平台操作，信息平台会对有关操作进行自动保存，以实现社会救助信息和数据的实时更新。

第三种方式是平台对接与贯通。例如，与安徽省最低生活保障信息系统、合肥市

“一站式”城乡医疗救助平台等网络信息平台实现对接，可直接获取其他信息系统中的数据，将其他信息系统的数据作为统计分析的“大数据源”。

另外，每一个管理者登录系统界面，都包含“查询分析”、“主题分析”、“数据监控”和“大数据展示”等功能板块，每一个功能板块下都将全区的社会救助项目、救助对象数据等进行了图表统计分析，可清晰地反映社会救助工作的全貌，实现了社会救助工作的智慧化管理。

（二）多部门资源共享，实施协同救助

建立精准救助服务信息化平台的初衷之一就在于打破部门间的信息壁垒，实现救助资源的统筹协调，实现多部门的协同联动。截至2017年10月，通过该平台实现了如下三个层次的共享目标：一是该信息化平台已经统筹了民政、人社、卫计、住建、教育、残联、工会、共青团等 8 个单位 43 项社会救助项目和业务（其中 29 项为民生工程救助项目）；二是实现了与安徽省最低生活保障信息系统、合肥市“一站式”城乡医疗救助平台、合肥市家庭经济状况核对信息平台间的贯通相连；三是连接了区、乡镇（街道）、村（居）委会三级社会救助网络。通过三个层次共享目标的实现，整合了多部门、多层级的救助资源，切实推动了社会救助工作的协同办理。

（三）零距离救助服务，实施温情救助

一方面，自“庐阳救助”微信公众号的移动服务平台投入运行以来，越来越多的居民对其进行关注和使用，“庐阳救助”微信公众号及其移动服务平台已经成为政府推送救助信息、公众了解救助政策并通过移动平台申请救助的重要渠道，是实现政府与民众便捷交互的信息通道。

另一方面，在日常救助工作中，基层工作人员亦可通过移动救助平台对救助对象开展入户调查、民主评议的材料收集工作。例如，在信息化平台启用之前办理社会救助申请，需要群众自己到窗口办理，而现在经办人员上门即可利用手机 APP 客户端将信息录入平台，形成了信息化移动救助服务模式。除此之外，决策层也可以利用移动端及时进行数据查阅、统计分析和监督决策，做到了早发现、早救助、早干预。通过移动救助平台的使用，打通了社会救助的“最后一公里”，使困难群众享受“零距离”的温情救助服务。

四、分析与讨论

不难发现，庐阳区精准救助服务信息化平台具有多部门协同、大数据管理、智慧化服务等突出特色，既注重救助实效的实现，又具有鲜明的创新性。

（一）多部门协同

如上所述，在精准救助服务信息化平台上，不仅统筹了 8 个单位 43 项社会救助项

目，还联通了区、乡镇（街道）、村（社区）三级社会救助网络；不仅与安徽省最低生活保障信息系统、合肥市“一站式”城乡医疗救助平台、合肥市居民家庭经济状况核对信息平台等多个信息平台连接贯通，还成为庐阳全区所有涉及社会救助的操作平台（包含申请、转介、审批、结果、主动发现等），真正做到了多部门协同，实现了社会救助信息的联通共享、社会救助工作的统筹协调、社会救助资源的集约配置。需要强调，我们常常关注信息平台对于信息处理、大数据形成和科学精准决策等方面的积极作用，但不容忽视的是，运用信息化平台可以有效弥补官僚科层制的弊端，在不进行结构式变革（如进行大部制改革）的情况下仍然可以实现部门间的协同联动。从这一点上看，庐阳区社会救助工作的“互联网+”思维和做法不仅具有创新性，还具有可复制性。

另外，“互联网+”技术的迅速发展，“互联网+公共服务”和“互联网+政务服务”应用思维的普及，也在客观上影响着人们的生产生活方式，改变着全社会的互动方式和管理模式，这在另一层面上倒逼社会救助管理和服务过程的创新与发展[5]。面对着部门分化的现实和协同化行动的需要，庐阳区精准救助服务信息化平台的搭建体现了社会救助管理部门的自我革新和积极探索，是对“互联网+”这一新时代的最基本的社会事实的回应。

（二）大数据管理

精准救助服务信息化平台不仅是一个救助业务操作平台，更重要的是其存储有社会救助大数据，并通过后台汇总、统计和分析，为社会救助决策提供参考，表现在如下三方面：一是精准救助服务信息化平台建有困难群众数据库系统，并通过贫困指数进行量化和排名，为救助对象认定提供了科学的依据，也为宏观上的社会救助资金预算、救助项目设计、基层救助工作人员队伍建设等提供了参照。二是精准救助服务信息化平台含有救助对象已享受的救助项目、次数、额度等历史数据，也含有救助对象申请原因、家庭情况等数据，为救助事项审批提供了参考依据。三是精准救助服务信息化平台设置的“查询分析”、“主题分析”、“数据监控”和“大数据展示”等功能板块都利用所储数据，将庐阳全区的社会救助项目、救助对象数据等进行了图表统计分析，为社会救助的宏观管理与决策提供了全面系统的参考数据。

（三）智慧化服务

精准救助服务信息化平台的建立不仅促进了社会救助管理效能的提升，还切实提升了社会救助服务效能。首先，“庐阳救助”微信公众号具有信息查询、申请辅助等服务功能，可使公众充分了解有关政策信息，帮助自己或代为他人申请社会救助。其次，基层工作人员可利用“庐阳救助”移动服务平台上门服务，在不需要申请者跑路的情况下即可办理申请。显然，精准救助服务信息化平台的运行实现了“零距离”、智慧化服务。最后，庐阳区精准救助服务信息化平台的建立意味着以智慧化的方式创新社会救助政务管理模式，打造了共享、包容的社会救助服务环境，既使得不同社会救助管理部门之间的合作、协同更加便利，也使得困难群众的申请、查询更加便利。

第三节　四级联动　智慧施助
——蚌埠市建设综合救助服务信息化平台[8]

蚌埠市的社会救助工作引入了“互联网+”思维，创新工作方法，搭建了蚌埠市综合救助服务信息化平台（简称信息平台），满足了信息化时代社会公众便捷办事、高质量多层次服务的需求，提高了工作效率和服务成效，实现了从救助资源碎片化、救助服务分割式的传统模式向救助资源整体化、救助服务全方位化以及线上线下一体化的新模式转变。

一、背景与缘起

蚌埠市对于信息平台的建设有较强的现实需求，同时也是蚌埠市推进社会救助信息化建设的必然要求和结果。

（一）上级政策引导

为响应民政部推进社会救助信息化建设的号召，根据安徽省民政厅发布的《关于开展社会救助综合信息平台试点工作的通知》以及《国家信息化发展战略纲要》、《“十三五”国家信息化规划》和《安徽省“十三五”信息化发展规划》等文件，蚌埠市率先完成了社会救助综合信息平台的建设与运行，建立了职责明确、管理精细、信息共享、渠道畅通、服务有效、识别精准的社会救助信息化平台，为困难群众提供多元化、精细化、主动化服务，为安徽全省社会救助信息化建设进行积极探索，提供有益经验。

（二）现实工作需要

受新时代经济社会的发展、科技的进步、人们对美好生活的需求等诸多因素影响，社会公众对政府服务的要求更为严格。社会救助工作又是社会公众最为关心的民生工程之一，因此社会救助工作管理和服务水平的提升尤为迫切，事关社会稳定与和谐。蚌埠市民政局与时俱进，秉持优质服务理念和“互联网+”思维，以困难群众的需求为导向，创新工作方法，利用信息化的手段有效整合救助资源，搭建了综合性的信息服务平台，简化了社会救助申请办理程序。

二、措施与手段

信息平台是在市级层面统一建立的社会救助信息管理平台，系安徽全省率先建成的覆盖市、县（市、区）、乡镇（街道）、村（社区）四级的社会救助信息化、智能化管理平台和操作系统。该信息平台最早在蚌埠市固镇县进行试点，2017 年 9 月起在全市投入运行，由蚌埠市民政局下属的社会救助管理局负责搭建和管理运行。

（一）救助体系完整，实现专职设岗

蚌埠市具备从村（社区）到市完整的四级救助体系，各级皆设有社会救助专职机构或人员，为社会救助的顺利开展提供基础保障。

第一，救助体系完整。蚌埠市综合救助服务信息化平台按照“一门受理、协同办理”的要求，整合救助资源、完善救助体系，建立了从市到村（社区）的四级社会救助信息化管理平台和操作系统。由村（社区）民政专员通过信息系统提交本区域内的社会救助申请，乡镇（街道）民政所受理申请并进行初核，县（市、区）民政局审核审批，如图 9-2 所示。通过三级审核审批后将数据统一汇总到市社会救助管理局，由市社会救助管理局对全市社会救助工作的开展与落实情况进行科学解析，进而实施统筹决策。

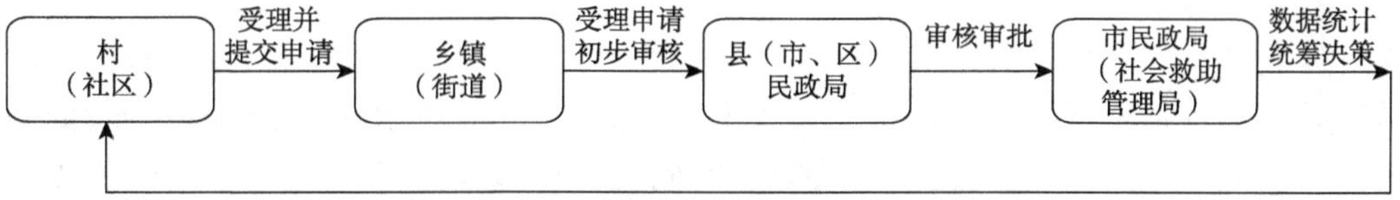

图 9-2　蚌埠市综合救助服务信息化平台申请受理模式示意图

第二，救助项目丰富。该信息化平台内设置有居民最低生活保障、医疗救助、临时救助、特困人员供养、受灾人员救助以及春冬救助、“救急难”、城乡孤儿基本生活保障、重度残疾人护理补贴等多个社会救助接口，覆盖了最低生活保障、特困人员供养、临时救助、医疗救助、受灾人员救助等 5 个板块，同时预留有教育救助、住房救助、就业救助等接口，亦可为了满足县（市、区）个性化社会救助工作和服务的需要而适时设置新的接口。

第三，救助人员专业。蚌埠市积极响应安徽省民政厅的要求，注重基层民政队伍的建设与培养。在全市县区、乡镇设立社会救助专职工作人员——全市 800 多个行政村内设立村级民政服务站及民政专职委员，配备集成智能采集设备，定期进行民政专员培训教育，提升民政专员的社会救助素养，提高民政专员使用信息化平台的操作技能。

（二）联通多个平台，共享数据信息

该信息化平台是由蚌埠市民政局牵头，联合公安、人社、教育、住建等十余个部门运用互联网科技在信息共享的基础上搭建的综合性、跨部门、智能化的社会救助服务平台，具体由市民政局下属的蚌埠市社会救助管理局管理运营。

该信息化平台已经实现了与蚌埠市人口信息数据库的联通共享。只需输入身份证号码，即可自动调取整户家庭成员的相关信息，如姓名、身份证号码、性别、与户主关系、社保缴纳情况、身份证扫描件、户口簿扫描件等，减少了基层实施数据采集和

信息审核的工作量，提高了工作效率。信息平台未来还将联合教育、住建、人社三个部门开通教育救助、住房救助、就业救助三个端口，交互共享信息，简化多部门审批流程，实现社会救助一站式办理，切实推动“一门受理、协同办理”社会救助工作机制的落地生根。

信息化平台也与救助申请家庭经济状况核对系统、城乡最低生活保障信息系统、医疗救助一站式即时结算系统等有效衔接，打通各系统数据信息，避免了信息重复录入、申请材料重复提交，真正实现“信息多跑路、群众少跑腿、服务易速递”。

（三）进行限时预警，提高办事效率

该信息化平台采用人性化的设计，简化了办公程序和操作方式，提高了办事效率。首先，蚌埠市将综合社会救助服务信息化平台、城乡医疗救助信息管理系统、救助申请家庭经济状况核对平台、安徽省最低生活保障系统、安徽省社会救助填报系统、安徽省民政办公自动化平台等 6 个平台通过同一个登录密码连接，只需登录单一平台，即可实现多平台间的便捷切换，简化了复杂的登录环节和繁杂的账号密码录入工作。其次，该信息化平台改变了传统的人工填写、手动录入的方式，一旦系统申请审核审批流程结束会自动生成统一的电子版《申请书》和《审核审批表》，表格附加“蚌埠社会救助”水印，可加盖电子签章，在便捷了申请对象的同时，也减少了工作人员操作所花费的时间，提高了办事效率。再次，通过该信息化平台可以在线查看各级审核、审批情况；查阅、打印相关资料，极大程度简化了办公流程，减少了沟通对接时间，提高了救助工作效率。最后，该信息化平台根据《安徽省最低生活保障办法》（安徽省人民政府令第 268 号）、《安徽省城乡居民最低生活保障工作操作规程》（皖民社救字〔2016〕185 号）和《安徽省人民政府关于全面建立临时救助制度的通知》（皖政秘〔2015〕23 号）等文件要求，设置了时限规定，系统会于每个审核审批流程完成时限的前 1 天在系统界面弹出预警对话框，提醒按时限办理。系统自动记录按时限办理情况，作为年底考核评价依据。

（四）运用新兴科技，实现智能办公

作为该信息化平台的补充，蚌埠市社会救助管理局还开通了“蚌埠社会救助”微信公众号。该微信公众号具有发布救助政策、救助程序、公示公告，困难群众在线救助申请、查询求助信息等功能，延伸了信息平台的服务距离，拓展了信息平台与社会公众的互动渠道。

第一，便于主动发现。群众自主关注微信公众号，进行实名注册（须填写身份证号码、手机号码、家庭住址等信息），通过公众号内的自主发现菜单，可以为本人或者他人提交求助申请。系统根据身份证信息自动与相关县（市、区）平台进行信息交换，由专职人员进行入户核实，实现社会救助无盲区。

第二，支持移动办公。村（社区）、乡镇（街道）救助专员或民政专员通过微信公众号绑定服务信息平台系统用户名可实现移动采集入户调查、民主评议、公示等审核审

批流程的现场图片、附件图片、短视频等信息，并自动同步到信息平台，实现了智能化办公和移动办公。大大缩短了社会救助审核审批和事项办理的时间，使社会救助服务更便捷、更贴心、更温情。

第三，提供地图服务。在微信公众号内设置地图服务菜单，可显示救助申请对象家庭地址分布。在绑定服务信息平台账号后，基层工作人员可通过微信公众号方便地查看附近的救助对象分布情况；运用地图服务功能，基层工作人员不仅可以查询救助对象的家庭位置，还可利用其自带的导航服务，精确到达救助对象家庭，为基层工作人员入户调查、信息审核、开展服务提供便利。

三、结果与成效

社会救助工作是民生工程的重点内容之一，也是人民群众关注度极高的热点问题之一。社会救助工作关系到民生福祉和公众的获得感、公正感，是人民群众对美好生活向往的不可或缺的保障条件。蚌埠市搭建的综合救助服务信息化平台打造了蚌埠市“纵向贯通、横向衔接、部门联动、立体覆盖”的社会救助新格局，取得了积极效果。

（一）实施智慧管理，实现救助服务无盲区

通过信息平台的搭建，已经完成了“一个平台，四级网络”的基础工作，蚌埠市所辖村（社区）、乡镇（街道）社会救助服务窗口均可以利用信息平台实现“一门受理、协同办理”，确保社会救助服务无盲区。城市社区的服务信息平台与蚌埠市“智慧城市”社会服务管理信息化平台实现了无缝对接，困难群众可以直接在社区提交各类社会救助申请。在农村，信息平台基本覆盖了村级民政服务站，帮助困难群众提交社会救助申请，村民政专职委员还可通过手机 APP 客户端帮助老弱病残、行动不便的困难群众“足不出户”地提交申请，实现主动发现全覆盖，打通了社会救助工作的“最后一公里”。

（二）发挥数据作用，实现救助决策科学化

蚌埠市社会救助管理局利用信息平台收集和汇总全市的社会救助数据，运用大数据技术来监测全市社会救助工作的开展情况，统计内容包括：城市和农村最低生活保障对象人数、最低生活保障总支出金额、最低生活保障人数变化情况、最低生活保障致贫原因情况；各县（市、区）医疗救助人次、临时救助人次、特困人员供养情况；社会救助总人次、总金额统计；家庭经济状况核对业务开展情况；一门受理情况；最低生活保障与特困人员未办事项统计；等等。统计结果的呈现形式也十分多样，包括条形图、折线图、统计表、对比分析表等。信息平台对数据的加工处理，有助于相关部门寻找工作问题，修正工作偏差，规划工作方向，统筹救助资金，运用科学的手段和准确的数据来保障蚌埠市社会救助工作优质、高效完成。

（三）运用移动平台，提高社会救助参与度

信息平台所搭配的“蚌埠社会救助”微信公众号，实现了救助信息的“移动性”，提高了救助管理部门与社会公众的交流沟通水平。一方面，借助微信公众号覆盖面广、实时应用的优势，宣传救助政策，普及救助方法，引导普通民众和社会力量自觉参与社会救助。另一方面，在微信公众号上设置“主动发现”功能，使更多普通民众能利用移动客户端自助申请救助，或帮助身边人申请救助，极大程度地增强了社会公众的参与度。

四、分析与讨论

蚌埠市综合救助服务信息化平台及其建设、运用具有三个突出特色：软件建设与机构建设双重推进、线下服务与线上服务双重推进、部门负责与协同行动双重推进。

（一）软件建设与机构建设双重推进

在信息平台建设与运行过程中，蚌埠市注重软件建设与机构建设的双重推进，这是其第一个特色。软件建设指的是研发、搭建“四级”联动、多平台连接的系统平台，同时补充建立移动服务平台（即微信公众号），这是技术基础；机构建设是指将该信息平台交由实体化的常设机构——蚌埠市社会救助局来运行，依托覆盖从市到村（社区）的四级社会救助体系来实施操作，各级专设社会救助专职人员，这是载体基础。通过软件建设与机构建设的双重推进、技术基础和载体基础的双重夯实，真正实现了四级联动、智慧施助。

（二）线下服务与线上服务双重推进

从市到村（社区）四级皆建有物理化的社会救助窗口，困难群众可直接前往每一个窗口进行咨询、办理申请，乡镇（街道）、村（社区）社会救助窗口可利用信息化平台实现信息录入、网上办理，将“一门受理、协同办理”工作机制做实。依托微信公众号的相关功能模块，困难群众可以自己或代他人进行社会救助申请，基层工作人员也可以利用地图服务等功能便捷地展开社会救助服务，这种移动式线上服务真正实现了零距离、便捷化服务。物理化空间的线下服务、移动式平台的线上服务共同织密了社会救助服务网，也为社会救助服务网络的搭建探索了新模式。

（三）部门负责与协同行动双重推进

信息化平台联通了民政、教育、人社、住建等社会救助管理部门，整合了社会救助资源和信息，在各部门明确分工、各司其职的基础上，实现了多部门协同行动，成为社会救助联席会议制度的“常设性”协调平台；信息平台也联通了市、县（市、区）、乡

镇（街道）和村（社区）四级社会救助部门，在原有的层级分工负责的基础上实现了层级之间的智慧化联通。在某种程度上可以说，信息平台的建立与运行，既强化了社会救助工作的部门负责、分级负责机制，又提升了部门之间、层级之间的协调程度和协同水平。信息平台的搭建，消除了信息孤岛和部门壁垒，推动了信息资源的互联互通、保障了部门之间的协同合作、实现了政府服务的相互衔接，"变'群众跑路'为'信息跑路'，变'群众来回跑'为'部门协同办'"[5]。

第四节 四网合一 智慧服务
——亳州市创设"互联网＋志愿服务"社会救助模式[9~12]

志愿服务反映着一个城市的社会发展和文明程度，对各行各业的发展乃至人民生活水平的提升都有着很大的推动作用。为了进一步推进志愿服务工作的集约化、制度化、规范化、信息化建设，亳州市创新工作理念、开发软件系统，于 2015 年正式启动实施了"互联网+志愿服务"新模式，积极探索并建立起了志愿服务工作的高效运行机制和适合市情的志愿服务信息系统——亳州志愿者网和手机 APP 客户端。依托该信息系统，一方面建成了全市统一的志愿服务数据库，实现了在线实名注册、项目发布、在线培训、反馈印证等功能；另一方面，有效打通了志愿服务供需通道，使不同类型的志愿服务管理部门、志愿服务组织或团队能够借助网络信息平台，优化配置志愿服务资源、助推志愿服务事业发展。更为重要的是，"互联网+志愿服务"新模式为亳州市的社会救助工作注入了新的生机和活力，成为鼓励、支持社会力量参与社会救助的新路径和新推力。

一、背景与缘起

"互联网+志愿服务"信息系统的建设是亳州市有关部门落实中央关于志愿服务制度化和信息化建设有关部署要求，顺应"互联网+"和大数据发展趋势的结果。同时，将"互联网+志愿服务"与社会救助有机衔接，不仅为社会救助发展搭建了新平台，也为亳州市"互联网+"政务服务模式添加了新机制。

（一）信息技术的拓展催生社会救助领域的"互联网+志愿服务"

随着"互联网+"的广泛应用和发展，我们随处都可以感受到互联网技术在政务服务、民生建设等领域发挥的积极效能，它以便捷、高效、智慧等优势改变着传统公共服务的运行模式。基于这种管理思维和发展理念，亳州市积极打造出了"互联网+志愿服务"新模式，进一步推动志愿服务工作的发展，弘扬"奉献、友爱、互助、进步"志愿服务精神。同时，"互联网+志愿服务"新模式在社会救助领域发挥了积极作用——推动了社区志愿服务队伍建设，统筹了救助服务的社会资源，在保障群众最基本的生活需求、解决群众的实际生活困难等方面发挥了积极作用。

（二）政策引导的深化催生社会救助领域的“互联网+志愿服务”

在社会救助领域加强“互联网+志愿服务”工作，是亳州市政府和宣传、民政、共青团等部门响应 2014 年中央精神文明建设指导委员会《关于推进志愿服务制度化的意见》、民政部《志愿服务信息系统基本规范》（MZ/T061-2015）、《国务院关于积极推进“互联网+”行动的指导意见》等文件要求的创新成果，是利用现代信息技术推动社会救助和志愿服务事业发展的创新载体和有效手段。在传统志愿服务工作中，不同领域、不同类型的志愿服务具有分散性特征，政府部门、共青团、社区及各类社会组织都从自己的工作领域和业务内容出发募集志愿者、开展志愿服务，造成了志愿服务信息分散、志愿资源使用粗放、志愿者被多头组织而无所适从等问题。将“互联网+”引入志愿服务中来，开创发展“互联网+志愿服务”新模式，建立健全以互联网为载体、线上线下互动的新型志愿服务活动，打通了以互联网为基础的救助服务供给新通道，以智慧化、协同化管理助推志愿服务管理的集约化、制度化、规范化和信息化。

（三）创新工作的追求催生社会救助领域的“互联网+志愿服务”

“互联网+志愿服务”新模式的建立是亳州市有关部门创新工作的体现和成果。自 2015 年开始，亳州市政府有关部门就多次展开调研，认真了解当地志愿服务工作的开展情况、面临瓶颈等，进行实地考察并积极学习其他地区的志愿服务管理经验。通过学习总结先进经验并结合亳州市实际情况，于 2015 年 12 月 5 日国际志愿者日正式启动实施“互联网+志愿服务”新模式[13]。该模式将互联网与志愿服务相连接，通过互联网平台展开志愿服务项目征集、志愿者招募注册、志愿服务项目发布等，为发展壮大志愿者队伍、合理配置志愿服务资源、提升志愿服务效能提供了帮助。更为重要的是，“互联网+志愿服务”并未就此止步，而是与社会救助工作紧密衔接，为社会力量参与社会救助搭建了新载体，提供了新渠道。概言之，在社会救助领域实施“互联网+志愿服务”，是亳州市有关部门“多元融合”工作思维的结果。

二、措施与手段

“互联网+志愿服务”新模式自创立实施以来，在志愿服务资源对接的有效性、服务功能的完善性、操作使用的便捷性等方面不断完善和改进。

（一）信息资源互通共享，志愿服务效用最大化

针对志愿服务信息分散、志愿资源使用粗放等问题，亳州市创建了亳州市志愿者服务网络平台（即志愿服务信息系统），将原来的亳州文明网、亳州文明单位网、亳州志

愿者网、亳州好人网等四个独立的网站系统进行了合并，命名为亳州志愿者网，将社区、街道、单位、社会各界等不同志愿服务组织进行了相互连接，实现了“互联网+志愿服务”。志愿者服务网络平台要求每一个志愿服务团队组织和每一名志愿工作者必须进行实名认证通过，网站平台为各种志愿力量提供了资源信息交换的机会，为志愿资源的优化配置、志愿标准的统一、志愿力量的整合搭建工作载体，便于对志愿服务工作实施统一管理、充分协调。2017 年 9 月，亳州志愿者网还完成了与全国志愿服务信息系统（中国志愿服务网）的对接和共享，进一步提高了信息平台的协同层次。另外，为了进一步推进“互联网+志愿服务”新模式，亳州在建设亳州志愿者网的同时也开通了与之同步对接的手机 APP 客户端，用移动终端服务将志愿服务信息衍伸至广大群众的身边，更加方便广大市民的参与和监督。

（二）大力弘扬自愿精神，积极开展志愿活动

为了更加有效地动员社会力量提供志愿服务，弘扬志愿服务精神，亳州市在“互联网+志愿服务”新模式下，利用互联网信息资源，积极广泛地开展志愿服务活动，先后与多个社会组织合作策划、发起并举办了“亳爱青春，红动全城”无偿献血志愿服务项目、“青春辉映夕阳红”爱老孝老志愿服务项目、“共享蓝天”关爱留守儿童志愿服务项目和“爱心助考”高考志愿服务项目等一系列社会服务活动。这些项目都依托志愿服务信息系统发布活动计划、招募志愿者、实时推送服务过程信息等，以更便捷、更高效的方式实现了志愿服务的有效供给。通过网站信息平台，还可以动员各类依法登记的社会组织购买志愿服务项目，使志愿者资源的招募、管理更加制度化、规范化。

（三）广泛介入社会救助，切实服务困难群众

亳州市将“互联网+志愿服务”新模式广泛应用于社会救助领域，通过志愿服务信息平台及时公布困难群众的需求信息，有序组织志愿者和社会组织积极参与社会救助，为困难群众提供最便捷、最专业的志愿服务。对于具有定期性和延续性的社会服务项目，一般也通过志愿服务信息系统来购买服务资源，经过大数据平台的分析来挑选出更具有专业性质的社工机构或志愿团队来承接。可以说，信息化平台是志愿服务信息和社会救助服务项目信息的“集散地”，是联通管理部门、志愿者或志愿者团队、社会组织和困难群众的交互载体。例如，谯城区青年志愿者协会经常深入有需要的建档立卡贫困户家中，按照“五净一规范”标准，为贫困户提供整理家务、晾晒衣被等家政服务；亳州市慈善协会发起的“一个人的美发师”志愿服务活动，上门为行动不便的困难残疾人免费理发，服务投入不大，但心系困难群众的具体需求，使困难群众感受到社会的关爱和温暖；“青春辉映夕阳红”爱老孝老志愿服务项目和“共享蓝天”关爱留守儿童志愿服务项目面向老年人和留守儿童等特殊群体提供亲情陪护、精神慰藉、能力提升、社会融入等服务，以点滴行动提升困难群体的幸福感。

（四）加强规范信息操作，提升志愿服务工作

为适应“互联网+”和大数据技术的时代发展需求，志愿服务工作需要提升信息化操作能力。为此，亳州市有关部门通过召开全市志愿服务工作推进会、举办全国志愿服务信息系统使用培训会、印发《全国志愿服务信息系统操作指南》、印制《全国志愿服务信息系统使用情况的通报》等多种形式，促使各地各单位规范使用志愿服务信息系统，为实现志愿服务工作的制度化、规范化和信息化奠定基础。同时，利用全市城乡文明创建工作培训班、全市社会组织业务培训班和全市城市社区居民委员会主任培训班等常规性的培训机会，抽调专人讲授志愿服务信息系统的应用操作知识，推广应用志愿服务信息系统。

三、结果与成效

自从 2015 年启动实施“互联网+志愿服务”新模式以来，亳州市建立起了志愿服务大数据库系统，实现了志愿服务信息与资源的互通共享，为解决信息系统重复建设和志愿服务碎片化管理等问题提供了有效途径，推动了志愿服务事业和社会救助事业的双重发展。

（一）完成四网合一，建成互联平台

2015 年亳州市开创的“互联网+志愿服务”新模式有个突出特点——经过多次的探索和信息的整合，实现了“四网合一”，将亳州文明网、亳州文明单位网、亳州志愿者网、亳州好人网合并新建亳州志愿者网，搭建了志愿者信息系统和手机 APP 客户端。以此为基础形成了全市统一的志愿服务数据库，实现了在线实名注册、项目发布、在线培训、反馈印证等系列功能，以集成化的方式将分散的各类资源进行有效整合、优化和共享，为志愿服务和救助服务提供了便利统一的互联网平台。

（二）社会广泛参与，提供多元服务

志愿者信息系统作为全市统一的志愿服务数据库，形成了志愿者、志愿队伍信息、志愿服务项目信息等“大数据”，既体现了全市志愿者管理的制度化、规范化和信息化，亦可为志愿服务资源配置、志愿服务项目管理决策等提供科学依据。例如，网站数据库所含的一个功能模块就将亳州市一区三县志愿者信息数据进行了详细的统计（系统运行开始至 2017 年 12 月 31 日）：亳州全市志愿者注册登记人数达 60 余万人，占居民常住人口的 11.9%，占比较高。其中，谯城区志愿团队 208 支，举办活动 54 场；涡阳县志愿团队 15 支，举办活动 6 场；蒙城县志愿团队 252 支，举办活动 50 场；利辛县志愿团队 164 支，举办活动 46 场。统计数据充分说明亳州志愿服务信息系统推动了各界志愿人士和志愿团队广泛参与到公益活动中，及时有效地给予困难群众最真

切的帮助。有代表性的服务活动有：针对建档立卡贫困户、困难残疾人、失能老人、留守儿童等提供节日慰问、家政帮扶、临时照护、亲情陪护、精神慰藉、能力提升、社会融入等服务。

四、分析与讨论

如上所述，不难发现亳州市“互联网+志愿服务”社会救助新模式具有以下三方面值得肯定和复制的特色。

（一）利用互联网技术实现协同共享与智慧服务

在这一点上，亳州市“互联网+志愿服务”社会救助新模式与上述三个典型做法一样，都通过新型技术实现了信息互通，推动了多层级、多部门的协同共享，通过互联网手段实现了智慧服务——服务效率得以提高、服务效果得以提升。在某种程度上可以说，亳州市为“互联网+”探索了新实践领域，通过社会救助领域的“互联网+志愿服务”拓展了信息技术的应用空间，实现了互联网、志愿服务和社会救助服务的有机融合。

（二）利用志愿服务推动社会力量参与社会救助

推动社会力量参与社会救助是提升社会救助效能、满足多样化社会救助需求的前提。亳州市“互联网+志愿服务”社会救助新模式利用新兴技术，不但打通了各层级、各部门的交互通道，使志愿资源得到统一的优化配置，而且充分地将志愿服务与社会救助服务衔接起来，为志愿事业拓展了服务空间和作用领域；也为社会救助事业添加了政府之外的社会资源，实质性地推动了社会力量对于社会救助的参与，丰富了社会救助资源的类型，拓宽了社会救助服务的内涵。在这一过程中，实现了共享发展和互助共济的结合，具有明显的共建共治共享特性[14]。

（三）利用信息平台整合志愿资源参与社会救助

社会中蕴藏有丰富的专业力量、爱心资源，但由于缺少整合载体，这些专业力量和爱心资源无法顺畅地进入社会救助体系，成为显现的社会救助资源，发挥其应有的社会救助功能。亳州市“互联网+志愿服务”新模式通过信息平台的搭建，使蕴藏于民间的志愿服务资源由“潜在”变为“显性”，进入了社会救助体系当中。从这个角度看，亳州市“互联网+志愿服务”新模式走出了一条吸纳社会力量进入社会救助体系的新路子，探索了一条社会力量参与社会救助的新机制。借助互联网平台，超越了原来意义上政府—市场—社会组织的多元治理，变成了N元治理，这也许就是“互联网+”为社会救助体系带来的本质变化[15]。

参考文献

[1] 习近平. 习近平在中共中央政治局第二次集体学习时强调　审时度势精心谋划超前布局力争主动 实施国家大数据战略加快建设数字中国[N]. 人民日报，2017-12-10（01）.

[2] 课题组. 铜陵市居民家庭经济状况核对中心访谈记录[Z]. 2017-09-20.

[3] 帕森斯 T. 现代社会的结构与过程[M]. 梁向阳译. 北京：光明日报出版社，1988：15-29.

[4] 刘欣. 功能整合与发展转型：精准扶贫视阈下的农村社会救助研究——以贵州省社会救助兜底扶贫实践为例[J]. 贵州社会科学，2016，（10）：18-23.

[5] 中共重庆市委组织部，重庆市人力资源和社会保障局. 互联网+公共服务创新[M]. 重庆：重庆大学出版社，2017：1.

[6] 课题组. 合肥市庐阳区民政局访谈记录[Z]. 2017-10-13.

[7] 庐阳区民政局. 庐阳区精准救助服务信息平台宣传册[Z]. 2017-10.

[8] 课题组. 蚌埠市民政局访谈记录[Z]. 2017-10-11.

[9] 课题组. 亳州市民政局访谈记录[Z]. 2017-11-21.

[10] 亳州市民政局. 亳州市社会救助工作情况汇报[R]. 2017-08.

[11] 亳州市民政局. 积极推进志愿服务工作制度化规范化[R]. 2017-11.

[12] 亳州市民政局. 亳州市全面推进“互联网+志愿服务”工作[R]. 2017-11.

[13] 侯亚东. 亳州积极探索“互联网+志愿服务”新模式营造文明新风尚[EB/OL]. http://www.wenming.cn/syjj/dfcz/ah/201512/t20151204_3001207.shtml，2015-12-03.

[14] 郑功成. 社会保障与国家治理的历史逻辑及未来选择[J]. 社会保障评论，2017，（1）：24-33，62.

[15] 丁元竹. 治理现代化呼唤政府治理理论创新[J]. 国家行政学院学报，2017，（3）：37-42.

第十章 "金融+"与社会救助体系创新

约翰·芬维克（John Fenwick）曾指出，公共服务的绩效应遵循"3E"标准：一是经济（economic）标准，要求以最低的投入或成本提供既定数量和质量的公共服务；二是效率（efficiency）标准，要求所提供公共服务的单位成本最低；三是效果（effectiveness）标准，要求所提供公共服务能够满足社会的需求，实现既定的服务"标的"[1]。虽然芬维克的"3E"标准因过于强调经济价值、忽视公平因素而广受批评[2]，但不能否认的是，如何更有效地配置和运用公共资源、实现最优化的服务绩效等仍然是十分重要的。安徽省各地秉持"金融+"的思维，创新资源募集方式、拓展资源募集领域，既扩大了社会救助资源的"存量"，又提升了社会救助资源的使用效率。有代表性的案例如下：蚌埠市成立救急难基金会、合肥市实施特困供养人员长期医疗护理保险制度、铜陵市实施民生保险工程、合肥市包河区以PPP模式设立社会救助基金等。

第一节 汇集善资 救急解难
——蚌埠市成立救急难基金会[3~5]

蚌埠市救急难基金会于2016年注册成立，是具有独立法人资格的社会组织（原始资金200万元由蚌埠市慈善总会提供），业务主管单位是蚌埠市民政局。同时，开发推出"蚌埠市救急难基金会微信公众号"，利用"互联网+"的模式，设立众筹平台，募集分散在民间的爱心资金，拓宽社会救助资金的来源渠道。该基金会以社会救助为主要业务范围，依循"民政主导、公众参与、基金兜底；公开透明、方便快捷、救急解难；信息平台众筹与常规性直接救助相结合"等工作原则，作为社会救助体系和"救急难"工作机制的一部分，汇聚爱心善资、救助困难群众、助推救助事业。

一、背景与缘起

蚌埠市救急难基金会的成立目的，主要在于解决社会救助工作中面临的三个基本问题：一是如何汇聚分散存在的社会爱心资金；二是如何扩大社会救助资金的来源；三是如何提升社会救助的弹性。

（一）汇聚分散的社会爱心资金需要专设机构

社会当中蕴藏着丰富的爱心资源和慈善资金，但是它们以分散的方式存在，并且扶贫、济困、扶老、救孤、恤病、助残等慈善救助工作需要资金具备一定的规模和可持续性，这在客观上需要一种固化的公益慈善机制和专设的资源募集机构。同时，蕴藏于社会中的爱心，往往属于“动机”的范畴，因此常常以“潜在”的形态存在，只有通过外部促动，这种潜藏于民间的慈善动机才能变成具体的慈善行为[6]，潜在的慈善资金才能变为显现的慈善资金，这也在客观上要求专设一种激发慈善动机的机构，由该机构依法通过慈善宣传，举办义演、义赛、义卖、义展、义拍和慈善晚会等方式进行募捐。蚌埠市救急难基金会便是在政府引导、支持下成立的整合汇聚分散爱心资金、激发慈善捐赠行为的专设机构。

（二）扩大社会救助资金源需要拓展工作体系

国务院《社会救助暂行办法》明确规定要鼓励和支持社会力量参与社会救助，《中华人民共和国慈善法》也明确将“扶贫、济困”，“扶老、救孤、恤病、助残、优抚”以及“救助自然灾害、事故灾难和公共卫生事件等突发事件造成的损害”确定为民间公益慈善的基本领域。然而，社会力量和社会救助资源有很多类别，既包括以组织形态出现的社会组织法人和企业法人，也包括作为自然人的志愿者、捐赠者，还可以表现为服务行动（人力付出）、资源支持（捐款捐物）。问题是，如何通过制度化和常设性的工作机制和管理体系来整合这些社会力量和资源，使社会力量和资源能够便捷、有效地纳入社会救助体系当中。蚌埠市救急难基金会作为针对救急难的社会组织（独立法人），其成立本身即意味着社会救助工作体系的拓展。另外，该基金会利用“互联网+”的模式，通过微信公众号设立众筹平台，募集慈善资金，并将之用于救急解难。可见，与募集志愿者提供志愿服务不同，其将视角拓展到财物募捐之上，旨在通过推动社会力量捐献资金的方式来拓展社会力量参与救助体系的广度和深度。

（三）提升社会救助的弹性需要创新工作机制

处于急难之中的群体有多种多样的需求，且因为家庭支出较大，现有政府制度框架内的社会救助无法满足这些多样和大额的需求，因此需要更具弹性的救助服务。同时，现有社会救助制度大多有明确的“户籍”限制，这在社会流动速度加快的当下也显得弹性不足。蚌埠市救急难基金会的成立，即在于提高社会救助的弹性——承接政府的转介服务，对现有救助制度暂时无法覆盖、救助服务无法满足（社会救助之后基本生活仍特别困难）的家庭或个人提供补充救助。因此可以说，蚌埠市救急难基金会是社会救助工作创新的结果，为现有社会救助体系添加了“补充剂”和“附加装置”，有助于提升政府的社会公信力，也能够防止因救助不到位而导致的冲击社会道德底线的事件发生。

二、措施与手段

蚌埠市救急难基金会的建立和运行，在多个方面改进了社会救助工作，包括救助主体由临时性转向常设性、救助方式由被动型转向精准化、救助机制由保守型转向弹性化、救助资金由单一型转向多元型、救助程序由复杂型转向便民型五方面。

（一）救助主体由临时性转向常设性

对于蚌埠市救急难基金会而言，首要的做法就是在民政部门的引导、支持下实现机构的专设和常设。对于民间社会救助资金的筹措不再是依靠临时性的组织与募捐，而是成立了具有法人资格的社会组织，专以激发公益爱心、汇集民间善资为职责，为救急解难提供补充性资金。

（二）救助方式由被动型转向精准化

为实现精准救助，蚌埠市救急难基金会根据救助对象困难程度、救助标准及持续急难情况确定相应的救助方式。其主要分为两种：一是众筹特别救助。对一年内个人负担医疗费用超过 10 万元的，或者经专家评审委员会评审确定后续治疗所需的个人负担费用超过 10 万元的，基本生活难以为继的重点困难对象，可先通过基金会微信公众号平台向社会进行众筹求助。在设定时限内未达到预期筹资目标金额的，由基金会依据预定的救助标准实施兜底补充。二是常规性直接救助。由基金会按照规定程序，依据《蚌埠市救急难基金会基金管理使用实施细则》的救助标准给予申请对象直接资金救助，帮助其渡过难关。

（三）救助机制由保守型转向弹性化

基金会实施的救助政策具有较强弹性，表现在四个方面。

一是申请对象有弹性，突破了户籍限制。在《蚌埠市救急难基金会基金管理使用实施细则》中明确规定了基金会救助对象的范围：具有蚌埠市户籍或持有蚌埠市居住证的；户籍虽不在蚌埠市，但与蚌埠市有直接关联的（如就业、就学或旅行等）。显然，基金会的救助对象范围以“关涉性”为条件，涵盖户籍、居住证、就业、就学甚至是旅行等，而不再单纯地以户籍为标准。

二是救助范围有弹性，突破了“低保”条件的限制。现有的社会救助制度多以获得最低生活保障为前置条件，基金会则以“急”和“难”本身为标准，不仅包括最低生活保障家庭、特困供养人员、重点优抚对象以及一、二级重残人员，还包括城乡低收入家庭成员，因疾病、突发事件等各种特殊原因导致基本生活陷入困境的家庭或个人，还包括现有社会救助制度暂时无法覆盖的困难群体，经过现有社会救助制度帮扶之后基本生活仍特别困难的家庭等。

三是救助水平有弹性，突破了救助标准限制。为实现精准施助，对救助对象进行分类管理、弹性救助——根据申请对象的家庭经济状况、困难程度、支出额度等，分为大病医疗救助、重大灾（伤）害救助、特殊困难救助和其他，并分别确定了相应的救助标准。需指出，基金会给予的救助额度要远高于最低生活保障制度和临时救助，具体如表 10-1 所示。

表 10-1　蚌埠市救急难基金会分类救助标准一览表

救助类型	具体标准
大病医疗救助	因家庭成员患危重疾病的，按其一年内个人负担医疗费用的限额比例给予医疗救助，封顶线为 50 000 元。其中：一类救助对象比例不超过 50%，二类救助对象比例不超过 30%，三类救助对象比例不超过 15%
重大灾（伤）害救助	因遭遇火灾、交通事故、溺水、矿难等意外事件造成家庭成员重大人身伤害，导致家庭基本生活难以维持的，根据家庭自救能力和不同的困难情形给予救助。其中：一类救助对象不超过 40 000 元，二类救助对象不超过 25 000 元，三类救助对象不超过 15 000 元
特殊困难救助	因家庭成员身患特殊疾病需要长期维持治疗延续生命、接受非义务教育等生活必需支出长期或突然增加超过家庭承受能力，导致家庭基本生活出现严重困难、难以维持的；遭遇其他特殊困难的家庭，造成暂时无生活来源，家庭出现阶段性、暂时性困难，基本生活难以维持的，给予适度救助。其中：一类救助对象不超过 25 000 元，二类救助对象不超过 15 000 元，三类救助对象不超过 10 000 元
其他	针对民众关注程度高、社会反应特别强烈的极度困难的一、二类救助对象，救助额度可酌情上浮 10%~30%，最高救助金额不超过 10 万元

资料来源：蚌埠市救急难基金会. 蚌埠市救急难基金会基金管理使用实施细则[Z]. 2016

四是救助依据有弹性，突破了“合规费用”限定。城镇居民基本医疗保险、新型农村合作医疗、医疗救助政策等只能对患者住院期间医保范围内的用药进行报销和救助，但重特大疾病的一些特效药物绝大多数不在医保报销范围内，这部分药物带来的支出给患者造成了很大的负担。蚌埠市救急难基金会在实施救助时，将这部分支出纳入救助额度的测算范围，以救助依据的弹性化实现了救急解难的目标。

（四）救助资金由单一型转向多元型

基金会在资金筹措方式上，由单一的依靠政府资金支持转为积极引导社会力量参与。国内类似基金会的资金来源全部是财政资金支持，而蚌埠市救急难基金会的资金来源主要是依靠社会力量。当前社会不缺乏爱心，缺乏的是老百姓认可的、有公信力的献爱心平台和募集机制。为此，基金会开发设立“蚌埠市救急难基金会微信公众号”，申请开通网络定向募捐众筹平台，使之成为社会公众献爱心、参与社会救助的便捷渠道。自 2016 年 6 月成立以来，蚌埠市救急难基金会通过网络众筹平台募集、爱心企业捐赠、慈善义卖等形式，共筹集资金近 200 万元。

（五）救助程序由复杂型转向便民型

基金会本着便民、利民的准则，制定的救助程序方便快捷，充分体现了救急解难的时效性，让救助资金更加安全高效地用于急难群众。如果一个救助项目从申报到批准实施需要经过很长一段时间，在救急解难方面将无法有效发挥作用。因此，基金会设置了快捷的救助程序，而且在紧急情况下，特别是针对人民群众关注程度高、社会反应强烈的困难对象，基金会可依据事实和规定主动介入，启动应急程序，实施紧急救助。这种“特事特办”的做法使社会救助工作更加便民，也更加符合社会救助应有的特性。

三、结果与成效

自成立以来，蚌埠市救急难基金会便以“内强能力、外塑形象”为方向，加强组织内涵建设，提升资源动员和整合能力；加强组织形象建设，提升社会认知度和公信力。2017 年 7 月，经蚌埠市民间组织管理局批准，基金会通过了慈善组织认证，成为蚌埠全市第一批通过慈善组织认证的两家社会组织之一。除了组织自身建设外，基金会在募集救助资金、开展慈善救助方面也取得了积极成效。

（一）物质基础坚实，资金落实到位

基金会加大善款筹集力度，采取多种形式、通过多种途径积极动员爱心企业为困难群众奉献爱心。对有捐助意愿的爱心企业，基金会工作人员多次登门、耐心宣传基金会的宗旨和业务范围，让爱心企业更多地了解基金会的慈善性质，激发爱心企业的慈善动机和行动。截至 2017 年 12 月 31 日，基金会已通过爱心企业捐赠、慈善义卖、定向捐赠等形式，筹集救助资金近 200 万元，爱心企业认捐 100 万元，为社会救助业务的开展奠定了坚实的物质基础；基金会共实施了 22 例急难家庭救助，其中 2 例网络众筹，20 例直接救助，最高直接发放救助金 4.5 万元，最低 1.5 万元，合计发放救助金 76.4 万余元，平均救助金额达到 3.5 万元。

（二）审核程序规范，救助对象精准

截至 2017 年 12 月 31 日，通过基金会微信公众号申请、个人到基金会办公地点申请、县区主动发现等方式向基金会提出申请的共有 57 人次，基金会秘书处严格按照《蚌埠市救急难基金会基金管理使用实施细则》要求，逐一对初审符合条件的 35 名救助对象进行入户调查和邻里走访，核查申请对象的家庭收入情况、住房情况、财产情况和困难程度等，并通过蚌埠市救助申请家庭经济状况核对系统进行核查，确保救助对象的精准。在对家庭困难情况核查、评估后，基金会秘书处对符合救助条件的 23 户申请人分别提出了救助建议，并提交基金会专家评审委员会进行评审。在评审中，各位专家从各自的专业角度对秘书处提交的救助建议逐一进行审查，分别提出评审意见。在已经召开的 7 次评审会中，共对 5 人的救助标准提出修改意见，否决了 1 名申请人的求助申请，充分发挥了专家评审的专业作用，确保救助项目全程皆在严格监督管理下阳光透明运行，实现“好钢用在刀刃上”的资金使用效果。

（三）汇聚社会力量，救助方式新颖

基金会创新救助方式，开发建设了“蚌埠市救急难”基金会微信公众号”，利用“互联网+”技术构建救急难微信众筹平台，积极引导社会力量通过互联网移动支付定向捐助，参与救助急难群众，并成功实施 2 例救急难众筹项目。微信网友共定向捐助善款 184 268 元，凸显了基金会平台利用“互联网+”技术引导社会力量参与社会救助的强大活力。

四、分析与讨论

基金会以“补短板、托底线”为目标，通过创新工作机制，实现了各项突破，有效增加了困难群众的获得感，走出了一条具有蚌埠特色的“政府牵头、社会参与、基金兜底”的社会救助新路径。

（一）以组织建设为抓手，提高了救助资金存量

一方面，通过建立基金会的方式来汇集社会爱心资源，为救助资金存量的提升搭建了常设性的组织载体，为社会救助体系注入了新的能量；另一方面，基金会作为独立法人实体，还非常注重组织内部建设，如完善组织架构、健全救助程序、加强资金透明度建设、建立年度报告制度、专家评审委员会评审制度等，提高了基金会的运营水平，提升了基金会的社会公信力，为募集更广更多的社会救助资金提供了条件。总之，无论是宏观上的组织实体建设还是微观上的组织内部建设，都提高了蚌埠市救助资金的募集能力，进而提高了救助资金存量。

（二）以弹性救助为手段，提高了社会救助效果

作为现有救助制度的补充，基金会在申请对象范围、救助范围、救助水平、救助依据、救助程序等方面更加灵活、更具弹性，适应了急难群众多样性、急难原因多元化、急难水平多层次的现实情形，切实提高了社会救助的效果，成为已有的最低生活保障、医疗救助、临时救助等制度性救助的有益补充，也为救助制度的弹性化建设探索了一条新路径。

（三）以新型技术为工具，提高了社会参与程度

基金会以“救急难”为业务宗旨，搭建了爱心汇集平台，并运用互联网技术（微信公众号）提高了基金会的知名度和民众捐赠的便捷度；同时，积极对接全国文明城市创建志愿服务平台和舆论宣传平台，以便于提升救急难微信公众号的社会关注度和认知度，引导更多的社会力量为社会救助“增砖添瓦”。无疑，基金会本身的成立及其对新型技术的应用，可以将更多的分散的救助资金整合到社会救助体系当中，提高了社会力

量参与社会救助的程度。这一点也与《中华人民共和国慈善法》《社会救助暂行办法》的要求高度契合。

第二节　护理保险　贴心服务
——合肥市实施特困供养人员长期医疗护理保险制度[7~9]

五保供养对象是我国社会救助体系关注的重点救助对象，除保障其基本生活、改善其生活条件、提高其生存能力以外，还需注重保障这一弱势群体的医疗护理权益，解决其医疗护理费用压力问题。合肥市通过政府引导、多方参与，于 2013 年制定出台《合肥市五保供养对象长期医疗护理保障制度实施方案》，开始实施五保供养对象长期护理保险制度，并将其纳入民生工程项目予以落实。合肥市民政局、财政局还先后制定印发了《关于进一步做好五保供养对象长期医疗护理保险工作的通知》《五保供养对象长期医疗护理保障制度绩效评价暂行办法》等文件，对参保对象、保险种类、理赔标准、理赔程序、理赔资金发放、监督管理和绩效评价等进行了明确规定，形成了对接协调、合作分工、保费资金核拨、评价监督等一系列工作机制。

2014 年，该制度的保障范围扩展到城市“三无人员”，实现了城乡特困供养人员全覆盖。正因为实现了城乡特困供养人员全覆盖，所以这里将“五保供养对象长期医疗护理保障制度”称作“特困供养人员长期医疗护理保险制度”。该制度的实施，以金融保险的方式为特困人员提供贴心护理服务，解除特困供养人员患病后医疗护理的后顾之忧，提高了特困供养人员的保障水平。

一、背景与缘起

合肥市特困供养人员长期医疗护理保险制度的出台与实施，主要基于如下三方面原因：一是现实需求强烈；二是上级政策推动；三是追求政策创新。

（一）现实需求强烈

城乡特困供养人员本身就是全社会的特殊弱势群体，他们无劳动能力、无生活来源、无法定赡养扶养义务人或法定赡养扶养义务人无赡养扶养能力；同时，特困供养人员中的老年人更是存在体弱多病、抵抗力差、发病率高等现象，因疾病、意外伤害而造成的经济压力和生活困难加剧了他们的困难程度。特困供养老人在上述“困难叠加”的情况下，对于生病住院期间的医疗护理照顾有着更为强烈的需求。这就需要创新社会救助工作方法、提高社会救助服务能力。特困供养人员长期医疗护理保险制度正是在这一背景中出台实施。

（二）上级政策推动

2013 年《国务院关于加快发展养老服务业的若干意见》（国发〔2013〕35 号）明确提出要积极推进医疗卫生与养老服务相结合，健全医疗保险机制，鼓励老年人投保健康保险、长期护理保险、意外伤害保险等人身保险产品，鼓励和引导商业保险公司开展相关业务。2014 年安徽省人民政府出台了《关于加快发展养老服务业的实施意见》（皖政〔2014〕60 号），提出要引导保险公司创新开发养老、健康保险产品，探索建立失能失智老年人长期护理保险制度。2016 年国务院印发《国务院关于进一步健全特困人员供养制度的意见》（国发〔2016〕14 号），提出要鼓励运用 PPP 模式，采取公建民营、民办公助等方式，支持供养服务机构建设，为特困人员提供基本生活条件、提供疾病治疗，对生活不能自理的给予日常生活照护、住院照料等基本服务。为贯彻落实国务院《关于进一步健全特困人员供养制度的意见》要求，2016 年安徽省人民政府出台《安徽省人民政府关于进一步健全特困人员救助供养制度的实施意见》（皖政〔2016〕102 号），该实施意见鼓励各地通过政府购买服务或探索建立照料护理保险等方式，采取市场化运作方式，为供养对象提供照料护理服务，按照招投标价格对供养机构进行补贴。不难发现，合肥市特困供养人员长期医疗护理保险制度与上述政策文件的内在要求和精神完全一致，既是对上级政策文件的贯彻落实，又是对上级政策文件的创新性探索。

（三）追求政策创新

合肥市一直将特困供养人员的看病就医作为社会救助的重要内容。早在 2009 年，合肥市民政局、财政局、劳动和社会保障局、卫生局就联合出台了《关于解决合肥市五保户医疗问题的实施意见》（合民〔2009〕122 号），该实施意见的实施基本上解决了五保对象看病就医费用问题。但该制度并没有涉及特困供养人员的医疗护理问题，也未能有效规避五保供养对象、五保供养服务机构因此而产生的经济损失与服务风险。基于此，合肥市民政局利用现代金融手段，研究、设计了五保对象长期医疗护理保险具体方案，并不断改进完善。可见，作为民生工程、惠民新政、救困新策，五保供养对象长期医疗护理保障制度是对《关于解决合肥市五保户医疗问题的实施意见》的补充与拓展，而特困供养人员长期医疗护理保险制度又是五保供养对象长期医疗护理保障制度的拓展与完善。

二、措施与手段

合肥市特困供养人员长期医疗护理保险制度主要由四部分构成：实施原则、适用范围、服务内容和责任框架。

（一）护理保险制度的实施原则

为保证特困供养人员长期医疗护理保险制度向高效、有序的方向发展，使该制度更具持续性、长久性，根据《合肥市五保供养对象长期医疗护理保障制度实施方案》的总体目标和具体任务的要求，明确了四项基本工作原则：“一是政府推动原则。通过政府资助，引导机构参与，有效化解城乡特困供养人员护理责任的风险，为特困供养服务机构健康可持续发展保驾护航。二是多方参与原则。政府推动，保险公司、特困供养服务机构等多方参与，形成政府与社会组织、企业等各司其职、协调配合、合作共赢的良好机制，提升社会服务能力和养老保障水平。三是统一投保原则。制定统一保险方案，采取统一优选，统一投保。发挥‘大数法则’优势，努力使保障范围更加全面，保险费用更趋合理。确保全市城乡特困供养人员所获赔付标准一致，实现共同受益。四是商业运作原则。五保供养对象长期护理保障制度的推行，按照市场化运作方式，缓解城乡特困供养人员因疾病、意外伤害造成的个人经济压力，实现投保特困供养服务机构服务风险的有效规避。”

（二）护理保险制度的适用范围

合肥市民政局和财政局联合印发的《合肥市五保供养对象长期医疗护理保障制度实施方案》规定，农村五保供养对象、城市“三无人员”的长期医疗护理保险的主要保障范围有两个：“（1）在保险期限内，农村五保供养对象、城市“三无人员”因遭受意外伤害、疾病在医院治疗的，将其医疗护理费用纳入护理保险的支付范围，保险公司给付医疗护理津贴，减轻长期护理费用压力；（2）在保险期限内，农村五保供养对象、城市“三无人员”因意外事故导致人身伤残的，由保险公司负责赔偿伤残保险金；导致死亡的，保险公司赔付身故保险金。”

（三）护理保险制度的服务内容[8]

特困供养人员长期医疗护理保险项目以两年为一个服务周期进行公开招标，确定该服务周期内的保险服务承保单位（即保险公司）。2017 年是第三个服务周期、第五个保险年度，已经进行了三次公开招标。

在护理保险主体系统中，各县（市、区）民政局、乡镇政府（街道办事处）、五保供养服务机构作为投保人，为合肥全市城乡特困供养人员购买医疗护理保险；合肥市民政局与财政部门实时掌握各县（市、区）、乡镇（街道）投保的具体情况、投保人数和投保单位数据信息，以便进行动态化的指导与管理。

投保所需资金由合肥市财政与县（市、区）按 1∶1 比例分担，参保对象按年度投保，每一个保险年度缴一次保费。由于招投标过程中投保的各家保险公司自己报价，故每个保险年度支出的保费会有所不同。

在保险期内，参保对象因意外事故导致人身伤残的，由保险公司负责赔偿伤残保险金，伤残保险金为最高每人 6.3 万元；因意外事故导致死亡的，保险公司赔付身故保险金，每人6.3万元；对于因遭受意外伤害、疾病而入院治疗的，将其医疗护理费用纳入护理保险的支付范围，保险公司依据具体情况给付医疗护理津贴，最高每人每天 126 元，每一保单年度累计给付天数最高为120天，极大地保障了城乡特困供养人员的利益。

（四）护理保险制度的责任框架

在特困供养人员长期医疗护理保险制度的实施过程中，各部门职责分工明确，工作落实到位。一是合肥市民政局负责牵头设计特困供养人员长期护理保障方案，并对方案可行性开展调研和评估，进而具体组织实施和协调相关工作；定期对保险方案、保险理赔服务进行评估，持续改进完善实施方案并形成长效性评估与退出机制。二是合肥市各县（市、区）民政局负责做好特困供养人员、五保供养服务机构的统计、汇总、参保工作；积极协助承保公司开展理赔等工作，及时负责督促乡镇（街道）将保险赔付款拨付至各相关供养服务机构。三是合肥市各乡镇（街道）、五保供养服务机构作为保险投保人和被保险人，与保险公司签订保险合同。四是经由公开招标确定的承保保险公司按照合同约定的理赔条款，并根据实际情况科学支付保险金；与民政部门一道开展长期医疗护理保险的宣传、培训工作，就保险对象、保险责任范围、保险额度和条件、保险申请材料、理赔程序等内容向基层工作人员和特困供养人员进行宣传、培训，确保特困供养人员和基层社会救助工作人员熟悉报案、理赔程序，有效避免在项目实施中出现保险对象报案不及时、申请材料不齐全等情形。

三、结果与成效

长期医疗护理保险制度是一项缓解特困供养人员因疾病、意外伤害造成的个人经济压力，提高其生活质量，规范护理保险运作方式，努力为其搭建“风险防范安全伞”的重大民生工程。实施几年来，获得的具体成效如下。

（一）形成了一套完备的制度体系

经过几年的探索，最初设定的五保对象长期医疗护理保障制度在实质上逐渐形成了“特困供养人员长期医疗护理保险制度”，该制度内容具体、系统完备，包括明确具体的合作分工责任框架、资金担负分配机制、培训宣传工作机制、实施原则、服务内容与标准、适用范围、评估监督与持续改进机制等。

（二）做到了应保尽保、应赔尽赔

2017年10月，合肥市民政局编制的《合肥市建立五保对象长期医疗护理保障制度》显示，在实施该制度的过程中，有关部门注重积极发动、广泛宣传，通过简化程序、量化时限、强化公开、优化服务等方式使该项民生工程政策做到家喻户晓、深入人心。在政策范围内的特困人员参保率达100%，做到了应保尽保、应赔尽赔。自2013年7月实施以来，总计25 163人次获结案理赔，理赔到位金额2 986.53万元。历年的参保人数及保费额度如表10-2所示。

表10-2 合肥市特困供养人员长期医疗护理保险制度参保情况统计表（2013~2017年）

年份	参保范围	参保人次	实际支付保费/万元
2013	农村五保供养对象	42 394	634.81
2014	农村五保供养对象、城市“三无人员”	43 198	644.33
2015	农村五保供养对象、城市“三无人员”	42 436	499.67
2016	农村五保供养对象、城市“三无人员”	41 510	489.26
2017	农村五保供养对象、城市“三无人员”	39 935	459.27

资料来源：合肥市民政局. 合肥市建立五保对象长期医疗护理保障制度[R]. 2017

（三）实现了真正减负贴心服务[10]

特困供养人员长期医疗护理保险制度的实施，切实落实了特困参保人群住院期间的护理费用，有效缓解了特困供养人群因疾病、突发事件、意外伤害而住院造成的经济压力，真正地减轻了特困供养人员的负担，为特困供养人员及五保供养服务机构构筑了一道结实的“风险规避安全网”。更为重要的是，通过竞标择优确定的承保公司为特困供养人群提供的服务更加优质、贴心，提高了社会救助服务的质量和层次。

四、分析与讨论

概括而言，合肥市特困供养人员长期医疗护理保险制度具有三个值得肯定的特色：具有较强的回应性、可取性和系统性。

（一）具有较强的回应性

包括农村五保供养对象和城市“三无人员”在内的特困供养群体本身就具有脆弱性，合肥市特困供养人员长期医疗护理保险制度以金融保险的方式，回应了特困供养人群的人身及医疗保障需求，并有效规避了供养服务机构的服务风险。从实施效果看，该制度满足了有关需求，体现了社会救助制度创新的问题针对性、需求回应性。这本身也证明了特困供养人员医疗护理保险制度的合理性和有效性。

（二）具有较强的可取性

在选择承保公司的时候，采取了公开招标的方式，将市场竞争、择优选择的原则引入了社会救助体系，不仅可以节省救助资源，还可以提高救助质量。这符合经济效益标准，是可取的，是值得推广的。经济效益特性也使得该制度得到了政府有关部门、被保险人和供养服务机构的广泛认可。

（三）具有较强的系统性

如上所述，合肥市特困供养人员长期医疗护理保险制度自成体系、内容完备，既对各部门及各参与主体的合作分工责任、实施原则、服务内容与标准、适用范围等进行了明确，又系统设计了资金担负分配机制、培训宣传工作机制和评估监督与持续改进机制等，这一点主要体现在《合肥市五保供养对象长期医疗护理保障制度实施方案》之中。制度措施的系统性为保险服务的提质加量奠定了基础，也是该制度顺利实施、可持续发展的前提条件。

需要补充说明，合肥市还将金融保险的工作思路用于建档立卡贫困人口。为有效解决贫困人口看病就医支出问题，2016 年合肥市人民政府办公厅印发《合肥市建档立卡贫困人口医疗补充商业保险试点工作方案》，开始实施为建档立卡贫困人口购买医疗补充商业保险工作。该制度具有如下几个特点[11]：一是范围全覆盖。由市、县（区）两级财政出资，按照人均 50 元标准为全市 21.56 万名建档立卡贫困人口全部购买了医疗补充商业保险，保障范围全覆盖。二是标准双提高。一方面，扩大补充保险补偿范围。对于被保险人住院费用和特慢性病门诊费用的自付部分，不分目录内外全部计入补充保险补偿范围。另一方面，提高个人自付补偿比例。补充保险起付线降低到 2 000 元/人，使被保险人自费部分实际报销比例从 60%提高到 95%。三是救助多层次。通过补充保险制度的建立，形成了“合作医疗+大病保险+政府专项救助+补充保险+医疗救助”的贫困人口健康扶贫五层救助体系，扶贫和救助的成效更为显著。四是结算便捷化。为方便贫困人口就医结算，提高补充保险的便捷程度和工作效率，医疗补充保险和新农合大病保险实行同窗口申请、即时性结报、一站式补偿。这种便捷化的结算报销服务更显温情、贴心。

第三节　民生保险　温情救灾
——铜陵市实施民生保险工程[12，13]

铜陵市民生保险工程属于灾害救助的一部分，是利用金融保险的方式建立的“政府主导、群众参与、商业保险公司具体运作”的新型救助模式，旨在居民因自然灾害、火灾爆炸、空中运行物坠落、交通肇事逃逸和溺水等五类事故以及见义勇为行为造成意外伤害之后，给予保险救助。铜陵市民生保险工程自 2016 年实施以来，提升了灾害救助与民生保障水平，增强了政府的社会救助和公共服务能力。

一、背景与缘起

铜陵市民生保险工程的设计与实施，是加强意外与灾害救助的需要，也是创新实施国家防灾减灾救灾政策、构建新型灾害救助模式的体现。

（一）民生保险工程是加强意外与灾害救助的需要

加强基本民生保障，是各级政府及民政部门的重要职责，近年来，铜陵市不断完善社会救助体系，全面建立了“8+1”社会救助体系，有效保障了困难群众的基本生活。但是铜陵市民政局工作人员在走访调研中发现，每年全市仍有一定数量遭遇突发性灾祸的困难家庭，如家庭成员意外溺水、交通肇事逃逸、火灾爆炸、空中自然物坠落、自然灾害导致人员伤亡，且这些灾难、意外往往没有明确的直接的赔偿责任人。这些飞来横祸无疑可以摧垮任何一个家庭，而现有的临时救助、灾害救助等或者暂时未有效覆盖这些情形，或者给予的救助水平相对较低，难以满足困难群众的需求。为解决这一问题，铜陵市有关部门在进行了大量调研和“头脑风暴”讨论之后，设计、实施了民生保险工程。

（二）民生保险工程是创新实施国家政策的体现

党的十八大以来，习近平同志多次就加强防灾减灾救灾工作做出重要指示，明确了我国防灾减灾救灾事业的方向和任务。国务院《自然灾害救助条例》、《社会救助暂行办法》以及安徽省人民政府《安徽自然灾害救助办法》等一系列政策文件都要求提高防灾减灾救灾能力，不断提升应急救助水平，保证经济社会健康有序发展。铜陵市有关部门着眼于意外与灾害带来的急难问题，运用金融保险方式、引入市场运行机制，创设实施了民生保险工程。

二、措施与手段

本部分从覆盖范围、责任主体、资金筹措、运行机制等角度来介绍铜陵市民生保险工程的具体实施与操作。

（一）民生保险工程的覆盖范围

在一般意义上，很难非常全面地穷尽所有的意外事故和灾害类型。因此，铜陵市有关部门根据调研结果和日常管理接触的大多数意外事故，依据“大概率”原则确定了民生保险的理赔范围，包括自然灾害、火灾爆炸、空中运行物坠落、交通肇事逃逸（无法确认责任人的事故）、溺水等五类事故以及见义勇为者的人身意外伤亡。

为实现民生保险工程的普惠性，保证民生保险工程的覆盖范围，《铜陵市民生保险工程实施方案》对参保对象的范围规定如下：一是铜陵全市户籍人口；二是见义勇为行为发生在本市境内的铜陵市户籍人口和非户籍人口。

（二）民生保险工程的责任主体

民生保险工程涉及多个责任部门，在经过研判之后，铜陵市建立起了一个协同联动、各司其责的民生保险工作体系：在铜陵市民生工程工作办公室统一领导协调下，由铜陵市民政局、财政局具体牵头组织实施，县（市、区）政府和市直相关部门（如公安局、气象局、消防支队等）根据自身职责各负其责，承保给保险公司负责具体运作。各责任主体的职责分工详见表 10-3。

表 10-3　铜陵市民生保险工程责任主体一览表

责任主体	具体职责
市民生工程工作办公室	负责领导、协调民生保险工程
县（市、区）政府	负责开展政策宣传、保费收缴，协助承保保险公司开展出险理赔、调解纠纷及管理等工作
市民政局	负责指导全市各县（市、区）民生保险工程的组织实施，对承保保险公司商业化运作过程进行监管检查、考评，并统计上报相关信息
市财政局	负责民生保险工程资金的筹措、拨付，协调督促县（市、区）分担保费的落实
市公安局	负责出具意外死亡案件尸检报告；事发地派出所负责出具意外事故定性证明、调查情况说明、调查笔录、接警单及现场照片；交警部门负责出具交通事故调查情况说明、责任认定书、交通肇事逃逸证明、痕检报告、调查笔录、接警单及现场照片；提供上一年度末户籍人口数，以核算民生投保人数、投保费用等
消防支队	负责收集因火致灾的现场资料，视情况出具火灾调查认定书或火灾证明，在必要时将有关资料提供给当事人
市气象局	负责出具自然灾害气象证明
承保保险公司	承保保险公司负责组织实施、政策宣传、业务培训、报案受理、核灾核损、理赔等相关工作，并负责将赔付资金划入县有关部门账户或受益人银行账户

资料来源：铜陵市民生工程工作办公室. 铜陵市民生保险工程实施方案[Z]. 2017

（三）民生保险工程的资金筹措

为保证民生保险工程正常运作，铜陵市财政局负责该项工程的资金筹措、拨付，县（市、区）政府分担保费的落实工作。保费标准定为 5 元/（人·年），由市、县（市、区）财政、个人按 2∶2∶1 的比例分担；2017 年后，改为市、县（市、区）财政按 2∶3 比例分担，个人不再承担，这种做法便利了民生保险的资费收取和管理，提高了工作效率。具体投保人数依据公安部门提供的上一年度末户籍人口数进行核算。

（四）民生保险工程的运行机制

按照《铜陵市民生保险工程实施方案》，民生保险工程的运行机制是“政府主导，群众参与，承保保险公司依据保险法和有关协议，采取商业化运作”。具体而言，其运行机制包括如下几个层面。

第一，在政策措施、救助导向上由政府主导。有关政府部门制定民生保险工程的具体实施办法、确定理赔范围和投保对象，对承保保险公司进行监督，对民生保险工程的实施情况进行监管、统计研判、适时改进等。

第二，在承保保险公司的选择上，通过公开招标的方式进行。为保证充分竞争和公正公平，由铜陵市民政局和财政局委托市招投标交易采购中心进行公开招标，择优确定承保保险公司。

第三，在民生保险工程的具体实施上，由承保保险公司进行市场化运作。承保保险公司依据合作协议获得全部保险费用，同时全权承担理赔责任；保险公司制定切实可行的理赔细则和实施办法，安排专人负责报案受理、事故勘察、资料收集、理赔付款等具体流程，定期开展业务培训、研讨，增强专业人员的业务素养和理赔效率。

三、成果与成效[14]

铜陵市民生保险工程的实施效果明显，拓宽了灾害救助渠道，建立了普惠民生保险，弘扬了社会正能量，提升了群众幸福感，取得了良好社会反响。

（一）拓宽了灾害救助渠道

传统的自然灾害或意外事故救助主要依靠政府，救助渠道单一、救助范围有限、救助水平较低。民生保险工程的设计与实施，拓宽了受灾群众的救助渠道，形成了政府救助、保险保障和社会救济“三位一体”的新灾害救助机制。同时，也对一些遭受没有责任主体、不适用于现有救助政策的意外人身伤害、见义勇为行动伤害提供了新救助渠道。铜陵市民生保险工程自2016年6月1日实施以来至2017年3月，确认保险责任范围内的案件103起、理赔金额估计1 532.5万元，其中意外溺水死亡赔付85起、理赔金额1 239万元，无法确认责任人的交通肇事逃逸事故赔付9起、理赔金额71.5万元，空中运行物坠落意外赔付1起、理赔金额45万元，火灾爆炸意外7起、理赔金额132万元，自然灾害意外1起、理赔金额45万元。不难看出，民生保险在现有的救助制度之外，为受灾或突发意外的群众提供了更多的资金赔偿和帮助，使受灾群众或突发意外者得到最大程度的抚慰，更加突出地体现了社会救助维护社会稳定的功能。

（二）建立了普惠民生保险

民生保险充分体现了经济社会发展成果共享的理念，实现了社会救助由“补缺型”向“适度普惠型”的转变。“补缺型”的社会福利是指当家庭和市场机制“失灵”时，国家为无法自足自助者提供暂时性和救济性的扶助。而“适度普惠型”的社会福利则针对全体社会成员，覆盖所有的社会成员。所以，实施民生保险工程，体现了铜陵市在灾害救助工作上的突破和发展，通过积极探索，不断在工作方法和方式上寻求进步和延伸。铜陵市民生保险的保障范围覆盖了全市人口，是一种全省首创的普惠型保险机制，实现了“小保险服务大民生”的社会效果。

（三）弘扬了社会正能量

铜陵市民生保险工程中包含着一项见义勇为者人身身亡的保险，并且此项赔付不限制户籍，只要是发生在铜陵市辖区内的见义勇为者不幸身亡的，皆可得到救助赔偿。民生保险的这一救助范围，不仅为见义勇为者的家人送去最后的资金保障，更重要的是通过不设户籍限制的救助赔偿肯定了见义勇为行为，是对社会正能量的一种宣传和弘扬，民生保险存在和实施的意义也因此得以升华。

（四）提升了群众幸福感

是否能够渡过难关是受灾群众能否提升幸福感的关键。民生保险给予受灾遇难群众的救助性赔偿金额虽然不能弥补他们在精神上的伤害，但却可以改善其生活水平，对受灾群众进行心理上的慰藉与弥补。因此，通过民生保险救助，不仅可以对受灾群众起到抚慰作用，同时也可以降低受灾群众“因灾致贫、因灾返贫”的风险，有助于推动幸福铜陵的建设。

（五）取得了良好社会反响

自铜陵市民生保险工程实施以来，因其在健全和完善防灾减灾体系、服务受灾群众保障民生方面的作用，受到了城乡群众的好评，在近年来的民意调查中，民生保险工程的社会满意率均在 90%以上，位居市级民生工程前列。同时，民生保险工程也得到了民政部、安徽省民政厅的肯定，受到了《中国日报》、新华网和《安徽日报》等媒体的关注和宣传报道，社会反响良好。

四、分析与讨论

铜陵市民生保险工程具有“两拓展一提升”的特色：拓展了社会救助的思路，拓展了社会救助的内涵，提升了灾害救助的能力。

（一）民生保险工程拓展了社会救助的思路

在建设防灾减灾救灾系统、完善灾害救助机制的过程中，铜陵市通过民生保险工程拓宽了社会救助的思路。具体表现在以下三方面。

一是运用金融保险的方式，为灾害救助创设了新渠道，在政府救助、社会救济之外建立了保险保障机制。灾害和意外事件的发生具有或然性，虽有一定规律可循，但概率无法准确确定，这为保险公司提供了盈利空间和获益机会，使引入市场机制参与灾害救助成为可能；更为重要的是，金融保险可以为社会救助提供可预期的救助资金和保障，规避了灾害和意外事件不确定性带来的管理困境。这也说明了民生保险工程创造性地结合了灾害救助与金融保险，具有创新性。

二是运用市场竞争的方式，为灾害救助效率的提升探索了新机制。在民生保险工程实施机制中，以公开招标和竞标的方式确定承保保险公司，以精算与协商为基础确定保险资费、保险范围、理赔标准等，以科学管理和市场原则确定理赔细则、实施办法等，这一切都为民生保险工程的优质、高效实施奠定了基础，以市场机制促升了社会救助效率，使“小保险”服务了“大民生”。

三是运用保险兜底的方式，为遭受没有责任主体、不符合现有救助政策的意外人身伤害的困难群体提供了一个救助渠道。

在意外和灾害发生后，参保人即可联系承保保险公司进行确认并按规定启动理赔程序。既安抚了遭受意外家庭的情绪和心理，也拓展了社会救助渠道。

（二）民生保险工程拓展了社会救助的内涵

铜陵市民生保险工程拓展了社会救助的内涵，表现在以下两个方面。

一是实现了社会救助从“补缺型”向“适度普惠型”的转变。铜陵市在实施民生保险工程中，城乡标准一致，覆盖全市所有在籍人口，具有明显的均等化、普惠型特征，体现了共享发展、协调发展理念。

二是实现了社会救助从“单一功能”向“多重功能”的转变。灾害救助固然应发挥兜底线、救急难的功能，以保障民生、提高民众幸福感为首要目标，但在铜陵市民生保险工程中包含一项针对见义勇为者身亡的不设户籍限制的保险。这一救助范围与理赔项目的设置，不仅为见义勇为者家人提供了抚慰和救助，还通过救助见义勇为行为的方式宣传和弘扬了社会正能量，赋予了社会救助新的功能。

（三）民生保险工程提升了灾害救助的能力

铜陵市民生保险工程健全了防灾减灾体系，创新了灾害救助模式，运用金融保险、市场竞争、社会参与等方式提高了灾害救助的资源存量，扩大了灾害救助范围，为自然灾害、火灾爆炸、空中运行物坠落、交通肇事逃逸和溺水等五类事故以及见义勇为行为造成的人身意外伤害提供了救助，增加了灾害救助的覆盖范围，为灾害救助能力的提升奠定了基础。

第四节　基金共设　乐助常青
——合肥市包河区创设PPP社会救助模式[15, 16]

社会力量参与社会救助对于化解社会矛盾和风险具有重要意义。近几年，党和政府积极引导社会力量参与社会救助工作。合肥市包河区常青街道在鼓励社会力量参与社会救助方面，在全国首次以PPP模式设立社会救助基金，依托该基金实施了以救急难为主要内容的“乐助常青”项目，实现了“政府、基金会、社工机构、社会力量”四位一体的社会救助合作新模式。

PPP社会救助基金及“乐助常青”项目的发展历程主要包括以下四个阶段：一是筹备阶段。2014年12月，安徽乐邦慈善基金会、包河区常青街道办事处及合肥市爱邻社会工作服务社三方达成合作意向并进行前期的筹备工作。二是基金会成立及项目设计阶段。2015年4~6月成立了专项基金委员会，进行专项基金备案，制定了项目目标、服务内容。三是项目启动和初步实施阶段。2015年7~9月项目正式在常青街道启动，明确了救助流程和监管制度，通过评议小组和应急小组前期的入户评估确定了救助对象，并链接了专业社工机构，面向救助服务对象实施了具体救助服务。四是项目固化和拓展阶段。2015 年 10~11 月进行“乐助常青”爱心大使选拔招募，挖掘本土化志愿者对救助对象进行救助服务，同期在专项资金下设“义资金”子项目，以义卖义演、公益项目认领等方式筹集运作资金。“乐助常青”服务救助项目至今仍在持续运转，社会力量不断注入，项目救助资金规模也在不断壮大。

一、背景与缘起

PPP 社会救助基金及“乐助常青”项目的设置与运行，既是包河区社会救助工作创新的一种体现，也源于政府救助内容的局限性和救助资源的有限性。

（一）政府救助内容的有限性要求社会力量的参与

在很大程度上可以说，当前的政府救助主要以物质救助和经济援助为主，这固然是困难群体最需要的，也的确发挥了“托底线、救急难”的作用，但是困难群众的需求是多样的，除了物质和经济需求外，还包括诸如心理慰藉、社会融入、情感沟通、临时照护、家政服务、资源链接和能力提升等“非物质需求”，专业社会服务力量（如社工机构）在供给这些“非物质需求”方面具有组织优势。换言之，虽然政府部门在物质救助和经济援助方面具有优势，但在满足各种“非物质需求”方面却存在短板，这一短板需要专业的社会服务机构来弥补。正是基于这样的判断，“乐助常青”项目构建了“政府、基金会、社工机构、社会力量”四位一体的社会救助合作新模式，链接吸纳了专业社工团队和专家志愿者的参与。

（二）政府救助资源的有限性要求社会资本的补充

对于社会救助所需要的各类资源的筹措而言，政府无疑要承担主导和兜底责任。但一方面，相对于全社会的急难需求而言，政府救助资源仍然相对有限，需要社会资源的链入；另一方面，政府所实施的最低生活保障、特困人员供养、受灾人员救助、医疗救助、教育救助、住房救助、就业救助和临时救助等八项社会救助都有明确的条件、范围和额度，具有较强的制度性和限定性，政府救助的制度性虽然提高了社会救助的规范性、严谨性和合法性，但相对于具体社会救助需求的多样性而言是缺乏弹性的。这在客观上需要社会资源的补充，以 PPP 模式设置社会救助基金的做法正是源于上述两方面的要求。

（三）政府救助工作的有限性要求社会力量的介入

受编制的限制，基层社会救助工作人员往往兼任多种角色，且要承担政策宣传与解释、救助申请受理与审核等具体工作，因此常常无暇也无力及时发现与评估困难群众的具体需求。而社会力量尤其是社会组织往往拥有专业的人才且身处社会基层，更便于发现与评估社会救助需求，并及时采取救助行动开展专业服务。PPP 社会救助基金及“乐助常青”项目的设置正是着眼于政府救助工作的有限性，旨在吸纳专业社会组织及其专业人才资源参与社会救助，为常青街道辖区范围内的老、幼、病、残、弱、孤、障等特殊群体提供经济救助、精神救助、服务救助等综合性社会救助服务。

二、措施和手段

经过探索、实践与改进，包河区常青街道 PPP 社会救助模式逐步形成了内容全面、切实可行的救急难工作体系。下面从组织架构、项目内容、工作流程和服务机制等层面进行介绍。

（一）科学设置组织架构

PPP 社会救助基金及“乐助常青”项目是在包河区民政局牵头指导下创设的，由常青街道办事处、安徽乐邦慈善基金会和合肥市爱邻社会工作服务社共同负责实施。具体而言，常青街道办事处、安徽乐邦慈善基金会共同出资设立社会救助基金，并由双方合作组建乐助常青专项基金管理委员会（由街道办事处工作人员 2 名、基金会工作人员 2 名、服务中心社工 1 名组成），设立了救助项目督导和项目管理员岗位；引入了专业社会工作服务机构——合肥市爱邻社会工作服务社，组建本土化、专业化的服务团队。

具体分工如下：常青街道办事处主要为基金会提供种子基金、对救助对象进行政策解读并支持社工机构开展救助需求调查与评估、实施社会救助服务。安徽乐邦慈善基金会进行社会资金的筹集与投入，为救助对象提供资金救助并为专业社工机构提供资金保障，作为监督方跟踪评估救助工作的开展。合肥市爱邻社会工作服务社则具体落实救助项目，设计综合救助方案，开展有针对性的社会救助服务；设置救助对象评议小组（由 5 名社工组成）；组建志愿者团队（由在常青街道各社区选拔出来的 14 名爱心大使组成）参与救助行动、提供相应的救助服务。科学化、规范化的组织架构是“乐助常青”项目运行的基本要求，有利于救助水平和质量的提升。“乐助常青”项目组织结构图如图 10-1 所示。

（二）系统设计项目内容

“乐助常青”项目提供的救助服务包括三大类：资金救助、服务救助和应急救助。资金救助主要针对的对象是获得医疗救助、教育救助和临时救助等之后仍然面临生活困难的人群，为困难群众提供经济援助和物质帮扶，目的在于缓解救助对象面临的经济困难，解决其燃眉之急。服务救助主要通过专业社工的介入为困难群众提供生活照料、精神慰藉、能力提升、社会功能修复等“非物质救助”服务，尽显人文关怀。应急救助主要针对突发意外状况而陷入贫困的家庭，由常青街道社会服务中心组成应急评估与救助

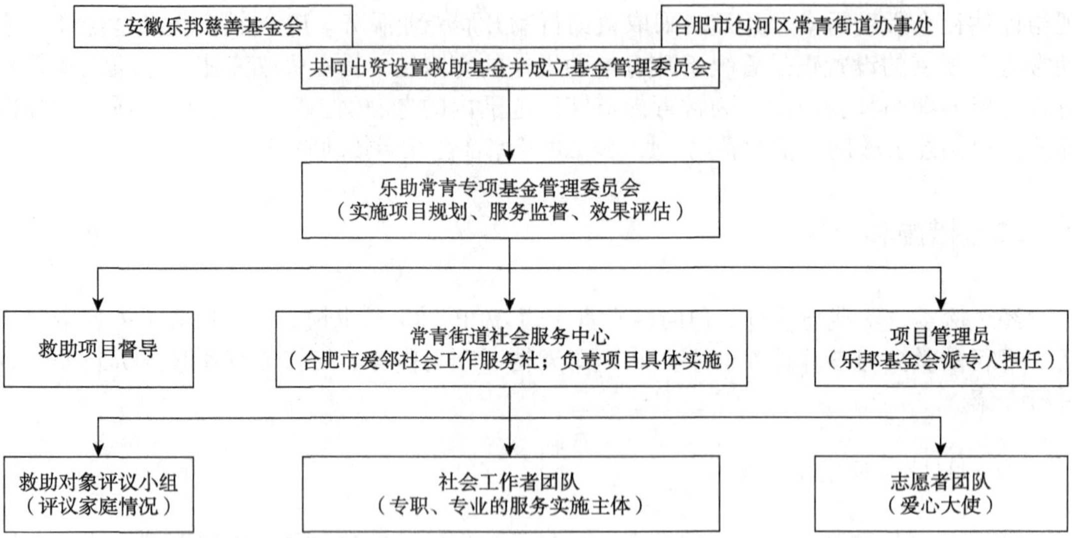

图 10-1 “乐助常青”项目组织结构图

资料来源：合肥市包河区常青街道社会服务中心. 乐助常青项目宣传册[Z]. 2017-10

小组，立即启动应急救助机制，在 2 个工作日内，为符合条件的困难群众开通救助的绿色通道，提供救助资金或开展有针对性的服务。

（三）规范服务工作流程

除了科学的机构设置和系统的救助内容，“乐助常青”项目还设计了规范的救助工作流程。第一步，居民主动求助或被项目团队主动发现之后，由“爱心大使”（即在社区选拔的志愿者）介入，与目标对象沟通了解进行救助信息的初步搜集。第二步，在初步掌握相关信息的基础上，社会服务中心专业社工进行入户调查，进一步确定救助对象所需救助，通过评议小组商讨确定出具评估报告。第三步，根据评估结果实施救助，若救助者需求为资金物资救助，就交由专项基金管理委员会审批；若为服务救助，则由常青街道社会服务中心进行审批，审批通过后安排专业社工或有专业技能的志愿者为救助对象提供服务救助。

（四）健全救助服务机制

一套完整的服务机制是实现项目目标的基础，“乐助常青”项目从成立至今已经形成了完善的评估机制、审核机制、针对机制、参与机制。从救助对象的认定到为救助对象提供实质性的救助服务，每一项工作实施都设立了严格的工作机制。

三、结果和成效

“乐助常青”项目在社会救助领域已经取得了积极成效，受到困难群体的好评。同时，作为全国首个以 PPP 模式组建的社会救助专项基金，在社会救助领域供给侧结构性改革方面进行了大胆的探索，具有前瞻性、示范性意义。2015 年 7 月 7 日民政部官方微博及官方网站均对此项目进行了报道和宣介，《中国社会报》等媒体也对其项目进行了持续关注，各类媒体报道共计 20 余篇。《民政部信息参考》（2016 年第 15 期）也对包河区统筹资源、探索建立 PPP 模式专项基金的实践经验进行了专门介绍。

（一）项目运行初具规模，救助服务实现广覆盖

常青街道办事处和安徽乐邦慈善基金会双方各按 10 万元/年的额度注入种子资金，并通过公益项目认领的形式向辖区企业募集救助资金。以 PPP 模式创新社会救助基金，增加了全社会的救助资源存量。据统计，从 2015 年“乐助常青”项目正式运行至 2017 年 9 月，已累计救助人数达到 113 人次，提供的资金救助达到 411 207 元。其中，2015 年救助 18 户，发放救助资金 56 000 元；2016 年救助 33 户，发放救助资金 127 307 元；2017 年 1~9 月救助户达到 53 户，发放救助资金 227 900 元。截至 2017 年 9 月底，“乐助常青”项目提供服务救助达到 57 人次。其中，为 19 位贫困大病的老年人提供了基础照护、友好探访、社会融入、生命关怀、精神慰藉等服务。“乐助常青”项目工作人员的足迹遍布常青街道所辖全部 8 个社区。在项目执行期间，项目社工在街道办事处和各社区居委会工作人员的协助下，积极开展入户走访评估工作，对通过电话申请救助的困难群众逐一走访，累计走访 200 余人次（截至 2017 年 9 月），实现了救助对象“一户一档”全覆盖。

（二）参与主体间有效协作，救助水平显著提高

在“乐助常青”项目的组织架构中，明确了政府部门、基金会、社工机构、社会力量四方主体角色分工，各司其责、优势互补，以力量整合、协调行动的方式开展全方位综合性的社会救助服务，救助内涵得到有效拓展，救助水平得到显著提高。在项目实施过程中，引入了专职、专门和专业的社会工作服务机构，培育、选拔了核心志愿者 10 余名，孵化了常青街道本土化的“草根”义工组织——乐助使者联盟，形成了“社工+志愿者+草根组织义工”的救助模式，促成各类主体共同参与的社会救助服务，既提高了救助服务的质量与数量，又塑造了关爱社会、关爱他人的社会氛围和公益环境。

（三）救助程序规范化操作，营造良好互助氛围

规范化的救助程序是社会救助工作开展的前提条件。常青街道社会服务中心以社区居委会为单位，通过网格化管理、地毯式摸排，对辖区内所有救助对象进行彻底摸底、调查、核实，建立街道社会救助对象管理统一台账，每季度定期更新。科学化的项目运作模式，也促进了社会力量的积极参与，在社会上营造良好互助的氛围。例如，2016 年 2 月，安徽合肥市常青街道在仰光社区开展“同在春光下，共架爱心桥”春季助学活动，社区党员、辖区企业家捐助爱心款 44 500 元；社区党员志愿者与辖区 22 名家庭困难

学生进行“爱心 1+1”结对帮扶，在学习和生活上为结对学生提供爱心帮扶。

四、分析和讨论

“乐助常青”项目不仅在社会救助业务上完善了具体工作流程设计，同时也从模式的创新、主体的多元、渠道的拓展、方式的弹性化等方面进行了实践探索，在全国社会救助领域供给侧结构性改革引领示范项目的建设方面做出了努力。

（一）整合社会资源，救助模式创新化

长期以来，我国社会救助发展模式都是政府单一责任制，救助工作的开展实施全部由政府部门来承担，往往给政府造成沉重的财政压力，限制了我国社会救助事业的长期发展。“乐助常青”项目的实施超越了社会救助单一政府责任制，在基金会与街道办事处种子基金的引导下，对社会组织、志愿者以及社会爱心资源进行有效整合，实现了救助模式的创新发展。政府由原来单一的救助资源供给者角色向资源整合者、政策引导者、行动监督者转化。

（二）社会力量积极参与，救助主体多元化

依托社会救助专项基金实施的“乐助常青”项目，逐渐形成了“政府+基金会+社工+志愿者”的多元化救助主体体系。各类主体分工明确、各司其职、协调统筹、通力合作、优势互补，共同开展综合性的社会救助服务。

首先，政府在社会救助体系中居于主导地位，对政策内、外救助资源进行了高效的引导、整合和监管。在“乐助常青”项目中，通过 PPP 模式设置种子基金，切实引导社会力量积极参与，构建起由政府基金会、社工机构、志愿者有机协同的救助工作机制。

其次，安徽乐邦慈善基金会与常青街道办事处共同发起社会救助基金，并通过公益项目认领方式向辖区企业募集救助资金，提高救助资金的存量。基金会不仅发挥了“资源支持”的优势，还利用自己的专业优势对救助资金进行专业化管理，建立专项基金的筹资机制及拨付机制，实施项目评估和资金监管，为救助基金的高效配置奠定了基础。

再次，依托社会救助基金和政府服务购买，吸纳合肥市爱邻社会工作服务社来具体展开救助服务，并组建常青街道社会服务中心、培育选拔核心志愿者、孵化“草根”义工组织（乐助使者联盟），拓展社会救助的内涵，尤其提高了“非物质救助”的专业水平和层次。

最后，“乐助常青”项目还注意吸纳其他社会力量的参与。辖区内企业以公益项目认领形式、辖区内个人以支持义卖的形式，共同参与救助专项资金的募集；“爱心大使”（志愿者）提供家庭访视、水电维修、家政保洁、老人照顾等救助服务。可见，其他社会力量的参与丰富了社会救助资源，增强了全社会的公益氛围。

（三）全方位综合救助，救助内涵多元化

传统的救助方式都是对救助对象提供金钱、衣物等物质性的救助，“乐助常青”项目将单一的物质救助转化为物质救助和心理救助、照顾服务、能力提升等相结合的全方位综合救助，拓宽了救助内涵。例如，通过专业社会组织的介入，以小组和个案等方式对社会救助对象进行心理疏导，提供心理救助服务；安排专业社工或具有专业技能的志愿团队对高龄老人进行情感沟通和精神慰藉；针对不能自理的救助对象，通过社会救助资金的支持，引导专业社工和志愿团队对其提供日常的照顾、家庭访视等服务；项目团队还与专业的社工机构、志愿者达成合作，定期为救助对象提供上门理发、上门健康监测等照护服务类救助；针对因疾病、失业导致发展能力和发展机会缺乏的救助对象，项目团队引导专业机构提供社会融入、能力提升、就业辅导和资源链接等服务，打造具有“造血功能”的发展型社会救助，有效防止了贫困的代际传递。

（四）灵活实施救助，救助方式弹性化

由政府实施的社会救助大多属于政策性的社会救助，在救助条件、救助时间等方面存在刚性要求，而“乐助常青”以专项救助基金的形式来提供救助服务，针对基层实际救助工作面临的复杂性和特殊性采取柔性救助的方式，救助服务工作具有较大的弹性空间，主要表现在应急救助和边缘群体的救助上。

应急救助主要针对因疾病、事故等原因陷入重大困境的群体实施。对于此类急难情形，如果申请政府专设的政策性救助可能就会受到时间的限制，无法使困难群体及时得到救助，而“乐助常青”专项救助资金会按照应急救助的“绿色通道”流程，先行给予有需要且符合条件的困难家庭或个人以快捷性、灵活性的应急救助。

边缘群体的救助主要针对支出性贫困的政策性边缘群体来实施，即收入超过政策规定的标准，但因重大疾病等原因支出超过收入承受范围的家庭。“乐助常青”专项基金对其家庭状况进行两轮全面评估后给予救助，防止“支出性致贫”和“支出性返贫”现象的发生。从这个角度看，常青街道 PPP 社会救助模式本身也是一种针对“潜在贫困”的有效举措。

参考文献

[1] 张成福，党秀云. 公共管理学[M]. 修订版. 北京：中国人民大学出版社，2007：277-278.

[2] 弗雷德里克森 H J. 公共行政的精神[M]. 中文修订版. 张成福，等译，北京：中国人民大学出版社，2013：79-80.

[3] 课题组. 蚌埠市民政局访谈记录[Z]. 2017-10-12.

[4] 蚌埠市救急难基金会. 蚌埠市救急难基金会基金管理使用实施细则[Z]. 2016-08.

[5] 蚌埠市救急难基金会. 蚌埠市救急难基金会章程[Z]. 2016-08.
[6] 朱国云. 组织理论：历史与流派[M]. 第二版. 南京：南京大学出版社，2014：112.
[7] 课题组. 合肥市民政局访谈记录[Z]. 2017-10-13.
[8] 合肥市民政局. 合肥市建立五保对象长期医疗护理保障制度[R]. 2017.
[9] 合肥市民政局，财政局. 合肥市五保供养对象长期医疗护理保障制度实施方案[Z]. 2013.
[10] 王啸. 长期医疗护理保险为特困老人减轻负担[N]. 江淮晨报，2016-12-19（A05）.
[11] 合肥市民政局. 合肥市城乡医疗救助工作情况汇报[R]. 2017.
[12] 课题组. 铜陵市民政局访谈记录[Z]. 2017-09-20.
[13] 铜陵市民生工程工作办公室. 铜陵市民生保险工程实施方案[Z]. 2017.
[14] 安徽省民政厅. 安徽铜陵市推进民生保险工程[EB/OL]. http://www.jianzai.gov.cn/DRpublish/jzdt/0000000000022149.html，2017-02-15.
[15] 课题组. 合肥市包河区常青街道访谈记录[Z]. 2017-10-13.
[16] 合肥市爱邻社会工作服务社. 乐助常青——社会工作介入社会救助总结报告[R]. 2017.

第十一章 “社会组织+”与社会救助体系发展

党的十九大报告指出：“加强社会治理制度建设，完善党委领导、政府负责、社会协同、公众参与、法治保障的社会治理体制，提高社会治理社会化、法治化、智能化、专业化水平……发挥社会组织作用，实现政府治理和社会调节、居民自治良性互动。”[1]这一论断明确了社会组织在社会治理和社会建设中的重要性。国务院颁布的《社会救助暂行办法》更是明确且具体地指出了社会组织在社会救助体系中的作用及其机制、路径和方法：“国家鼓励单位和个人等社会力量通过捐赠、设立帮扶项目、创办服务机构、提供志愿服务等方式，参与社会救助”；“县级以上地方人民政府可以将社会救助中的具体服务事项通过委托、承包、采购等方式，向社会力量购买服务”；“社会救助管理部门及相关机构应当建立社会力量参与社会救助的机制和渠道，提供社会救助项目、需求信息，为社会力量参与社会救助创造条件、提供便利。”

安徽省十分重视社会组织在社会救助领域的积极功能，将社会组织作为社会救助主体体系中的基本构成要素之一，通过服务购买、公益创投、PPP 模式等方式推动社会组织提供专业救助服务。铜陵市、亳州市、合肥市、宿州市和黄山市等都在引导社会组织参与社会救助、提升社会救助专业化水平等方面做出了积极有效的探索。

第一节 政府支持 社会协同
——宿州市支持引导社会力量参与灾害救助[2]

防灾减灾救灾工作是各级党委和政府不可推卸的责任。宿州市委、市政府将做好防灾减灾救灾工作视为加强社会治理能力建设的应有之义，从综合协调机制、搭建信息服务平台、完善政策支持等方面采取强有力的措施，支持引导社会力量参与灾害救助工作，努力打造宿州市“政府主导多方参与，协调联动共同应灾”的减灾救灾工作新格局。

一、背景与缘起

宿州市所处的地理环境具有特殊性，自然灾害多发，给人们的生命健康、财产安全造成了极大的威胁和损失。为做好防灾减灾救灾工作，除了要求有关政府部门提升自身工作能力、夯实财政预算基础之外，还需要社会力量的积极参与。

（一）灾害频发的现实要求社会力量参与

宿州市地处淮北平原，属暖温带向北亚热带渐变的气候过渡带，风雹、低温冷冻、洪涝、旱灾等自然灾害发生频率较高，分布地域广，灾害损失重，给人民群众生命财产安全造成严重威胁。据统计，2010~2016 年宿州市共发生风雹、低温冷冻、洪涝、旱灾和台风等各类自然灾害36起，因灾死亡人数10人，直接经济损失81.03亿元。同时，宿州市地处“郯庐断裂带中南段”，是国家密切关注的地震重点危险区。自然灾害的应对既需要快速行动、综合发力，又需要大量的人力、物力和财力，还需要开展现场救援、款物捐赠、物资发放、心理抚慰和灾后恢复重建等多个层面的工作（其中，不乏心理抚慰、现场救援等专业性强的工作）。因此，为丰富灾害救助的资源，提高灾害救助的效果，需要政府与社会的协同行动、共同参与。

（二）健全灾害救助体系要求社会力量参与

服务平台不健全、协调机制不完善、缺乏相关支持政策，导致社会力量参与救灾工作存在信息不对称、供需不匹配、活动不规范等问题，影响了救灾工作的效率和救灾资源的优化配置。基于这些实际问题，也为了健全灾害救助体系，支持引导社会力量规范开展工作，有效发挥社会力量参与的优势，宿州市有关部门努力创新防灾减灾救灾体制机制，搭建政府主导、多方参与、协调联动、共同应对的救灾工作格局，为社会组织参与灾害救助提供有利空间和便捷渠道。

（三）社会力量参与是落实上级政策的需求

为统筹协调社会力量高效有序地参与救灾工作，提高灾害救助的整体水平，民政部出台了《民政部关于支持引导社会力量参与救灾工作的指导意见》（民发〔2015〕188 号）。该意见对支持引导社会力量参与救灾工作的基本原则、重点范围、主要任务和工作要求等做出了明确的规定，在政策层面上为社会力量参与救灾工作提供全方位支持。特别需要指出的是，中共中央、国务院2016年12月19日发布的《中共中央 国务院关于推进防灾减灾救灾体制机制改革的意见》（中发〔2016〕35 号）也明确提出：健全社会力量参与机制，鼓励支持社会力量全方位参与常态减灾、应急救援、过渡安置、恢复重建等工作，构建多方参与的社会化防灾减灾救灾格局，为救灾工作的有序开展指明了方向。安徽省有关部门结合自身开展救灾工作的实际情况需要，相继出台了《安徽省综合防灾减灾规划（2016—2020年）》（皖政办秘〔2016〕242号）、《关于推进防灾减灾救灾体制机制改革的实施意见》（皖发〔2017〕19号）和《关于支持引导社会力量参与防灾减灾救灾工作的实施意见》等，对支持引导社会力量参与防灾减灾救灾工作提出了更加具体的意见和要求。为贯彻落实上级政策精神，打造宿州市“政府主导多方参与，协调联动共同应灾”的救灾工作新格局，市减灾救灾委员会出台了《宿州市支持引导社会力量参与救灾工作暂行办法》（宿减救〔2016〕2号）、《关于成立宿州市支持社会力量参与救灾工作协调服务中心的通知》（宿减救〔2016〕3号）等一系列政策文件，给予社会力量参与防灾减灾救灾工作以政策性支持，有力地推动了社会组织在灾害救助方面的作用发挥。

二、措施与手段

为更有效、更有序地推动社会组织参与灾害救助，宿州市采取了制度完善、渠道建设、资源赋予、能力提升等多种举措，可概括为以下五方面。

（一）建立综合协调机制，搭建信息服务平台

为支持、引导和规范社会力量参与救灾工作，进一步提升宿州市减灾救灾工作的整体水平，宿州市成立了“支持社会力量参与救灾工作协调服务中心”。按照宿州市减灾救灾委员会印发的《关于成立宿州市支持社会力量参与救灾工作协调服务中心的通知》（宿减救〔2016〕3号）规定，该协调服务中心联席成员单位包括：市应急管理办公室、市民政局、市卫生和计划生育委员会、市教育体育局、市城管局、市商务局、市水利局、市地震局、市红十字会、共青团市委；中心办公室设在宿州市民政局救灾救济科。另外，宿州市还明确了联席成员单位的工作职责，确保工作顺利开展。宿州市民政局作为协调服务中心主要成员单位，其工作职责是：负责协调服务中心日常工作；组织社会力量有序参与应急救援、过渡安置、灾后恢复重建和日常防灾减灾工作；牵头落实救灾捐赠导向机制，建立灾区需求信息发布平台，提高防灾减灾救灾的智慧化水平；推进政府向社会组织购买服务项目，为社会力量提供救灾装备支持，向参与救灾工作的社会组织提供办公空间、设施等。其他各成员单位在自身本有的职能范围内各司其职，及时做好协调统筹工作，为社会力量参与救灾工作给予充分引导和支持。

（二）扎实推进“三社联动+防灾减灾救灾”工作

宿州市民政局积极探索救灾工作创新机制，将防灾减灾救灾工作纳入社区、社会组织、社会工作“三社联动”机制之中。具体做法包括：一是加强村（社区）级灾害信息员队伍建设，壮大村（社区）级救灾工作队伍和专业救灾力量。截至2017年12月，宿州全市村（社区）一级的灾害信息员队伍已有1 400余人。定期展开村级灾害信息员队伍业务培训，提升基层工作队伍的防灾意识、减灾和救灾能力。二是积极推动村（社区）级民政专干配备工作，充实配备基层工作人员，依托基层民政专干力量，

加强基层防灾减灾救灾工作体系建设，夯实基层防灾减灾救灾的能力基础，使基层具备灾害救助的内在条件。三是通过建立“综合减灾示范社区”，创建以奖代补工作机制。在安徽省民政厅创建奖补的基础上，宿州市对被评为国家级综合减灾示范社区的再给予 2 万元奖补，被评为省级综合减灾示范社区的再给予 1 万元奖补。以奖代补工作机制有力地推动了 30 个综合减灾示范社区的建设，并在示范社区内组建了防灾减灾志愿者队伍，提高了基层的自助互助能力。四是通过社区自建社会组织或购买服务引入社会组织等方式，开展减灾宣传、防灾培训和救灾演练等，为基层灾害救助工作培育新载体、注入新力量。

（三）支持社会组织开展减灾公益活动

宿州市先后帮助和支持宿州市蓝天救援队、宿州市拂晓社会工作服务中心、宿州市心理咨询师协会等社会组织开展防灾避险安全常识讲座进校园活动、“5·12”防灾减灾宣传周活动、国际减轻自然灾害日宣传、灾害心理抚慰讲座等减灾公益活动。通过这些活动，既提升了全社会防灾减灾救灾的科学素养和积极意识，又扩大了社会组织在全社会中的认知度和公信力，为拓展社会组织的功能空间、生存空间奠定了基础。

（四）组织社会组织开展救灾演练

为充分做好社会组织的救灾准备工作，提升社会组织的应急管理能力，宿州市政府应急管理办公室、市民政局等部门以制度化的方式，通过多种途径支持宿州市蓝天救援队等社会组织开展救援演练工作。例如，2017 年宿州市蓝天救援夏季防灾抗洪实战救援演练于 6 月 24 日、25 日在宿州市新汴河北岸地下涵举行，宿州市蓝天救援队 300 余名队员参加了此次应急救援演练。演练项目主要包括摩托艇、冲锋舟分列式和操舟表演，搭建救灾帐篷，无人机空投救生圈，冲锋舟水面救援，声纳水下搜寻，潜水员水下搜救，溺水者 CPR 救护，倾覆船只复位，绳索速降高空救援，等等。通过演练，大大提高了灾害救助工作的协调水平和实施能力。宿州市城管局、市交警支队、市卫生和计划生育委员会、市教育体育局等单位也为社会组织开展防灾减灾活动和救援活动给予了高度配合和支持。

（五）向社会组织提供救援设备与办公场所支持

社会组织开展灾害救助工作需要依托必要硬件支持。宿州市委、市政府和市民政局等部门为宿州市蓝天救援队、宿州市拂晓社会工作服务中心、宿州市红十字应急救护培训中心等社会组织提供运营空间，用于办公、物资储备和日常训练等；支持有关社会组织配备救援装备车、应急救援车、救援乘用车等救援设备，并向社会组织提供帐篷、折叠床等救灾物资，以备应急之需。通过设备与场所的支持，切实提高社会组织的专业救助能力，使之真正成为灾害救助体系中的生力军。

三、结果与成效

经过几年的探索与实践，宿州市在防灾减灾救灾方面，形成了“政府支持、社会协同”的灾害救助格局，引发了“社会力量齐发力”的全方位参与态势，提供了“多元化、多层次”的灾害救助服务。

（一）形成了“政府支持、社会协同”灾害救助格局

为规范引导社会力量有序参与救灾工作，宿州市减灾救灾委员会出台了《宿州市支持引导社会力量参与救灾工作暂行办法》，要求政府有关职能部门遵循“政府主导，统筹协调；鼓励支持，引导规范；效率优先，就近就便；自愿参与，自助为主”的工作原则开展灾害救助工作，并明确县级以上减灾救灾委要发挥综合协调职能作用，建立健全社会力量参与救灾协调机构或服务平台，负责联系、协调本行政区域社会力量参与救灾工作，搭建沟通服务的桥梁，畅通沟通服务渠道。要统筹社会力量参与应急救援，支持引导和规范社会力量参与日常减灾、过渡安置、灾后恢复重建等各项工作。通过上述工作，宿州市不仅建立了政府部门与社会组织协同联动的工作机制，通过设备支持、场所提供、实战演练等方式使社会组织具备了灾害救助的内在条件，而且通过政府购买服务、公益创投、“三社联动”等途径使社会组织开展了多样化的防灾减灾救灾工作，“政府支持、社会协同”的灾害救助格局基本形成。

（二）引发了“社会力量齐发力”的全方位参与态势

为了实现灾害救助资源的有效整合和优化配置，高效统筹社会力量有序参与防灾减灾救灾工作，宿州市不断通过场地支持、经费支持、装备支持等方式，吸纳具有优势和实力的社会力量来充实和壮大防灾减灾救灾体系，引发了“社会力量齐发力”的全方位参与态势。目前，宿州市已整合六类社会力量参与救灾工作：一是专业救援类，主要以从事现场救援、应急的专业社会组织和机构为主，承担防灾减灾救灾专业技能培训、现场演练、灾区现场救援等职能。二是慈善募捐类，主要以具有募捐资格的基金会、社会组织等为主，承担针对灾害救助的善款募捐、物资募集职能。三是社会服务类，主要以社会工作服务机构、心理咨询机构等社会组织为主，承担满足灾区社会服务需求职能，主要针对受灾人员开展心理抚慰、安置现场帮扶等工作。四是物资保障类，主要以与销售、物流、房屋重建等相关的社会组织为主，承担救灾物质募捐、运输、发放等职能。五是志愿服务类，主要以志愿服务团体为主，为防灾减灾救灾工作提供志愿服务，如安置现场的秩序维持，救灾物资的整理、统计与发放等。六是综合支持类，承担防灾减灾救灾信息宣传、灾害评估、理论研究等职能。

（三）提供了“多元化、多层次”的灾害救助服务

在有关部门的引导和支持下，以宿州市蓝天救援队、宿州市拂晓社会工作服务中心、宿州市红十字应急救护培训中心等为代表的社会组织提供了“多元化、多层次”的灾害救助服务，如专业救援、慈善募捐、社工服务、物资保障、志愿服务和综合支持等。具体而言，在平时，社会组织结合自身优势开展防灾减灾知识、技能培训，在全社会形成科学的防灾减灾意识。在灾害发生后，进行现场救援，提供救灾物资调配、运输、发放、统计等服务；募集志愿者、专业社工在安置点提供心理抚慰、关系疏导等服务；为武警等救援队伍提供慰问、运配资源等服务；为受灾人员募集生活物资、筹措善款；等等。

四、分析与讨论

宿州市“政府支持、社会协同”的工作格局对于灾害救助而言具有适应性，对于政府部门与社会组织的关系而言具有有效性，对于灾害救助业务而言具有专业性，对于支持社会组织参与灾害救助，所采取的举措具有系统性这也是宿州市灾害救助格局的优势和特色之所在。

（一）实现了灾害救助体系的适应性

面对自然灾害，政府要及时发挥主导作用，担负主体责任。但灾害不仅对人民的生命财产安全造成极大的伤害，同时会衍生出一系列灾后心理与精神的创伤问题。因此，防灾减灾救灾是一项复杂而系统的工程，需要一定的专业技术、专业力量作为支撑。需要支持引导社会力量参与防灾减灾救灾工作，发挥社会力量特有的专业性、科学性、组织性、志愿性、公益性等特征，在弥补政府职能的同时，能够满足受灾群众的多样化需求。自然灾害威胁、危害着全社会，因此需要动员全社会来共同治理，用多元化的救助主体体系来适应[3]。宿州市“政府支持、社会协同”灾害救助格局的建立，无疑适应了灾害救助的这种特性，因而提高了灾害救助工作的实效。

（二）实现了政社协同联动的有效性

在宿州市“政府支持、社会协同”灾害救助格局中，政府有关部门担负的是主导作用、支持功能。例如，通过政府购买社会服务的方式，推动社会组织开展防灾减灾公益宣传、应急培训和演练；政府购置救灾设备、装备，支持社会组织用于日常训练、紧急救援，不转移所有权，只转移使用权；加强对城乡社区、志愿服务者、社会组织的防灾减灾救灾知识普及和技能培训。在政府的支持下，宿州市蓝天救援队等社会组织切实发挥了专业救援、慈善募捐、社工服务、物资保障、志愿服务、综合支持等作用，弥补了政府在灾害救助方面的不足，壮大了灾害救助的主体力量，增加了灾害救助的资源存

量，实现了灾害救助服务的“多元化、多层次”。这证明了宿州市“政府支持、社会协同”灾害救助格局的有效性，也说明了政社协同联动在灾害救助领域的必要性。

（三）实现了社会组织参与的专业性

一方面，社会组织在整合社会资源方面具有专业性，如募集社会捐助等公益资源、义工服务等志愿资源、基于互助合作等行动资源，可为灾害救助提供丰富的资源支持[4]。另一方面，灾害救助所需要的不仅包括大量的财物资源，而且需要精细化、多层化、有针对性的“非物质救助”服务，如情绪舒缓、心理慰藉、医疗救治、人员救援等专业服务，这些服务是专业社会组织所擅长的，因此社会组织参与灾害救助是非常必要的[5]。概言之，宿州市“政府支持、社会协同”灾害救助格局为社会组织提供了作用空间，实现了灾害救助的专业性。

（四）实现了支持参与举措的系统性

宿州市为了支持社会组织参与灾害救助，所采取的举措包括制度完善、渠道建设、资源赋予、能力提升等，具有系统性。完善的制度为政社协同的规范性、可预期性提供了保证；健全的渠道拓展了社会组织参与的空间，也提高了社会组织参与的便捷程度和有效性；资源赋予和能力提升使社会组织具备了参与灾害救助的内在条件，夯实了政社协同的社会性基础，使政社协同成为可能。

第二节 社会发力 情暖人间 ——铜陵市社会组织积极参与社会救助[6~8]

社会组织参与社会救助是社会组织参与社会治理、服务共享发展的基本路径。社会组织对于社会救助工作的贡献并不仅限于投入钱和物，还可以弥补政府在社会救助领域专业性不高、服务多样性不足、方式灵活性不够的缺陷，对于政府救助有积极的补充作用。铜陵市非常注重社会组织的功能发挥，通过多种途径、多重方式推动社会组织在救急解难方面发挥作用，积极打造政府救助和社会组织救助融通协同的“大救助格局”。

一、背景与缘起

社会组织参与社会救助体系，提供专业性的社会救助服务，是完善救助体系、改进救助效果、提升救助能力的必然选择。

（一）社会组织救助是政府救助的有益补充

对于社会救助而言，政府在远景规划、政策引导、资金筹措、制度规范和检查督导等方面具有优势，也是社会救助的主体。但是，如果社会救助体系中仅有政府救助，就会出现救助方式单一、救助行动缺乏弹性、救助范围窄狭等问题。相反，社会组织具有资金来源多样、组织运行灵活和服务手段专业等特点，可以在救助资金、救助人才、救助服务和救助技术等方面有效弥补政府救助的局限。因此，社会组织与政府在社会救助领域的协同合作，有助于增强社会救助的整体效果，提高社会救助体系的救助能力。

（二）社会组织参与社会救助是政策引导的结果

社会组织是社会救助体系中必不可少的主体之一。因此，国家有关部门出台的一系列文件都对鼓励支持社会组织参与社会救助给予了明确规定，也对支持、规范社会组织参与社会救助的范围、机制等进行了明确规定，如《中华人民共和国慈善法》、国务院《社会救助暂行办法》、中共中央办公厅、国务院办公厅《关于改革社会组织管理制度促进社会组织健康有序发展的意见》（中办发〔2016〕46 号）、《财政部　民政部关于通过政府购买服务支持社会组织培育发展的指导意见》（财综〔2016〕54 号）以及《安徽省财政厅　安徽省民政厅关于通过政府购买服务支持社会组织培育发展的实施意见》（财综〔2017〕980 号）等。铜陵市正是在贯彻落实上述文件精神的基础上，大力引导、支持社会组织参与社会救助的。

（三）社会组织救助是社会组织服务机构正确引导的结果

铜陵市社会组织参与社会救助离不开铜陵市社会组织服务机构的正确引导。社会组织服务机构指的是“针对社会组织的注册成立、能力提升、资金筹措、党建工作、办公场地、行业发展、空间拓展、宣传推介等而提供服务的专门机构，其以社会组织为服务对象，为社会组织的发展提供支持。也可以这么认为，社会组织服务机构就是由政府部门设立的或者由民间主体成立的得到政府部门认可或授权服务社会组织的专门机构”。一般而言，社会组织服务机构被冠名为社会组织孵化基地（孵化园、孵化中心）、社会组织培育中心、社会组织服务中心、社会组织发展中心（或发展培育中心、发展服务中心）等[9]。

铜陵市社会组织孵化中心健全法律法规，完善培育政策，加强能力培养，从多方入手构建多元合作机制，鼓励引导社会组织参与到社会救助中去；为社会组织提供相关政府购买服务的信息、提供专业培训，表彰先进组织和个人，激发社会组织的内在活力，提升社会组织的参与积极性与参与能力；实施公益创投项目，支持社会组织从事基层社会救助工作；链接各类资源，组织社会组织申请国家、省、市有关政府购买服务项目，为社会组织参与社会救助创设新通道。铜陵市社会组织孵化中心的这些服务举措，为社会组织参与社会救助起到了引导、助推作用。

（四）参与社会救助也是社会组织自身发展的结果

随着管理体制不断深化改革，铜陵市通过公益创投、政府购买服务、设置社会组织服务机构等方式，大力加强社会组织建设，激发社会组织活力，既提升了社会组织的数量，优化了社会组织的结构，又提升了社会组织的能力和质量。参与社会救助既是社会组织实现自身价值的战略选择，也是社会组织明确自身功能定位、拓展作用领域的结果。

二、措施与手段

铜陵市社会组织通过多个途径以多种方式参与到社会救助工作当中，具体表现在如下三方面。

（一）提升自身能力，创新救助形式

社会组织自身的能力建设是参与社会救助的内在条件。铜陵市社会组织服务机构注重社会组织的能力培养，组织开展相关能力培训，完善工作人员的知识结构，提高办事能力，提升救助服务水平，通过能力培训来解决社会组织在资源、人才层面上的不足，引导社会组织积极申报政府购买项目，申请公益创投资金，开发多种渠道筹措救助资金，保障社会组织有效参与社会救助。

在通过政府购买服务、公益创投活动等方式吸纳社会组织参与扶老助残、济贫救困等过程中，铜陵市有关部门以科学管理为原则，面向社会公开、通过竞争规则、择优选取的方式确定“中标”的社会组织，采取契约方式明确权利和义务，政府直接评估或通过第三方评估的方式进行绩效评价，保证了社会救助服务质量和数量。

社会组织能力的提升使创新救助形式成为可能。铜陵市社会组织围绕困难群体的需求开展了主题丰富、内容多样的社会救助活动，在医疗救助、救难救灾、特殊群体帮扶和精准扶贫等社会救助领域都能看到社会组织服务的身影，为政府救助提供了有益补充。

（二）扶助措施精准，助力脱贫攻坚

铜陵市社会组织积极响应中央、省、市政府的号召，为打赢脱贫攻坚战贡献力量。铜陵市社会组织利用微公益创投项目、社会捐赠的资金，深入贫困村户开展扶贫活动。据铜陵市民政局介绍，铜陵市的社会组织微公益创投活动自 2015 年开始实施。仅 2017 年，铜陵全市就策划实施社会组织微公益创投项目100余个，项目资金300余万元，既培育发展了一批从事社会救助服务（如精准扶贫、非物质救助）的公益性社会组织，又培育了一批优秀公益服务品牌，示范效应明显。

承担微公益创投项目的社会组织通过深入调研走访，了解贫困户致贫原因，对症下药、精准施策。例如，向具有一定劳动能力的贫困家庭传授农业种植养殖技术，发放无公害种子和动物幼苗，让贫困户依靠劳动增加收入，掌握致富本领，开辟致富渠道，摆

脱贫穷的困境；对于因病致贫的贫困户，社会组织采取与专业医疗机构合作的方式开展结对扶贫活动，帮助患有精神疾病的家庭建档立卡，为因病致贫家庭送医送药，减少贫困家庭医疗费用的支出，减轻贫困家庭的看病负担；对于需要社会保障兜底的贫困家庭，社会组织通过组织安排会员单位、志愿者等定期进行慰问，为困难群体发放节日暖心款，以专业化的志愿服务温暖贫困家庭，使贫困家庭的生活得到有效改善。

（三）救助特殊人群，提供温情服务

铜陵市社会组织以孤寡老人、受灾群众、留守儿童、贫困学生等为服务对象，积极展开扶贫济困、慈善救助活动。

第一，关爱孤寡老人。首先，组织文艺汇演进敬老院，为孤寡老人提供文化服务，丰富老人精神文化生活。据不完全统计，在2016年和2017年两年内，铜陵市社会组织先后组织了 40 余场慰问演出，给老年人送去欢乐和关爱。例如，首先，铜陵市与我同行爱心协会在每年的重阳节都开展“情暖夕阳·爱满铜都”大型慰问演出，铜陵市慈善总会的“春节文艺慰问”活动，参演单位数十个，参与演出人员达到数千人，演出规模和社会影响力都比较大，不仅给老人们送去了社会的关爱和祝福，而且弘扬了敬老爱老的社会风尚。其次，与敬老院和老年公寓签订服务协议，设立志愿服务点，定期开展志愿服务活动，引导铜陵市志愿服务工作走上专业化、规范化的道路。志愿者们定期陪老人聊天谈心，为老人们修剪指甲、理发，给老人送去羽绒服、丝绒棉被等生活必须品。例如，铜陵市慈善总会每年中秋节都会开展“中秋敬老情·慈善暖人心”慰问活动。最后，关爱高龄独居老人。铜陵市与我同行爱心协会承接了市民政局委托的“高龄独居老人主动关爱试点项目”，对全市 301 名 80 岁以上的空巢独居老人开展了主动关爱活动，包括亲情陪护、家政服务和陪伴就医等。

第二，参与抗洪救灾。2016 年 6~7 月，铜陵市遭受特大洪涝灾害，受灾面广、灾情严重。面对灾害，社会组织在捐款捐物、运送发放物资、组织召集救灾志愿者等方面发挥了积极作用。例如，铜陵市阳光少年公益协会组织会员和爱心人士捐款捐物，参加到胥坝乡和铜陵中学安置点的受灾群众救助工作中，为灾区募集、输送救灾物资，帮助受灾群众渡过难关；铜陵市与我同行爱心协会积极组织党员、志愿者投身到应急救灾中去，动员社会各界爱心人士参与其中，向一线抗洪武警官兵和各灾区安置点运送各类爱心救灾物资 28 批次，总价值 22 万余元。

第三，关爱留守儿童。铜陵市社会组织依据家庭、年龄、需求的差异，对需要关注的青少年进行细致分类，实施分类管理，结合自身特点开展有针对性的救助活动。其中最为典型的是铜陵市阳光少年公益协会，该协会自建立以来，开展了关于留守儿童助学、心理辅导、心愿满足等一系列救助活动，帮助留守儿童减轻思想负担，享受童年快乐；提升留守儿童的社会融入能力和学习能力，为其提供发展型救助服务。

铜陵市阳光少年公益协会与乡村学校建立联系合作机制。从学校获取留守儿童相关信息后，通过实地走访核查留守儿童家庭情况，了解他们的需求，评估他们的状况，然后进行“一对一”关爱结对，有计划、有针对性地对留守儿童实施心理安抚、日常陪

护、能力提升和社会融入等专业救助服务。为了拉近志愿者与结对帮扶对象的距离，打开孩子们的心扉，协会还定期组织开展“享受阳光、拥抱春天、感受温暖”主题春游活动、公园游玩活动以及“撑起心中的保护伞——彩绘油画伞”绘画活动等，既为留守儿童提供了学习机会，也加深了志愿者和留守儿童之间的了解与信任，为社会救助服务的提质、发展奠定了基础。

根据不同类型的留守儿童，铜陵市阳光少年公益协会给予不同的救助。单纯因家庭困难而导致的留守儿童，协会给予他们经济资助，减轻家庭负担，帮助他们顺利完成学业。特殊原因导致的留守儿童，通过志愿者对他们进行“心理干预+经济资助”，疏导留守儿童的心理情绪，满足他们的情感需要，并实时跟踪回访，持续改进服务方式、拓展服务内容，帮助留守儿童健康成长。

开展“微心愿”活动，圆孩子们一个小小的梦。铜陵市阳光少年公益协会会员和志愿者与义安区西联乡乡村小学开展结对服务，为留守儿童送去新书包、芭比娃娃、棉袄、球鞋、文具和一些有益的课外书籍等，满足孩子们小小的愿望，让孩子感受到社会的温暖和关爱，提高孩子们的发展自信。

另外，铜陵市明德社会工作事务所在儿童社会救助方面打造了两个品牌项目：“蒲公英成长计划——福利院孤残儿童社会工作服务项目”和“向日葵成长计划——社会散居孤儿社会工作服务项目”，为困难儿童提供心理支持、情绪疏导、关系调适、社会参与支持等专业服务，具有较强的示范效应。

第四，开展爱心助学。铜陵市社会组织在爱心助学领域打造了一些有社会影响力的助学品牌，如铜陵市慈善总会的“慈善联合助学行动”、铜陵市与我同行爱心协会的“点亮小桔灯”助学活动等。

“慈善联合助学行动”是由铜陵市慈善总会牵头，铜陵市民政局（福彩中心）等八家单位共同开展的助学行动。截至2017年10月，该活动已经连续开展了9届，旨在救助贫困大学生因贫失学问题。资助对象包括最低生活保障、低收入、特困家庭和残疾、单亲家庭、破产企业特困职工以及农民工在内的特殊困难家庭的学生，给予每人每次4 000元的资助，帮助其实现大学梦。

铜陵市与我同行爱心协会“点亮小桔灯”助学活动是在铜陵市有关部门的帮助下，与马鞍山市壹加壹助学协会联合开展的，着力解决贫困中小学孩子的上学难问题。此活动已经连续开展四年，每年都会选择在铜陵市政府行政会议中心会议室举行捐赠人和受助对象的见面会。见面会上，捐赠人和受助对象签署助学协议，将助学行为以文字协议的形式确定下来，提升捐助人的责任感，鼓励爱心人士积极参与到助学捐赠中来。

三、结果与成效

铜陵市社会组织在参与社会救助方面取得了积极效果：一是完善了社会救助体系，形成了“大救助格局”；二是提升了社会救助服务的专业性、多样性；三是通过参与社会救助，锻炼了社会组织能力、加强了社会组织建设，也提升了社会组织的社会公信力。

（一）资金来源多样，受助人数较多

铜陵市社会组织通过社会捐款、企业捐款、爱心义卖、公益创投资金、政府购买服务资金等方式募集救助资金，扩大了社会救助的资金存量，开展了多样且专业的救助服务，打造了 100 余个救助品牌。例如，在助学领域，社会组织开展的社会救助涵盖各求学阶段。近年来，资助中小学困难学生 300 余名，发放奖助学金 22.92 万元；资助二本以上困难家庭学生 6 000 多名，发放资金 20 000 多万元。在救灾领域，救灾服务对象辐射全市受灾群众，2016 年洪灾期间筹措救灾款项 30 余万元，帮助受灾群众解决生活困难，渡过难关。

（二）扶贫发力显著，专业救助有效

社会组织内的专业社工和志愿者介入精准扶贫中，有效地解决了扶贫工作专业性不足的问题。社工和志愿者用“物质与非物质”相结合的救助手段，解决贫困问题。组织开展专题扶贫活动，帮扶困难群众 300 余人次，发放各类宣传资料 500 余份，既提升了精准扶贫的效果，又在全社会营造了助贫救困的氛围。

（三）得到各界认可，推动组织发展

铜陵市社会组织参与社会救助的成果受到社会各界的广泛关注，《中华慈善新闻网》《安徽日报》等多家省内外媒体对此进行了报道，社会效应和社会影响凸显。铜陵市数十家组织被评估为 4A 及以上等级；铜陵市与我同行爱心协会等“明星”社会组织荣获全国、省、市各级多项荣誉称号；“慈善联合助学”项目荣获“中华慈善突出贡献（项目）奖”；十余家社会组织获准参加全国慈善会展；等等。可见，通过参与社会救助，切实发挥了社会组织的服务功能，既给予了社会救助以明确的作用空间，又提高了社会组织的社会认知度和公信力。

四、分析与讨论

铜陵市社会组织对于社会救助工作的参与，凸显了“三结合三实现”的意义。

（一）结合有效供给，实现救助服务质量提升

铜陵市社会救助管理部门在引入社会组织提供救助服务时，注重科学管理手段的运用，采取公开竞争、契约管理、绩效评估等方式，既有效地推动了社会组织的参与，又保证了社会救助服务项目承接方（服务业务实施方）的选取质量和基础条件，有助于实现社会救助服务质量的提升。在这一过程中，实现了社会治理体系多元化、现代化与贫

困治理多层次、现代化的协同推进[10]。

（二）结合职能转变实现事业单位加速改革

在拓展社会救助服务内涵、丰富社会救助服务活动、转移社会救助服务职能的过程中，铜陵市通过引入社会组织的方式，而不再以新设事业单位的方式实施社会救助工作，减少了机构设置和人员编制；同时，在同等情况下优先支持社会组织承接社会救助项目，这都为现有的"涉救类"事业单位增添了竞争压力，有助于增强事业单位的服务意识和改革意识，加速事业单位改革。从这个角度来看，铜陵市社会组织参与社会救助实践既培育了社会反贫困的内生动力和自身服务能力，又减少了行政主导的潜在风险和行政部门的扩张动力[11]。

（三）结合平台搭建实现社会组织培育发展

一方面，铜陵市着力搭建社会组织服务机构（即铜陵市社会组织孵化中心），通过信息提供、组团参与、实施公益创投等方式推动社会组织参与社会救助，拓宽了社会组织的参与渠道，拓展了社会组织的功能空间，锻炼了社会组织的运营能力。另一方面，铜陵市将社会组织作为政府购买服务和转移职能的载体，并逐年适度扩大社会救助服务购买的范围和规模，扩充了社会救助服务的提供主体，扩大了社会救助格局，也丰富了社会救助的类型和方式，同时使社会组织在承接实施社会救助服务项目的过程中加强了自身能力建设。

第三节　亳爱惠众　共享阳光
——亳州市推进社会工作机构介入社会救助[12~20]

一直以来，我国的社会救助工作都属于"大政府、小社会"模式，政府同时担负着政策制定、资金筹措、项目实施和业务操作等多重责任，这种由单一主体构成的救助格局限制了社会救助效果的提升，也限制了社会救助服务的多样性、灵活性和专业性。因此，在新时代需要打造共建共治共享的社会救助格局。社会保障领域的权威学者郑功成就曾明确指出："在社会保障改革中，如果动摇共享之根基和互助共济之根本，必定导致制度异化，但若要实现这一制度可持续发展，又须在政府主导下，充分调动各方积极性，让各方主体参与共建共治。"[21]国务院 2014 年颁布的《社会救助暂行办法》首次以行政法规的形式提出，"县级以上地方人民政府应当发挥社会工作服务机构和社会工作者作用，为社会救助对象提供社会融入、能力提升、心理疏导等专业服务"。近年来，亳州市民政局结合社会救助工作的需求和实际，以共治共建共享为指导理念，重视社工人才队伍建设、培育民办社工服务机构，并促使它们积极介入社会救助，提升了社会救助水平，取得了良好成效。

一、背景与缘起

受人员编制、部门特性等的影响，政府在进行社会救助工作时面临较大的工作压力与财政压力，也存在救助方式单一、服务手段传统、专业性较低等问题，无法满足急难群众的多样性需求。因此，需要发挥社会力量的积极作用，需要具有专业性的社工机构介入社会救助工作。

（一）救助需求的多样性需要社工机构介入

处于急难之中的群体，固然需要物质救助，但同时也有精神需求、心理需求、发展需求等。例如，失能老人需要长期护理、亲情陪护；重度残疾人需要医疗护理、家政服务；留守困难儿童需要社会融入、情绪关怀；受灾人员或突发意外人员需要心理疏导、情绪调节；等等。这些“非物质性”的需求大都属于专业社工的服务领域，这些服务并非政府部门的专长。因此，为满足多样性的社会救助需求，推动专业社工机构的介入就显得十分必要。让社工机构参与到社会救助领域当中，发挥社工在救助过程中的理念价值和专业作用，也有助于提升救助工作的质量层次和专业水平。

（二）提升社会救助能力需要社工机构介入

民政部门目前承担着多样、细碎的工作任务，加之基层民政工作人员数量少，往往一人身兼数职，工作压力较大，这一状况无疑限制了社会救助能力的提升。亳州市的民政部门也同样面临着此类问题，为了减轻民政部门承担具体服务的工作压力，缓解基层人力资源不足的问题，提升社会救助的能力和水平，亳州市依据上级有关政策法规，制定实施了《亳州市“十三五”社会工作专业人才队伍建设规划》、《亳州市政府向社会力量购买服务办法》和《亳州市政府向社会力量购买服务目录》等，确定了加强和创新社会工作人才队伍建设和社工机构建设机制，明确了购买社工项目服务的范围，建立了以政府购买社会工作服务项目为主要形式的财政支持机制等，有效鼓励和支持了社工机构在社会救助领域的功能发挥。

（三）政府改革持续深化需要社工机构介入

党的十八届三中全会通过的《中共中央关于全面深化改革若干重大问题的决定》强调“全面正确履行政府职能”，既要提升政府在制定和实施发展战略、规划、政策和标准等方面的能力，又要进一步简政放权，改革公共服务供给机制，引入竞争机制，扩大向社会力量购买服务的广度和深度。党的十九大报告继续明确强调，“转变政府职能，深化简政放权”[1]。在这种深化改革的背景下，不能通过增设服务机构（含政府内设部门和下属事业单位）的方式加强社会救助体系建设，合适的做法只能是“借力”——健全服务购买机制、公益创投机制、志愿服务机制等，来引入社会工作机构提供专业的救助服务。亳州市便是在这一背景下积极推进社会工作机构介入社会救助的。

二、措施与手段

近年来，亳州市立足自身需求和工作实际，注重培育社工机构，培养社工人才，将社会救助项目委托给社工机构来实施，以项目来促进社工机构的发展，同时发挥社工机构的工作灵活性、内容广泛性、信息渠道多、具有专业性、聚集社会资源等优势，满足困难群众的多样性需求。

（一）发挥社工价值，提升机构水平

以亳州市亳爱社会工作服务中心、亳州市惠众社会工作服务研究中心、亳州市金阳光社会工作事务所等为代表的一大批社工机构积极申请政府项目，争取政府资金支持，参与到社会救助工作去。在“成长相伴”“爱邻联盟”“共享阳光”等项目的实施过程中，社工机构和社工人才运用自身的专业知识和技能，利用自身在人力、物力、时间、专业等方面的优势，深入困难群体，了解他们的实际需求，制订有针对性的服务计划，帮助困难群体解决生活中的困难，发挥社工“助人自助，导人向上”的作用。同时，也提升了机构自身的专业性和实务水平，促进了社工机构自身的发展和壮大，专业社工们也通过实践来检验自己的能力与水平，不断累积自己的经验，创新工作模式、工作内容，探索实施具有当地特色的社会工作服务模式。

（二）注重典型引路，发挥示范作用

亳州市政府购买社会工作服务的两个典型项目已经顺利实施，这两个项目分别为“亳州市专业社工介入农村留守儿童关爱保护项目”和“亳州市专业社工介入农村留守儿童关爱保护项目督导评估项目”。两个项目都由亳州市多个社工机构承接，面对不同区域的困难儿童群体，针对具体需求，开展专业社工活动。这一工作是亳州市社会工作专业服务介入农村留守儿童服务的一种探索，也是落实关爱和保护农村留守儿童的实践创新。亳州市以这些成功实施的项目为示范典型，利用媒体积极宣传，进一步激发社工服务机构做好社会工作的积极性和主动性，不断推动亳州市社会工作的专业化、规范化。

（三）服务困难群体，改善生活条件

社工机构承接的政府项目，面对的都是社会困难群体。社工机构在项目实施前，通过走访、访谈、问卷调查等形式，了解服务对象的生存现状，评估他们的服务需求，有针对性地设计服务方法和内容，进而具体实施服务与帮助。有代表性的项目是“成长相伴”项目、“爱邻联盟”项目和“共享阳光”服务项目等。“成长相伴”项目的实施，为农村留守儿童提供物质帮助，帮助他们养成良好的学习和生活习惯，进行心理问题疏

导，帮助留守儿童家庭建立和谐亲密的家庭关系，帮助农村留守儿童树立积极向上的生活态度，树立自信心，和同龄人一样，健康快乐地成长。“爱邻联盟”项目的实施，拉近了社区邻里之间的距离，践行了社会主义核心价值观，营造了与邻为德、与邻为誉、与邻为亲、与邻为乐的现代社区氛围。社工机构在介入亳州市社会救助工作的过程中，不仅为服务对象提供了物质救助，还关注了服务对象的心理需求、发展需求、精神需求等，采取物质救助和“非物质救助”相结合的方式，满足了服务对象的多样性需求，改善了困难群体的生活境遇。

（四）链接社会资源，建立支持网络

困难群体往往因为自身条件不好、能力不足、缺乏资源等原因，面临着社会关系网络缺失的问题，造成社会支持不足，进而使自身缺乏发展机会，生活长期处于困境。而社会上广泛存在的爱心企业与个人想要帮助身边的困难群体，却又缺乏合适的渠道和方式，造成救助的信息不对称，社会爱心资源（或潜在爱心资源）参与社会救助之路存在障碍。亳州市的社工机构在介入社会救助的过程中，就积极链接社会资源，注重汇集民间的零散的爱心力量，来为困难群体建立社会支持网络。例如，在“共享阳光”的项目实施中，亳州市金阳光社会工作事务所积极链接十河镇卫生院等，免费为服务对象提供医疗服务；链接爱心企业，为困难群体提供就业岗位、创业资金、生产支持（如培训新技术、推广新品种、提供果树秧苗）等，提升困难群体的自我发展能力。

三、结果与成效

在亳州市相关部门的支持与鼓励以及社工机构自身的不断努力下，亳州市社工机构通过承接政府购买服务项目，积极介入社会救助工作，不仅为政府分担了压力，发挥了社工机构自身的社会价值与专业作用，也满足了困难群体的需求，成效明显。

（一）关爱困难儿童，托起祖国明天

“成长相伴”项目是安徽省民政厅政府购买服务项目，主要面向城市流动儿童、农村留守儿童开展专业社会工作服务。在项目实施过程中，为救助对象提供物质帮助、生活帮扶、学习辅导、情绪疏导和精神慰藉等方面的服务，促进救助对象健康快乐成长。

亳州市亳爱社会工作服务中心承接的“成长相伴”项目实施地点是利辛县孙庙乡和谐村，为该村30名农村留守儿童提供周期为8个月的专业社工服务，这30名服务对象中有困境儿童、农村最低生活保障对象、孤儿等。在8个月的项目执行期里，亳爱社会工作服务中心为服务对象提供物质帮助、帮助生活和学习习惯养成、和谐亲子关系建立、情绪疏导、精神慰藉等方面的服务。

亳州市惠众社会工作服务研究中心承接了2016年安徽省三区计划留守儿童“成长相伴”关爱服务项目，地点是利辛县西潘楼镇郭楼村。项目自2016年8月开展以来，得到了郭楼村委会及社会爱心人士（志愿者和爱心企业）的积极配合与协助，实现了“社工+

社区+社会组织”一体的“三社联动”机制，以社区工作、小组工作和个案工作等专业服务方法，为郭楼村39名服务对象提供了心理疏导、学习辅导、兴趣小组活动、亲子游戏活动等多种形式的服务活动，使留守儿童在心理、学习、生活面貌上发生了积极正向的改变。同时，为“三社联动”机制的真正落地进行了有益探索。

亳州市金阳光社会工作事务所开展的三区计划留守儿童“成长相伴”关爱服务项目于2015年8月至2016年7月在谯城区谯东镇辛各村希望小学实施，项目主要服务于35名农村留守儿童。项目组前期通过现场调研座谈、信息采集、发放调查问卷（35份）、入户访谈（35名留守儿童及其监护人）等方式，充分掌握了农村留守儿童的生活学习情况及其需求。然后根据农村实际和留守儿童的特点与需求，运用专业工作方法，设计开展了一系列学习辅导、心理疏导、兴趣小组参与等服务活动。

（二）帮助邻里互助，共建和谐社区

“爱邻联盟”项目是安徽省民政厅的购买服务项目，由安徽省级福利彩票公益金资助，以社区居民为服务对象，为困难群众提供多元化的专业社工服务。在项目实施中，通过社区社会组织的指导、帮助，开展各项互动活动和自助服务，让陌生的人熟悉起来、让熟悉的人信任起来、让信任的人互助起来、让互助的人行动起来，积极营造“与邻为德、与邻为誉、与邻为亲、与邻为乐、与邻为美”的现代社区精神。

亳州市亳爱社会工作服务中心承接的“爱邻联盟”项目，实施地点在谯城区双沟镇双西社区，项目服务周期为6个月（2016年11月至2017年4月）。自项目启动以来，亳爱社会工作服务中心在社区建立社会工作服务站，为社区居民开展了“养生知识大课堂”“农业技术知识讲座”“迎新春，送祝福”“情浓元宵，友善邻里”“安全与防骗知识讲座”“心理疏导讲座”“邻里一家亲”等一系列主题活动。通过社区活动，激发和带动社区居民之间相互熟悉、相互信任、相互帮助，营造了与邻为亲的社区氛围。

亳州市金阳光社会工作事务所承接的“爱邻联盟”项目，实施地点在谯城区薛阁社区，服务对象为社区高龄老人、独居老人、患病老人、残障老人和孤寡老人，针对社区居民缺少相互之间的信任感和认同感，社区中缺少能使居民相互了解、彼此认识的活动及场所，导致困境老人有困难不能得到及时有效的帮助等社会问题，有针对性地开展了冬季养生讲座、文明创建宣传演出、“五禽戏”培训、“社区一家亲，互助邻里情”联谊、义诊、春节慰问与访视、义送春联、理发便民、欢度元宵节等服务活动。

（三）关注低保家庭，共享阳光政策

“共享阳光”服务项目以农村最低生活保障户为服务对象，为困难群众提供专业的社工帮扶和救助服务。

针对亳州市谯城区农村存在大量的最低生活保障困难家庭需要社会帮扶与救助的情况，亳州市金阳光社会工作事务所将项目实施地点选在谯城区的农村，连续开展了两年（2015年和2016年）的服务工作。2015年选择了谯城区牛集镇宋庄行政村的34户农村最低生活保障贫困家庭，2016年选择了谯城区十河镇李小行政村的40户农村最低生活保

障贫困家庭。在项目实施之前，项目组还通过走访、访谈、问卷调查等形式，了解服务对象的生存现状，评估他们的服务需求。在项目实施过程中，项目社工通过个案工作、小组工作和社区工作的方式，开展“卫生知识讲座”、“农技知识进农家”和“集体生日会”等活动，面向服务对象实施物质帮助、医疗服务、生活帮扶、心理疏导、情感交流和资源链接等救助工作，使受助最低生活保障家庭在生活上得到改善，心理压力得到缓解，情感需求得到满足，自我发展能力得到提升。

四、分析与讨论

亳州市积极推进社会工作机构介入社会救助的做法，不仅切实提高了社会救助服务的质量和水平，提高了社会救助能力，而且实现了“三重契合”：与社会救助专业化、社会化发展趋势相契合，与共建共治共享社会治理格局的打造相契合，与激发社会组织内在活力和发展动力相契合。

（一）与社会救助专业化、社会化发展趋势相契合

满足人民群众日益增长的美好生活的需求，回应困难群体对社会救助多样性多层次的救助需求，都需要实现社会救助工作的专业化、社会化发展，这也是社会救助体系所必须沿循的方向[22]。从这个角度看，亳州市鼓励支持社工机构参与社会救助，既拓展了社会救助体系中的主体要素，又为社会力量参与社会救助创设了新渠道，也为社会救助服务的专业化建立了新机制，与社会救助工作的专业化社会化趋势一致。

（二）与共建共治共享社会治理格局的打造相契合

党的十九大报告明确提出打造共建共治共享的社会治理格局[1]，这要求充分发挥社会组织的作用，实现政府治理和社会调节的良性互动，使政府行政部门与社会组织协同联动、有机衔接、充分合作。亳州市在健全与发展社会救助体系的过程中，以合作、协同、互动的方式，积极引入社工机构，为困难群体提供了专业的救助服务，提升了社会救助的层次和水平。通过将社工机构引入社会救助体系，客观上为共建共治共享社会治理格局的打造做出了探索。

（三）与激发社会组织内在活力和发展动力相契合

将社工机构引入社会救助体系，不仅实现了社会救助服务质量的提升，为社会治理格局的创新进行了探索，而且拓展了社会组织的功能空间和生存空间，为激发社会组织内在活力和发展动力寻找了新路。也就是说，亳州市引入社工机构参与社会救助还产生了一种积极的“正效应”，成为加强社会组织建设的有力举措。中共中央办公厅和国务院办公厅印发的《关于改革社会组织管理制度促进社会组织健康有序发展的意见》（中办发〔2016〕46 号）指出：促进社会组织健康有序发展有利于改进公共服务供给方式，

加强和创新社会治理[23]。亳州市的实践客观上提高了社会组织承接公共服务的能力、提升了社会组织的公信力和内部建设水平，与激发社会组织内在活力和发展动力相契合。

第四节　专业介入　助人自助
——休宁县睿泽社会工作发展中心积极参与社会救助[24~27]

休宁县睿泽社会工作发展中心（简称睿泽社工）成立于2014年5月，是黄山市休宁县第一家专业社工机构。2016年，睿泽社工被中共休宁县委组织部命名为“休宁县社会服务·捷睿工作室”，成为休宁县九个拥有专业社工人才的工作室之一，同时被休宁县民政局确定为“休宁县乡土社工的实训基地”。睿泽社工自成立至今，全力参与到社区各项建设和社会救助工作中去，发挥自身的专业优势，承接了省、市、县多个服务项目，通过专业介入、助人自助的工作模式，向留守儿童、留守老人等特殊群体提供了专业社工服务。

一、背景与缘起

休宁县秉持治理体系多元化建设的工作理念，在加快政府职能转变、构建新型社会救助格局的过程中，同步推动社会组织建设，发挥社会组织（尤其是社工机构）的专业服务功能。

（一）政府职能转变需要加强社工机构建设

实现治理体系现代化建设的目标，需要加快政府职能转变和行政审批改革，加快公共服务的社会化进程，将政府部门不擅长的、不宜行使的，适合通过市场竞争方式提供的事务性管理工作和服务交由社会组织具体承担。在社会救助工作中，也需要逐渐推动这种社会化改革，逐步扩大政府向社会组织购买社会救助服务的范围和规模。在这一过程中，政府转移职能，改变具体救助方式是一方面，具备足够数量的社会组织以形成竞争态势、存在运营能力强服务水平高的社会组织也是一方面。如果社会组织数量与质量的建设跟不上政府职能转移的速度，将会出现管理和服务真空，进而导致政府职能改革难以顺利推进。因此，为了切实推动社会救助领域内的政府职能转移，就必须先行加强社会组织建设，培育能够接得住、接得牢、接得好、接得准的社会组织。休宁县正是在这一意义上，加强社会组织（尤其是社工机构）培育，并通过“休宁县乡土社工的实训基地”建设、政府购买服务、财政补贴、“三社联动”机制建设等途径推动社工机构介入社会救助。同时，通过示范型社工机构的建设来培养本土社工，壮大社工队伍。睿泽社工便是休宁县培育发展的具有示范价值、发挥带动功能的社工机构之一。

（二）新型救助格局需要加强社工队伍建设

在某种程度上可以说，任何一种组织形态都难以凭借自身的资源和能力来维持其可持续发展并发挥其积极功能。在社会救助领域也是一样，需要通过政府部门与社会组织的合作来实现资源和能力的互补[28]。休宁县在农村留守儿童、留守老人等特殊群体关爱服务体系建设、脱贫攻坚体系建设、防灾减灾救灾体系建设、困难残疾人救护体系建设等过程中，都以构建多元化社会治理格局为指导理念，在加强政府自身建设的同时积极培育社会组织，调动两种组织形态的积极性，发挥两种组织形态的各自优势并实现良性合作、优势互补。鉴于社工机构在社会救助领域的专业优势和效率优势，休宁县将社工机构的培育作为突破点，并“以点带面”，逐步建立起“政府支持、社会协同”的社会救助格局。睿泽社工就是在这一背景中成长发展起来的，并承接了多个救助服务项目，取得了积极效果。

二、措施与手段

睿泽社工成立至今，一直积极参与到社区的各项建设工作中去，积极向有关政府部门争取救助服务项目，以项目为依托培育专业社工、建设志愿者队伍、提供“非物质救助”，先后完成了多项政府服务购买项目，以专业手段介入社会救助工作当中。

（一）“心灵之爱”：服务失独老人

“心灵之爱”项目由休宁县卫生和计划生育委员会、计划生育协会联合横江社会工作服务社共同设计组织、睿泽社工承接实施的，启动时间为2014年11月。项目落点于休宁县的 21 个乡镇，项目服务对象为休宁县 83 户计生特殊家庭（即失独老人），共 132 人。项目内容主要如下。

第一，个案探访服务。专业社工和志愿者通过“家庭走访”，与失独老人直接接触，准确了解并评估老人的生活状况，据此设计有针对性的服务方案。专业社工每年入户访视不少于两次，在当地聘请的乡镇、农村（社区）志愿者每月探访一次；对服务对象进行动态管理，及时发现需求，评估服务对象的身体状况和邻里关系，根据评估结果及时提供有效的精神危机干预与精神慰藉等个性化服务。

第二，电话亲情陪伴服务。在项目实施过程中，专业社工对自己的服务对象要进行一周不少于一次的电话联系，在重大节日和帮扶对象的生日，都要送上关心和问候，消除帮扶对象的寂寞和孤单感，表达祝福、传递温暖。

第三，小组互动活动。专业社工和聘请的志愿者利用节庆假日，开展不同形式的小组互动活动，与失独老人一起度过传统节日，让老人能开开心心、热热闹闹过节，提高其社区融入度和心理慰藉度。

（二）“同舟共济”：介入灾害救助

2016 年，受黄山市民政局委托，睿泽社工介入休宁县流口镇“6·24”洪涝灾害后的救助工作当中。经过需求评估，睿泽社工建立了“流口执行组”，为留守儿童、留守妇女、留守老人三类特殊群体分别展开服务，通过专业社工的介入，疏导特殊群体的心理情绪、重塑受灾群体的生活自信，为灾后恢复重建夯实社会心理基础。项目主要内容如下。

第一，针对留守儿童。社工和志愿者通过入户走访，依据特殊需求，对灾区留守儿童群体开展个案社会工作；搭建社工服务站，针对灾区留守儿童共同存在的心理恐慌等情绪问题，开展心理干预；开展灾后卫生知识宣传、心理健康讲座、防灾减灾救灾知识与能力培训、自护自救演练等社区活动，提升服务对象的防灾知识、减灾素养和自救能力。

第二，针对留守妇女。开展个案定时走访，并对走访中存在的问题及需求记录在册，及时跟进解决；针对灾区留守妇女存在的不安全感等问题，组织互助支持小组，帮助妇女自我增能，从而使其更好地应对灾后生活；开展灾后卫生宣传、邻里交流会等社区活动，提升其及家庭的灾后重建能力。

第三，针对留守老人。成立“暖阳相伴”支持小组，为留守老人提供情绪疏导、健康心理教育、倾听陪伴等服务；开展具有流口镇当地特色的文娱活动，丰富老人生活，消除老人灾后恐惧、担忧等不良情绪。

（三）“童心同力”：介入留守儿童救助

“童心同力”留守儿童关怀项目是由休宁县民政局委托、萝宁社区作为落地载体、睿泽社工具体承担的服务农村留守儿童的救助项目。该项目的目标是：通过“三社联动”机制，在睿泽社工和萝宁社区紧密配合下，运用社会工作专业方法，为萝宁社区 47 名留守儿童提供帮扶，引导留守儿童形成健康阳光的心理、锻炼其独立自主的生活能力。具体做法有：在为期一年的项目实施过程中，通过采取“社工+学校少先队辅导员+志愿者+心理咨询师”的模式，为留守儿童提供生活、教育、心理等方面的支持帮助；定期不定期地开展儿童喜闻乐见的学习和娱乐活动，合理地设计并实施小组活动和个案服务，帮助有需要的留守儿童解决家庭教育、心理健康、社会保护等方面存在的问题。

（四）“爱邻联盟”：提升社区互助能力

“爱邻联盟”项目是2016年10月由安徽省民政厅委托睿泽社工实施的。项目落点于休宁县海阳镇萝宁社区，服务对象为萝宁社区廉租房小区居民。睿泽社工采取“社工+义工”两工互动模式，以职业社工为支撑，培育一批邻里志愿者，共同为居民提供服务，实现社区照顾与陪伴相结合，培育社区居民之间的互助意识和互助能力。项目内容主要如下。

第一，“社工+义工”联动，培育志愿者队伍。依托“爱邻联盟”项目，睿泽社工在社区内部招募志愿者，成立了由 74 人组成的“心力量”志愿者服务团队。将服务队分成 9 个针对不同服务领域的小组，每组由一位专职社工负责联系，组内实行民主管理。在专职社工的带领下，“心力量”志愿者服务队每月定期开展服务活动，通过“理论→实务→分享→成长”的过程，使志愿者服务队在理念和实务水平上得到提升。

第二，结对帮扶，搭建邻里互助平台。志愿者通过与社区空巢老人、残障人士、留守困难儿童结对，开展物质帮助、精神慰藉、陪伴聊天等综合服务，坚持做到每月入户走访、随时保持电话联系。除此之外，睿泽社工还积极推动邻里互助的智慧化水平，建立了邻里志愿服务微信群、QQ 群等网络社区，推动社区居民进群交流，动态掌握服务对象的生活情况；融合社区内、外部资源，取得社区共建单位的大力支持，逐步建立起一个由医生、心理咨询师、水电维修工等各类专业人员组成的后勤保障支撑网络，为特殊群体提供“零距离”的救助和帮扶服务。

第三，开展活动，丰富邻里活动内容。为提高邻里熟悉度，增加邻里之间的互动，丰富社区内部的互助资源，项目组积极设计并开展社区户外活动，做到一月一主题、月月有活动。同时，睿泽社工联合社区共建单位、其他公益组织、社会力量共同搭建不同的活动载体，携手组织开展了“邻里急救演示”等社区活动，培育社区内部的互助互救能力，彰显社会工作助人自助的价值。

第四，积分兑换，建立志愿服务奖励机制。项目组根据项目发展的实际情况，结合社区志愿者规范管理的要求，通过居民骨干、志愿者组长的讨论协商，建立了志愿服务积分兑换制度。在社区服务中心建立了兑换中心，通过采购、企业捐赠等形式，筹备一定的物品，志愿者以每次活动的积分情况来兑换相应的物品或同等的服务。该项工作的实施，使项目点社区成为在全县第一个实行志愿服务奖励机制的单位。通过该机制，激发了基层社会救助志愿者资源的内在活力。

（五）“乡土社工培养”：培养基层救助人才

根据黄山市民政局颁布的《黄山市 1+2+X 模式乡土社会工作者培育试点工程实施方案》的要求，休宁县民政局将睿泽社工确定为该县“农村社会工作者的实训基地”，以此来促进休宁县农村社会工作者队伍的建设，为乡村社会救助工作体系注入专业力量。根据休宁县实际，睿泽社工采取“在活动中提升专业技能”的乡土社工培养方式，让社工深度介入乡土留守儿童项目，从活动中培养服务意识、提升服务能力。截至 2017 年 10 月，睿泽社工共带动培养了 20 余名乡土社工，包括乡镇中心小学校少先大队辅导员、大学生村官、镇村儿童专干等，有效弥补了基层社会救助服务力量不专业、不充分的问题。在培养乡土社工的同时，也将专业社工及其服务送入了学校、社区和农村等。活动内容主要包括理论学习、实务操作和团队讨论。

第一，理论学习。根据专业社工的培育要求，睿泽社工带领团队成员共同学习相应教材，做好学习笔记，并设立学习交流群，便于成员共同讨论书中的重难点，确保成员掌握相关理论知识。

第二，实务操作。在培养乡土社工的过程中，睿泽社工秉持“学中做、做中学”的思路。采取“在活动中提升专业技能”的培养方式，由睿泽社工所属专业社工带领，利用周六、周日的时间，在项目落地学校组织开展多种多样的“快乐童行”留守儿童活动，让团队成员在社工活动中运用社工理论、强化服务意识、掌握工作方法、提升实务技能。

第三，团队讨论。睿泽社工围绕实务工作中的特殊问题和个案问题，组织团队成员共同研究探讨，相互启发、相互学习，在交流互动中提升每位成员的专业服务水平。

（六）“两工互动”：创新基层救助模式

自2016年以来，睿泽社工依托横江社区“一路芬芳”志愿者服务站和萝宁社区“心力量”志愿者服务队的志愿力量，在休宁县率先采用“社工+志愿者（义工）”联动模式，开展便民、利民、助民、乐民的志愿服务活动，积极探索并努力实践“社工引领志愿者、志愿者协助社工”的两工互动、协同联动的服务格局。活动内容主要有以下几方面。

第一，招募志愿服务人员。睿泽社工安排专门工作人员利用电话、QQ、微信等多种联系方式，面向辖区居民、在职党员、学校、医院、律师事务所、理发馆等公开招募志愿者，经审核后成立志愿者队伍。

第二，志愿者分组管理。志愿者招募结束后，睿泽社工以自主选择、特长抱团的方法引导志愿者自行组队，形成 9 支面向不同需求、具有不同专长的志愿服务小组。并向每组配备1名社工担任指导员，各小组实行民主管理，在专职社工的引导下自行选出领队、制定管理制度、设计服务活动、开展具体服务行动等。

第三，组织开展培训。一方面，由中级社工师、优秀志愿者向志愿者展开服务素养和技能培训，提升其服务能力。另一方面，每一志愿服务小组都定期开展有针对性的服务活动，既为居民搭建了社会支持网络，也在服务过程中发现问题并解决问题，提高志愿者的实务能力和专业技能。

第四，对志愿者实行激励。设立志愿者爱心兑换中心，实行志愿服务爱心兑换，激发志愿服务意识，增强志愿服务的可持续性。

三、结果与成效

睿泽社工对于社会救助工作的介入，给予了特殊群体温情和关爱，彰显了助人精神；践行了“三社联动”，提升了社区互助水平；在加强自身建设实现自身发展的同时，培养了乡土社工人才，夯实了基层社会救助的人才资源基础。

（一）关爱特殊群体，彰显助人精神

睿泽社工通过承接各级各类政府购买服务项目，扎实开展了以“合力监护、相伴成长”为特征的关爱保护行动，为留守儿童、留守老人、失独老人、受灾群众等特殊群体提供了专业的社工服务，如心理慰藉、情绪疏导、亲情陪护、能力提升、社区融入、资

源链接等，缓解了特殊群体的伤痛，为特殊群体提供了温情和关爱，满足了特殊群体在生活、心理、成长、发展等方面的需求，彰显了助人精神。

（二）丰富社区活动，提升互助水平

睿泽社工立足社区，组织志愿者，开展丰富多彩的社区活动，丰富了社区文化生活、帮助了困难群体、提升了居民的融合度。通过开展多层面、多形式的互动，使社区居民之间的了解增多、更加熟悉，极大地拉近了家庭之间的空间距离和心理距离，更像“一家人”，既为和谐社区建设奉献了力量，也通过社区融入度和认同感的培育提升社区内部的互助水平，提升基层社区的抗逆能力，客观上增强了基层社会救助能力。

（三）加强自身发展，培养社工人才

睿泽社工作为专业机构，通过承接各类项目开展多层次服务，提升了自身的专业性和实务水平，促进了机构自身的发展与壮大。但更为重要的是，睿泽社工通过志愿者队伍建设、“两工互动”、乡土社工的培养计划等方式培育了一批基层救助人才，为基层社会救助能力的提升奠定了人才基础和志愿者资源。2016 年，睿泽社工所探索形成的具有休宁本土特色的“两工互动”经验模式被黄山市民政局在全市范围内宣传推广，发挥了示范带动作用。简言之，睿泽社工所释放的正能量包括两个层面：一是具体的、专业的救助服务满足了特殊群体的需求；二是在自身发展的同时还培养了一批志愿者和社会工作者，丰富了社会救助的人力资源。

四、分析与讨论

睿泽社工的发展历程和服务实践说明社会组织的建设与发展是救助体系现代化的“社会基础”；在实现自身发展的同时还为基层社会救助培育了志愿者和社会工作者，吸纳并丰富了基层的救助资源，具有“倍乘效应”。

（一）夯实了救助体系现代化的“社会基础”

在现代化的视野下，社会救助主体体系需要实现多样性，在政府之外还需要社会组织等社会力量的参与。在全面深化改革的背景中，政府职能转变也需要加强社会组织的建设，以避免政府退出之后出现管理和服务真空[29]。但在某种程度上可以说，政府转移职能实施购买社会救助服务属于政策调整的范畴，做的是“减法”，相对容易。比较难的是社会组织的数量和质量建设，做的是“加法”，属于社会建构的范畴。休宁县一方面为了切实推动政府职能转变，另一方面为了防止出现管理和服务真空，提高政府购买服务的质量和水平，以“加法”为突破点，加强社会组织建设。睿泽社工的发展和实践，夯实了救助体系现代化的“社会基础”，既证明了休宁县“加”得正确、“加”得应时，又使政府“减”得放心、“减”得从容。休宁县这种通过“加法”推动社会建设

的举措具有可鉴性。当然，从社会组织自身的角度看，需要实现资源获取能力和资源利用能力“双提升”；从社会救助服务的角度看，需要社会组织实现专业服务能力和项目管理能力“双提升”[30]。

（二）实现了社工队伍建设的“倍乘效应”

社会救助体系的构建需要政府与社会组织合作发力，社会救助的专业化、多层次化、弹性化需要社会组织的参与，针对留守儿童、留守老人等展开的“合力监护、相伴成长”关爱保护行动，也需要加强志愿者队伍、社会工作者队伍的建设[31]。概言之，社会救助体系的现代化发展需要整合多种力量，吸纳多种资源。睿泽社工的实践切实助推了社会救助资源的“多元吸纳”。例如，依托社区组建志愿者队伍、实施乡土社工的培养计划、开展“两工互动”工作、提升社区互助能力等，这些举措既培育了一批基层救助人才，又提升了基层救助能力。不难发现，睿泽社工不但通过自身能力建设和发展提供了专业的高质量的救助服务，而且发挥了示范带动作用，培育了新的服务力量，体现了睿泽社工实践的“倍乘效应”，这是其最大的亮点，也是其最值得推崇的地方。

第五节　渠道专设　协同救助
——合肥市庐阳区实施嵌入式社会救助社会工作模式[32]

社会组织是开展社会救助工作不可或缺的重要力量，支持引导社会组织参与社会救助有利于弥补政府社会救助工作的不足，提高社会救助工作的专业性、灵活性和多层次性。合肥市庐阳区结合社情、区情，积极探索创新社会救助工作新模式，以嵌入式社会救助社会工作模式具体实施社会救助工作，实现了多方联合、协同救助的目标，其创新性和工作成效获得了广泛认可。

一、背景与缘起

“渠道专设、协同救助”理念下的嵌入式社会救助社会工作模式有着较强的现实需求，也与党和政府的有关政策精神相一致。

（一）现实需求

随着国家治理现代化进程的不断推进与发展，社会组织参与国家治理的频率越来越高，作用也越来越显现、越来越重要。在社会救助领域，社会组织的参与能够有效弥补政府职能的局限性——从服务对象需求的实际出发，充分发挥其专业性、灵活性等优势特征，在维护弱势群体的合法权益的同时，能够帮助其摆脱生存危机、走出生活困境、获得发展的能力。因此，合肥市庐阳区根据区情、社情的现实需要，从工作开展的具体实际出发，积极引导支持社会力量参与社会救助工作。

（二）政策需求

合肥市庐阳区紧紧围绕贯彻落实国务院《社会救助暂行办法》的相关规定要求，努力构建“8+1”社会救助制度框架，“8”是指最低生活保障等 8 项救助制度，“1”是指社会力量参与。为落实政策要求，切实推动社会力量参与社会救助，庐阳区结合社会救助工作发展的实际和具体工作实施的需要，探索出“社会救助+社会工作”新模式，即嵌入式社会救助社会工作模式。在实现工作模式创新的同时，成功打造了庐阳区社会救助工作品牌，发挥了社会救助推动社会公平、维护社会稳定的作用。

二、措施与手段

社会组织是推动社会救助工作有效开展的支持性要素。要积极探索并发挥社会组织自身的专业优势，创新发掘社会救助工作服务项目，协同政府工作人员一起向社会救助对象提供优质高效、切实可行的社会服务。这一部分在具体介绍庐阳区社会组织参与社会救助工作所采取的措施与手段时，着重以庐阳区杏林街道为例来具体介绍。

（一）创新工作方式，打造工作品牌

庐阳区积极探索“社会救助+社会工作”模式，发挥社会救助和社会工作的协同救助作用。在实际工作开展中，庐阳区秉持“全区一盘棋”工作思维，将工作重点放在指导辖区乡镇（街道）结合各自特点与优势，或引导支持成立参与社会救助的公益性社会组织，或通过 PPP 模式、政府购买服务、公益创投等方式引入外部社会组织参与社会救助，或在具体服务内容、服务机制等领域创新性地发挥社会组织作用，努力打造“一乡镇一特色，一街道一品牌”。庐阳区民政局针对好的做法予以肯定与推广，在推动庐阳区社会救助工作健康发展的同时，不断提高社会救助的整体服务水平。

（二）发挥社会力量参与，开展街道特色项目

在“一乡镇一特色，一街道一品牌”工作理念的指导下，庐阳区呈现出多种“社会救助+社会工作”操作模式。例如，海棠街道办事处建立“三合一”社会救助体系，将政府、企业和社会等救助资金有效融合，形成一股合力，强有力地保障了“救急难”工作的落实。四里河街道办事处开创了“V 爱·救急”项目，即通过“在路上”“建联盟”“行救助”“助基金”“救急网”五大模块，针对不同群体的各类需求积极开展有针对性的救助工作。杏林街道办事处启动的“助坐标”精准救助服务项目，是依托杏林街道“一门受理、协同办理”救助窗口，以社区为载体，以嵌入式社会救助社会工作模式为基础，以专业社会组织为驻点，以网格信息覆盖为平台，建立动态需求调查体系，及时给予求助者以物质与精神救助。

（三）以平台运行为载体，以社会服务为抓手

合肥市庐阳区嵌入式社会救助社会工作模式以社会救助窗口为平台，以“一门受理、协同办理”机制为基础开展社会救助服务工作，向社会救助对象和困难群体传输社会资源，提供全面的专业服务和人文关怀。

为实施嵌入式社会救助社会工作模式，庐阳区设计了完善的项目团队系统和救助对象系统，按照科学流程开展工作，最终实现了“两个协同”和“两个互补”。“两个协同”包括社会救助业务管理部门工作人员和专业社会工作者的协同工作；物质层次的社会救助与生命关怀的社会工作的协同救助。“两个互补”包括政策的单向传输与互助救助、自助服务传输的互补；事后的政策救助与预防、康复、发展性服务供给的互补。

具体而言，项目团队系统由社会救助管理部门和社工机构两部分构成，前者包括社会救助窗口工作人员、基层社会救助工作人员（社区工作者、网格员）；后者包括社工机构及其项目社工、专家团队、专业志愿者、社区爱心人士等。需要指出，庐阳区各街道都通过 PPP 模式、政府服务购买、公益创投等方式确定有明确的社工机构，一旦有需求，社会救助管理部门或乡镇（街道）、社区便通过转介机制将救助对象转介至社工机构，即困难群体到社会救助窗口申请救助时，窗口会对其情况进行初步研判，对于符合救助政策的对象进行政策内审核救助，对于需要社工服务的对象转介到相关社工机构，然后由社工机构展开后续服务工作。嵌入式社会救助社会工作模式的工作流程如图 11-1 所示。

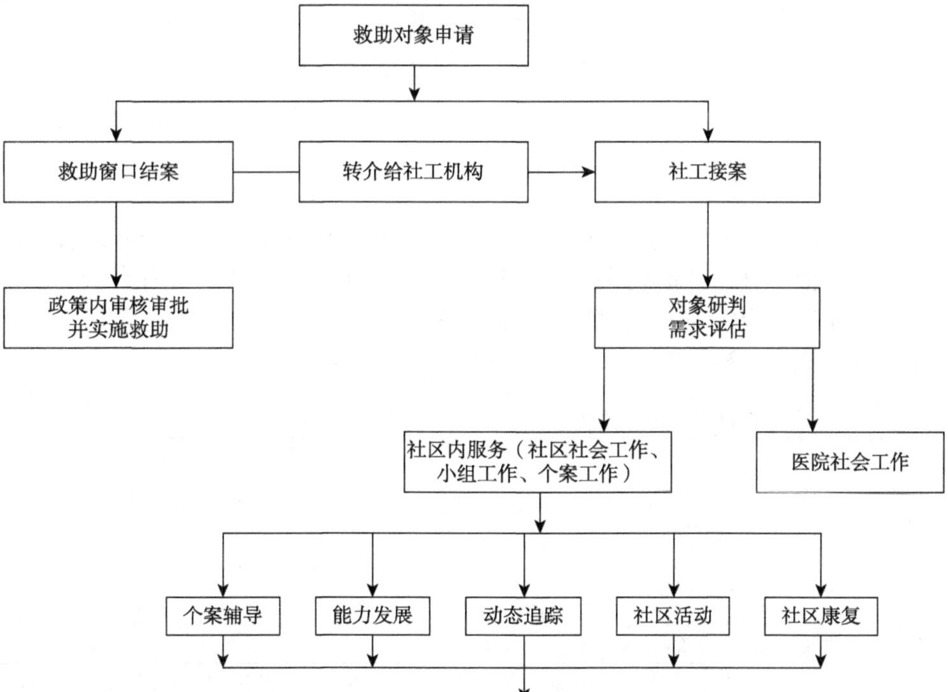

图 11-1　嵌入式社会救助社会工作模式工作流程图示

资料来源：合肥市庐阳区民政局. 杏林街道办事处“助之桥”社会救助服务传输导航项目视频宣传资料[Z]. 2017

嵌入式社会救助社会工作模式的服务对象系统包括三个层面（图 11-2）。①从范围上看，救助对象可概括为两种：一是申请社会救助的当事人，二是当事人的家庭成员。②从标准上看，包括两类：一是正在申请社会救助的需要专业社会工作服务的困难群体，即单纯的物质救助无法满足急难需求的申请对象；二是经过救助依然存在困难的居民，即政府现有救助标准和救助内容无法满足其需求的困难群体。③从产生路径上看，分为三类：一是民政部门及其他政府部门、社会组织、社区网格员转介给社工机构的困难群体；二是社工在社区服务中主动发现的需要专业社会工作服务的困难群体；三是主动向社会工作机构请求获取专业服务的急难对象。

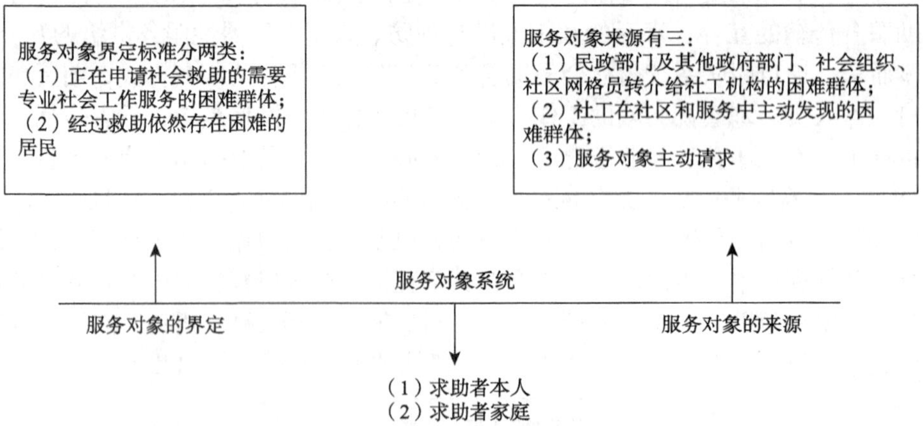

图 11-2　嵌入式社会救助社会工作模式服务对象系统示意图

资料来源：合肥市庐阳区民政局. 杏林街道办事处“助之桥”社会救助服务传输导航项目视频宣传资料[Z]. 2017-10

（四）以“助之桥”为导航，传输社会服务资源

庐阳区杏林街道开启的“助之桥”社会救助服务传输导航项目是嵌入式社会救助社会工作模式的典型。其以政府购买社工机构服务为运作方式，从求助者自身、家庭、社区环境等多方面进行全方位、广角度、多层次的介入与支持，有效发挥了社会工作的预防性、康复性、发展性等服务功能。这些功能详见表 11-1。

表 11-1　嵌入式社会救助社会工作模式服务功能一览表

功能名称	具体内容
预防性功能	评估救助对象的需要、政策宣传（基本生活救助宣传）、知识技能宣传（健康知识、医疗知识）、救助申请指导、基本护理指导培训
康复性功能	向救助对象及其家人提供情绪疏导、协助社会救助管理部门进行现金或实物救助、帮助联系医疗资源、协助社区救助、临终关怀
发展性功能	帮助救助对象建立社会支持网络、成立患者支持小组、协助对象进行国家资助或贷款申请、为失业人员提供就业指导、争取社会捐助连接社会资源

资料来源：合肥市庐阳区民政局. 杏林街道办事处“助之桥”社会救助服务传输导航项目视频宣传资料[Z]. 2017

在该项目实施过程中，社会救助管理部门和社工机构根据求助者的实际情况和自身需求，为其量身打造特色项目计划。在物质救助发放前、救助资金发放后，通过“爱之桥”“爱+人”“心相伴”“筑心梦”“益路行”五大服务板块，为救助对象提供压力缓解、情绪疏导、政策援助等社工服务，帮助救助对象及其家人走出困境。五大服务板块的具体内容如表 11-2 所示。

表 11-2　嵌入式社会救助社会工作模式服务板块一览表

板块名称	服务内容
“爱之桥”	为服务对象输入服务资源
“爱+人”	提供家庭教育综合服务，提高家庭整体应对困难的能力，在家庭层面上实现自助自立，创造良好的家庭环境
“心相伴”	针对服务对象在学习、生活和工作中面临的心理情感、情绪等方面的问题提供服务，帮助服务对象渡过困境
“筑心梦”	通过兴趣小组和社区活动塑造服务对象的生活信心和希望
“益路行”	为服务对象及其家庭提供志愿服务

资料来源：合肥市庐阳区民政局. 杏林街道办事处“助之桥”社会救助服务传输导航项目视频宣传资料[Z]. 2017-10

为更好地服务救助对象，社工机构根据救助对象的具体情况，分别采取个案管理、小组社区活动、行政管理和组织培育等方式展开救助。每一种服务方式都有其独特的适用范围和内容，如表 11-3 所示。

表 11-3　嵌入式社会救助社会工作模式服务方式一览表

服务方式	主要内容
个案管理	家庭情况评定，包括家庭关系、生活状况等（不包含财产信息核对等行政管理内容）；评估救助对象社会心理状况，监测行为和心理发展状况，形成生活历史报告；救助对象及家属的精神慰藉和心理辅导；家庭关系的治疗；提供救助申请的指导和信息反馈；定期入户访问，向居民宣传救助政策，反馈救助效果信息
小组/社区工作	政策、知识和技能宣传；社区康复、社区照顾、争取康复资源、传授相关知识；就业培训、社区知识讲座；讲授政策、心理调解、减压、抗逆等知识；帮助困难群体建立社会支持网络，成立患者支持小组；社区公益活动（节日慰问、提供社区福利等）；临终关怀服务
行政管理（社工机构内部管理、项目管理）	与社会救助管理部门及其工作人员沟通协调；服务档案的形成和管理、一线社工的监督和服务质量管理；有关财务、物资的管理；项目成本的自我评估
组织培育	培育志愿服务团队；培育救助对象自助互助团体

资料来源：合肥市庐阳区民政局. 杏林街道办事处“助之桥”社会救助服务传输导航项目视频宣传资料[Z]. 2017

“助之桥”社会救助服务传输导航项目还有明确、规范的服务程序，为项目的有序展开、有效实施奠定了基础。经过不断地探索和完善，“助之桥”项目形成了规范的实施程序，包括服务计划的触发与制订、服务计划的实施与展开、服务过程的结束与追踪三个前后衔接的环节，如表 11-4 所示。

表 11-4　嵌入式社会救助社会工作模式服务实施程序一览表

服务程序	主要内容
服务计划的触发与制订	申请人到街道办事处、社区提出救助申请，或网格员、社工主动发现潜在的救助对象，触发救助项目的实施；社工协助潜在救助对象判断、选择合适的救助路径，协助救助部门调查了解潜在对象的家庭情况，对其家庭状况进行评估，为救助资格审核提供参考；根据对象需求制订服务方案

续表

服务程序	主要内容
服务计划的实施与展开	社工机构与救助对象签订服务协议，明确服务目标与内容。具体包括：做好救助对象与救助部门沟通协调工作，使政府部门了解救助对象的需要，实现精准救助；对于正在住院治疗的潜在救助对象，到诊疗机构探访患者，提供心理调适、悲伤辅导，与诊疗机构沟通协调、制订出院计划、争取医疗资源和社会资源开展医务社会工作；对于出院后提出申请的救助对象，社工围绕患者和亲属开展入户探访、社区康复、身体心理动态监测、小组活动等服务；对于已去世的救助对象，社工针对亲属提供丧亲辅导、协助处理相关事宜，并对亲属进行心理疏导等服务；预防性救助工作，开展社会救助政策宣传，在社工日常的入户探访中发现救助对象，实现救助的“零死角”
服务过程的结束与追踪	服务目标实现及进入结案阶段；整理相关档案资料；接受第三方评估；持续关注案主、定期家庭访问，巩固服务成果

资料来源：合肥市庐阳区民政局. 杏林街道办事处“助之桥”社会救助服务传输导航项目视频宣传资料[Z]. 2017

三、结果与成效

庐阳区嵌入式社会救助社会工作模式，通过发挥辖区内各街道办事处的积极性、创造性，成功打造了“一街道一品牌”社会救助工作亮点工程，在一整套完整的、科学的项目保障机制框架下，以有序的工作流程、精细化的服务方式、多样化的服务板块，有效发挥了社会救助的服务功能。

（一）利用专业社工，提供专业服务

庐阳区嵌入式社会救助社会工作模式旨在弥补与拓展单一的物质经济救助，通过专业社工机构为社会救助对象提供了丰富的、有针对性的专业服务，效果得到广泛认可。这里通过庐阳区杏林街道“助之桥”社会救助服务传输导航项目工程五个服务板块的成功案例，来展现“嵌入式社会救助社会工作模式”在专业服务方面取得的成效[33]：①“爱之桥”服务活动为救助对象链接传输社会资源（如医疗机构、就业接纳单位），丰富了救助对象的社会支持网络。②“心相伴”服务活动通过亲情陪护等方式帮助求助对象解决学习生活情感、情绪、成长等方面的问题，给予救助对象以心灵的慰藉，帮助求助者有效渡过困境。③“爱+人”服务活动主要针对救助对象因居住困难、经济压力、家庭变故等因素带来的家庭关系紧张，感到彷徨无助、失望和沮丧等不良情绪的情况，为求助者提供家庭教育综合服务，建立家庭内部支持系统，提高家庭整体应对困难的能力。通过家庭教育和活动改变家庭成员非理性认识，使陷入困境者获得家庭成员的理解和支持，为其创造良好的家庭环境。④“筑心梦”服务活动通过组织救助对象参加社区各种兴趣小组和社区活动，在与人交往和共同目标视线中促进其走出心理阴霾，重塑生活信心，重拾人生的理想、构筑生活的梦想。⑤“益路行”服务活动发扬社会救助的互助精神，发掘社区社会救助服务资源，为求助者及其家庭提供志愿服务。同时主张鼓励受助者积极主动地参与公益活动，培养其社区关爱与奉献意识，既为受助者营造有利于自身康复发展的良好社区氛围，也为服务对象提供良好的社会支持环境。“益路行”服务活动也为社区搭建了便于及时触发的自助互助网络。

（二）拓展服务空间，建设服务机构

庐阳区嵌入式社会救助社会工作模式的直接目的在于提高社会救助的专业性、灵活性和多样性。在打造“一街道一品牌”社会救助工作亮点工程的过程中，各街道办事处均通过多种方式吸纳社工机构（社会组织）的参与，为社会组织的功能发挥拓展了空间，为社会组织建设提供了新途径，增加了社会组织的数量，也提升了社会组织的质量。通过嵌入机制的建设，健全完善了“8+1”社会救助体系，尤其是补齐了“8+1”中的“1”。

（三）健全工作体系，形成工作机制

庐阳区的探索与实践形成了系统完备的“嵌入式”工作机制。这一机制包括两方面：一是搭建形成了顺利实施的“转介机制”，使社会救助行政工作人员和专业社会工作者的协同工作成为现实。二是探索建立了制度化的社会工作服务机制，如有序的工作流程（服务计划的触发与制订、服务计划的实施与展开、服务过程的结束与追踪）；精细化的服务方式（个案管理、小组社区活动、行政管理和组织培育）；多样化的服务板块（“爱之桥”、“爱+人”、“心相伴”、“筑心梦”和“益路行”）。工作体系的健全、工作机制的形成提升了嵌入式社会救助社会工作模式的可持续性、可推广性。

四、分析与讨论

庐阳区嵌入式社会救助社会工作模式具有适应性、精细化和专业性等三个突出特征。

（一）适应性

庐阳区嵌入式社会救助社会工作模式推动社会组织实质性地参与了社会救助，一方面适应了社会救助专业性、多样性、灵活性的需求；另一方面适应了基层社会救助工作力量缺乏、需要社会力量参与来弥补的需求；再一方面适应了政府治理与社会调节良性互动、政府职能深化改革的需求。有学者指出，“政府承担的职责是既定的，行政机制的运转具有单向性，财政资源与人力资源的配置在公共部门亦具有有限性，这一切都决定了传统的政府包办一切社会事务的管治模式已经根本不可能满足当代社会治理的需要”[34]。可见，在社会救助领域引入社会力量，与国家治理体系与治理能力现代化发展内在要求相一致。

（二）精细化

庐阳区探索实施的“嵌入式”工作机制还具有精细化的特征，对社会组织的引入机制、转介机制以及专业社会工作服务流程、服务方式、服务板块等都进行了细致、系统的设计，具有可操作性。无疑，精细化的工作机制保证了其规范、高效、可持续地实施。

（三）专业性

庐阳区嵌入式社会救助社会工作模式在实现政府与社会协同的同时，提升了社会救助的专业性：在救助内容上，为困难群体提供了社会支持网络、心灵慰藉、家庭关系维护等“非物质救助”；在救助方式上，实现了单向传输和互助救助、自助服务的融合；在救助层次上，推动了事后救助与预防、康复、发展性服务供给的互补。

参考文献

[1] 习近平. 决胜全面建成小康社会 夺取新时代中国特色社会主义伟大胜利——在中国共产党第十九次全国代表大会上的报告[N]. 人民日报，2017-10-28（01）.

[2] 课题组. 宿州市民政局访谈记录[Z]. 2017-09-27.

[3] 康晓强. 社会组织与现代国家治理——基于案例的分析[M]. 北京：中国政法大学出版社，2014：195.

[4] 王名. 社会组织论纲[M]. 北京：社会科学文献出版社，2013：99.

[5] 郭剑平. 非政府组织参与社会救助的理论与实证分析[M]. 济南：山东人民出版社，2013：57-60.

[6] 课题组. 铜陵市民政局访谈记录[Z]. 2017-09-20.

[7] 铜陵市与我同行爱心协会. 铜陵市与我同行爱心协会事迹材料[Z]. 2017-07.

[8] 铜陵市阳光少年公益协会. 铜陵市阳光少年公益协会参与社会救助工作总结[R]. 2017-07.

[9] 安建增. 社会组织服务机构研究[M]. 北京：中国社会出版社，2017：1.

[10] 洪大用. 完善贫困治理体系 推进贫困治理现代化[N]. 光明日报，2017-10-09（11）.

[11] 杨华锋. 贫困治理行政主导与社会协同的合作之路[J]. 河南社会科学，2017，25（9）：119-124.

[12] 课题组. 亳州市民政局访谈记录[Z]. 2017-11-21.

[13] 亳州市民政局. 亳州市社会救助工作情况报告[R]. 2017-08.

[14] 亳州市民政局. 注重人才培养，强化机构建设，不断夯实社会工作发展基础[R]. 2017-11.

[15] 亳州金阳光社会工作事务所. 安徽省“爱邻联盟”项目终期自评报告[R]. 2016-12.

[16] 亳州金阳光社会工作事务所. “三区计划”末期总结报告[R]. 2016-07.

[17] 亳州金阳光社会工作事务所. 2016 年“共享阳光”服务项目报告[R]. 2016-12.

[18] 亳州市惠众社会工作服务研究中心. “三区计划”利辛县农村留守儿童项目工作总结报告[R]. 2016-12.

[19] 亳州市惠众社会工作服务研究中心. 亳州市惠众社会工作服务研究中心参与社会救助工作总结报告[R]. 2017-12.

[20] 亳州市亳爱社工服务中心. 关于“成长相伴”等专业社工服务项目介入社会救助情况的总结报告[R]. 2017-12.

[21] 郑功成. 社会保障与国家治理的历史逻辑及未来选择[J]. 社会保障评论，2017，（1）：24-33，62.

[22] 程萍. 打造共建共享共治社会治理新格局[J]. 小康，2017，（34）：26-28.

[23] 黄新华. 社会协同治理模式构建的实施策略[J]. 社会科学辑刊，2017，（1）：65-71.

[24] 课题组. 黄山市休宁县睿泽社会工作发展中心访谈记录[Z]. 2017-09-21.

[25] 休宁县睿泽社会工作发展中心. 安徽省民政厅“爱邻联盟”项目休宁县萝宁社区项目点工作情况报告[R]. 2017-06.

[26] 休宁县睿泽社会工作发展中心. 心灵之爱 爱在行动——休宁县计生特殊家庭社会关怀项目纪实[Z]. 2017-06.

[27] 休宁县睿泽社会工作发展中心. 休宁县睿泽社会工作发展中心参与社会救助工作总结报告[R]. 2017-09.

[28] 史传林. 社会治理中的政府与社会组织合作绩效研究[A]//周红云. 社会治理[C]. 北京：中央编译出版社，2015：67.

[29] 朱仁显，徐旖瑶. 地方政府购买社会组织服务的制度规范与政策优化：以厦门市为例[J]. 理论探讨，2017，（3）：165-170.

[30] 杨海涛. 体制转型背景下的中国民间公共组织发展：公共物品的第三种供给主体研究[M]. 北京：北京大学出版社，2016：317.

[31] 黄树贤. 切实发挥民政在脱贫攻坚战中的兜底保障作用[N]. 人民日报，2018-01-18（013）.

[32] 课题组. 合肥市庐阳区民政局访谈记录[Z]. 2017-10-13.

[33] 合肥市庐阳区民政局. 杏林街道办事处“助之桥”社会救助服务传输导航项目视频宣传资料[Z]. 2017-10.

[34] 郑功成. 用共享发展理念引领社会治理[J]. 社会治理，2017，（2）：30-35.

第十二章　“制度+”与社会救助体系建设

诺贝尔经济学奖得主道格拉斯·诺斯（Douglass C. North）也指出：“制度是一个社会的博弈规则，或者更规范地说，它们是一些人为设计的、型塑人们互动关系的约束。”[1]因此可以说，制度是重要的，制度是社会救助实践高效展开的保障条件，也是社会救助体系规范运行的外部约束。安徽省各级部门也将制度作为社会救助体系的重要构成要素，通过制度建设和制度创新来提升社会救助工作水平。在关于社会救助制度探索和创新方面的典型例子有：合肥市庐阳区最低生活保障对象精准认定机制和民主评议听证制度、滁州市南谯区五保敬老院统一管理制度、黄山市休宁县“四保障一兜底”健康脱贫综合医疗救助制度等。

第一节　系统推进　全面创新
——合肥市庐阳区最低生活保障对象精准认定机制[2，3]

最低生活保障制度是我国整个社会保障体系的重要组成部分，是保障困难群体生存权和发展权的基本举措。为实现最低生活保障制度的公平和公正，提高社会救助资源的精准使用率，需要完善制度规范，准确识别和认定最低生活保障对象。近年来，合肥市庐阳区民政局为了实现最低生活保障工作的规范化管理、提高最低生活保障的保障力度、确保最低生活保障制度的公平和公正，结合庐阳区最低生活保障工作的具体实际，以创新、规范、提升最低生活保障工作水平为主线，利用大数据信息化网络技术，着力推进最低生活保障对象精准认定机制，强化最低生活保障规范管理，筑牢民生底线。

一、背景与缘起

在最低生活保障制度的具体实施过程中，需要创新工作机制、完善制度规范，对最低生活保障对象的认定工作严格把关，推动最低生活保障对象的精准识别，防止“骗保”、“人情保”、“关系保”及“漏保”等不公平的现象出现，使社会救助工作真正落实到有需要的困难群众中去。

（一）从申请对象的角度看

在申请社会救助的过程中，存在“道德风险”，如有人隐瞒自己和家人的收入、工作、财产等信息，骗取最低生活保障金。需要通过精确识别机制，将不符合条件的申请对象“过滤”出去。

另外，“骗保”本身属于社会失信和违法行为，若不能通过精准识别机制将之剔除，将对社会诚信建设、法治建设带来负面影响；“骗保”行为发生并得逞后，既在客观上造成了社会救助资源的浪费，又意味着以正式的最低生活保障政策强化了社会不公正程度，会对社会和谐带来不良影响。因此，需要通过制度建设、健全机制、规范操作，使“骗保”行为无法得逞，降低社会救助申请“道德风险”发生的概率。

（二）从低保管理的角度看

最低生活保障业务管理部门既要防止“骗保”“漏保”现象发生，又要杜绝“人情保”“关系保”等权力滥用现象发生，使最低生活保障管理工作既高效、又廉洁。在此背景下，庐阳区制定实施了核查经办备案制度、最低生活保障投诉核查制度、责任追究制度、档案规范化管理制度、最低生活保障民主评议听证制度、最低生活保障对象动态管理制度等，通过不断创新、完善最低生活保障规范化管理机制，准确掌握最低生活保障对象基本信息，实现“应保尽保、当保则保”的工作目标，真正保障社会困难群体的基本生活。

二、措施与手段

为追求庐阳区社会救助工作体制机制创新，破解制约最低生活保障对象精准认定中的难题，庐阳区秉持“系统推进、全面创新”的思维，从基层民主评议听证、网上审批与管理、信息整合与大数据管理、绩效考核与工作监管、队伍建设与识别能力提升等五个方面系统建设最低生活保障对象精准认定机制，具体做法如下。

（一）民主评议听证，公平阳光操作

为实现最低生活保障工作的公平、公正与公开，庐阳区探索实施了“低保民主评议听证制度”（本章的第二节还会专门介绍该制度）。该制度作为城乡最低生活保障申请的必备程序，在村（社区）这一层面实施，只有经过了村（社区）组织的民主评议听证之后，才能进一步上报乡镇（街道）审核、区民政局审批。为使最低生活保障民主评议听证制度有效实施，每个村（社区）都成立了由人大代表、政协委员、老党员、蹲点干部、热心公益事业的群众代表等组成的二十人以上的评议代表团，开展评议听证时，从中抽选出部分代表轮流参与；为保证知情权和参与权，在举行听证会前三天张贴通知，鼓励辖区的群众和热心人士旁听；为强化监督，还实施了听证会全程摄录像备案制；在

评议听证会上，首先由申请对象陈述申请理由，然后由评议代表提问、审议，最后由评议代表投票表决，当场唱票。最低生活保障民主评议听证制度扩大了基层群众参与程度，实现了最低生活保障申请的阳光操作，在审批程序一开始便对“骗保”、“漏保”、“人情保”和“关系保”等现象说不。

（二）开展网上审批，实施智慧管理

作为最低生活保障网上审批工作全省试点单位，庐阳区严格按照安徽省民政厅和合肥市的部署，加强社会救助工作的智慧化管理，加大对信息化建设的硬件投入和软件建设；着力开展最低生活保障系统的应用培训，编制工作手册，为信息系统的应用奠定基础；组织力量及时将最低生活保障对象的户籍资料、身份证号码、收入情况等信息录入最低生活保障信息系统中，实现了城乡最低生活保障信息数据化、管理智慧化，利用现代信息技术提高了最低生活保障对象的精准识别程度。

（三）加大资源整合，构建信息平台

2017 年 9 月，庐阳区正式启动“庐阳区特困群体数据库”项目。该项目由庐阳区民政局牵头，通过有关部门协作配合，将全区所有社会救助信息和救助数据整合进同一个数据库中，建立起困难群体“大数据”。通过数据库建设，实现“数据一次采集，信息分级共享”的目标，为最低生活保障对象的精准识别提供了数据和信息基础。同时，该数据库与居民家庭经济状况核对系统对接，实时更新数据，实现了最低生活保障对象的动态管理。

另外，庐阳区还于 2017 年 6 月启用了综合性救助平台——精准救助服务信息化平台。该平台将庐阳区民政、人社、卫计、住建、教育、残联、工会、团委等 8 个单位 43 项社会救助资源（其中 29 项为民生工程救助项目）全部纳入，形成了社会救助大数据；同时与安徽省最低生活保障信息系统、合肥市“一站式”城乡医疗救助平台、合肥市居民家庭经济状况核对信息平台贯通相连；并连接了区、乡镇（街道）、村（居）委会三级社会救助网络。通过这一平台，相关部门可依据各自权限直接获取救助信息和数据，既防止了重复救助，又为精准救助提供了科学依据。该信息平台中还建有“贫困指数量化排名系统”，依据基层工作人员录入的信息以及其他信息系统中链入的数据，形成贫困指数并进行量化和排名，为救助对象认定提供了科学的依据（本书第九章第二节已详细介绍合肥市庐阳区精准救助服务信息化平台构建与应用的有关情况）。

（四）完善考核制度，健全监管机制

为有效避免“骗保”、“漏保”、“人情保”和“关系保”等渎职、滥权等现象发生，推动区、乡镇（街道）和村（社区）三级最低生活保障管理人员做好精准识别、提供优质服务，庐阳区非常注重监督考核机制的建立和健全。

第一，实施最低生活保障工作绩效考核制度。庐阳区先后出台了《庐阳区最低生活保

障工作绩效考核暂行办法》《庐阳区低保项目绩效评估自评工作方案》等，建立起最低生活保障绩效评价长效机制，以外部核查和自我考评双重方式督促管理者尽职尽责。

第二，实施专项检查制度。庐阳区每年至少组织两次针对最低生活保障工作的专项检查，对最低生活保障申请受理、居民家庭经济状况核对、评议公示、动态管理等关键环节进行重点核查，有错必纠、有责必究；对人们反应强烈的失职、渎职、滥用权力的行为予以坚决纠正，对对象认定不准确、动态调整不及时和拆户保障等违规问题进行严查。

第三，实施最低生活保障定期复核制度。利用信息系统、入户走访、信函索证等多种渠道，核对最低生活保障对象的实时家庭经济状况，并依据变化及时进行动态调整——调高或调低救助层次、清退超出保障标准的家庭。

第四，实施最低生活保障规范化管理制度。为提高最低生活保障工作的规范化程度，庐阳区制定实施了核查经办备案制度、最低生活保障投诉核查制度、责任追究制度、档案规范化管理制度等，明确区、乡镇（街道）、村（社区）三级管理部门的工作职责；要求区、乡镇（街道）、村（社区）三级管理部门均须设立最低生活保障工作便民联系箱，开通联系电话，畅通沟通渠道；乡镇（街道）、村（社区）建立了固定公示栏，及时公布相关政策信息、审批结果信息等。通过入户走访、随机抽查、明查暗访及乡镇（街道）之间互查等方式，监督查看相关政策是否上墙公示、民主评议记录是否完整、一户一档内容是否逻辑准确、结果公示是否到位、最低生活保障金发放是否及时等内容，并对发现的问题予以通报批评，提出整改意见，责令限期改正。

第五，实施群众信访监督制度。庐阳区对群众来人、来电、来信反映的最低生活保障相关问题，逐一登记交办、督办、查处，以有效的信访监督来推动最低生活保障工作的公正、公开与精准实施。

第六，实施三级共同入户调查制度。以区、乡镇（街道）、村（社区）三级工作人员共同入户调查的方式核查申请对象的家庭经济状况。并且，三级工作人员在填写调查表格时必须拍摄入户调查图片。三级共同入户调查制度的实施，不仅有助于缩短审批审核时间、提高核查的信度和效度，而且有助于三级人员相互监督，有效阻止“骗保”、“漏保”、“人情保”和“关系保”等现象发生。

（五）加强队伍建设，提升识别能力

庐阳区还通过对基层工作人员的业务知识和计算机操作培训，提升基层工作人员的精准识别能力。在培训中，注重通过学员的经验分享、特殊情况列举、识别要点讲解等方式，提升培训的针对性和有效性；注重讲解申请对象家庭经济情况的测算方法，科学合理界定保障对象的就业能力、收入和保障类别；等等。通过基层工作队伍及其识别能力建设，为最低生活保障对象的精准识别提供充分的保证条件。

三、结果与成效

庐阳区最低生活保障对象认定机制的建设与实践取得了积极成效，最低生活保障对

象的认定程序规范、结果精准，取得了较好的工作成绩与社会效应，庐阳区民政局先后多次获得安徽省和合肥市城乡最低生活保障工作先进单位，2009 年获“全国基础规范管理先进单位”；2015 年代表安徽省接受民政部、财政部的最低生活保障工作绩效评价，荣获全国第一。

（一）民主评议全面推行

截至 2017 年 11 月，庐阳全区 71 个村（社区）全部成立了最低生活保障民主评议代表团，民主评议听证制度实现了全覆盖。这一制度的实施把好了最低生活保障程序的“第一道关”，也在基层塑造了最低生活保障制度透明化、公正化、公平化的“形象”，提高了最低生活保障工作的社会认同度。

（二）工作程序严格规范

通过一系列制度的建立与实施，庐阳区形成了严格、规范的最低生活保障工作程序，使之具备了“八必须”和“三明确”的突出特征。“八必须”指的是：必须确保书面申请、必须做出双向承诺、必须成立民主评议小组、必须召开民主评议听证会议、必须入户调查并进行家庭经济状况信息核对、必须经过张榜公示、必须做到材料齐全、必须确保资金按时足额发放；“三明确”指的是明确不按程序申报的不批、明确民主评议和公示有异议的不批、明确违反最低生活保障政策“优亲厚友”的不批。通过严格规范的最低生活保障工作程序，形成了层层把关负责、步步严密透明的最低生活保障运行机制，使最低生活保障对象的识别和认定结果精准、有效。

（三）智慧管理基础夯实

庐阳区最低生活保障对象精准认定实践不仅形成系统全面的工作机制，固化为逻辑严密的工作制度，而且还建立了庐阳区特困群体数据库和精准救助服务信息化平台，并将信息平台与安徽省最低生活保障信息系统、合肥市“一站式”城乡医疗救助平台、合肥市居民家庭经济状况核对信息平台实时对接；通过信息平台建设，实现了多个社会救助管理部门之间的信息共享，既极大地简化了工作程序，缩短了核对时间，又有效地提高了最低生活保障对象认定的准确率。数据库的建设、信息平台的搭建以及各信息系统的联通为最低生活保障工作乃至整个社会救助工作的智慧化管理夯实了基础。

四、分析与讨论

综上所述，合肥市庐阳区最低生活保障对象精准认定机制建设实践具有三个突出特色：系统性、创新性和智慧性。

（一）系统性

合肥市庐阳区最低生活保障对象精准认定机制建设内容全面，包含基层民主评议听证、网上审批与管理、信息整合与大数据管理、绩效考核与工作监管、队伍建设与识别能力提升等五个层面，涵盖最低生活保障对象认定的方法、程序、信息、主体等各个方面，体现了庐阳区在制度建设方面的系统化思维。基于系统思维建构的最低生活保障对象精准认定机制不仅完备全面，而且更为有效。

（二）创新性

从合肥市庐阳区最低生活保障对象精准认定机制的具体内容看，具有创新性：一是在村（社区）层面组织召开的民主评议听证会议。该制度不仅为最低生活保障对象认定把好了第一道关，而且超越了一般意义上的入户走访、村（社区）代表评议，其通过评议听证代表团轮流评议、申请对象陈述、评议团投票决定等创新方式，使认定结果更加民主、透明、公开，也更加准确。二是建立特困群体数据库和精准救助服务信息化平台，为精准识别提供了更加充分、可靠的依据。

（三）智慧性

居民家庭经济状况包含有多个层面的信息，具有“复杂性”，因此最低生活保障对象的精准识别并不简单。为做到精准识别，庐阳区不仅在制度上下功夫，而且还尝试在新技术应用上取得突破，通过大数据技术、信息平台的建设与联通等实现智慧化管理，以智能化的方式来应对家庭经济信息“复杂性”带来的识别难、认定不准等问题。庐阳区特困群体数据库和精准救助服务信息化平台的建立及其应用成效证明了这种智慧性的创新思路值得肯定和借鉴。

第二节 规范管理 阳光操作
——合肥市庐阳区最低生活保障民主评议听证制度[4，5]

本章第一节从“面”上介绍了合肥市庐阳区最低生活保障对象精准认定机制的整体情况，本节则将视角专于其中的一个具体内容——最低生活保障民主评议听证制度。

一、背景与缘起

从宏观的角度看，实现最低生活保障工作的透明、公正和公平，防止“错保”、“人情保”、“关系保”以及“骗保”等现象的发生，确保最低生活保障工作的公平度和信誉度，这些都是最低生活保障制度的基本要求，也是优化社会救助资源配置、提高社会救助绩效的基本要求。正是为了解决上述问题，在系统构建最低生活保障对象认定机制的过程中，庐阳区探索出台了最低生活保障民主评议听证制度。

从微观的角度看，最低生活保障对象的认定需要解决四个关键问题：一是如何在最低生活保障申请程序启动之时便实现精准识别，为后续程序减轻压力，减少不必要的工作成本。二是如何在村（社区）层面上实现最低生活保障对象认定的透明、公开和民主，让基层民众和代表参与到最低生活保障对象的认定过程当中，而不是简单地对认定结果进行监督。三是如何解决当前基层社会救助工作力量薄弱的问题，防止城乡最低生活保障工作在具体实施和操作过程中出现信息搜集不全面、不准确等现象。四是如何解决基层社会救助对象认定过程中受人情关联、熟人社会网络的影响而出现的不公平、不精准问题。为了解决这四个微观的问题，庐阳区探索实施了最低生活保障民主评议听证制度。庐阳区从2007年起开始最低生活保障民主评议听证制度的试点工作，自2008年开始全面推行并持续改进完善。在整个工作开展的过程中，所有新申请最低生活保障户和有争议的在保户，都要在入户调查取证核实的基础上，严格进行评议听证，将最低生活保障对象的识别过程放进大家看得清的“透明玻璃瓶”中，将最低生活保障申请工作变成“阳光工程”。

二、措施与手段

这一部分从性质定位、参与主体、基本程序和配套措施四个层面介绍合肥市庐阳区最低生活保障民主评议听证制度的具体操作[6]。

（一）最低生活保障民主评议听证制度的性质定位

庐阳区最低生活保障民主评议听证制度在层级上定位于村（社区），即在村（社区）层面上组织召开听证，通过申请者陈述、评议代表团听证表决、现场唱票计票等程序确定结果。在整个最低生活保障申请程序中，听证制度属于必经环节，即“必须召开民主评议听证会议”，在听证会上获得通过是申请对象获得最低生活保障的必备条件。一般而言，民主评议听证会议是在申请受理、完善材料和入户调查后召开。

（二）最低生活保障民主评议听证制度的参与主体

听证制度的实施旨在实现民主和参与，通过民主参与实现相互监督，最终实现最低生活保障对象认定的阳光操作。因此，庐阳区最低生活保障民主评议听证制度实施过程中有多种主体参与，每种主体发挥不同的作用。

第一，评议代表团。每个村（社区）均成立由乡镇（街道）工作人员、包村干部、人大代表、政协委员、老党员、蹲点干部、热心公益事业的群众代表等20人组成的评议代表团。为保证公正性，每次听证评议时从评议代表团中随机抽取部分代表参与。年审时评议团成员为15人，平时根据最低生活保障申请人数情况由7~9人参与。评议代表团的任务是听取申请对象陈述并评议、表决产生推荐结果。申请者得到参会的评议代表团成员 2/3 以上的票数后才能通过评议。

第二，申请对象。申请对象需在听证会上陈述自己的家庭情况，听取其他申请对象的陈述。

第三，各界热心人士。在听证会前三天发出听证公告，明确听证会的时间、地点，欢迎热心人士旁听，监督评议过程。

第四，乡镇（街道）工作人员。既监督评议代表团的评议过程，确保评议听证过程做到“真评议”“不走样”，又在必要时向参会人员解释说明有关政策，还有助于其掌握申请对象的基本信息，在后续审批过程中做到精准认定。

第五，新闻界人士。邀请电视台记者参与听证，对听证评议过程进行全程录像，并监督整个过程。

（三）最低生活保障民主评议听证制度的基本程序

精准的结果需要合理的程序作为保证条件。合肥市庐阳区最低生活保障民主评议听证制度也设计了符合实际、环环衔接的基本程序。包括 9 个环节：①主持人宣布听证会纪律和规程；②参会人员学习相关文件条款，明确有关政策规定；③申请人依次陈述家庭情况；④评议代表团成员现场评议；⑤充分评议后，当场进行无记名投票；⑥由评议代表团选出唱票人、计票人和监票人；⑦现场唱票、计票，并公布投票结果；⑧评议成员在结果上签字确认；⑨对评议结果进行一榜公示，供居民监督。

（四）最低生活保障民主评议听证制度的配套措施

为更好地实施最低生活保障民主评议听证制度，庐阳区还采取了如下措施：①加强政策宣传，保障群众知情权。庐阳区民政局在完善相关政策、细化工作的同时，及时公开最低生活保障各项政策和申办流程，通过活泼的宣传，如惟妙惟肖的漫画墙、精心编排的小品、创意拍摄的微电影和喜闻乐见的活动等，让广大群众知晓办理最低生活保障的政策界限和程序。②分片包干复核，切实推进最低生活保障民主评议听证。庐阳区民政局工作人员分片联系各村（社区），指导、推动、监督基层开展最低生活保障民主评议听证工作，并对评议听证结果及时进行复核。

三、结果与成效

庐阳区探索形成了体系完备的最低生活保障民主评议听证制度，切实提高了最低生活保障对象的识别精度，有效遏制了“骗保”、“漏保”、“人情保”和“关系保”等社会失信和滥权现象。

（一）探索形成了体系完备的听证制度

经过多年的探索与完善，庐阳区已形成了内容具体、系统完备的最低生活保障民主评议听证制度体系，对最低生活保障民主评议听证的性质定位、参与主体、基本程序和配套条件等给予了详细规定。最低生活保障民主评议听证已成为最低生活保障申请审核程序当中的必备一环，最低生活保障民主评议听证制度也已成为庐阳区整个最低生活保障工作制度当中的有机构成要素。

（二）切实提高了低保对象识别的精度

自 2008 年开始全面推行最低生活保障民主评议听证制度以来，所有新申请最低生活保障的对象和有争议的在保对象，都要在区、乡镇（街道）和村（社区）三级工作人员共同入户调查取证核实的基础上，严格进行民主听证评议，以阳光管理、规范操作把好了“申请关”，切实提高了最低生活保障对象认定的精准性，在 2013~2016 年合肥市最低生活保障绩效考评中，庐阳区最低生活保障对象认定准确率均达到 100%，这说明了最低生活保障民主评议听证制度的有效性。

（三）有效遏制了社会失信和滥权现象

合肥市庐阳区最低生活保障民主评议听证制度扩大了群众的参与面，提高了最低生活保障申请程序的透明度，通过严格规范的评议听证程序构筑了一道“防火墙”，将“骗保”、“人情保”和“关系保”等社会失信和滥权现象挡至“门外”，既提高了群众对最低生活保障工作的认同度，又提高了社会救助资源配置的精准度。基于这些成绩，庐阳区获得“全国城市低保基层规范管理先进单位”称号；在 2015 年，庐阳区与六安市裕安区代表安徽省接受全国最低生活保障工作实地绩效评估，以 97.7 分为安徽省获得全国第一的排名。

四、分析与讨论

相对于原有的最低生活保障审核制度，合肥市庐阳区最低生活保障民主评议听证制度实现了三重转变：变单因识别为综合评议、变结果监督为过程监督、变单向识别为交互认定。通过实现“三重转变”，切实提高了最低生活保障对象的识别精准程度。

（一）变单因识别为综合评议

在以往的低保对象认定过程中，更多强调其家庭经济状况和急难支出状况，依据单一原因来确定。在庐阳区评议听证过程中，除了依据其家庭经济和急难支出因素进行评定外，评议代表还就其致贫原因、勤奋程度等进行综合判定，不仅杜绝了“骗保”现象，还防止了“低保养懒汉”等现象的发生，使认定结果更加符合最低生活保障民主评议听证制度的初衷，更能服众，更具社会正能量。

（二）变结果监督为过程监督

最低生活保障认定结果的公示制度已被固化，起到了明显的监督作用。但现有的公示制度属于结果监督，存在两个弊端：一是监督者并不了解结果认定的原因和过程，因此也就无法准确判断结果的合理性与公正性；二是监督者的参与度有限，监督力度也因此受限。庐阳区最低生活保障民主评议听证制度则属于过程监督，使评议代表、申请对象、热心人士、媒体、社会救助管理部门、经办机构等在规范的程序和制度框架下参与最低生活保障对象认定，监督力度更大。因此，过程监督使最低生活保障对象的认定结果更加合理和公平。同时，庐阳区除了实施过程监督之外，还采取一般的结果公示方式接受监督，兼取两种监督方式之优势，监督效果更好。

（三）变单向识别为交互认定

在以往的审批过程中，申请对象提交了申请表后便“退出”了审批程序，由社会救助管理部门实施入户调查、在线比对、确定结果等审批行为，具有“单向”性，缺少管理部门与申请对象的交互，申请对象的参与性不足。在这种情况下，容易出现申请者不理解、不接受认定结果的情况。庐阳区实施的最低生活保障民主评议听证制度提高了认定过程中的交互性，申请对象以陈述的方式参与会议，同时听取其他申请者的陈述，了解整个评议、表决、计票等过程。这种体验式、参与式、交互式的认定过程，不仅公开透明，而且有助于申请对象更加认同评议结果。参与和交互，减少了争议和分歧，增添了认可与信任；减少了不公正感和不信任感，增添了公平感和认同度[7]。正如社会公平的“复合理论”所指出的那样——体验式参与和交互式审批可以减少基于个人结果和利益得失的偏狭判断[8]。

尤为重要的是，基层社区（尤其是农村社区）受人情关联、熟人社会网络的影响更大，基层工作人员在实施认定时无疑会受到更多的“情绪”干扰，致使救助资源投入偏离救助对象，造成救助资源的低效配置[9]。合肥市庐阳区最低生活保障民主评议听证制度所带来的交互式审批无疑加大了最低生活保障对象认定过程中的监督力度，将“情绪”干扰放置阳光操作之下而不能影响认定结果，提高了最低生活保障对象认定的准确性和合理性。

第三节 统一管理 提升质量
——滁州市南谯区五保敬老院统一管理制度[10, 11]

面对特困供养机构服务设施陈旧、服务能力较低、服务质量较差等问题，滁州市南谯区既在硬件上加强五保敬老院的建设，又通过统一管理制度来提升五保敬老院的服务能力和水平，夯实了特困供养工作的载体基础，探索出了一条具有南谯特色的公办养老机构改革发展新路，为提升供养服务探索了一条新路。

一、背景与缘起

滁州市南谯区五保敬老院统一管理制度的探索与建立，主要基于以下两方面的原因。

（一）老有所养、难有所助，需搭建特困老人供养载体

因身体机能自然弱化，老年人群属于天然的脆弱群体，在疾病、贫困、失能、孤独等方面的风险更甚。因此，老有所养是人类社会的永恒话题，养老保障是民生工作的基本主题。五保老人是老年人群中的特殊群体，其更为脆弱，抗逆力更差。如何解决五保老人的供养问题显得尤为重要。基于此，滁州市南谯区民政局结合工作实际，提升管理统筹层次，按照“统筹规划，多方筹资”的原则，不断加强敬老院建设，对敬老院进行撤并、整修、升级、新建，搭建有效的特困老人供养载体；建立统一管理制度，提升五保敬老院的服务质量和水平，改善五保老人的生活质量和生活环境，丰富五保老人的精神生活，使五保老人老有所依、老有所乐、老有所享。

（二）盘活存量、激活增量，需创新养老机构管理制度

特困人员（含农村五保老人）供养制度是我国的一项基本社会救助制度，兴建敬老院对五保老人实行集中供养等做法已实施数十年。但由于管理制度、资金筹措机制等相对落后，特困供养机构建设规模较小、设施配套简陋、安居环境恶劣，供养服务水平较低，完全不能适应社会救助事业的发展需要，出现了供养对象难保障、供养标准难落实、供养内容难全面、集中供养难实现等困境。为此，南谯区创新资源配置机制，充分利用政府和社会两种资源，通过撤并、整修、升级、新建等方式加强敬老院建设，搭建特困老人供养载体；为盘活资源，有效提升供养服务质量和水平，对五保敬老院实施统一管理：统一管理团队、统一组织培训、统一制度管理、统一督查考核、统一安全管理、统一资金管理和统一规范管理。

二、措施与手段

针对供养机构在硬件设施和运营管理制度等方面存在的问题，南谯区提高了管理的统筹层次，实施统一管理，将乡镇（街道）负责建设与管理敬老院（特指公办的敬老院）的管理模式，改为由区民政局负责，从管理、运作、建设到日常投资和维护全部由民政局统筹，提升了敬老院的统筹管理层级，强化了公办养老机构的管理能力和服务水平。

（一）统一管理团队

五保敬老院由南谯区民政局统一管理，乡镇（街道）协管，并成立“南谯区敬老院

管理服务中心"，专门负责全区敬老院的日常管理工作。公办敬老院院内管理和服务人员由区民政局统一招聘，竞争上岗，以统一的管理团队来运营管理敬老院，实施五保供养服务。改变了原来的由乡镇（街道）负责建设与管理敬老院的管理模式，将敬老院的管理统筹层级提高到了区级，规避了乡镇（街道）资源动员能力不强、管理不到位的缺陷，为敬老院的硬件建设与服务"软实力"提升奠定了资源基础和制度基础。

（二）统一组织培训

南谯区民政局定期选派敬老院管理和服务人员参与省、市举办的技能培训班，同时根据具体供养需要定期举办有针对性的区级培训班，通过专家讲授、经验分享、观摩学习、学员交流等方式提高培训效果。先后有20余位护理人员获得人力资源和社会保障部培训中心等颁发的护理证书。统一组织的高水平培训为敬老院的科学运行、优质服务奠定了人力资源基础。

（三）统一制度管理

南谯区敬老院管理服务中心统一制定了《南谯区敬老院重大事项报告制度》《南谯区敬老院消防安全管理制度》《南谯区敬老院食品安全管理制度》《南谯区敬老院院民大会制度》《南谯区敬老院财务管理制度》《南谯区精神文明创建办法》等10余项管理制度，并要求各敬老院严格按制度执行，努力推进全区敬老院管理的标准化和规范化。

（四）统一督查考核

为确保管理制度得到贯彻落实、切实提升供养服务质量，南谯区民政局成立了敬老院考核小组，制定了《南谯区敬老院管理制度考核办法》《南谯区敬老院月巡查考评标准》《南谯区敬老院季度考核标准》《南谯区敬老院工作人员测评表》等，定期分层次实施考核，并将考核结果用于敬老院升级提档和管理服务人员的任用去留、工资晋级等。管理考核制度的良好执行，有力地促进了敬老院的健康运行。

（五）统一安全管理

针对大多数五保老人安全防范意识和能力较差的实际，南谯区民政局在全区所有敬老院的大门入口、食堂操作间和公共活动场所等安装了全覆盖的视频监控系统，敬老院可以随时通过监控视频掌握院内情况，南谯区敬老院管理服务中心可以通过网络随时检查。每个敬老院都制定了火灾应急预案，每年均联合区消防大队开展消防安全知识宣传和消防演练；在2016年完成对全区所有敬老院消防安全的整改、升级工作，确保了敬老院的消防安全无死角。加强食品卫生管理，严把食品采购、贮藏关，对每天的饭菜进行留样，保障食品安全。针对供养对象外出，实行严格的请销假制度，门卫要对所有进出人员询问登记，服务人员实行24小时值班制，值班表报区民政局备查。通过多管齐下、精细管理、立体防控，杜绝了安全事故的发生。近10年来，全区敬老院未发生过一起安全事故。

（六）统一资金管理

敬老院五保供养资金统一由南谯区民政局管理，各敬老院开设专户，实行报账制，每一张支出凭证必须手续齐全方可审批入账，确保所有资金全部用于老人生活。敬老院基础设施维修、办公费等纳入区财政预算，统一在区民政局列支。南谯区敬老院管理服务中心每月编制财务报表，在各敬老院院务公开栏进行公开，让五保老人监督资金使用，实现资金透明公开。

另外，南谯区采取多渠道筹措的方式，合理运用市场经济规律，在积极争取当地财政增加投入的同时，还积极动员社会资本的参与，充实敬老院建设、运营资金，为供养质量和水平的提升奠定了资源基础。

（七）统一规范管理

为推进敬老院规范化管理，实现典型示范的目标，南谯区选择基础条件好、服务质量高的 4 个中心敬老院严格按一级敬老院的标准进行规划建设，在硬件设施上，建筑面积、辅助设施、环境绿化等均达到预设标准；对敬老院的组织框架、安全管理、财务管理、日常采购、老人自治和员工招聘培训等方面做了统一规范。以典型示范的途径，带动敬老院的规范化建设、高水平发展。

三、结果与成效

南谯区探索实施的统一管理模式走出了一条具有南谯特色的公办养老机构发展新路，健全了五保供养网络，提高了五保供养水平。

（一）通过统一管理，健全了五保供养网络

南谯区通过统一管理模式，从硬件设施和运营过程两方面提升了五保敬老院的供养能力，健全了五保供养网络。在硬件设施方面，加强区级统筹，对老旧敬老院进行改建升级，同时动员政府和社会两种资金以高标准新建了多所具有示范效应的五保敬老院，为供养服务提供了有力的载体支撑。在运营过程方面，推出了统一集中管理、推进院民自治、推行人本管理、制定规范要求等创新举措，在人力资源、组织构架、服务规范、财物资源和平安建设等层面实施了统一管理，形成了一套兼具创新性和有效性的统一管理模式。

（二）通过统一规范，提高了五保供养水平

截至 2017 年 12 月，南谯区完成了 12 所敬老院和 7 所“五保老人之家”的新建、扩建和改建工作，新增建筑面积 7 000 平方米、床位 300 张，五保户集中供养率将突破

50%；通过组织框架、安全管理、财务管理、日常采购、老人自治和员工招聘培训等方面的统一规范，管理有度，服务到位，提高了供养水平，实现五保老人居养无忧；集中供养标准年人均也达到 1 788 元，超过了安徽省政府提出的 1 200 元的标准。优质的服务、创新的管理也获得了多种肯定，乌衣中心敬老院原院长殷德义荣获“全国模范敬老院院长”称号；乌衣中心敬老院荣获“全国模范敬老院”称号；施集敬老院荣获“全国民政系统行风建设示范单位”和“安徽省民政系统行风示范单位”称号；等等。

四、分析与讨论

南谯区实施的五保敬老院统一管理制度及其管理模式有以下两方面的特色和优势。

（一）创新管理模式，探索改革新路

五保供养制度可以说是我国社会救助体系中实施最早、持续时间最长的，作为公办养老机构的敬老院也经历了数十年的发展历程。如何更好地实施五保供养制度，深化公办养老机构改革等问题是亟须回答的新课题。针对发展难题和面临困境，南谯区提升统筹层次，成立南谯区敬老院管理服务中心，在区一级层面上对敬老院的建设、运营进行统一管理，既提高了供养资金的动员和筹措能力，又提高了敬老院的硬件建设和管理服务能力，走出了乡镇（街道）负责管理模式的困境，取得了积极成效。无论是在五保供养制度创新还是在公办养老机构改革方面，都形成了一条有示范价值的新路子。

（二）政府主导兜底，提升救助绩效

与社会化改革的“热举措”相反，南谯区以加强政府统筹管理、发挥政府主导功能等为手段。这一做法从表面上看似乎有悖于以简政放权为特征的深化改革趋势，但南谯区五保敬老院统一管理模式却有着不容忽视的合理性。

一是发挥了政府的“元治理”作用。治理体系现代化、多元化、社会化要求发挥社会力量的作用，以政府和社会良性互动、协同联动的方式提供公共服务。但这并不意味着政府的卸责和缺位，而是在良性互动和协同联动的模式中要求政府切实发挥元治理作用，包括远景规划、政策引导、资源支持、培养公益观念和形成共享观念等[12]。从这个角度看，南谯区的做法无疑与这种元治理思维一致，也与治理体系现代化的目标和趋势一致。

二是对于特困人员供养而言，如果能够引进有效的社会力量，实现充分竞争，自然可以提供数量更多、质量更高的服务。但就目前而言，社会力量的发育并不充分，需要政府通过加强管理的方式予以“兜底”。从这个角度看，南谯区的做法符合实际，具有现实针对性，也体现了政府主导、兜底保障的积极责任。

三是南谯区实施的敬老院统一管理模式仅适用于公办养老机构，仅针对五保敬老院来实施，并没有关闭社会力量参与特困供养以及其他救助工作的“大门”。这说明，统一管理模式具有开放性和适应性。开放性指的是其不否认社会力量的重要性，

相反还鼓励社会资金的投入，拓宽供养资源的来源；适应性指的是其与公共服务社会化改革的趋势并不相悖，在公办养老机构之外留有巨大的社会空间，供民办机构“大展身手”。

第四节　健全制度　健康脱贫
——黄山市休宁县“四保障一兜底”健康脱贫综合医疗救助制度[13, 14]

为打赢脱贫攻坚战，黄山市休宁县民政局将“健康脱贫工程”作为社保兜底脱贫工程的工作重点之一，在完善制度建设的基础上，以补短板、明职责、强问效等强有力措施的实施，扎实开展健康脱贫工程，助力精准扶贫。

一、背景与缘起

健康扶贫是打赢脱贫攻坚战、实现农村贫困人口脱贫的重大举措，是精准扶贫、精准脱贫基本方略的重要实践。因此，如何有效、有序开展健康脱贫工程成为社会救助工作中的重要一环。

在宏观层面上，没有全民健康，就没有全面小康。因病致贫、因病返贫是妨碍人民群众追求美好生活的重要因素。中共中央、国务院于 2015 年 11 月 29 日颁布的《中共中央国务院关于打赢脱贫攻坚战的决定》明确提出，要开展医疗保险和医疗救助脱贫，实施健康扶贫工程，努力防止因病致贫、因病返贫现象。

在微观层面上，医疗救助是社会救助体系中的有机构成，疾病支出也是引发人民群众生活困难、抗逆力脆弱的最主要原因。对于本就处于急难之中的特殊群体（如重度残疾人、三无老人、孤儿等贫困人口），在大病面前更显脆弱。因此，有效应对因病致贫、因病返贫现象，充分实现社会救助与健康脱贫工作的有机衔接，是非常重要的。为此，黄山市休宁县以“完善制度”为抓手，积极实施健康脱贫工程。依据上级有关政策精神，休宁县结合本地实际情况，出台了一系列制度文件，如《休宁县人民政府关于健康脱贫工程的实施意见》《休宁县农村贫困人口综合医疗保障制度实施方案》《休宁县农村贫困人口商业健康补充保险实施方案》《休宁县农村贫困人口慢性病门诊补充医疗保障实施方案》《休宁县农村贫困人口综合医保资金保障和监督管理实施细则》《休宁县健康脱贫兜底“351”工程实施办法》等，从制度层面全力支持健康脱贫工程的顺利实施。

二、措施与手段

休宁县健康脱贫工程紧紧围绕精准扶贫、精准脱贫基本方略，突出解决农村建档立卡贫困人口因病致贫、因病返贫问题。在具体工作开展的过程中，更加注重制度体系建设、注重协调统筹和整合多方资源，采取有效措施提升贫困人口的医疗救助和保障水平。

（一）严规范，健全救助制度体系

休宁县健康脱贫工作是由县民政局牵头组织，协同休宁县卫生和计划生育委员会共同实施开展。县卫生和计划生育委员会负责具体实施、审批工作，县民政局依据审批结果发放资金。依据上级相关政策与文件的精神与要求，结合工作实际，休宁县相应出台了六份政策文件，健全了健康脱贫的制度体系。

第一，出台《休宁县人民政府关于健康脱贫工程的实施意见》。该意见明确提出“健康脱贫工程”要以“政府主导、各方联动；多措并举、综合保障；防治结合、精准施策；统筹兼顾、共享发展”为基本工作原则。以“提高综合保障水平、优化医疗服务、加强疾病防控、加强医疗卫生服务能力建设”为主要任务。以原则为指引，以目标为导向，以任务为抓手。以“五加强”即“加强组织领导、加强部门协作、加强资金保障、加强监督考核、加强宣传引导”为基本措施，全面保障健康脱贫工程的顺利实施。

第二，出台《休宁县农村贫困人口综合医疗保障制度实施方案》。为确保休宁县农村建档立卡贫困人口综合医疗保障政策落到实处，该实施方案明确了保障对象、保障政策（保障内容）、保障资金管理（资金来源、结算等）、保障工作管理等内容，为农村贫困人口实现综合医疗保障奠定了制度基础。保障对象即为扶贫部门确认的农村建档立卡的贫困人口；保障政策包括资助参保、基本医保（门诊补偿、住院补偿、重大疾病按病种付费）、大病保险、商业健康补充保险、医疗救助、政府兜底等；保障资金包括资金来源、资金结算（贫困人口医药费用“一站式”结算、机构垫付医保费用定期结算）；保障工作管理包括领导与实施主体、工作宣传、考核监督、档案管理等。

第三，出台《休宁县农村贫困人口商业健康补充保险实施方案》。该方案是《休宁县农村贫困人口综合医疗保障制度实施方案》的补充性文件，旨在通过金融保险的方式为“因病致贫、因病返贫”问题提供更高层次的保障。该方案明确了参保对象、筹资标准及其负担办法、补偿标准与措施、承保机构选择及其管理方式、理赔结算方式等内容。具体而言，参保对象是扶贫确认的农村建档立卡贫困人口。保险资金从健康脱贫医疗专项补助资金中列支，保费标准为每人每年90元，市、县财政暂按2∶8的比例负担，以后根据具体情况对筹资标准与负担份额进行动态调整。补偿措施包括补偿顺序、保险范围、补偿标准、保障时限等内容。承保机构通过定向谈判或竞争性磋商方式确定，以合同契约的方式明确保险费的交付、运营费用的核定、违约责任、补偿标准和保障时限等内容。理赔结算包括未实现“一站式”结算前结算程序和实现“一站式”结算后按照“一站式”结算有关规定和程序办理两方面。该方案从商业保险角度为休宁县农村贫困人口健康保险提供了强有力的补充，也是休宁县针对健康脱贫的创新举措之一。

第四，出台《休宁县农村贫困人口慢性病门诊补充医疗保障实施方案》。该方案在“四保障一兜底”政策基础上（“四保障一兜底”政策即新农合基本医保、新农合大病保险、农村贫困人口商业健康补充保险、城乡医疗救助、政府兜底保障），进一步提高建档立卡贫困人口慢性疾病医疗保障待遇和水平。该方案明确指出保障对象为贫困人口中的慢性病患者，包括常见慢性病和特殊慢性病患者；保障内容包括诸多方面，其中特别强调贫困人口慢性病患者 1 个年度内门诊医药费用，经“四保障一兜底”综合医保补偿后，剩余合规费用由补充医保再报销80%，即“180补充医保”。该方案还对该项工作的运行方式、资金管理、责任主体、监督考核等内容进行了明确。

第五，出台《休宁县农村贫困人口综合医保资金保障和监督管理实施细则》。为加强农村建档立卡贫困人口综合医保资金的使用管理，压实资金管理责任，提高资金使用效益，结合休宁县实际，县财政局、县民政局、县人力资源和社会保障局、县卫生和计划生育委员会、县扶贫办联合制定了该实施细则。该实施细则对综合医保资金筹集、拨付管理、监督管理等进行了详细规定，对农村贫困人口综合医保资金的监督管理机制进行系统设计。

第六，出台《休宁县健康脱贫兜底“351”工程实施办法》。该实施办法旨在建立基本医保、大病保险、商业补充保险、医疗救助、政府兜底保障等制度相互衔接的贫困人口综合医疗保障体系，有效解决“因病致贫、因病返贫”问题。该实施办法对健康脱贫兜底“351”工程的目标任务、实施内容、保障措施、部门职责、监督考核、控费机制、宣传引导等进行了规定，以确保建档立卡贫困人口实现健康脱贫兜底保障，贫困人口因病致贫、因病返贫问题得到有效控制。健康脱贫兜底“351”工程在本书第五章第二节已有详细介绍，因此这里不再赘述。

（二）明职责，部门协调合力推进

休宁县人民政府充分调动各职能部门的积极性，明确职责、统筹推进。扶贫部门负责贫困人口的申报、审核和审批；卫生计生、人社部门负责贫困人口城乡居民医保的申报、审核和审批；民政部门负责医疗救助和健康脱贫兜底“351”工程保障费用申报、审核和审批；财政部门负责资金的筹集保障和监督检查。各部门分工明确、职责清晰、协同合作，确保了全县健康脱贫工程的有效实施。

（三）求实效，健全配套管理制度

休宁县卫生和计划生育委员会2016年10月编制的《健康扶贫助力精准扶贫工作总结报告》指出，为确保休宁县农村建档立卡贫困人口综合医疗保障政策落到实处，实现精准扶贫与社会救助的有效衔接，实施了多项有效举措：一是精准识别。为确保每位贫困人口信息的准确性，休宁县卫生和计划生育委员会对全县建档立卡贫困人口逐一进行信息核实确认，确保“不漏保也不错保”。二是精准施策。开展建档立卡农村贫困人口疾病情况调查，准确了解全县贫困人口的患病情况、家庭情况等。根据调查结果制定了《休宁县卫生计生委健康脱贫行动计划》，明确了时间表和具体责任科室，精准施策，有序推进各项工作。三是开展签约服务。为每个贫困家庭户确定一名家庭医生提供签约服务，提供有针对性的、零距离的健康干预、基本公共卫生、基本医疗、健康管理等健康服务。四是免收医保参合金。为全县建档立卡贫困人口全额代缴 2017 年度新农合参合金。五是开发信息结算系统。设计开发了“一站式”信息交换和即时结算服务系统，建档立卡贫困户在医疗机构住院后可通过“一站式”信息交换和即时结算服务系统一次性完成新农合补偿、大病保险结算、医疗救助和政府兜底保障，以智慧化的方式，为贫困人口及时享受健康脱贫政策提供了极大的便利。六是加强监督。健全绩效考评与责任追究机制，严防挤占、挪用、套取公共资金等违规违纪违法行为发生；利用信息化手段，实施健康脱贫资金智能审核和实时监控，提高监管的精准水平。七是加强政策宣传。通过印发宣传材料、悬挂横幅、上门面对面走访、网站公告等多种形式，全方位、多层次宣传健康脱贫政策、举措等，营造支持健康脱贫的积极氛围。

三、结果与成效

经过探索，休宁县建构形成“四保障一兜底”健康脱贫综合医疗救助制度体系，及时足额地兑现各类补偿，最大限度地减轻了贫困人口的医疗支出负担，健康脱贫工程成效明显。

（一）形成了“四保障一兜底”健康脱贫综合医疗救助制度体系

在省级健康脱贫“三保障一兜底”的基础上，休宁县还为全县所有建档立卡贫困户投保参加商业健康补充保险，形成“四保障一兜底”的保障体系，即新农合基本医保、新农合大病保险、商业健康补充保险、城乡医疗救助和政府兜底保障。同时，休宁县还为贫困人口支付家庭医生有偿签约服务中个人承担的费用，确保每个贫困家庭户有一名家庭签约服务的乡村医生；还为全县建档立卡贫困人口全额代缴新农合参合金。通过这些举措，切实织密筑牢了贫困人口健康兜底保障网。

（二）有效解决建档立卡贫困人口“因病致贫、因病返贫”问题

综合医保落实到位，按时兑现各类补偿，有效解决了建档立卡贫困人口“因病致贫、因病返贫”问题，最大限度减轻了贫困人口的医疗支出负担，降低了支出型贫困发生的风险。据统计，2017 年 1~8 月贫困人口住院 1 639 人次，总医药费 1 179.06 万元，兑现各类补偿金额共计 1 019.51 万元（新农合基本医保 763.92 万元、新农合大病保险 78.78 万元、城乡医疗救助 112.81 万元、农村贫困人口商业健康补充保险 59.5 万元、政府兜底保障 4.5 万元），住院总补偿比 86.47%；贫困人口门诊 27 427 人次，总医药费 324.08 万元，兑现各类补偿金额共计 285.46 万元（新农合基本医保 252.1 万元、新农合大病保险 1.37 万元、农村贫困人口商业健康补充保险 3.88 万元、城乡医疗救助 20.22 万元、政府兜底保障 0.39 万元、“180”保障 1 320 人次 7.5 万元），门诊总补偿比 88.09%。累计直接救助建档立卡贫困人口 5 134 人次，发放健康脱贫补助资金 117.77 万元。

四、分析与讨论

休宁县在推进健康脱贫的过程中，具有三方面值得肯定的突出特征：一是强调制度

的规范作用，形成了相互衔接、明确具体的健康兜底保障制度体系；二是追求工作创新，用金融保险和“互联网+”两种手段提供创新性的救助服务；三是实施温情服务，以精细化的管理手段为贫困人口提供贴心服务。

（一）用明文制度构建健康兜底保障体系

休宁县在搭建“四保障一兜底”的健康脱贫体系时，制度先行，以完善的制度规定、系统的制度体系来明确保障对象、保障范围、保障标准和保障程序等内容。每一项保障措施都有具体明确的制度规范，先后出台了《休宁县人民政府关于健康脱贫工程的实施意见》等六份政策文件，有效规范了健康脱贫工作，推动了健康脱贫成效。这是休宁县健康兜底保障工作最突出的亮点。

（二）用有效创新助力健康兜底保障工程

在实施健康兜底保障工程的过程中，休宁县还有效运用了商业金融方式和“互联网+”手段。例如，在“四保障一兜底”保障体系中，新农合基本医保、新农合大病保险、商业健康补充保险都运用了金融保险手段，尤其是休宁县创设新增的“商业健康补充保险”，更是提升了健康扶贫力度，提高了贫困人口医疗支出的补偿率。休宁县还注重利用信息化手段实施健康脱贫政策。例如，设计开发了“一站式”信息交换和即时结算服务系统，使保障对象可一次性完成新农合补偿、大病保险结算、医疗救助和政府兜底保障；开发网络工作平台，做实健康脱贫资金的智能审核和实时监控，以“互联网+”的方式提升了健康脱贫效果。

（三）用贴心服务推动健康兜底保障工作

除了制度规范和智慧管理之外，休宁县的健康脱贫工作还很有“温度”，这也是社会救助工作所应有的基本特性。例如，为贫困人口支付家庭医生有偿签约服务中个人承担的费用，为全县建档立卡贫困人口全额代新农合参合金，以政府的温情资金支持“削平”了贫困人口获取健康服务的基本门槛。又如，开展建档立卡农村贫困人口疾病情况调查，全面精准掌握贫困人口信息；通过“一站式”信息交换和即时结算服务系统为医疗救助提供便利等，以精细化的管理方式为贫困人口提供贴心的保障服务。这本身也意味着拓展了社会救助工作的领域，丰富了社会救助服务的内涵。

参考文献

[1] 诺斯 D C. 制度、制度变迁与经济绩效[M]. 杭行译. 上海：格致出版社、上海三联书店、上海人民出版社，2008：3.

[2] 课题组. 合肥市庐阳区民政局访谈记录[Z]. 2017-10-13.

[3] 合肥市庐阳区民政局. 精确认定 完善制度 规范管理——合肥市庐阳区低保对象精确认定及低保制度规范完善工作成果[R]. 2017-10.

[4] 课题组. 合肥市庐阳区民政局访谈记录[Z]. 2017-10-13.

[5] 庐阳区民政局. 精确认定 完善制度 规范管理——合肥市庐阳区低保对象精确认定及低保制度规范完善工作成果[R]. 2017-10.

[6] 合肥市庐阳区大杨镇. 合肥市庐阳区大杨镇低保工作视频宣传资料[Z]. 2017-11.

[7] 古特曼 A，汤普森 D. 民主与分歧[M]. 杨立峰，葛水林，应奇译. 北京：东方出版社，2007：24.

[8] 弗雷德里克森 H J. 公共行政的精神（中文修订版）[M]. 张成福，等译. 北京：中国人民大学出版社，2013：89.

[9] 刘欣. 功能整合与发展转型：精准扶贫视阈下的农村社会救助研究——以贵州省社会救助兜底扶贫实践为例[J]. 贵州社会科学，2016，（10）：18-23.

[10] 课题组. 滁州市南谯区民政局访谈记录[Z]. 2017-10-12.

[11] 滁州市南谯区民政局. 立足区情，抢抓机遇，推进五保供养工作跨越发展[R]. 2017-10.

[12] 登哈特 J V，登哈特 R B. 新公共服务：服务，而不是掌舵[M]. 丁煌译. 北京：中国人民大学出版社，2014：84.

[13] 课题组. 黄山市休宁县民政局访谈记录[Z]. 2017-9-21.

[14] 黄山市休宁县卫生和计划生育委员会. 健康扶贫助力精准扶贫工作报告[R]. 2016-12.

第十三章　“内涵+”与社会救助体系拓展

人们对美好生活的追求和需要包括多个层次，既有物质层面的，也有精神层面的。多层次的需求源于人们内心的多重动机，这是无法质疑的事实[1]。这种事实要求我们大力拓展社会救助的内涵，实现由“传统的、单一的物质和现金救助”转向“物质保障、生活照料、精神慰藉、心理疏导、能力提升和社会融入相结合的综合援助”[2]。2014 年以来，芜湖市弋江区的“非物质救助”实践、宿州市的“健康兜底救助”实践、六安市的“因灾倒房重建”救助实践和“防灾备灾”实践、亳州市的“最低生活保障制度与扶贫开发政策衔接”实践和“政府购买失能特困老人托养服务”实践等都是拓展社会救助内涵的典型。

第一节　内涵拓展　心暖花开
——芜湖市弋江区“非物质救助”实践[3~8]

用通俗的话说，贫困人口需要的不仅仅是“一碗米”，而是营养全面、科学搭配的“套餐”。“一碗米”更多的是在救助覆盖面（救助对象数量）和物质救助的层面上展开的，而“套餐”则秉持的是提高救助质量、拓展救助内涵的理念，是一种多层次、高水平的救助定位。社会救助的“套餐”中，不仅要包括物质层面的内容，还应包括非物质层面的服务，只有坚持物质救助与“非物质救助”两手抓，才能满足困难群体的基本需求，实现其对美好生活的综合追求。芜湖市弋江区积极探索了“非物质救助”工作机制，搭建了“非物质救助”实施载体，提供了多层次、多样化的“非物质救助”服务。

一、背景与缘起

弋江区“非物质救助”工作模式的形成，源于三种动力：一是试点推动；二是需求策动；三是职责联动。

（一）试点推动

2012 年，民政部印发《关于开展社会救助服务内涵拓展试点工作的通知》，芜湖市弋江区被确定为试点单位。在实施试点过程中，戈江区在救助理念上变单一救助思维为综合救助思维，在内容上追求单一救助向多元、多层救助转变，在主体上追求政府单一救助向政府、社会组织、社区多元主体协同救助转变，在方式上追求物质救助向物质救助和“非物质救助”兼顾转变。在试点推动和积极探索下，弋江区形成了体系完备、操作有序的“非物质救助”机制。

（二）需求策动

在日常的社会救助工作过程中，弋江区社会救助管理部门工作人员发现，困难群体的种类是多样的，需求也是多样的，除了提高资金救助额度和救助频次外，还需要形成“非普惠”的个性化帮扶措施和救助政策，实施分类管理，开展分类服务。基于此，弋江区在充分搜集、分析困难人群需求的基础上，探索社会救助的新内涵、新领域和新举措，开展了既有综合性又有针对性的“非物质救助”工作。

（三）职责联动

社会组织是社会主义现代化建设的有机构成力量，也是共建共治共享社会治理格局中不可或缺的构成要素。因此，改革社会组织管理制度、创新社会组织建设举措、促进社会组织健康有序发展是加强社会建设的关键内容。民政部门作为社会组织的登记管理机关，在推动社会组织发展、激发社会组织活力方面负有不可推卸的责任。

同时，民政部门作为最主要的社会救助管理部门，有责任促进社会救助由“单一保障型”向“多层服务型”转变，在社会救助工作中发挥专业社会组织的力量（如专业社会工作机构、志愿服务机构、养老机构、公益慈善类服务机构），实施多层次、多样化的“非物质救助”。

概言之，为社会组织拓展功能空间和生存空间，为社会救助拓展服务内涵和服务层次，都是民政部门的职责。弋江区将两者衔接起来，组合发力，探索了以政府引导支持和社会组织功能发挥有机结合的“非物质救助”工作模式。

二、措施与手段

弋江区探索实施的“非物质救助”工作模式主要由三部分构成。

（一）搭建爱心联盟，培育服务主体

“非物质救助”工作需要以专业、有力的服务载体为基础。弋江区首先搭建了开展“非物质救助”的主体网络。

首先，民政部门作为社会组织和社会救助的管理部门，担负方向引导、资金支持、渠道建设的职责。

其次，村（社区）作为“非物质救助”的落地载体，配合民政部门和社会组织实施服务，包括“非物质救助”政策宣传、场地提供、需求信息搜集与沟通、志愿者组织等。

最后，社会组织作为“非物质救助”的专业提供者，综合运用个案工作、小组工作、社区工作、社会工作行政、社会工作督导等专业方法，为困难群体提供技能培训、精神慰藉、心理疏导、社区融入、亲情陪伴、能力发展等具体的“非物质救助”服务[4]。

最值得强调也是最关键的是，弋江区以“政府推动支持、组织合作发展、服务公益民生”模式搭建了“心暖花开公益联盟”。该联盟于2013年初成立，最初作为民政部门支持、主导的工作平台，旨在整合分散的社会爱心协会、社会团体和社工机构，打造统一协调的广覆盖、多层次、同步调、高效能的“非物质救助”服务载体。经过两年的发展，该联盟正式更名为“弋江区心暖花开社会组织联合会”，并注册为社会团体，以独立法人方式运作，功能也略作拓展——除了整合现有社会服务资源、提供“非物质救助”服务行动外，还担负公益慈善社会组织的孵化培育、组织实施公益创投、独立第三方评估等功能。“心暖花开公益联盟”或弋江区心暖花开社会组织联合会开展了如下五方面工作[8]：一是建立“‘心暖花开’公益传播网”，宣传公益慈善事业、宣介优秀社会组织及其服务项目、推送“非物质救助”服务信息，为“非物质救助”工作和社会组织发展营造有利的公益氛围和社会生态。二是协调政府、村（社区）和社会组织的关系，链接“非物质救助”资源，推动“非物质救助”服务在村（社区）切实落地。三是推动党建引领与服务，通过建立联合党支部、实施智慧党建等方式推动社会组织党建，以党建引领“非物质救助”工作。四是为社会组织提供培训、督导等服务，提高社会组织的内部治理、项目管理、财务管理、人力资源管理、专业服务方法与理念、资源拓展、公益精神与慈善文化培育、公信力建设等方面的能力，支持引导社会组织更好地开展家政服务、扶贫助困、照料残疾人、社区免费服务、探望老兵、爱心助学、义务支教等“非物质”服务。五是搭建互相支持网络，在联合会内部搭建组织间的交流互动网络，诸如：联合开发、申报服务项目；组织开展服务经验分享、工作方法交流等活动，促进各社会组织之间相互学习、共同成长；推动各组织间在人、财、物等方面的资源共享与合作，更好地提供“非物质救助”服务。

与“心暖花开公益联盟”工作理念相似的还有“弋江区居家养老服务指导中心”。在弋江区民政局的指导、支持下，该中心于2016年5月20日成立，并委托给民办非企业单位——芜湖探索健康养老服务中心运营。该中心以居家养老服务为范围，旨在为弋江区已建成的16家居家养老服务中心（即日间照料中心）提供指导服务。据悉，该中心“主要负责规范全区日间照料中心的服务、管理和评估”；“负责起草弋江区日间照料中心服务标准，指导全区日间照料中心按照规范进行管理和提供养老服务”。可见，该中心具有行业管理和自律的功能，通过专业督导、标准研究、机制创新、规范服务等来提高养老服务的质量水平，也为失能老人供养、护理提供了专业的载体基础。在很大程度上可以说，成立“心暖花开公益联盟”和“弋江区居家养老服务指导中心”都是弋江区“非物质救助”工作的创新举措[7]。

（二）固化参与渠道，建立长效机制

为使“非物质救助”工作制度化、常态化和规范化，弋江区还建立了社会组织参与社会救助的固定渠道，形成了社会组织提供“非物质救助”服务的长效机制。

第一，服务购买机制。通过区财政（市财政也给予部分支持）设立常态化的“非物质救助”服务购买预算，以竞争性磋商的方式“招标”，由社会组织提供具体服务。有代表性的项目有：芜湖阳光爱心协会承担的“爱·护航”孤儿关怀服务项目、芜湖市弋江区爱邻社会工作服务中心承担的“精神慰藉”社会救助服务项目、芜湖民间爱心群协会承担的“爱心传递”社会工作介入社会救助服务项目、芜湖心连心爱心协会承担的“心手相连·弱势群体帮扶”项目、芜湖市志华爱心团队承担的“三无老人陪护”项目等。内容涉及孤儿关怀、困难群体精神慰藉、社会工作介入服务、三无老人陪护等。“心暖花开公益联盟”和“弋江区居家养老服务指导中心”的日常运营及其提供的“非物质救助”服务也都是通过政府购买服务的方式展开的。

另外，芜湖市民政局也设置了具有延续性的社会救助购买服务项目，弋江区民政局通过支持区级社会组织或引入市级社会组织的方式为弋江区提供“非物质救助”服务，既拓宽了弋江区社会组织的参与渠道，又扩大了“非物质救助”资源的支撑数量。芜湖市开展实施的延续性社会救助购买服务项目有：“情暖夕阳”困境老人群体服务、“星星有你”孤独症家属支援服务、“童享蓝天”农村留守儿童社会工作服务和城市流动儿童社会工作服务、“共享阳光”社会救助群体社会工作服务、流浪乞讨滞留人员寻亲、心理疏导和行为矫治服务等，芜湖市新希望社会工作服务中心、芜湖市弋江区爱邻社会工作服务中心等一批社会组织通过竞争获得实施资格，并在弋江区实施了这些“非物质救助”项目。

第二，公益创投机制。2017 年 10 月，弋江区民政局将公益创投项目与“非物质救助”工作衔接起来，在全市县区一级首次举办公益创投项目申报工作，投入资金近 40 万元，批准 11 个社会组织申报的 12 个项目。这些项目主要以照护服务、心理慰藉、教育支持、精神救助和能力救助等为内容，重点针对老年人、妇女儿童、残疾人、困难家庭、严重精神障碍患者、社区矫正人员等特定群体实施救助。以公益创投助推“非物质救助”，不仅可以拓展社会救助工作的内涵，还有效地吸纳了社会组织专业人才和专业服务技术的介入，提高了社会救助服务效果。同时，也为社会组织参与社会救助提供了便利通道。例如，弋江区尊纳特殊人士服务中心承担了公益创投项目“尊纳积善——老人、残疾人居家服务”，该项目以所在社区的 24 位重度老年残疾人为对象，提供如下服务：居家卫生、理发洗发、洗衣织补、康复训练、帮厨、代购、精神慰藉、社会融入和资源链接等。弋江区滨江社区微服务社会组织联合会承担了公益创投项目“情暖夕阳，爱满滨江”，该项目旨在为所在社区 30 位困境老人提供有针对性的、专业化的社会工作服务，如生活照料、紧急救援、社区参与、社会融入和心理疏导等。弋江区食尚社区居民健康服务协会承担了公益创投项目“关爱社区中老年人身心健康服务活动”，该项目以所在社区的困境中老年人为对象，以爱心募捐、健康讲座、专业护理、文化供给等为内容，向困境中老年人提供温情服务。

第三，独立评估机制。为保证服务购买项目和公益创投项目资金真正用于“非物质救助”，提高资金的使用效率和质量，弋江区针对两类项目制定了独立评估机制，委托“弋江区心暖花开社会组织联合会”，聘请高校专家、业界领军人物担任评委，对项目的服务质量与数量、经费的使用、落地社区和服务对象的反馈等进行评价，督促项目有效实施。独立评估有两种：一是中期评估，通过中期评估者，拨付后期经费；二是终期评估，通过终期评估者，项目方可结项，项目承接者才能承接新的同类项目。另外，弋江区还将项目评估结果与社会组织征信建设机制相衔接。

第四，教育培训机制。弋江区民政局通过多种方式提升社会组织的项目管理能力，与全国社会组织教育培训基地（安徽师范大学）签订战略合作协议，定期对承接项目的社会组织展开业务培训。培训方式多样，包括专家讲授、组织间经验分享、观摩学习等；培训内容针对性强，包括项目申请书撰写、“非物质救助”需求搜集与分析、项目设计技巧、经费管理与使用实务、项目实施方法、项目风险识别与防控等。

（三）实施“三社联动”，实践服务落地

首先，将三社联动作为“嵌入式”要求。每一个服务购买项目都有两个基本要求：通过社工和义工“两工互动”，至少为载体社区培养一支志愿者队伍；为救助对象构建社区和社会支持网络，提升自助与互助能力。在公益创投项目申报书中，专设“载体单位意见”栏目，要求载体单位（即社区居委会或村委会）明确签署项目合作实施意见，并加盖公章。

其次，加强社区社会组织建设。积极落实芜湖市民政局自 2015 年开始启动的“社区社会组织摇篮”孵化项目，发展枢纽型、支持型社区社会组织（即社区社会组织联合会），为社区社会组织搭建综合性服务平台，提高社区公益性、服务性社会组织的发展速度和服务能力，借此加强以社区为平台、社会组织为载体、社会工作专业人才队伍为骨干的“三社联动”机制建设。芜湖市民政局和中共芜湖市委组织部联合发布的《关于进一步开展社区减负增效工作的通知》（芜民基〔2016〕102 号）对这一工作进行了详细规定。

最后，立足基层社区开展“非物质救助”项目[8]。在设计“非物质救助”项目的过程中，就要求社会组织注意与村（社区）结合——与村（居）委会一同开展需求调查与分析，共同论证项目实施方案；分析论证村（社区）在场地、志愿者以及服务对象等方面的支持程度。在实施“非物质救助”项目的过程中，项目实施方要在救助对象遴选、服务时点选择等方面与村（居）委会紧密配合，形成合力；要通过“两工互动”，为社区培育志愿者队伍；面向社区构建困难群体的支持网络，提升基层的互助意识和能力。在“非物质救助”项目评估验收的过程中，评估方要全面听取村（居）委会对项目过程、效果等的评价，获取救助对象的获得感、满意度等信息。立足基层社区展开服务的做法提升了“非物质救助”的实效，推动服务真正地落地、扎根。

三、结果与成效

经过几年的探索与实践，弋江区的“非物质救助”工作取得了积极进展，也产生了多方面的积极效应，包括如下四个方面。

（一）夯实了“非物质救助”载体基础

自2012年实施社会救助服务内涵拓展试点工作以来，弋江区不仅在区级层面上形成了“弋江区心暖花开社会组织联合会”和“弋江区居家养老服务指导中心”两个枢纽型、支持型的“非物质救助”服务载体，而且三分之二以上的社区都建立了社区层面的枢纽型社会组织即“社区社会组织联合会”。通过这些载体的搭建，培育了一大批公益慈善类社会组织，实现了社会组织发展的“倍乘效应”。更为重要的是，这一举措为“非物质救助”服务夯实了载体基础，保证了“非物质救助”的可持续开展。

（二）形成了“非物质救助”示范项目

通过近年来的“非物质救助”实践，结合困难群体的需求，弋江区形成了多个具有品牌效应、示范效应的项目，如芜湖心连心爱心协会的“芜湖爱老兵”项目、芜湖市弘德社会服务中心的“社区由你而升温”项目、芜湖市弋江区爱邻社会工作服务中心的“残障群体增能”项目、弋江区中央城社区五心服务社会组织联合会的“党建孵化”项目等。这些有特色的服务品牌不仅切实地提供了“非物质救助”，还形成了示范推动效应，弘扬了社会正能量。

（三）丰富了“非物质救助”服务内涵

据不完全统计，2012年试点工作实施以来，由弋江区民政部门通过政府服务购买和公益创投而实施的“非物质救助”项目，或在弋江区支持下争取获批的省市服务购买和公益创投项目，共计超过100项。项目服务对象包括重度残疾人、老兵、失能特困老人、留守流动儿童、流浪乞讨人员、孤独症家庭等。服务方法包括个案工作、小组工作、社区工作、社会工作行政和社会工作督导等，以多元方法优化组合的方式提高了“非物质救助”的针对性、专业性和高效性。服务内容包括心理疏导、精神慰藉、亲情陪护、社会融入、志愿者服务、就医陪伴、资源链接、宣传倡导、家庭关系改善、构建社区和社会支持网络等。通过项目的实施，满足了不同对象的多层次、多样性需求，拓展了救助服务内涵、提升了社会救助工作的整体水平。

（四）构建了“非物质救助”工作体系

弋江区在社会救助内涵拓展方面最大的成果当属其构建了要素完备、实施有效的“非物质救助”工作体系。在主体方面，包括政府、枢纽型社会组织、服务性社会组织、村（社区）、志愿者等在内，它们在不同的层面上发挥着不同的功能，为“非物质救助”奠定了载体基础。在机制方面，建构了服务购买机制、公益创投机制、独立评估机制和教育培训机制，并将“非物质救助”工作与三社联动机制衔接，为“非物质救助”提供了制度保障，畅通了服务渠道。在内容方面，以各级各类项目为依托，以各种专业服务方法为路径，救助内容丰富、形式多样、方式灵活，满足了困难群众在心理、日常护理、社会关系等方面的需求。

四、分析与讨论

弋江区“非物质救助”实践具有四个鲜明的值得肯定的特色：多层协同、要素齐全、乘数发展和服务导向。

（一）多层协同

弋江区“非物质救助”工作具有“多层协同”的特色。一方面，要素协同，指的是政府、枢纽型社会组织、服务性社会组织、村（社区）、志愿者等多种服务主体的协同，以多方参与、多主体联动的方式提供救助服务，实现优势互补。另一方面，功能协同，指的是将“救助内涵拓展”和“社会组织建设”有机衔接起来，既通过“非物质救助”工作拓展了社会组织的功能和生存空间，推动了社会组织建设；又发挥了社会组织“于细微处见精神”的服务功能和专业优势，夯实了“非物质救助”的载体基础，切实有效地拓展了社会救助的内涵。一般意义上的协同都是在“要素协同”的层面上展开的弋江区的“功能协同”赋予了“要素协同”以新的内涵，也为共建共治共享社会治理格局的打造探索了一条新路径。

（二）要素齐全

弋江区构建的“非物质救助”工作体系之所以有效，主要是因为其具备要素齐全的特性。既包括有机协同、优势互补的主体要素，又包括内容系统、有机衔接的制度要素，还包括指向明确、针对性强的项目体系、服务内容和工作方法等要素。正是其所具备的要素齐全特性，才保证了其成效。

（三）乘数发展

弋江区在构建“非物质救助”工作体系时还有一个重要的创新性特征，那就是“乘数发展”。具体表现在两方面：一是在载体培育过程中，成立“弋江区心暖花开社会组织联合会”“弋江区居家养老服务指导中心”以及众多“社区社会组织联合会”等枢纽型、支持型社会组织，既有助于实现资源整合、共同行动，提高了服务效果，又有助于一般的服务性社会组织的培育，形成了“以一带多”的倍乘效果。二是在政府购买服务的要求中，将社区志愿者队伍培育、社区和社会支持网络构建等“嵌入”服务需求中，提升了基层的自救互救能力，这也是“非物质救助”服务倍乘增长的基础。

（四）服务导向

对于社会救助的功能定位不同，就会产生不同的实践方式和救助内涵。一般而言，社会救助具有如下五类功能：一是保生存、保稳定取向，将社会救助作为困难群体基本生活的兜底保障举措，借此维持整个社会的稳定。在这种功能取向下，往往以物质救助为主，救助层次相对较低。二是反贫困取向，将社会救助作为社会保障体系中的重要内容，旨在对处于急难和贫困状态的群体提供救助，缓解和防止贫困。这是社会救助最基础的目标，但绝非全部目标。三是公平取向，将获得救助作为公民的基本权利，旨在通过救助举措使处于急难和贫困状态的人群获得正常的生存和发展机会。换言之，社会救助制度是维护公民权利的制度，社会救助行动是实现公民权利的行动。因此，被救助对象在主体性、道德上不应被边缘化、污名化。四是收入调节取向，将社会救助作为再分配手段，在保障急难和贫困群体基本生活的基础上调节贫富差距，防止严重的阶层分化，使贫富差距居于合理水平。五是服务取向，“社会救助在通过制度瞄准以及物质帮扶保障公民基本生存、发展权利，实现缓解和消除贫困的制度目标和功能取向外，还包括以提供社会服务的形式来满足特定群体尤其是弱势群体的基本生活需求。社会救助的服务取向不仅是建立和完善新型社会救助体系的题中之义，也是社会公众需求差异化、多元化的现实要求”[9]。在服务取向中，社会救助不仅包括物质救济，更重要的是提供有针对性的非物质服务，扩大救助对象的社会支持网络、改善救助对象的生活环境、满足救助对象的具体需求，使救助对象感到生活的希望和社会的温暖。弋江区的社会救助实践具有强烈的服务导向，不仅诠释了社会救助应有的丰富内容，而且彰显了社会救助应有的功能属性，更具发展性和积极性，突破了传统偏狭的社会救助理念，拓展了社会救助的内涵。

第二节　有机衔接　精准扶贫
——亳州市衔接农村低保制度与扶贫开发工作[10]

《关于做好农村最低生活保障制度与扶贫开发政策有效衔接的指导意见》（国办发〔2016〕70 号）和《关于做好农村最低生活保障制度与扶贫开发政策有效衔接的实施方案》等政策文件，均指出“对符合农村低保条件的建档立卡贫困户，按规定程序纳入低保范围；对符合扶贫条件的农村低保家庭，按规定程序纳入建档立卡范围；对不在建档立卡范围内的农村低保家庭、特困人员，各地统筹使用相关扶贫开发政策”。最低生活保障制度以生活救助为主旨，保障贫困人口维持生存；扶贫开发以能力提升为重心，意在促进发展，二者相辅相成、相互促进、相得益彰[11]。农村最低生活保障制度和扶贫开发政策有效衔接是在“十三五”期间打赢脱贫攻坚战实现全民奔小康的重要举措，是

2020 年实现“绝对贫困现象基本消除”的制度选择，也是发挥农村最低生活保障制度在精准扶贫中的兜底保障作用，提升政府精准扶贫整体水平的具体体现。亳州市从贫困治理战略的视角出发，“应扶尽扶、应保尽保”，采取多种举措推动农村最低生活保障制度和扶贫开发政策的有效衔接，实现“低保”的“保底”功能。

一、背景与缘起

将农村最低生活保障制度和扶贫开发政策有效衔接、协调推进，不仅是实现国家扶贫开发战略的需求，也为解决农村最低生活保障家庭、特困供养人员、五保家庭的生存与发展问题增添了新的渠道。

（一）低保与扶贫政策衔接是实现国家精准扶贫战略的需求

亳州市位于安徽省西北部，经济基础相对薄弱，脱贫攻坚任务较重。亳州市下辖的三县一区全部是省级以上扶贫开发重点县区，其中，利辛县是国家扶贫开发重点县，属大别山片区县，涡阳县、蒙城县和谯城区是省扶贫开发重点县，属皖北片区县。为加快“打赢脱贫攻坚战”，需要精准施策、综合施策。扶贫对象多种多样，有相当一部分通过“造血”功能的健全即可实现脱贫，但其中存在的重度残疾人、农村“五保”失能老人、城市“三无”老人等特困供养人员只能通过“输血”的方式实现兜底扶贫，这就需要发挥“低保”的“保底”功能。因此，最低生活保障制度与扶贫政策的有效衔接，既是社会救助体系发挥“保基本、兜底线”功能的必然表现，又是切实推动精准扶贫、有效脱贫的实际需要。

（二）低保与扶贫政策衔接是拓展社会救助内涵的基本需求

最低生活保障制度以维持困难群体的基本生存为主，扶贫政策则具有发展性，以提升扶助对象的发展能力为重心。农村最低生活保障制度与扶贫开发政策的有效衔接，能够实现各项制度与举措之间的配套协调，给予贫困人口以综合帮扶，实现“1+1>2”的救助目标。具体而言，将农村最低生活保障制度与扶贫开发政策的有效衔接，不仅可以为救助对象提供实物、资金等物质资源，保障其基本生活，而且可以为其提供发展能力培育、就业空间搭建等“非物质”资源，拓展了救助的内涵与范围。亳州市即在这种拓展救助内涵、提升救助定位的意义上，衔接农村最低生活保障制度与扶贫开发政策，实现“输血型救助”和“造血型救助”相结合、“维持型救助”和“发展型救助”相融通。

（三）低保与扶贫政策衔接是推动贫困人口生存发展的需求

亳州市有关部门在全力推进精准脱贫工作的过程中，发现农村最低生活保障家庭、重度残疾人群、五保家庭等的基本生活虽然得到了有效保障，但离全面小康发展目标和人们对美好生活的追求仍有一定差距，特别是不在建档立卡范围内的农村最低生活保障家庭、特困供养人群在就业、住房、医疗、子女教育等方面仍然存在较多实际困难和迫切需求，为帮扶不在建档立卡范围的困难家庭解决实际困难和问题，亳州市以制度的优化改进为重点，促进最低生活保障制度和扶贫开发政策有效衔接工作的全覆盖，加强部门协作，形成资源合力，提升救助和帮扶水平。

二、措施与手段

在推动最低生活保障制度与扶贫开发政策有效衔接的过程中，亳州市主要采取了如下五方面的做法。

（一）加强机制衔接，确保政策全面落实

一是落实农村最低生活保障和扶贫支持政策。亳州市政府制定印发《关于做好农村最低生活保障制度与扶贫开发政策有效衔接实施方案》（亳政办秘〔2017〕308 号）、市扶贫开发领导小组下发《关于做好农村低保与扶贫政策有效衔接工作的通知》（亳扶组〔2017〕4 号），坚持精准识别农村贫困人口，及时将符合扶贫条件的农村最低生活保障对象全部纳入建档立卡范围，针对不同致贫原因予以精准帮扶。截至2017年11月，亳州全市共有 72 730 名农村最低生活保障对象已被纳入扶贫建档立卡范围；同时，将符合最低生活保障条件的建档立卡贫困户按规定程序全部纳入农村最低生活保障范围，并按照家庭人均收入低于当地最低生活保障标准的差额发放最低生活保障金。通过农村最低生活保障制度与扶贫开发政策的有效衔接、资源整合，形成政策合力，切实做到应扶尽扶、应保尽保。

二是落实医疗救助和临时救助专项政策。一方面，亳州市健全完善医疗救助政策，依据实际情况，每年皆修订完善《亳州市城乡医疗救助实施办法》。统一了城乡医疗救助标准，消除了以往各县区救助范围不同、流程不一、标准不公的现象，推动了所辖“三县一区”医疗救助在政策标准、救助方式、资金筹集使用及管理服务上的衔接与一致，提高了救助水平。另一方面，亳州市全面开展“救急难”工作，严格规范临时救助资金管理，提高了资金预算执行的及时性、均衡性，并统筹利用临时救助、特困救助、慈善救助等帮扶方式，保障困难群众的基本生活，有效缓解困难群众面临的突发性、紧迫性、临时性生活困难。

三是加强慈善救助，支持引导社会力量参与。亳州市出台《关于进一步加快推进民办社会工作服务机构发展的通知》（亳民办〔2015〕220 号），鼓励支持社会（慈善）力量参与社会救助，联合市红十字会、市慈善协会等，开展了艾滋病孤儿、孤老关怀救助、“红十字天使计划”等医疗救助项目，为困难群众救医疗之急、解疾病之难。

（二）加强对象衔接，精准认定对象范围

亳州市建立县（市、区）、乡镇（街道）、村（社区）三级主动发现救助网络，落实主动发现救助责任，组织开展了农村最低生活保障政策落实及兜底脱贫情况排查工

作。在利用亳州市居民家庭经济状况核对系统平台数据基础上，结合“先核对、再入户”调查方法和民主评议等方式，开展城乡最低生活保障、农村五保对象重新甄别、精准认定工作。通过亳州市智慧城市基础数据库项目共享各市直部门的业务数据，对接公安、人社、房产、工商、国税、地税、公积金、残联、教育和民政等 10 个部门近 20 项业务数据，以此为基础，科学识别和筛选救助对象。

需要指出，亳州市还非常注重科学调研工作，以科学的调研结果为依据，制定、调整救助政策。例如，2016 年亳州市民政局针对农村低保问题开展重点课题调研，形成了《亳州市农村低保问题调研及对策建议》《关于农村低保专项清理整顿工作的汇报》《亳州市低保户抽样核查情况报告》《亳州市农村低保人数减少情况调研报告》《亳州市城市低保入户调查情况报告》等成果。这些研究成果为衔接举措的科学性、针对性奠定了基础。

（三）加强标准衔接，率先实现“两线合一”

实施农村最低生活保障标准与扶贫标准“两线合一”政策，并按照动态调整机制科学调整，使保障标准与经济社会发展水平相适应。2016 年亳州市政府下发《关于调整我市最低生活保障和农村五保供养标准的通知》（亳政秘〔2016〕73 号），将农村最低生活保障标准由年人均 2 400 元调整到年人均 3 150 元，较 2015 年提高 31.25%，实现农村最低生活保障、扶贫标准“两线合一”。2017 年亳州市政府印发《关于调整我市最低生活保障标准和农村五保供养财政补助标准的通知》（亳政秘〔2017〕74 号），农村最低生活保障提高到年人均 4 310 元，较 2016 年提高 36.83%，继续保持与扶贫标准“两线合一”。

（四）加强管理衔接，科学分类动态管理

对农村最低生活保障对象和建档立卡贫困人口实行分类施保、定期核查、动态管理、规范公示等精细化的管理方式，开发建成亳州市扶贫开发信息管理系统及“亳州扶贫”手机 APP，通过与全国最低生活保障信息管理系统定期比对，对农村最低生活保障对象和建档立卡贫困人口实施动态管理，建立精准台账；所辖县（区）民政部门按月将农村最低生活保障对象、特困人员名单提供给同级扶贫部门，县（区）扶贫部门将建档立卡贫困人口名单和脱贫农村最低生活保障对象名单及时提供给同级民政部门，实现农村最低生活保障和扶贫开发在对象认定、动态管理、数据共享等方面的有效衔接。

（五）加强资源统筹，实现扶贫政策“全覆盖”

为统筹各类救助与扶贫资源，将政府兜底保障制度与扶贫开发政策紧密结合，形成脱贫攻坚合力，实现对城乡困难群体的全面扶持，中共亳州市委办公室、亳州市人民政府办公室出台《关于实施城乡低保、农村五保家庭“关爱工程”的通知》（亳办〔2017〕57 号），帮扶不在建档立卡范围内的困难家庭解决实际困难和问题，对亳州市

22 780 户 29 341 名城乡最低生活保障和农村五保对象统筹执行扶贫政策，实现扶贫政策“全覆盖”。其中，不符合建档立卡条件的农村最低生活保障对象 6 676 户 9 318 人，不符合建档立卡条件的五保对象 10 159 户 10 195 人。在实施“关爱工程”的过程中，梳理涉及教育、医疗、社保、产业、就业、住房、金融等 10 大项 43 小项扶贫政策，印制《关爱簿》45 560 册，发放到户，一户一簿。借助大数据在线平台，依托“互联网+”技术，开发亳州市关爱工程系统，并推出手机 APP——“亳州关爱工程”。通过该 APP，相关主体可以实时了解关爱帮扶信息、查看帮扶举措、跟踪监督帮扶措施、评估帮扶成效、改进帮扶举措，进而推动关爱帮扶工作“全流程”的精准落实。

三、结果与成效

亳州市坚持“应扶尽扶、应保尽保”、动态管理、资源统筹的工作原则，有效推动农村最低生活保障制度与扶贫开发政策的衔接，形成了系统科学的衔接模式，衔接工作富有成效。

（一）形成了系统的衔接模式

亳州市在农村最低生活保障制度与扶贫开发政策衔接方面取得的重要成果之一是形成了内容系统、要素齐备的衔接模式。该模式有如下几个构成要素：一是衔接制度条件。制定了既遵循上级文件精神又符合亳州实际的政策体系，为衔接奠定了制度条件。二是衔接后的扶助对象认定机制。形成了规范合理的扶助对象认定机制，扶助对象的范围明确具体，认定程序规范有序，认定手段科学有效。三是衔接标准。实现了农村最低生活保障标准与扶贫标准的“两线合一”，并形成了动态调整机制。四是衔接工作机制。建立了制度化、规范化、智能化的衔接工作机制，利用信息通报、联席会议、信息管理系统应用等方式，使农村最低生活保障和扶贫开发在对象认定、动态管理、数据共享等方面无缝衔接。五是衔接多种资源。以“关爱工程”为抓手，统筹各类救助、扶贫资源，将政府兜底保障制度与扶贫开发政策相结合，以制度叠加、政策衔接产生脱贫攻坚合力。

（二）取得了积极的衔接成效

一方面，提高了救助水平。通过最低生活保障制度与扶贫开发政策的衔接，在安徽全省率先实现农村最低生活保障与扶贫标准“两线合一”，农村最低生活保障标准提高幅度连续多年高于城市最低生活保障标准，城乡差距逐年缩小；重点对象的临时救助频次和额度也大幅提高；在完善医疗救助政策、统一城乡医疗救助标准的前提下，实现了对特困供养人员医疗救助补偿比例不低于 80%，最低生活保障对象医疗救助补偿比例不低于 70%，低收入医疗救助对象、因病致贫家庭重病患者救助补偿比例不低于 50%。

另一方面，拓展了救助内涵。利用最低生活保障制度与扶贫开发政策的衔接合力，既为扶助对象提供了包含实物、资金在内的物质救助，又为扶助对象提供了包括产业、就业等方面的“非物质救助”，拓展了救助内涵，提升了救助实效，丰富了救助制度与扶贫政策的功能领域。

四、分析与讨论

通过政策衔接，亳州市社会救助工作呈现出两个突出特点：一是实现了部门协同、资源统筹；二是做到了内涵拓展、功能叠加。

（一）实现了部门协同、资源统筹

亳州市农村最低生活保障制度与扶贫开发政策的衔接，在本质上体现了不同工作部门的协同合作，降低了管理成本，提高了管理绩效，实现了“1+1>2”的协同效果。同时，统筹了社会救助资源和扶贫开发资源，既防止了资源的重复投入，提高了扶助资源的配置质量，又实现了规模效益。其契合了实施衔接工作的原初因由，实现了实施衔接工作的本质目标。

（二）做到了内涵拓展、功能叠加

在理论上讲，最低生活保障制度与扶贫开发政策的功能定位既存在差异，也有相融一致的地方[12]。将两者有机衔接起来，可以实现两者的优势互补，相互促进。就最低生活保障制度而言，通过与扶贫开发政策的衔接，可以改变其“维持基本生活”的服务内涵和功能，将“输血”与“造血”结合起来，使最低生活保障对象在“生存下去”的基础上具备“发展”的能力。对扶贫开发政策而言，需要精准识别、精准施策，针对缺乏自我发展基础的贫困人口，通过最低生活保障来“保底”，可实现事半功倍的效果。总之，通过两项政策的衔接，分别拓展了两项政策的内涵，叠加了两项政策的功能。

第三节　制度升级　兜底脱贫
——宿州市实施健康脱贫兜底“351”工程[13~15]

为扎实开展“实施健康脱贫、打造健康乡村”行动，有效解决“因病致贫、因病返贫”问题，让贫困人口真正享受到救助保障政策的成果，宿州市加强政策统筹和资源整合，升级救助保障制度，助推健康脱贫，实施了健康脱贫兜底“351”工程。

一、背景与缘起

针对农村贫困人口“因病致贫、因病返贫”问题，满足贫困人口“放心就医、安心养病”的需求，实施了健康脱贫兜底“351”工程，实现了政策衔接、合力救助。

（一）因病致贫、因病返贫问题突出

疾病使患者及其家庭更加脆弱，可在三方面诱致贫困：一是因病诊疗支出较大，易导致贫困；二是因病而导致患者本人工作能力和就业竞争力减弱，进而使患者的自我维持能力降低；三是因患者的护理照料需求，限制了其家庭其他成员的就业和工作，加剧了整个家庭的脆弱性。因此，解决好因病致贫和因病返贫问题是救急解难工作的关键一环。宿州市在 2016 年开展的健康脱贫医疗专项补助工作调查数据显示：宿州全市建档立卡贫困人口 40.44 万人，其中因病致贫、因病返贫人口为 29.31 万人，在全部贫困人口中占比高达 72.49%。可见，疾病及其治疗是诱发贫困的重要原因，宿州市健康脱贫、医疗救助工作任务比较艰巨。因此，宿州市委、市政府将健康脱贫列入“十大脱贫攻坚工程”之一，积极展开健康脱贫兜底“351”工程。

（二）放心就医、安心治病需求强烈

病者有所医、治疗有所依，是人们追求美好生活的基本保障。就当前情况而言，患病是农村家庭致贫、返贫的首要因素。因此，让贫困人口“看得起病、不怕看病”，是保证全体人民在共享发展中有更多获得感的基本要求。基于此，宿州市着力推进健康脱贫工程的实施，提高保障能力，使贫困人口放心就医、安心治病。

（三）衔接政策、合力救助的工作追求

针对农村贫困人口“因病致贫、因病返贫”的突出性问题，需要加强政策统筹和资源整合，有效提升农村贫困人口的医疗保障水平和贫困地区的医疗卫生服务能力。为此，安徽省政府出台了《安徽省人民政府关于健康脱贫工程的实施意见》（皖政〔2016〕68 号）、《健康脱贫兜底“351”工程实施办法》（皖政〔2017〕10 号）和《安徽省健康脱贫综合医疗保障实施细则》（皖政办秘〔2017〕56 号）等一系列文件，创新了相关工作制度与机制。宿州市在深入贯彻落实上级政策的基础上，集中发力，升级救助制度，加大保障力度，制定实施了《宿州市实施健康脱贫打造健康乡村行动计划》（宿政秘〔2017〕10 号）、《宿州市 2017 年健康脱贫兜底“351”工程实施办法》（宿民发〔2017〕64 号）等文件，建立了基本医保、大病保险、医疗救助和政府兜底保障等四项制度相互衔接的贫困人口综合医疗保障体系。

二、措施与手段

为有效清除健康脱贫过程中的障碍因素，切实解决因病致贫、因病返贫问题，在实施健康脱贫兜底“351”工程的过程中，宿州市打出了“组合拳”。

（一）明晰兜底保障内容

健康脱贫兜底“351”工程的名称源于其保障内容。对于贫困人口在指定医疗机构发生的住院及门诊费用，按照基本医保、大病保险、医疗救助政策补偿后，贫困人口在省内县域内、市级、省级医疗机构就诊的，个人年度自付封顶额分别为 0.3 万元（“3”）、0.5 万元（“5”）和 1.0 万元（“1”），年度内个人自付合规费用累计超过个人自付封顶额时，超过的部分由政府兜底保障。兜底保障成为基本医保、大病保险和医疗救助之外的新的救助政策，与基本医保、大病保险和医疗救助共同构筑了防止“因病致贫、因病返贫”的救助保障体系（简称“三保障一兜底”）。

另外，在实施安徽省健康脱贫兜底“351”工程政策的基础上，宿州市升级了保障力度，将健康脱贫兜底工作融入扶贫政策并形成长效机制。一方面，宿州市实行贫困人口住院“先诊疗后付费，取消住院预付金”的政策，降低贫困人口就医门槛。另一方面，实施“190”政策，即贫困人口慢性病患者 1 个年度内门诊医药费用，经“三保障一兜底”综合医保补偿后，剩余合规费用由补充医保再报销 90%。各县（市、区）在 90%的基础上，可适当提高兜底保障比例。需指出，安徽省规定的是“180”政策，即贫困人口慢性病患者 1 个年度内门诊医药费用，经“三保障一兜底”综合医保补偿后，剩余合规费用由补充医保再报销 80%，简称“180”补充医保。显然，宿州市的“190”政策升级了保障举措，更加减轻了贫困患者的负担，让健康扶贫、精准脱贫落到实处。

（二）精准确定保障对象

精准无误地确定保障对象，是健康脱贫兜底“351”工程真正惠民、公平共享的基础。按有关文件规定，健康脱贫兜底“351”工程的保障对象是农村建档立卡贫困人口。为实现精准识别、科学界定，宿州市民政部门与扶贫部门构建了紧密配合的工作网络，按照农村最低生活保障和建档立卡贫困人口各自识别认定的标准和程序，分别将符合条件的对象纳入救助或帮扶范围，并实现双向互动、有机衔接、信息共享，提高了对象识别的精准程度。

（三）健全共治责任体系

衔接的政策需要各部门间的协同联动才能真正发挥作用。为推动健康脱贫兜底“351”工程的顺利实施，发挥政策合力，实现资源统筹，宿州市建立健全了以协同共治为特征的主体责任体系。建立了健康脱贫联席会议制度，加强了全市领导统筹机制和政策协调力度；扶贫部门负责农村建档立卡贫困人口的确认；卫计、人社部门负责贫困人口城乡居民医保的申报、审核和审批；民政部门负责医疗救助和健康脱贫兜底“351”工程保障费用的申报、审核和审批；财政部门负责资金的筹集保障和监督检查。为加强资金筹集力度、提高兜底保障水平，由市、县（市、区）两级政府承担兜底保障责任，设立健康脱贫医疗专项补助资金，确保补助资金足额保底。

（四）展开智慧信息管理

以“互联网+”思维方式推动健康脱贫兜底“351”工程，利用信息技术优化服务，达到便民利民目标。一方面，建立贫困人口身份识别系统（依托基本医保信息系统建立），为每一个贫困人口建立1份电子健康档案、1张健康卡。在宿州市域内各级医疗机构就医的贫困人口，只需出示身份证即可就诊，住院时仅需支付个人自付费用，实现了综合保障零障碍、零垫付，做到了“一张身份证，一心只看病”，确保贫困人口就医问诊的最简化、最便捷。

另一方面，建立综合医保“一站式”结算信息系统。通过该系统，即时结算基本医保、大病保险、医疗救助、政府兜底救助及个人自付费用。在联网定点医疗机构就诊发生的合规医药费用，贫困人口只需交纳个人自付费用即可，基本医保、大病保险、医疗救助及政府兜底资金由医疗机构垫付。在非联网定点医疗机构就诊发生的合规医药费用，贫困人口回参保地的医保管理经办机构，亦可通过“一站式”结算信息系统快速结算。通过信息共享、数据联通，提高了结算效率，方便了受助对象，提升了满意度。

（五）强化工作保障机制

健康脱贫兜底“351”工程顺利、有效、有序地开展，需要以系统的工作保障机制为支撑。宿州市着重强化了三方面机制：一是强化宣传工作机制。以群众喜闻乐见、容易理解的形式进行宣传，提高了群众对于健康脱贫兜底“351”工程的认知度，使群众了解并理解政策规定和实施程序。二是强化控费机制。通过控费机制规范医疗机构的诊疗行为、费用管理行为和患者的求医就医行为，因医疗机构不合理检查、过度施治、滥乱用药等导致过度医疗而发生的费用，由医疗机构承担责任；因患者及其家属个人行为导致的过度医疗费用，由患者自付。控费机制提高了专项补助资金的使用成效。三是强化监督考核机制。加大督促检查力度，明确责任倒查机制，对挤占、挪用、套取扶贫资金的行为依法严肃查处；加快推进资金智能审核和实时监控机制，利用信息化手段提高监督水平；完善考核内容，实施“五类考核”，即组织实施考核、政策落实考核、资金保障考核、工作成效考核和能力提升考核。

三、结果与成效

健康脱贫兜底“351”工程是在已有医疗保障基础上设定的新的、更具保障力度的政府兜底保障线，进一步强化了大病住院和慢性病门诊的医疗保障水平。具体表现在以下两大方面。

（一）就诊结算便利程度及就诊服务水平提高

通过实施健康脱贫兜底“351”工程，大大提升了贫困人口就诊结算的便利程度以及就诊服务水平，贫困人口在就诊问医过程中获得温情服务。例如，贫困人口在定点医疗机构就诊时，无须缴纳住院预付金，可“先诊疗后付费”；实行“一站式”就诊服务制度，住院时可在联网定点医疗机构的规定窗口，享受“一站式”绿灯服务；出院结算时，通过医保“一站式”结算大数据系统，即时结算、方便快捷。人性化的流程设计，既降低了贫困人口就诊时的垫资负担，降低了就诊门槛，又便利了就诊过程，提升了医疗就诊服务水平。

（二）“因病致贫、因病返贫”防控水平提高

健康脱贫兜底“351”工程的实施切实降低了就医门槛和就诊费用，提高了补偿标准和水平、保障作用，确保农村建档立卡贫困人口“看得起病”“看得了病”“看得好病”，提高了宿州全市防控“因病致贫、因病返贫”的能力。具体表现在四方面：一是“两降”，即降低了基本医保补偿门槛和大病保险起付线。二是“五免”，即免除了贫困人口参保个人缴纳费用（由市县两级医疗救助基金全额代缴）、住院预付金、诊疗费、床位费和输液费。三是“四提高”，即提高了贫困人口的基本医保补偿比例、慢性病及重大疾病保障水平、大病保险分段补偿比例、大额门诊及慢性病门诊补偿封顶额和民政部门医疗救助水平。四是“一兜底”，即合规医药费用在经过新农合补偿、大病保险补偿、民政医疗救助等环节后，所剩合规费用由市、县（市、区）两级医疗救助基金再按 90%兜底保障。经测算，实施健康脱贫兜底“351”工程及“190”政策后，“贫困人口在乡镇卫生院就诊如花费 10 000 元，个人自付仅为 58.5 元，报销比例达 99.4%；经转诊在县级医院如花费 30 000 元，个人自付仅为 336 元，报销比例达 98.9%；经转诊在市级医院就诊如花费 50 000 元，个人自付仅为 414 元，报销比例达 99.2%。宿州市贫困人口综合医疗保障政策使贫困人口实际补偿比由 61%提高到 98%以上，上升了 37 个百分点，切实提高了贫困人口医疗保障水平”[15]。

四、分析与讨论

宿州市开展实施的健康脱贫兜底“351”工程既符合上级部门的政策精神，又体现自身特色的创新与发展，主要表现在三方面。

（一）抓住了致贫原因的关键要素

健康脱贫兜底“351”工程以建档立卡贫困人口的医疗保障为关切，旨在通过综合施策、智慧管理等方式应对“因病致贫、因病返贫”问题，可谓是抓住了致贫原因中的关键要素，具有强烈的现实关怀，充分回应了贫困人口的救助需求，取得了积极的保障成效，赢得了贫困人口的认可。从这个角度看，健康脱贫兜底“351”工程本身既是推动社会救助制度与扶贫开发政策衔接的有效机制，也是拓展社会救助内涵、保障民生建设的有效举措，这是其创新性的主要表现。

（二）利用了部门协同的政策合力

从责任部门的角度看，健康脱贫兜底“351”工程实现了扶贫、卫计、人社、民政、财政等部门以及定点诊疗机构的协同联动、综合发力；从救助举措的角度看，实现了基本医保、大病保险、医疗救助、政府兜底救助等多种制度的梯次救助、叠加施力。正是通过这种多部门协同、多政策衔接、多举措合力的方式，提高了防控“因病致贫、因病返贫”的能力。

（三）提高了贫困人口的保障水平

健康脱贫兜底“351”工程的实施，在制度上实现了多政策衔接和统筹，在程序上方便了病者就医问诊、费用结算，在资金上增加了财政的支持和保障投入、降低了就医门槛、提高了补偿标准，大大优化了医疗保障服务内容，切实提高了医疗保障水平，解除了贫困人口的诊疗之忧、健康之患，实现了病有所医、医有所依。

第四节　政策叠加　合力保障
——六安市霍山县推动因灾倒房恢复重建救助工作[16]

国务院颁布的《社会救助暂行办法》明确将“受灾人员救助”作为基本的救助制度之一，并明确强调：“国家建立健全自然灾害救助制度，对基本生活受到自然灾害严重影响的人员，提供生活救助。”六安市霍山县不仅在灾害发生后为受灾人员提供疏散、转移、安置服务，并及时针对受灾人员展开食品、饮用水、衣被、取暖、临时住所和医疗防疫等应急救助工作；而且在灾情稳定后，创新工作机制、衔接多项政策，有效开展了居民住房恢复重建救助与保障工作。

一、背景与缘起

一方面，霍山县位于安徽省西部大别山腹地，是安徽省暴雨中心区之一，年均降水量在1 300多毫米，是洪涝灾害高发区，灾后家园重建、住房重建需求相对较大。例如，2016年“6·30”特大洪灾，致使霍山县受灾人口达10.85万人，洪涝灾害造成全县660户居民房屋倒塌，经过核查后确定需要恢复重建的有656户。

另一方面，霍山县本身属于国家级贫困县，群众自身的经济基础和自救能力本就较差，在自然灾害面前更显脆弱。因此，灾后房屋重建救助需求较大，需要政府通过多种渠道募集救助资金、展开多种形式的重建保障工作。

二、措施与手段

根据因灾倒房重建救助需求以及县域实际情况，霍山县以“政策叠加、合力保障”为工作理念，采取四项有力措施，全力推进倒房恢复重建救助工作，形成了“有力度、有温度”的，以条块结合、以块为主、资源整合为特征的“水毁群众住房重建”保障工作模式。

（一）工作机制系统化设计

为形成统筹有力、协调有序的领导体系和推进机制，霍山县加强和创新了统筹协调、制度保障、网格化管理、督查调度、责任落实等方面的工作。

第一，加强统筹协调。成立了“重建指挥部”，建立因灾倒房恢复重建联席会议制度，由县政府分管领导任负责人，重建救助所涉民政、住建、国土、财政等单位的主要负责人为成员。同时，建立县领导联系督查乡镇（街道）制度，监督调查并妥善统筹重点乡镇（街道）的恢复重建救助工作。

第二，加强制度保障。制定出台《霍山县“6·30”特大洪灾灾后恢复重建因灾倒房工作方案》，该方案明确了因灾倒房恢复重建的原则目标、救助对象、审批程序、补助标准、资金来源和规划选址等具体要求，规范了重建救助的工作流程和工作内容。

第三，加强网格化管理。在倒房重建救助工作中，霍山县采用了网格化管理方式，县、乡镇（街道）、村（社区）三级皆配备专门负责人，且明确专人落实到户，实行三级联动管理。在网格化管理下，建立一对一的帮扶机制，每一户因灾倒房群众都由专属工作人员帮扶。网格化管理机制压实了救助责任，具有严格性；网格化管理提高了重建救助工作的针对性、精准性，同时又体现了温情。

第四，加强督查调度。成立了由县纪委牵头的督查检查调度组，负责督促检查恢复重建工程进度和质量，及时纠偏；同时，总结推广好的经验和做法，实现示范带动、先进引领的目标。

第五，加强责任落实。以“三到位”为目标，狠抓责任落实：一是在对象上精准到位。严格按照“户申请、村评议、乡审核、县审批”的程序，公开透明，以确保救助对象精准识别，应救则救、当救则救。二是在选址上规划到位。严禁高切坡建房，严禁在河道边建房，确保新建房屋规划到位、选址科学，防止灾害“二次复制”、重新发生。三是在推进上指导到位。县民政、住建、国土、财政四部门成立联合指导组，严把建房选址关、设计关、质量关，落实救助责任、加快重建进度、监督建房质量，使因灾倒房重建工作步步到位。

（二）救助资金多渠道筹措

针对倒房重建救助所需资金量大的问题，霍山县通过多政策衔接、多渠道筹措的方式予以解决。首先，对于因灾房屋“全倒户”，按照有关政策优先纳入危房改造计划，执行危房改造补助标准。其次，对于住房“非全倒户”，民政部门依据重建需求程度按规定给予不同层次的建房补助，对重建2间房屋的每户补贴1万元，重建3间以上的每户补贴1.5万元；五保户、最低生活保障户、贫困残疾人家庭、建档立卡贫困户每户补助2万元。再次，利用扶贫政策，积极争取纳入国土部门异地重建、扶贫部门异地搬迁、移民部门避险解困及棚户区改造等政策范围，做到政策衔接、有效叠加。最后，利用保险金融的方式，实现商业理赔、补充救助。多种政策衔接、“四个渠道”叠加，最大限度地整合了因灾倒房重建救助资金，为受灾人员更快更好地重建美好家园奠定了基础。

（三）重建方式人性化选择

社会救助在本质上就是通过“制造阳光”给人以温暖的民生工作，提供温情的人性化服务是其题中应有之义。在推进因灾倒房重建救助的工作中，霍山县就以弹性、灵活、贴心的方式实施救助举措。在具体操作中，霍山县提供了四种重建方式供救助对象自主选择，无论作何选择都依法给予相应救助：一是在原址或重新选址进行自建；二是鼓励原址重建或重新选址重建都比较困难的倒房户到集镇或县城购买住房；三是有条件的乡镇政府利用原来“三线厂”遗留的旧厂房进行加固改造，建立集中安置点，予以集中安置居住；四是由乡镇（街道）解决和村（社区）的帮助下进行重建。“四结合”的倒房重建方式，赋予了受灾倒房群众更多的选择空间，可以使救助对象“建好房、建对房”，体现了温情救助、人性化救助。

（四）材料采购精细化管理

虽然因灾倒房重建工作时间要求比较紧，但霍山县仍将重建房的质量问题放在首位，以高质量的重建房使救助对象放心、安心、暖心。一方面，要求各乡镇（街道）、村（社区）严格建立干部包保责任制，以强制责任的方式督促、保证重建房质量。另一方面，包保干部要参与倒房恢复重建工作的全过程：一是指导帮助重建户严把建筑材料关和重建房建设过程关，保证重建房完全符合有关质量标准，提升新建房屋的防灾抗灾能力；二是把好建筑材料价格关，保证建房材料质优价廉；三是把好协调关，协调建筑材料销售商给予重建户“先建房后付款”的便利；四是把好运输关，协调供货商送货上门，为救助对象提供便利服务。

三、结果与成效

霍山县形成的因灾倒房恢复重建救助模式适应了重建工作任务重、时间紧、要求高的需求，该模式也是灾后家园重建的“加速模式”和“提质模式”。

（一）补助政策叠加，资金保障到位

霍山县因灾倒房恢复重建救助模式实现了民政、住建、国土、财政、扶贫等部门的

协同联动，统筹整合危房改造、民政补助、易地扶贫搬迁、库区移民避险解困、地质灾害避让搬迁、棚户区改造、保险理赔等多种资金，实现了政策叠加，最大限度地帮助因灾倒房户解决建房资金缺口。例如，在 2016 年“6·30”灾害重建中，在灾后两个月内即实现 660 户倒房全部开工重建。

（二）回应群众需求，提供温情服务

霍山县因灾倒房恢复重建救助模式不仅在物质上对受灾群众给予了帮扶，还提供了温情服务。例如，推出倒房重建方式渠道和“菜单”，供受助对象自主选择（尊重了受助对象的自主权和主体性），使重建工作更“适合”对象的需求，不但“建好房”，而且“建对房”，提高了满意度；注重建房质量，以高质量的重建房使救助对象放心、安心、暖心；在建房过程中，实施精细化管理，在建房材料的质量、价格、运送、支付等方面为受助对象提供便利服务。通过这些细致入微的贴心服务，满足了受灾群众的各种需求，丰富了救助的内涵，提高了救助的层次。

四、分析与讨论

霍山县因灾倒房恢复重建救助模式的创新性和可鉴性表现在三方面：一是拓展了救助内涵；二是实现了政策衔接；三是适应了灾害救助。

（一）拓展了救助内涵

霍山县因灾倒房恢复重建救助模式通过政策衔接和资源统筹提供了更为充足的物质救助，切实满足了受灾群众的住房需求。更为重要的是，该工作模式还具有浓浓的温情，尊重了受助对象的自主权、选择权，以“建好房”“建对房”为目标，从建房材料的质量、价格、运送、支付等多个层面为受助对象提供便利。灾害无情，救助有情，这些举措都体现了重建救助的贴心、暖心，拓展了工作内涵。

（二）实现了政策衔接

在霍山县因灾倒房恢复重建救助模式中，民政、住建、国土、财政、扶贫等部门密切配合，吸纳了社会力量（如保险公司、建筑公司和材料供应商）的积极参与，以政策叠加手段，统筹整合了危房改造、民政补助、易地扶贫搬迁、库区移民避险解困、地质灾害避让搬迁、棚户区改造、保险理赔等政策，以政策衔接实现了制度合力，加强了重建救助的工作力度，提升了重建救助的工作成效。

（三）适应了灾害救助

因灾倒房重建救助工作，对象覆盖面广、资金需求量大、涉及部门多、工作要求高，只有通过多政策衔接，实现多部门协同，做到资源统筹和科学配置，才能达到预期

目标，提高全社会的满意度、认可度。霍山县因灾倒房恢复重建救助模式无疑适应了灾害救助的这种需求，也正因为如此，该工作模式才取得了积极成效。另外，该模式不仅衔接了政府内部的各部门，还涉及金融保险等方面，扩大了资金来源和保障力度。

第五节 防备结合 体制健全
——六安市金寨县建设防灾备灾体系[17]

六安市金寨县自然灾害频发，防灾减灾救灾需求较大。金寨县有关部门始终将人民群众生命安全摆在首位，凝心聚力，团结协作，全力开展防灾备灾工作，致力于搭建结构合理、功能完善、集约高效、保障有力的综合防灾备灾体系，在防灾减灾救灾方面取得了积极效果。

一、背景与缘起

自然灾害频发、发展基础薄弱等现实，要求金寨县重视防灾减灾救灾工作，加强综合防灾备灾体系建设。

（一）灾害频繁要求金寨县加强防灾备灾工作

特殊的地理环境因素导致金寨县自然灾害频发，灾害救助工作任务重。金寨县地处安徽西部，独特的地理位置导致金寨县洪水、山体滑坡和泥石流等自然灾害频发。以近几年为例，金寨县遭受了2012年第11号台风“海葵”灾害、2013年“7·5”洪涝灾害、2015年“6·28”洪涝灾害和“8·10”第13号台风“苏迪罗”灾害、2016年“6·30”特大洪涝灾害，灾害造成大面积农作物减产绝收、居民住房倒塌损坏和人员死亡，人民群众的生命财产造成严重损失，因此防灾备灾工作在金寨县显得尤为重要。

（二）发展基础薄弱要求金寨县重视灾害救助

金寨县地处大别山腹地，鄂豫皖三省接合部，是安徽省国土面积最大、山库区人口最多的县之一，同时也是国家级首批重点贫困县，发展基础较弱，在接二连三的自然灾害面前更显脆弱，更需要有关部门完善顶层设计，统筹防灾备灾体系建设，及时、有效、有序地开展受灾群众转移安置、应急生活救助、过渡期救助、灾后恢复重建等各项灾害救助工作。为此，金寨县民政局围绕物资储备体系、综合减灾能力建设、灾害信息管理、防灾减灾宣传等方面做了大量工作，创新了工作机制、提升了救助效果。

二、措施与手段

自然灾害波及面广、危害性大，需要在灾前加强预防，夯实防备基础；也需要在灾害发生时及时、有效、有序地展开救灾工作，保障受灾人员基本生活、减少因灾损失；还需要在灾害过后实施重建救助，加速家园重建，这一切都需要以综合性的防灾备灾体系建设为基础。金寨县在防灾备灾体系建设方面采取了有力的措施，有创新性也有可鉴性。

（一）拓展宣传渠道，增强防灾意识

金寨县健全防灾减灾宣传的长效机制，拓展宣传渠道，增加居民防灾减灾意识，降低灾害破环性。

第一，基层社区减灾防灾宣传常态化。社区设有教育橱窗、防震减灾公告栏，定期更换橱窗、公告栏上面的防灾减灾内容，提高居民防灾减灾意识。开办社区防灾减灾课堂，对社区居民进行防灾减灾知识教育。发放家庭地震应急宣传卡，使防震应急知识理念进入家庭，教授居民地震应急办法，明确应急疏散路线和位置。社区联合学校开展防震减灾应急演练，以学生带动家庭，使演练效果最大化。抓住“防灾减灾日”和“国际减轻自然灾害日”契机，开展形式多样的防灾减灾教育宣传活动，组织居民参与救护技能培训、应急避险演练，提升居民防灾减灾意识和素养。发挥专业社会组织在灾害应急教育方面的作用。充分利用微博、微信等新兴媒体，多样、持续深入开展防灾减灾宣传教育工作。通过上述工作，引导居民做好家庭应急物资储备，提高居民自防自治、群防群治、自救互救等公共安全意识，在社区内部形成防灾减灾、自救互救的积极氛围。

第二，充分利用综合减灾科技馆的宣教功能。在金寨县科普馆内建设综合减灾科技馆，利用科普馆的趣味性吸引群众的关注和观看，增强宣教效果。综合减灾科技馆内设多媒体设备和宣传展板，多媒体设备播放历年金寨县受灾和救灾情况，宣传展板展示防灾救灾基础知识，涵盖从灾害发生、防灾减灾到善后处理的全过程，既增强了居民对防灾减灾和灾害预防的意识，又提升了居民应对防灾减灾救灾的科学素养。

（二）完善政策法规，注重体系建设

金寨县严格落实防灾救灾制度和政策法规，规范救灾管理，努力完善防灾备灾体系建设。

第一，印发《金寨县自然灾害救助应急预案》。该预案明确了减灾救灾委员会成员单位职责，细化了迁安灾民的范围和路线，确定了避险安置场所，对防灾减灾工作进行了全面系统指导。金寨县民政局根据上级指示，结合实际情况认真研究制定了《金寨县“十三五”综合防灾减灾规划》《推进金寨县综合防灾减灾改革的实施意见》等，分解任务、落实责任。

第二，成立减灾救灾委员会。成员单位包括民政、住建、卫计、科协、消防、城

管、国土、教育、地震、气象等十余个单位，提升减灾救灾工作统筹层次和协调力度。

第三，将社区建设和社会组织建设也纳入了防灾救灾体系。细化落实安徽省民政厅制定的《关于支持引导社会力量参与防灾减灾救灾工作的实施意见》，构建协调有力、规范有序、配合有效的社会力量参与机制。健全社区应急预警处置机制，推动综合减灾示范社区建设，提高居民自防自治、群防群治、自救互救的能力；将防灾减灾救灾工作与社区、社会组织、社会工作“三社联动”工作体系衔接起来，推动灾害救助工作重心下移，使灾害救助工作在基层“扎根”、生效；健全救灾需求评估、信息发布、社会动员和资源对接机制，鼓励、引导社会组织参与救灾减灾。

（三）树立示范典型，着力能力提升

金寨县通过综合减灾示范社区建设、灾害信息员队伍建设、救灾物资储备库建设、应急备灾机制建设等，全面提升防灾减灾救灾能力。

第一，创建综合减灾示范社区。2014 年，金寨县梅山镇青山社区、红村社区成功创建全国综合减灾示范社区，引领了全县参与全国综合减灾示范社区创建的风潮。在相关部门的指导下，社区成立防灾减灾领导小组，健全组织机构，制定专项工作制度和应急预案，组建志愿者队伍，设置应急避难场所，采购减灾应急救援物资，设立宣传橱窗、宣传标牌，排查居民住房地质灾害隐患，宣传防灾减灾常识。以综合减灾示范社区的建设，引领社区防灾减灾救灾工作，提高社区防灾减灾救灾能力。

第二，加强灾害信息员队伍建设。明确乡镇（街道）、村（社区）灾害信息员名单，定期对灾害信息员进行业务培训，培育信息员的责任意识，提高信息员的应急能力和通信能力。保证在灾害发生后，信息员能够及时上报灾情信息，为及时救援、安置和转移群众争取宝贵时间。

第三，推进救灾物资储备库建设。金寨县救灾物资储备库总投资 300 万元，占地面积 1 900 平方米。基础救灾物资储备充足，救灾物资储备品种丰富。制定救灾物资储备库管理制度、库管员岗位职责、仓库消防制度、库区安全守则“七禁止”、救灾物资捐赠款物管理规定等多项制度，为规范管理提供制度保障。储备库规范建设消防设施，安装无死角监控；加强明火管控，严禁在库区及周围燃放烟花炮竹，确保消防安全。储备库由专人负责管理，做好救灾物资入库、保管、出库等记录和档案管理工作，为规范管理提供人力保障。同时，金寨县还积极完善救灾物资协议储备机制，对一些保质期短的快消品，选择优质商家签订代储协议，保障物资储备的有效供给。

第四，健全应急备灾机制。落实相关规章制度，认真做好汛期值班安排，排班到日，责任到人，全员上岗，确保险情处 24 小时专人值班。保障电话、传真、摄像等通信器材的正常运转，保障救灾工作用车，做好应急备灾的基础工作。

（四）叠加多项政策，保障重建工作

为解决灾后住房重建问题，金寨县实施多项惠民政策叠加，为因灾倒房重建工作提供有力的保障。

第一，实施政策叠加。民政部门对住房受灾家庭给予建房补助；农村因灾倒房家庭在享受宅基地腾退补贴的同时，还可以纳入危房改造计划，给予危房改造补助；因灾倒房属五保户、最低生活保障户、贫困残疾人家庭户、建档立卡贫困户的特殊家庭以及符合易地扶贫搬迁、移民搬迁的贫困户，也可以得到相应补助；同时，符合条件的受灾群众还可享受农房保险补偿。总之，通过政策叠加，统筹了一切可以统筹的资源，有效地减轻了受灾群众的压力，为重建家园提质加速注入了最大能量，提供了最大保障。

第二，购买农房保险。自 2013 年以来金寨县就自主实施了农房保险政策，后推广到六安全市实施。县民政局与保险机构签订承保合同，抽调人员会同乡镇（街道）、村（社区）干部开展农房保险信息入户采集和核对工作，对扶贫开发整体搬迁过程中居民参保登记信息及时予以调整。保费由政府全额负担，市和县两级财政按照 4∶6 的比例分担。灾情发生后，县民政局督促保险公司及时勘察理赔，优化理赔程序，依法依约做到“不惜赔、不拖赔”，确保灾后恢复重建工作的顺利进行。

第三，规划整体建房。坚持科学谋划，积极引导有能力、有意愿的受灾群众搬离灾害易发地，到地质部门规划选择的灾害发生率低的地区集中建房。金寨县建立了县领导包乡镇（街道）、乡镇（街道）干部包村（社区）、党员干部包户的“三包”责任制，指定专人参与受灾群众从材料购买、施工建房到入住新家的全过程。县委县政府成立重建工作专项督查小组，加强监督指导。

三、结果与成效

金寨县的防灾减灾救灾工作取得了有益结果和显著成效。一方面，形成了完备有力的防灾备灾体系；另一方面，提升了防灾减灾救灾工作水平。

（一）形成了完备有力的防灾备灾体系

经过探索与努力，金寨县形成了包含主体、机制、政策、物资在内的防灾备灾体系。在主体上，既有发挥统筹协调功能的减灾救灾委员会，又有发挥政策制定、实施救助的民政、住建、卫计、科协、消防、城管、国土、教育等政府部门和社会力量（社区、社会组织），还有发挥信息传递作用的信息员队伍。在机制上，包括统筹协调机制、宣传教育机制、综合减灾示范机制、应急备灾机制和督促指导机制等，为防灾减灾救灾的有序、有效性的提升奠定了制度基础。在政策上，既涉及防灾备灾的内容，也包含灾中救助、灾后救助的内容，实现了多项救助政策的有机衔接，实现了政策叠加与合力。在物资方面，推进救灾物资储备库建设，还积极完善救灾物资协议储备机制，奠定了灾害救助的物质基础。

这一防灾备灾体系具有完备性，既包括有力的主体体系，又包括完备的工作机制和救助政策体系，还包括支撑主体体系展开工作的物质体系。金寨县的防灾备灾体系建设经验曾被民政部国家减灾中心主办的《中国减灾》杂志刊登介绍。

（二）提升了防灾减灾救灾工作水平

完备有力的防灾备灾体系提升了工作能力，保证了防灾减灾救灾水平。以 2016 年为例，金寨县全年共接收救灾经费 2 878.6 万元，发放救灾经费 2 788.6 万元。救灾款物得以及时发放，有效地保证了受灾群众的基本生活。结合救灾补助、扶贫搬迁、移民搬迁、宅基地改革等多项政策推进因灾倒房重建，加大建房资金补贴力度。再以 2016 年为例，金寨县共计 490 户因灾倒房重建户共享受各项政策补助资金 4 735.8 万元，重建户户均补贴 9.7 万元，有效减轻了因灾倒房户的重建压力，对贫困户倒房重建实施了政府托底保障。金寨县灾后住房重建工作得到了受灾群众的高度认可，实现入住率 100%，满意度 100%。

四、分析与讨论

金寨县的防灾备灾体系之所以取得了有目共睹的成效，主要得益于其具有多层次性、系统性两个特性。

（一）具有多层次性

党的十九大报告指出，要建立“多层次社会保障体系”[18]。社会救助作为社会保障体系的重要构成部分，也应具备“多层次”属性。金寨县防灾备灾体系的多层次性表现在如下几个方面：一是在救助内容上具有多层次，既包括经济支持和物质救助，如灾害发生时给予必要的食品、住房等救助；又包括“友情操作”，要求及时便捷地提供服务，并在灾害救助过程中注重人性化，使受灾人员感到“有温度”（如在因灾倒房创建过程中以精细化的方式提高房屋质量、提供便利温情帮扶）；还包括“非物质救助”，如对受灾人员提供心理疏导、情绪抚慰等服务。二是救助时段上的多层次，既包括灾害预防、救灾准备，又包括灾害发生时的及时救助，还包括灾害发生后的家园重建救助等。三是救助水平上的多层次，依据受灾人员的不同需求、针对不同群体（区分一般户、五保户、最低生活保障户、贫困残疾人家庭、建档立卡贫困户等），实施多类别、多水平的救助措施。四是救助资金来源上的多层次。构建财政资金支持、金融机构保险、社会捐助、社区互助四个层次相互结合的社会救助经费筹措机制。五是救助主体上的多层次。通过多层次的社会救助主体搭建的救助网络来整合救助资源、形成救助合力，提升救助水平。第一层次是横向上的民政、财政、住建等“联席会议成员”；第二层次是纵向上的县、乡镇（街道）、村（社区）三级灾害救助工作体系；第三层次是包括政府部门、社会组织和社区组织三类组织在内的网状主体格局。当然，在灾害救助方面，金寨县社会组织数量、专业服务能力等方面的建设举措有待加强；同时，还需加强社会组织参与机制、渠道等方面的建设。

（二）具有系统性

在探索构建防灾备灾体系时，金寨县秉持的是系统思维，从主体、机制、政策和物资四个层面系统构建、整体推进。这种系统性的构建思路有三个优势：一是提高了防灾备灾体系建设的操作性。将防灾备灾体系细分为不同的、具体的构成要素，便于明确具体的建设内容，使体系建构工作更具操作性。二是提高了防灾备灾体系建设的整体性。虽然在操作上将防灾备灾体系细分为具体的要素，分别推进、分类管理，但在实践中强调系统构成的关联性和整体性，注重多主体协同、多政策衔接，防止“头疼医头、脚疼医脚”的片面化取向出现。三是提高了防灾备灾体系建设的有效性。以碎片化、零散化的方式进行防灾备灾体系建设，只能推进部分要素的有限构建和作用发挥，因此只具有部分有效性。金寨县以系统化的方式整体推进防灾备灾体系建设，有助于提升防灾备灾体系的全面性，这无疑会使建设实践更加有效。

第六节　借力社会　助力养老
——亳州市谯城区通过购买服务托养失能特困老人[19]

党的十九大报告明确指出：“积极应对人口老龄化，构建养老、孝老、敬老政策体系和社会环境，推进医养结合，加快老龄事业和产业发展。”[18]养老、孝老、敬老既是弘扬社会正能量的基本需求，也是家庭养老功能弱化、老龄化社会到来的现实需求。实现老有所养、老有所依、老有所乐、老有所安、老有所享，不仅是人们追求美好生活的心愿，也是全面建成小康社会的要求。在社会救助视域内，如何提高失能特困老人托养的专业化水平，拓展失能特困老人的救助内容，显得十分重要。亳州市谯城区政府通过购买服务，引入专业服务机构托养失能特困老人，为失能特困老人提供了包含物质生活、文化生活、日常护理、精神慰藉和健康医疗在内的“五位一体”的综合供养服务。

一、背景与缘起

据统计，截至2017年10月底，谯城区常住人口168万人，全区已享受特困供养人员5 278人（集中供养1 299人，分散供养3 979人），其中失能特困老人共有230名。对于失能特困老人，家庭养老功能不足以满足护理需要，政府社会救助管理部门本身又缺乏专业护理能力，在简政放权、全面深化改革的大背景下政府新设服务机构又不现实，因此如何探索一条合适有效的特困老人供养机制、鼓励社会力量提供救助供养服务就显得尤为重要。

（一）家庭养老功能“失效”

失能特困老人具体是指无劳动能力、无收入且无子女的农村“五保户”老人和城市“三无老人”，他们多半患有大病或者属于残障人士。显然，失能特困老人的家庭本身即存在缺陷，家庭养老在失能特困老人那里具有“天然失效”的特性，因此失能特困老人的养老问题只能通过社会养老方式予以解决。

（二）特困供养需要专业力量

由于年老、疾病、残疾等原因，失能特困老人在心理、生理和身体机能上丧失了某些功能，不能以正常的方式生活。因此，失能特困老人既需要日常的生活救助，又需要较好的医疗照护，还需要陪伴、文娱等服务。政府部门在资金筹措、提供资金支持和物质救助等方面具有优势，但关于失能特困老人的文化生活、日常护理、精神慰藉和健康医疗等“非物质救助”服务，则需要专业力量介入。

（三）全面深化改革要求发挥社会力量作用

面对失能特困老人的托养问题，在全面深化改革、简政放权的背景下，谯城区不再通过新设部门、增设事业单位等途径，而是创新工作方式、畅通参与机制，借力社会主体托养失能特困老人。换言之，失能特困老人供养体系的建设是我国老龄事业改革发展和养老体系建设的基本内容，政府有关部门负有不可推卸的责任。但是，失能特困老人供养服务的专业性需要发挥社会力量的作用，政府要在政策引导、资金支持、示范引领等方面扮演主导角色，但不能也不应包办具体服务业务。基于此，自 2016 年起，谯城区抓住“提升失能、半失能特困老人的生活照料和专业化护理水平”这一主题，开始试点以政府购买服务的方式实现失能特困老人集中托养，拓展了针对特困失能老人的救助内涵，提高了托养对象的生活质量、健康水平和心理状态，提升了老年人的幸福感。

二、措施与手段

谯城区以精细确定托养机制、精确委托托养机构、精准认定托养对象和精心开展托养服务等为手段，提升购买服务的工作水平，进而提高失能特困老人的托养质量。

（一）精细确定托养机制

高效有序的救助行动需要制定精细化的工作机制。围绕社会化、专业化、高水平的托养服务目标，谯城区细化设计实施了三个层面的托养机制。

第一，实施服务购买机制。在充分把握失能特困老人数量、护理需求、服务供给标准及其成本的基础上，谯城区以政府购买服务的方式，将失能特困老人托养工作委托给社会力量具体实施。通过固化的政府购买服务机制，畅通了专业社会托养机构的参与渠道，也利用了市场竞争机制，降低了服务成本、提高了服务层次。

第二，实施契约管理机制。通过多元竞争选定中标社会托养机构后，民政部门与中标者签订合约，在合约中明确双方的权利和义务，明确托养对象数量与范围、托养服务内容与要求等，以明文契约的方式管理托养过程，提高管理成效。

第三，实施独立评估机制。专业的服务需要专业的评估来督导推动。谯城区在制定购买托养服务机制的同时，建立了第三方评估机制，也以购买服务的方式委托独立、专业的社会服务机构来实现专业督导推动作用，保证被委托的社会托养机构能够保质保量地提供托养服务。2016~2017 年，谯城区委托亳州金阳光社工事务所实施评估工作，从服务过程、服务内容、服务水平、服务效率及供养对象反馈等多角度、多维度，对托养工作进行评估督导。

（二）精确委托托养机构

在集中托养失能特困老人这个项目上，挑选一个合适的集中托养基地是第一步，也是最重要和最基本的一步。谯城区民政局从全区 39 家养老机构中遴选了一所面积最大、设施最齐全、护理条件最好、环境最优美、专业服务能力最高的福寿源颐养之家作为失能特困老人集中托养试点单位。福寿源颐养之家从 2013 年开始纳入新农村建设规划，高起点、高标准、高质量设计建设，集养老、娱乐、健身、医疗等多功能于一体，总投资 2 400 万元，占地面积 2 万多平方米，建设面积 6 885 平方米，床位 260 张；内设医务室，配备专业医护人员，同时与亳州市华佗中医院签约建立“医养结合联合体协议”。

（三）精准认定托养对象

谯城区失能特困老人集中托养工作于 2016 年 5 月初正式启动，为了顺利推进工作，全区 25 个乡镇（街道）对辖区内失能五保老人情况进行了摸底调查和资料收集工作，并对资料进行审查和讨论，确保每一个需要照料的老人都能得到救助，做到“不遗漏、不误救”。同时，利用社会救助主动发现机制，及时将符合要求的失能特困老人送到签约受托托养机构集中托养。

（四）精心开展托养服务

贴心、专业的托养服务是根本目的。在有关部门和第三方评估机构的督促推动下，签约受托托养机构通过完善服务设施、建设护工队伍、丰富服务内容、改进服务方式等举措开展托养服务。具体包括如下三方面：一是夯实护养基础。为做好托养服务工作，福寿源颐养之家专门购置了轮椅、座椅、护理床、相关医疗设备等设施，按照 5∶1 的比例聘请了专业护工，并针对需求专门安排护工赴民政部培训中心系统学习，提升护理服务能力。二是丰富护养内容。对于集中供养的失能特困老人，托养机构利用自有护工、志愿者，或联合学校、企业，组织开展了文化娱乐、精神抚慰、生活服务、专业护理等多层次、多类型服务活动，丰富老人生活、提高老人幸福感。三是探索医疗机构与养老机构合作新模式。福寿源颐养之家与亳州市华佗中医院合作建立医疗养老联合体，开展养生保健、医疗、康复、体检、护理等服务，每月定期由值班主任医师带队为老人免费开通就医绿色通道，做到小病不出门、大病不排号，直接就医和一站式报销，确保入住老人便利就医、顺捷问诊。依托张店卫生院对住养老人开展定期体检、老年病普查、常见病多发病诊疗、健康教育讲座等活动。实行家庭医生签约服务，对慢性病人签订服务协议，开展健康咨询、用药指导、中医药养生保健服务、行为干预等。对长期卧床不起的老人由专业康复师、心理咨询师进行了面对面的康复指导并制订康复锻炼计划。

三、成果与成效

谯城区民政局借助社会力量，以服务购买方式集中托养失能特困老人这一举措，自2016年实施以来，取得了良好的反响和成效。

（一）形成了失能特困老人托养服务机制

经试点探索，谯城区形成了一套失能特困老人托养服务机制，包括服务购买机制、契约管理机制、独立评估机制、托养对象认定机制、托养服务多元化供给机制、医养结合机制等。健全的服务机制，为失能特困老人托养工作得以顺利实施提供了保障。

（二）提升了失能特困老人的托养服务

谯城区失能特困老人托养服务机制的建立，发挥了政府政策引导、资金支持的作用，也有效促进了专业社会力量的参与，大大提升了托养服务水平。

首先，被托养老人身体得以专业照护。由于福寿源颐养之家开通了“就医绿色通道”，被托养老人身体不适时能够得到最便捷的医疗服务，依托张店卫生院“上门”对住养老人开展定期医疗服务，再加上所属专业护工的日夜悉心照料，福寿源颐养之家集中托养的85名失能特困老人身体得到专业救治。从入院体检情况看，入院前老人贫血率约占80%；入院几个月后，经过膳食调理、护理照料，贫血率降低至5%左右。

其次，被托养老人精神状态好转。在保证日常生活的情况下，福寿源颐养之家经常开展集体文娱康复训练活动，不断丰富老人们的精神文化生活。来到福寿源颐养之家之后，老人们多数都能逐渐融入集体文娱活动中去，加之有同龄人的陪伴和交流，被托养老人的精神状态变好，生活无助感和孤独感减少。

谯城区民政局委托第三方评估机构——亳州金阳光社工事务所对托养项目进行评估，评估结果显示，被托养老人的满意度达到100%。

四、分析与讨论

谯城区在探索解决失能特困老人集中供养问题时，不仅仅是采用了“政府购买服务”

方式，更重要的是探索了“政医养结合”的救助工作模式，拓展了社会救助服务内涵。

（一）探索了“政医养结合”的救助工作模式

在现有“医养结合”体系的基础上，谯城区在社会救助领域创新性地形成了“政医养结合”模式。“政”指的是政府部门及其救助资源，发挥的是政策引导、资源支持、氛围营造等功能；“医”指的是医疗部门及其技术资源，发挥的是健康咨询、身体检查、医疗诊治、大病康复等服务功能；“养”指的是养老服务机构及其集中供养资源，发挥的是生活照护、精神抚慰、心理疏导、文化活动和亲情陪伴等服务功能。“政医养结合”模式添加了“政”这一要素，更适合社会救助领域（尤其是失能特困老人供养），更能彰显公共性，也更能有效地鼓励和引导社会力量（“医疗机构”和“养老机构”）参与社会救助。

（二）拓展了社会救助服务内涵

谯城区探索形成的“政医养结合”模式，充分发挥了医疗机构与养老机构合作的优势，将老年人健康与医疗服务放在更加重要的位置，以区别传统的单纯为老年人提供基本生活需求的养老服务。同时，在托养过程中，还积极开展精神抚慰、心理疏导、文化活动和亲情陪伴等服务活动，综合性地提高了托养老人的生活质量和幸福感。显然，“政医养结合”模式探索实施了一条拓展社会救助服务内涵的新路子。

参 考 文 献

[1] 巴纳德 C I. 组织与管理[M]. 曾琳，赵菁译. 北京：中国人民大学出版社，2009：31-34.

[2] 林闽钢. 强化服务聚焦基层 构建社会救助新格局[N]. 中国社会报，2017-09-28（002）.

[3] 课题组. 芜湖市弋江区民政局调查记录[Z]. 2017-11-23.

[4] 李达志. 拓展救助服务内涵 完善社会救助体系[N]. 江淮时报，2014-12-12（008）.

[5] 课题组. 芜湖市社会组织管理局访谈记录[Z]. 2017-04-19.

[6] 芜湖市弋江区民政局. 芜湖市弋江区拓展社会救助服务内涵案例精编[Z]. 2014-05.

[7] 安建增，孔卫拿，袁玉琴. 社会组织与社会服务：芜湖社会组织发展报告（2016）[M]. 芜湖：安徽师范大学出版社，2018：69-70.

[8] 安建增. 社会组织服务机构研究[M]. 北京：中国社会出版社，2017：221-227.

[9] 刘欣. 功能整合与发展转型：精准扶贫视阈下的农村社会救助研究——以贵州省社会救助兜底扶贫实践为例[J]. 贵州社会科学，2016，（10）：18-23.

[10] 课题组. 亳州市民政局访谈记录[Z]. 2017-11-21.

[11] 林闽钢. 强化“衔接”助推政策合力 做实做厚精准扶贫“底盘”[N]. 中国民政，2016-10-15（002）.

[12] 胡思洋，赵曼. 逆向选择、道德风险与精准救助[J]. 国家行政学院学报，2017，（1）：94-98，128.

[13] 课题组. 宿州市民政局访谈记录[Z]. 2017-09-28.

[14] 汪婷婷. 宿州：不让大病成为脱贫路上“拦路虎”[EB/OL]. http://www.ahcaijing.com/html/2017/anhui_0417/62960.html，2017-04-17.

[15] 宿州市人民政府. 宿州市实施健康脱贫初见成效[EB/OL]. http://www.ah.gov.cn/UserData/DocHtml/1/2017/3/21/1534177472719.html，2017-03-21.

[16] 课题组. 六安市霍山县民政局访谈记录[Z]. 2017-09-26.

[17] 课题组. 六安市金寨县民政局访谈记录[Z]. 2017-09-26.

[18] 习近平. 决胜全面建成小康社会　夺取新时代中国特色社会主义伟大胜利——在中国共产党第十九次全国代表大会上的报告[N]. 人民日报，2017-10-28（01）.

[19] 课题组. 亳州市谯城区民政局访谈记录[Z]. 2017-11-21.

后　记

"人类历史上最伟大的逃亡，是挣脱贫困和死亡的逃亡。"这是诺贝尔经济学奖得主安格斯·迪顿（Angus Deaton）在《逃离不平等：健康、财富及不平等的起源》一书中开篇所写的一句话。可以认为，"挣脱贫困"一直是人类历史上的重要行动，无论是个体和家庭，还是全社会，都在持续地进行着这种行动。

在我国历史上，《周礼》中有关于先秦时期"以保息六养万民"的记载，具体的六种措施就是："一曰慈幼（关爱幼小），二曰养老（赡养老人），三曰振穷（拯救赈济穷困），四曰恤贫（抚恤救助贫穷），五曰宽疾（宽免帮扶残疾人），六曰安富。"春秋时期的管仲也曾推行"老老、慈幼、恤孤、养疾、合独、问疾、通穷、振困、接绝"等"九惠"之策。汉、唐、宋、元、明和清等各朝各代的统治者也都有针对"鳏寡孤独"、"老弱疾残"和"穷而无告"等诸类困难群体予以接济救助的举措。除了官方层面的救助之外，民间的各类救助举措也非常之多，学者梁其姿在施善与教化——明清时期的慈善组织》和《面对疾病——传统中国社会的医疗观念与组织》等著作中用翔实的史料说明了民间自发的慈善组织、互助组织等所发挥的各种救急解难作用，并对这些民间组织的启动缘由、运行机制、社会地位等进行了系统剖析。总之，无论是官方还是民间，中国历史上从未缺少过"弱有所扶""困有所助"的机制和行动。当然，这些机制和行动的产生缘由和初始动因并不具有现代性，与现代社会保障制度所依据的权利观念并不一致，历史上的这些机制和行动的保障层次和水平较低，持续性也不强，覆盖面也很有限，但足以说明社会救助行动对于人类社会的重要性。

中华人民共和国成立以来，共产党人更是以人民为中心，逐渐建立和健全覆盖广泛、层次多样的社会救助体系。2014 年国务院《社会救助暂行办法》的颁布实施，形成了内容系统、要素整合的社会救助制度体系，促进了社会救助工作的开展，社会救助的保障力度和反贫困力度持续提升，取得了巨大成就。

进入新时代，党的十九大报告在"满足人民日益增长的美好生活需要"①的基础上，提出要"坚持在发展中保障和改善民生"①，补齐民生短板，推动"幼有所育、学有所教、劳有所得、病有所医、老有所养、住有所居、弱有所扶"①不断取得新进展。

安徽师范大学历史与社会学院于 2006 年获批设置社会保障二级学科硕士学位点

---

① 习近平. 决胜全面建成小康社会　夺取新时代中国特色社会主义伟大胜利——在中国共产党第十九次全国代表大会上的报告[N]. 人民日报，2017-10-28（01）.

（2018 年获批设置公共管理一级学科硕士学位点），民生建设、社会救助、社会治理和社会组织一直是学位点导师组的主要研究领域，取得了一批研究成果。2017 年，学位点导师组部分老师与学生组成的课题组有幸中标安徽省民政厅购买课题研究服务项目——“安徽省社会救助发展报告（2014-2017）”。依照项目要求，课题组通过文献分析、座谈会、个别访谈、案例整理等方法展开了研究，形成了本书。

感谢安徽省民政厅设计了该项目，并为项目的开展提供了经费支持。特别感谢安徽省民政厅于勇厅长，在项目实施过程中给予课题组以指导和关心，审阅了书稿，并为本书做序。尤其要感谢安徽省民政厅社会救助处濮宜平处长和黄健科长，他们不仅为本项目提供了系统的研究思路和框架，还协调各个部门或科室，为课题组提供了海量的原始数据和制度文本；同时，还为课题组协调、联络了各地市的民政部门，使案例搜集和整理工作得以顺利进行。他们为本书做出了很大的贡献，在实质上扮演了课题组核心成员的角色。

非常感谢安徽省各地市民政部门相关人员的帮助，他们既为课题组提供了丰富的救助统计数据，又为课题组提供了鲜活的救助实践材料。为课题组提供帮助和实践资料的有：铜陵市民政局毕茂东、张龙斌、刘翔、伍霞、杨宏斌、黄丹。合肥市民政局张茹、胡越；合肥市庐阳区民政局谷云、杜薇、李科；合肥市包河区民政局卜盛兰、刘文峰、彭良浩、朱娜娜、蒋素梅、汪浩德、郑道平、聂军波。黄山市民政局鲍选德、程思昱；黄山市休宁县民政局章迎春、张捷睿。宿州市民政局吴宁、李力、朱新志。安庆市民政局琚学武、周哲红、郑祥杰；安庆市岳西县民政局汪承南、江春、储林海。芜湖市民政局李达志、袁玉琴、张卉君；芜湖市弋江区民政局孙亚敏、周大武、汪雪梅、曹艳臻。亳州市民政局闫媛媛、安媛媛；亳州市谯城区民政局张建宏。六安市民政局台德明、赵宏、汪伦骏；六安市霍山县民政局孙家平、涂必祥；六安市金寨县民政局葛举林、王明。蚌埠市民政局张群、宣晓海。滁州市民政局张静；滁州市南谯区民政局司武银。另外，铜陵市阳光少年公益协会、铜陵市与我同行爱心协会、休宁县睿泽社会工作发展中心、宿州市第一人民医院、亳州市亳爱社会工作服务中心、亳州市惠众社会工作服务研究中心、亳州金阳光社会工作事务所、芜湖市社会组织培育发展中心、弋江区心暖花开社会组织联合会、弋江区尊纳特殊人士服务中心、弋江区滨江社区微服务社会组织联合会、弋江区食尚社区居民健康服务协会等一大批涉救社会组织或事业单位也接受了我们的访问，在此表示诚挚的感谢。

感谢安徽师范大学历史与社会学院院长徐彬、党委书记顾凌、副院长刘道胜和陈挚等为课题组提供的指导和帮助。感谢安徽师范大学历史与社会学院公共管理一级学科硕士点社会保障方向的导师仇凤仙副教授、刘丽副教授，两位老师在协调研究力量、联络调查对象方面为课题组提供了很大帮助。

感谢安徽师范大学历史与社会学院研究生叶晓玉、戴莹、李敏、李明楠、王晴、程莹、姚冉、陶健、邱羽、周厅、郑永瑞、王蓝、张振宁、盛尔杰、周婷婷、胡玉乐、闻雨琪、张婉春、孙天慈、谢逸飞等。他们不仅在资料搜集、案例整理、调研实施、数据整理、书稿校对等方面为项目实施做出了重要贡献，还撰写了部分章节。如果没有这些可爱、勤劳的研究生，本项目的完成时间将会大大延迟。

在研究过程中，课题组也参考了学界同仁的研究成果，在此一并感谢。

感谢全体课题组成员的精诚合作和辛勤工作，使得本项目得以顺利实施并完成。本书是课题组的集体研究成果。课题组成员有：安建增（安徽师范大学历史与社会学院副教授、硕士生导师）、孔卫拿（安徽师范大学历史与社会学院讲师）、何晔（安徽师范大学历史与社会学院副教授、硕士生导师）、程莹（安徽师范大学历史与社会学院 2016 级研究生）、叶晓玉（安徽师范大学历史与社会学院 2015 级研究生）、姚冉（安徽师范大学历史与社会学院2016级研究生）、戴莹（安徽师范大学历史与社会学院2015级研究生）、李敏（安徽师范大学历史与社会学院 2016 级研究生）、李明楠（安徽师范大学历史与社会学院2016级研究生）和王晴（安徽师范大学历史与社会学院2016级研究生）。具体分工如下：

绪论　安建增、孔卫拿。

第一章　安建增。

第二章至第七章　孔卫拿。

第八章　何晔、安建增。

第九章第一节和第二节　程莹；第三节　叶晓玉；第四节　程莹。

第十章第一节　姚冉、戴莹；第二节　李敏；第三节　李明楠；第四节　程莹。

第十一章第一节　李敏；第二节　叶晓玉；第三节和第四节 王晴；第五节　李敏。

第十二章第一节　程莹；第二节　李敏；第三节　姚冉；第四节　李敏。

第十三章第一节 安建增；第二节和第三节　李敏；第四节　李明楠；第五节　叶晓玉；第六节　李明楠。

全书由安建增、孔卫拿统稿。

本项目时间要求较紧，加上能力所限，因此本书肯定有很多需要改进的地方，敬请读者批评指正。

安建增

2018 年 5 月